Ferdinand Heinrich Müller

Die deutschen Stämme und ihre Fürsten oder historische Entwicklung der Territorialverhältnisse Deutschlands im Mittelalter

Erster Teil

Ferdinand Heinrich Müller

Die deutschen Stämme und ihre Fürsten oder historische Entwicklung der Territorialverhältnisse Deutschlands im Mittelalter
Erster Teil

ISBN/EAN: 9783741184192

Hergestellt in Europa, USA, Kanada, Australien, Japan

Cover: Foto ©Lupo / pixelio.de

Manufactured and distributed by brebook publishing software (www.brebook.com)

Ferdinand Heinrich Müller

Die deutschen Stämme und ihre Fürsten oder historische Entwicklung der Territorialverhältnisse Deutschlands im Mittelalter

Die deutschen Stämme

und ihre Fürsten.

Oder:

Historische Entwicklung der Territorial-Verhältnisse Deutschlands im Mittelalter.

Von

Ferdinand Heinrich Müller.

Erster Theil.

Vorgeschichte der deutschen Stämme bis zur Bildung des fränkischen Reiches der Merowingen.

Aus dem Verlag von C. H. Lüderitz in Berlin übergegangen

1861

an Friedrich Andreas Perthes in Gotha.

Vorrede.

Indem ich hiermit eine neue Arbeit über einen schon vielfach behandelten Gegenstand der Oeffentlichkeit übergebe, scheint es vor allem nöthig zu sein, mich über den Inhalt, den Zweck und die Form derselben genauer auszusprechen.

Was zunächst den Inhalt dieser Schrift anbetrifft, so wird man es troß aller Arbeiten, welche bisher über die Geschichte unseres deutschen Vaterlandes erschienen sind, grade nicht für ein überflüssiges Unternehmen erachten mit einer neuen Schrift darüber hervorzutreten, zumal als es sich schon aus dem Titel derselben ergiebt, daß bei ihrer Abfassung ein ganz anderer Standpunkt gewählt worden, als er bei allen sonstigen Werken dieser Art gestellt ist.

Denn es läßt sich bekanntlich die Geschichte eines jeden Volkes von einer zwiefachen Seite auffassen, je nachdem man mehr das geistige Leben desselben berücksichtigt, wie es sich in seiner politischen Entwickelung nach außen hin, in seiner Verfassung und in seinem gesammten Kulturzustande in religiöser und intellektueller Beziehung ausspricht, oder je nachdem man mehr das natürliche Leben desselben in seiner äußern volksthümlichen Gestaltung und in seinem Verhältnisse zum Boden des von ihm bewohnten Landes hervorhebt. Diese Naturseite der Geschichte des deutschen Volkes, welche aber die wesentliche Grundlage für jene mehr geistige Seite seines Lebens bildet und ihren Einfluß auf jene überall zu erkennen giebt, ist der eigentliche Gegenstand und der Zweck der Darstellung in dieser Arbeit, und bei dieser Behandlung der deutschen Geschichte sind es besonders drei Hauptgesichtspunkte, welche ich ins Auge faßte, das geographische, das ethnographische und das genealogische Element. Nur ist dabei zu bemerken, daß der erste und zweite Gesichtspunkt in vieler Beziehung zusammenfallen, indem hier von dem geographischen Elemente nur in so fern die Rede sein kann, als es ein Ausdruck des geschichtlichen Lebens des Volkes ist, und darum mit dem ethnographischen Elemente immer verbunden sein muß.

Wenn man den heutigen Zustand von Deutschland nach der eigenthümlichen Zersplitterung seiner Gebiete betrachtet und sich die Frage zu beantworten sucht, wie diese Gestaltung der vielen kleinern und größern Landschaften unter den in ihnen herrschenden besondern Fürstenhäusern sich gebildet hat, so wird man zunächst auf den Zustand Deutschlands im Mittelalter hingewiesen, in welchem das deutsche Reich aus einer Reihe verschiedener zu einer politischen Gemeinschaft vereinigter Stämme oder Völkerschaften bestand, deren Sonderung unter einander immer als die natürliche Grundlage seiner jetzigen Zertheiltheit anerkannt werden muß, so wenig auch die frühern Stammunterschiede sich scheinbar jetzt noch in den durch die historische Entwickelung hervorgegangenen Territorien erkennen lassen. Eben die Geschichte dieser Stämme, welche bei ihrer in sich abgesonderten und eigenthümlichen Entwickelung innerhalb des gemeinsamen deutschen Reiches schon im Mittelalter dem Reiche den Charakter eines Bundesstaates verliehen, soll nach den oben bemerkten Gesichtspunkten der Gegenstand einer besondern Behandlung werden, dessen Bedeutung und Wichtigkeit eben so wenig einer Rechtfertigung bedarf, als es nöthig ist auf das Interessante dieser historischen Entfaltung für die Betrachtung hinzuweisen. Denn nur aus einer genügenden Kenntniß von dem Zustande und dem Leben der einzelnen deutschen Stämme in ihrer Besonderung und in ihrem gegenseitigen Verhältnisse ergiebt sich auch eine gründliche Anschauung und Erkenntniß von dem gemeinsamen Leben des deutschen Volkes in seinem Innern und in seiner Wirksamkeit nach außen.

Schon Niklas Vogt äußert mit Recht in der Vorrede zu seinen trefflichen rheinischen Geschichten und Sagen, daß die deutsche Geschichte das Eigenthümliche habe, daß sie in ihrer Allgemeinheit nur aus einer gründlichen Kenntniß ihrer Besonderheiten und Einzelnheiten d. h. ihrer Specialgeschichten bis in die niedrigsten Kreise des politischen Lebens hinab genügend verstanden werden könne, und daß sich hier mehr als bei irgend einer andern Geschichte eines Volkes das Allgemeine, Besondere und Einzelne gegenseitig durchdringe, bestimme und erläutere, wie dies der äußere politische Zustand der deutschen Nation in allen Zeiten gelehrt hat. Auch hat man in der jüngsten Zeit darauf aufmerksam gemacht, daß das moderne deutsche Recht, wie es in den verschiedenen Gebieten Deutschlands gilt, aus den verschiedenen bei den einzelnen deutschen Stämmen herrschenden Rechtsgewohnheiten wie aus seinen ursprünglichen Wurzeln erwachsen ist und sich nur daraus genügend erkennen und würdigen lasse. Und darum hat man sich in unserer Zeit mit besonderem Eifer auf die genauere Erforschung der alten deutschen Volksrechte und auf die damit zusammenhängende Geschichte der einzelnen deutschen Stämme des Mittelalters gelegt, und es sind in der letztern Beziehung so manche treffliche Arbeiten daraus hervorgegangen, wenn man auch nicht behaupten kann, daß alle Stämme des deutschen Reiches, noch weniger aber viele der aus ihren Gebieten entstandenen größern Territorial-Herrschaften, bis jetzt schon durchaus genügende Werke über ihre Geschichte gefunden hätten.

Scheint auch beim ersten Anblicke die Geschichte Deutschlands im Mittelalter mit der von Frankreich wegen der Zertheilung beider Länder in verschiedene volksthümliche Gebiete unter besondern Fürstengeschlechtern eine große Uebereinstimmung zu zeigen, so erkennt man doch leicht den wesentlich verschiedenen Charakter beider historischen Gestalten. Denn in dem letztern Lande zeigt sich die innere Sonderung immer nur als etwas mehr oder minder Zufälliges, die sich nur auf gewisse Weise an die ursprünglich dort vorhandenen volksthümlichen Unterschiede anschließt, während diese Sonderung auf dem deutschen Boden als die von der Natur gegebene Grundlage des deutschen Reiches hervortritt. Darum hatten die deutschen Stämme des gemeinsamen deutschen Reiches in ihrer gegenseitigen Absonderung immer eine sittliche Berechtigung für sich, welche auch ihre gemeinsamen Beherrscher anerkennen mußten, und darum hat sich hier aus der Auflösung und Neutralisirung der Stämme in ihrer spröden Natürlichkeit ein ganz anderes Resultat ergeben als es dort erscheint. Ja es ist hier trotz aller äußern Zersplitterung in politischer Beziehung eine größere innere, ideelle Einheit der deutschen Volksthümlichkeit erreicht worden, als es in jenem Lande der Fall ist, wo die äußere politische Einheit die innere Gebrochenheit der Nationalität niemals hat überwinden können

Indem also in dieser Darstellung das ethnographische Element oder die Gestaltung und Entwickelung des äußern volksthümlichen Lebens der Deutschen nach seiner Besonderung und seiner Allgemeinheit zum Mittelpunkte gemacht wird, haben wir es vornehmlich mit dem Zustande und den gegenseitigen Verhältnissen der National-Herzogthümer in Deutschland zu thun, und haben zu zeigen, wie dieselben in ihrer politischen Entwickelung im Laufe der Zeit zersprengt worden sind, und wie die natürliche Absonderung der Stämme des Reiches von einander aufgehoben worden ist, um aus ihnen die Bildung verschiedenartiger kleinerer Territorien hervorgehen zu lassen, durch welche wiederum eine allgemeine deutsche Volksthümlichkeit hat erzeugt werden können. Diese ethnographische Seite der deutschen Geschichte steht aber mit dem geographischen Elemente in genauer Verbindung, weil bei der Darstellung jener Verhältnisse die Untersuchung über die politischen Abtheilungen und Grenzmarken der deutschen Gebiete in jener Zeit, wie solche trotz aller Verwischung auch jetzt noch überall hindurchscheinen, erst die wesentliche Bestimmtheit in die Geschichte hineinbringt. Und diese politischen Abtheilungen hängen wieder genau zusammen mit den kirchlichen Abtheilungen, in so fern sich beide im Wesentlichen immer einander gedeckt haben, oder mit der Zertheilung Deutschlands nach seinen Diöcesansprengeln, so daß eine Geschichte der deutschen Stämme im Mittelalter ohne eine historische Entwickelung der politischen und kirchlichen Geographie Deutschlands nach seinen Herzogthümern und Gauen so wie nach seinen Erzbisthümern und Bisthümern gar nicht gedacht werden kann. Darum erhält diese historische Arbeit zugleich auf gewisse Weise einen geographischen Charakter, indem sie die historische Entwickelung der politischen und kirchlichen Eintheilungen Deutschlands, ohne deren Kenntniß weder die allgemeine deutsche Geschichte im Mittelalter noch auch die der neuern Zeit wahrhaft verstanden werden kann, an jenen Volksstämmen verfolgt; und die

Geschichte der Namen der Stämme und ihrer Gebiete, welche seit anderthalb Jahrtausenden in der verschiedensten Bedeutung und in dem verschiedensten Umfange gebraucht worden sind, muß nothwendig einen der wichtigsten Punkte in dieser Behandlung der deutschen Geschichte abgeben.

Es erhellt daraus von selbst, daß grade alle diejenigen Verhältnisse, welche auch in den ausführlichsten und trefflichsten Werken über die allgemeine deutsche Geschichte, woran es in unserer Litteratur doch keineswegs gebricht, entweder ganz zurücktreten oder nur auf eine sehr untergeordnete Weise berücksichtigt werden, hier als der Hauptgegenstand der Darstellung hervortreten werden. Denn schwerlich giebt es wohl eins von jenen Werken, in welchem man über so manche Punkte, die auf jeden Fall zu den wichtigsten und nothwendigsten für das Verständniß der allgemeinen Geschichte gehören, eine genügende Auskunft und Belehrung fände. Daß damit jenen Werken durchaus nicht ein Vorwurf gemacht werden soll und darf, das bedarf kaum einer Bevorwortung, wenn man den Zweck, den Charakter und die Haltung derselben beachtet, wonach sie sich unmöglich auf die Ausführung dieser Verhältnisse einlassen konnten ohne sich selbst zu verlieren, obschon es auf der andern Seite auch nicht zu läugnen ist, daß selbst bei den besten Autoren auf diesem Gebiete mancherlei falsche Vorstellungen in dieser Beziehung verbreitet sind, welche auf eine unzureichende Kenntniß jener Verhältnisse hinweisen.

Erst in der jüngsten Zeit ist das Studium der Saugeographie Deutschlands im Mittelalter aufgeblüht, und man ist zu der Einsicht gekommen, daß sich nur aus ihr die Bildung und Gestaltung der jüngern Territorial-Herrschaften unter den jetzigen deutschen Fürstengeschlechtern genügend nachweisen lasse. Auch haben wir schon so manche treffliche Arbeiten über die Gaugeographie der deutschen Gebiete im Mittelalter seit kurzem erhalten, aber noch fehlt es an einem umfassenden Werke, in welchem die Resultate dieser Forschungen in Verbindung mit der allgemeinen Geschichte des Volkes dargestellt wären. Dazu gebricht es nicht minder an besondern Arbeiten, in welchen die historischen Schicksale der Namen der deutschen Stämme, ihre Wanderungen und Umgestaltungen von der ältern bis auf die neuere Zeit verfolgt wären, und eben so fehlt es noch an Arbeiten über die kirchliche Geographie, um eine übersichtliche aber gründliche Belehrung über den Zustand der einzelnen Hochstifte Deutschlands und deren gegenseitige Verhältnisse, durch welche auch der politische Zustand der deutschen Stämme so manche Erläuterung erhält, zu gewinnen. Ja der so wichtige Zweig der historischen Litteratur über die deutschen Hochstifte hat bis dahin ganz brach gelegen, und scheint in Folge des Aufblühens der politischen Specialgeschichten Deutschlands erst jetzt seinen Anfang zu nehmen.

Wenn es nun hier versucht wird, eine solche historische Entwickelung aller dieser Verhältnisse zu geben, die gleichsam das Gewebe bilden, auf welchem und in welchem das eigentlich historische Leben des deutschen Volkes zur Erscheinung kommt, so kann eine solche Arbeit bei dem jetzigen Zustande der historischen Wissenschaft in diesem Kreise auch immer nur mehr oder minder ein Versuch genannt werden, und es kann hier, zumal bei dem Charakter eben dieser Arbeit, wovon noch weiter unten die Rede sein wird, auch nur das Allgemeinste jener Verhältnisse dargelegt werden. Auf der andern Seite aber muß man doch gestehen, daß für die deutsche Geschichte im Allgemeinen und Besondern schon so viel Treffliches erarbeitet worden ist, um sich wohl bewogen zu fühlen, sich an ein solches Unternehmen zu wagen. Verkennen darf man nur dabei nicht, daß es noch sehr viele Punkte in unserer vaterländischen Geschichte rücksichtlich der eben berührten ethnographischen und geographischen Verhältnisse giebt, welche bis jetzt von einem fast undurchdringlichen Dunkel bedeckt sind, das man vielleicht niemals zu lichten im Stande sein wird. Bei den dürftigen Nachrichten, welche uns in dieser Beziehung aus dem Alterthum und Mittelalter hinterblieben sind, ist vieles so ungewiß und schwankend, daß es sich nach den jetzt vorliegenden Quellen durchaus nicht zur Entscheidung bringen läßt, und daß man sich über manche der wichtigsten Punkte immer nur mit Vermuthungen wird begnügen müssen.

Als ein bedeutender Gewinn für das richtige Verständniß der Geschichte erscheint es mir nun dabei, ein bestimmtes Bewußtsein darüber zu haben, wie weit unsere Kenntniß eigentlich reicht, und auf welchen Verhältnissen ein bis jetzt nicht zu erhellendes Dunkel ruht. Daher sollten Punkte von der Art besonders bemerkbar gemacht werden, und es war meine Absicht, um allen falschen Vorstellungen entgegen zu wirken, den eigentlichen Zustand der Dinge nachzuweisen und die verschiedenen Hypothesen anzugeben, welche sich zur Erklärung solcher Verhältnisse gebildet haben, um die Beschaffenheit der historischen Systeme würdigen zu können, welche auf solchen muthmaßlichen Grundlagen aufgebaut worden sind. Uebrigens versteht es sich wohl von selbst, daß es bei der zusammenhängenden Darstellung historischer Verhältnisse nicht immer möglich ist, sich selbst aller Hypothesen zu enthalten, wo es an allen bestimmtern Nachrichten über die wichtigsten Lebensverhältnisse der deutschen Völker zu einander mangelt. Doch scheint dies auch ohne Nachtheil für die Sache geschehen zu können, wenn darauf hingewiesen ist, daß man es dabei nur mit einer Annahme zu thun habe, welche aber unter den gegebenen Umständen und nach der ganzen Lage der Dinge als das einzig mögliche Mittel erscheint, die sich dabei darbietenden Schwierigkeiten auf eine einfache und angemessene Weise zu lösen.

Der Zweck dieser Arbeit ist nun allerdings, wie der Titel besagt, die historische Entwickelung der deutschen Stämme im Mittelalter zur Erläuterung der Bildung und Gestaltung der Territorial-Verhältnisse Deutschlands in der modernen Zeit zu geben, und dieser ganze vorliegende erste Theil beschäftigt sich eigentlich nur mit der Einleitung dazu oder mit der Geschichte der deutschen Stämme und ihrer Gebiete bis auf die Zeit des fränkischen Reiches der Merowingen. Es umfaßt also dieser Theil nur den Zeitraum, welcher gewöhnlich wohl noch der Zeit des Alterthums zugerechnet wird, obschon man über den Anfangspunkt und über die Dauer des sogenannten Mittelalters immer sehr verschiedener Meinung gewesen ist und auch nothwendig sein muß, je nachdem man einen allgemeinern oder engern Standpunkt der Betrachtung jener Zeit wählt. Doch wird man schwerlich umhin können die Zeit vom Anfange des vierten Jahrhunderts schon als einen integrirenden Theil des Mittelalters zu betrachten, wenn man auch das Zeitalter vor den Constantiern noch als durchaus dem Alterthum angehörig in Anspruch nehmen möchte. Aber an die Frage von dem Zustande jener deutschen Stämme in den ersten Jahrhunderten des Mittelalters knüpft sich sogleich wieder die Frage nach dem Ursprunge derselben, da sie bekanntlich nicht von Anfang an gegeben sind, sondern erst im Laufe der Zeit und zwar noch vor der Epoche des Geschlechtes der Constantier größtentheils hervortreten, und daher war es nothwendig auf die ältesten kleinen germanischen Völker zurück zu gehen, welche um die Zeit des Anfanges unserer Zeitrechnung auf dem Boden Germaniens erscheinen, und mit welchen die Römer die langwierigen Kriege an dem Rhein und an der Donau geführt haben. Das gab dann auch Gelegenheit den Zustand des römischen Germaniens im Osten und Westen des Rheins, dessen Einfluß auf die spätern Lebensverhältnisse der deutschen Völker in jeder Beziehung von jeher anerkannt worden ist, genauer zu beleuchten, und das geographische Element daran in seinen Hauptzügen zu verfolgen.

Erst im Konflikte mit der römischen Welt haben sich aus den ursprünglichen kleinen Stämmen auf dem germanischen Boden die größern Stammverbindungen hervorgebildet, deren Namen in der Geschichte der Völkerwanderung eine so große Rolle spielen, und welche sich sodann in der deutschen Geschichte und Geographie bis auf den heutigen Tag, wenn schon in sehr verschiedener Bedeutung und meistens in ganz andern Gegenden als sie ursprünglich einheimisch waren, erhalten haben. Denn so erscheinen nicht nur dieselben Gegenden in den verschiedenen Zeiten der Geschichte unter den verschiedensten deutschen Stammnamen, wie z. B. die zu beiden Seiten des untern Rhein unter den Namen von Franken, Sachsen, Friesland, Lothringen und Burgund vorkommen, sondern es greifen die Namen der deutschen Völker in den verschiedenen Gebieten Deutschlands auch immer so in einander über, wie die der Franken und Alemannen, der Franken und Sachsen, der Franken und Hessen, der Sachsen und Thüringer, daß man durch die Wandelbarkeit und die scheinbare Unsicherheit der Namen in der Bezeichnung der deutschen Landschaften nicht selten in große Verlegenheit geräth.

Die historische Geographie Deutschlands im Mittelalter hat nun das Verhältniß dieser verschiedenen Stammnamen der deutschen Völker zu einander und ihre Geschicke nachzuweisen. Dies läßt sich aber nur thun vermittelst der Namen der ursprünglichen germanischen Stämme aus dem römischen Zeitalter, und rechtfertigt daher die Ausdehnung dieser Arbeit auf die ältern Zustände der germanischen Völkerwelt. Auch sind erst seit kurzem die Forscher auf dem Gebiete der deutschen Alterthumskunde darauf aufmerksam geworden, daß alle politischen und kirchlichen Abtheilungen Deutschlands im Mittelalter eben so auf den ursprünglichen Stammverhältnissen der deutschen Völker beruhen, wie dieselben die Grundlage der modernen politischen Verhältnisse im Innern Deutschlands bilden. So wie aber die Erforschung des ältern Zustandes der germanischen Völkerwelt in dem römischen Zeitalter für die Erkenntniß des Zustandes von Deutschland im Mittelalter immer von Bedeutung gewesen ist, so hat wiederum das Studium der Gaugeographie Deutschlands im Mittelalter nicht nur dazu beigetragen die mittelaltrige Geographie Deutschlands zu begründen und die Geschichte jener Zeit aufzuhellen, sondern hat auch die gesammte frühere germanische Geschichte in den ersten Kaiserzeiten fast gänzlich umgestaltet.

Als ein Nebenzweck dieser Arbeit kann es hier ausgesprochen werden, die zahlreichen Resultate aller der trefflichen Forschungen auf dem Gebiete der deutschen Geschichte nach dem hier zum Grunde liegenden Standpunkte, welche entweder in besondern Werken oder auch in den Zeitschriften der verschiedenen historischen Vereine Deutschlands zerstreut liegen, einmal unter einen gemeinsamen Gesichtspunkt zusammen zu fassen, und wenn es zunächst für mich ein wissenschaftliches Bedürfniß war, dessen bewußt zu werden, was in dieser Beziehung erarbeitet worden ist, und wie sehr grade in den letzten Decennien die ganze deutsche Geschichte sich umgewandelt hat, so möchte eine Darstellung dieser Gegenstände auch für manche andere Freunde der vaterländischen Geschichte nicht ohne Interesse und Belehrung sein. Ganz besonders betrifft dies alle diejenigen Verhältnisse, welche hier am Anfange des zweiten Hauptabschnittes dieses Theils unter dem Namen des römischen Germaniens behandelt worden sind, wo es bei dem Mangel an allen Berichten der Alten nur auf Lokaluntersuchungen und auf die neuern Berichte ankömmt, welche bis jetzt meist schwer zugänglich in den Provinzialzeitschriften und kleinern Abhandlungen noch nirgends für eine genügende Behandlung einer Germania unter den Römern, für welche heut zu Tage die Arbeiten von Manners, Wilhelm und anderer Autoren gar nicht mehr ausreichen, benutzt worden sind. Doch konnten nach der ganzen Anlage eben dieser Arbeit nur Andeutungen oder die Grundzüge zu einer Germania nach den neuern Forschungen in historischer und antiquarischer Beziehung gegeben werden.

Wie schon oben bemerkt ist, würde es ein Hauptzweck dieser Arbeit sein alle Namen der deutschen Stämme und Gebiete im Mittelalter von ihrem ersten Hervortreten an nach ihrer historischen Entwickelung bis auf die neuern Zeiten, wo sie sich zum Theil verloren haben, zu verfolgen, um dadurch zu einer mehr klaren und sichern Anschauung der ethnographischen und geographischen Verhältnisse unseres deutschen Vaterlandes, als sie sonst in den verschiedenen Werken dieses Theiles unserer Litteratur uns entgegentreten, zu gelangen. Auch wird man nicht läugnen können, daß eine solche historische Untersuchung außer dem bloßen Nutzen noch ein besonderes Interesse und eine wissenschaftliche Befriedigung gewähren muß. An acht Namen sind es vornehmlich, welche in dieser Beziehung auf dem Gebiete Deutschlands in Betracht kommen, und an welche sich noch viele andere Namen von mehr untergeordneter Art anschließen, oder die Namen der sechs Hauptstämme Deutschlands der Franken, Schwaben, Baiern, Thüringer, Sachsen und Friesen und im Westen des Rhein die beiden für die deutsche Geschichte nicht minder wichtigen Namen Burgund und Lothringen. Denn sie umfassen die Geschicke aller übrigen untergeordneten Stamm- oder Gebietsnamen wie z. B. von Hessen, Westfalen, Engern, Nordgau, Osterland, Holstein u. a. m., und sie sind von diesen ältern untergeordneten Namen entweder auf ganz entlegene Gebiete beschränkt worden, wie es bei Lothringen und Sachsen der Fall ist, oder sie haben den ältern und selbst auch neuern Namen ganz weichen müssen, und haben sich, wie es bei Schwaben, Franken und Thüringen der Fall ist, nur noch im Munde des Volkes erhalten. Die Schicksale der aus dem Mittelalter so glanzvoll herüberleuchtenden Namen sind so eigenthümlicher und verschiedener Art, daß man in dem heutigen Deutschland kaum jenes Deutschland der Zeit der Hohenstaufen wieder erkennen könnte, selbst wenn man auch von dem verschiedenartigen politischen Zustande durchaus absieht.

Denn wo ist das Herzogthum Schwaben jenes berühmten Heldengeschlechtes geblieben? Wo und in welchen Grenzen soll man das Herzogthum Franken der Hohenstaufen suchen? Wo und wie ist aus den einst den Hohenstaufen gehörigen fränkischen Ländern die Pfalz hervorgegangen, und wo ist dieses Churland, dessen Name in den Zeiten am Ende des Mittelalters mit solcher Bedeutung auftritt, wieder geblieben? Das alte Schwaben ist längst verschwunden. Die moderne Geschichte und Statistik kennt es nicht mehr, und die Namen von zwei der Burgen des Mittelalters haben sich in sein Gebiet auf der Ostseite des Rhein getheilt, während sich allein im Westen noch der einheimische untergeordnete Name des Elsaß, aber leider nur auf einem für Deutschland verloren gegangenen Gebiete, erhalten hat. Nur die Vereinigung der beiden Länder Baden und Würtemberg könnte dereinst den alten ruhmvollen Namen, der in Deutschlands Kulturgeschichte so glanzvoll wie in seiner politischen Geschichte ist, in einem Königreiche Schwaben wieder herstellen. Unter allen jenen alten Namen hat der von Baiern in der neuern Zeit sich in der größten Ausdehnung erhalten und sich nach zwei Seiten, im Westen und Norden, weit über seinen ursprünglichen Boden hinaus verbreitet oder über Theile des schwäbischen und fränkischen Landes, während er im Osten und Süden auf dieselbe Weise durch die aus ihm hervorgegangenen Gebiete von Oestreich, Salzburg und Tyrol beschränkt worden ist, so daß der neuere Name im Verhältniß zum ältern der räumlichen Ausdehnung nach nur als verschoben erscheint. Als eine interessante Erscheinung kann es dabei bezeichnet werden, daß auf dem heutigen baierschen Gebiete in seinen jüngern Abtheilungen die alten volksthümlichen und die historisch gegebenen Namen wieder erneuert worden sind. Denn in der That sind doch solche Namen mehr als bloße äußerliche Bezeichnungen; an sie knüpft sich auf gewisse Weise das ganze volksthümliche Leben an, und wie auch immer der neuere politische Zustand von Deutschland sein mag, seine Bewohner halten an diesen alten nationellen Bezeichnungen stets fest, und wissen sich darin bei aller politischen Getrenntheit in ihrer von Natur gegebenen sittlichen Einheit.

Das zeigt sich besonders an dem Volke der Thüringer, welche trotz aller ihrer in sich abgeschlossenen volksthümlichen Gediegenheit ihren nationellen Namen so oft an ihre Nachbarn, an die Franken und Sachsen, haben aufopfern müssen, und deren Heimathsland in dem Herzen des neuern Deutschland seit den letzten Jahrhunderten die bunteste Zerstückelung und die größte Zerrissenheit in politischer Beziehung zeigt. Möchte doch auch hier einmal eine Zeit kommen, wo aus der Vereinigung der vielen kleinen unbedeutenden sächsischen Herzogthümer nebst den ihnen benachbarten Gebieten der alte Name Thüringen wieder zu der politischen Geltung und Bedeutung gelangte, welche er zwar im Verhältniß zu den übrigen deutschen Stammnamen immer nur selten, aber unter seinen alten Landgrafen in dem Zeitalter der Hohenstaufen nicht ohne Ruhm gehabt hat. Denn hat auch die politische Zersplitterung Deutschlands ohne Zweifel die geistige Freiheit des deutschen Volkes einst gerettet, so ist doch jetzt die Zeit der Nothwendigkeit einer solchen äußern Zertheiltheit vorüber, und der Proceß der Vereinigung seiner vielfach aus einander gerissenen Glieder, wie er seit dem Anfange dieses Jahrhunderts begonnen hat, könnte im Interesse der freien Entwickelung des deutschen Volkes jetzt wohl in mancher Hinsicht beschleunigt werden.

Dem Stamme der Thüringer ist es aus mancherlei Ursachen im Mittelalter nicht vergönnt gewesen ein ähnliches Nationalherzogthum zu bilden, wie sich ein solches bei den Schwaben, Baiern und Sachsen entwikkelt hat. Durch einen großen Theil der mittelaltrigen Geschichte erscheint Thüringen immer nur als ein Anhang oder Nebenland zu andern Gebieten Deutschlands, und das Land der Friesen hat mit ihm in dieser Beziehung ein gleiches Schicksal getheilt. Doch zeigt sich dabei der bedeutende Unterschied, daß der Name der Friesen, welcher schon der Urzeit Germaniens angehört, in den verschiedenen Jahrhunderten der Geschichte, gleichsam wandernd, in einem verschiedenen Umfange gebraucht worden ist, seine politische Geltung, wenn auch auf untergeordnete Weise, sich immer bewahrt und selbst jetzt noch seine Bedeutung in staatsrechtlicher Beziehung auf dem Gebiete des jüngern Landes Hannover sich erhalten hat, wenn auch grade nicht auf der Stelle, wo er uns zuerst entgegen tritt.

Hat sich auch der Name Sachsen seit den ältesten Zeiten der deutschen Geschichte bis jetzt in drei verschiedenen Gebieten Deutschlands behauptet, so hat doch kaum ein anderer Name mehr Umgestaltungen erlebt als er, und ist aus den Gebieten, in welchen er beim Beginne des Mittelalters als einheimisch erscheint, fast gänzlich verdrängt worden, so daß es fast als zweifelhaft erscheinen kann, ob er heut zu Tage noch irgendwo in Deutschland als volksthümlich vorkommt. Aber auch die ihm untergeordneten Namen haben sich nur zum Theil ihr Dasein gerettet. Denn das Königreich Sachsen hat sich ganz auf wendischem Grund und Boden in der alten Mark Meißen erhoben, die Herzogthümer Sachsen haben auf dem Boden von Thüringen ihren Sitz aufgeschlagen, und nur das preußische Herzogthum Sachsen allein ist auf altsächsischem Boden, auf dem Gebiete der Ostfalen, entstanden, dessen alter Name schon frühzeitig von der jüngern Bezeichnung Braunschweig und später wieder von dem Namen Hannover verschlungen worden ist. Das alte sächsische Engern ist noch früher spurlos verschwunden, und spielt überhaupt immer nur eine sehr untergeordnete Rolle in der Geschichte. Aber im Unterschiede von dem engerschen und ostfälischen Namen hat der Name Westfalens stets eine weit größere, intensive Kraft bewiesen und hat sich in dem westsächsischen Lande um so mehr zu behaupten vermocht, je mehr der sächsische Name auch im Munde des Volkes im Westen der Weser ganz ersterbend nur noch in den engerschen und ostfälischen Landschaften, in dem Gebiete des sogenannten niedersächsischen Kreises, in staatsrechtlicher Beziehung sich seine Geltung bewahrt, und sich sogar in den wendischen Ländern im Osten der Elbe, in dem sogenannten obersächsischen Kreise, noch am Ende des Mittelalters Anerkennung zu verschaffen gewußt hat. Doch ist er weder dort noch hier eigentlich volksthümlich geblieben oder geworden, und zeigt sich als solcher vielleicht nur in dem neu erworbenen, ursprünglich wendischen Gebiete an der Elbe von Wittenberg bis nach Dresden hinauf. Auf keine Weise ist dies jedoch so der Fall wie in Schwaben und Thüringen mit deren einheimischen Namen. Westfalens Name ist dagegen durch das ganze Mittelalter der herrschende in dem Lande zwischen der Weser und dem Rhein geblieben, hat hier eine volksthümliche Geltung gewonnen oder schon von früher behauptet, und hat auch seine Anerkennung in der Kreiseintheilung Deutschlands gefunden. Ja er hat sich in der neuesten Zeit in einem Königreiche selbst zu einer welthistorischen Bedeutung emporgeschwungen, und wenn ihm diese auch wieder verloren gegangen, so hat er doch in seiner staatsrechtlichen Erneuerung auf seinem alten echten Gebiete fast nach seinem ursprünglichen Umfange in der großen preußischen Provinz das ihm gebührende Recht wiedererlangt.

Dagegen scheinen nun die andern Theile der neuern rheinpreußischen Gebiete keineswegs bis jetzt ihre genügenden Bezeichnungen gefunden zu haben, und dies führt uns noch auf die Schicksale des fränkischen Namens. So weit verbreitet und so angesehen auch der Name Franken in der ältern deutschen Geschichte erscheint, so sehr hat er doch seit Jahrhunderten von seinem alten Ruhme verloren, und nachdem er noch zum letztenmale in dem fränkischen Kreise sich eine politische Geltung errungen hat, ist er jetzt auf dem weiten Gebiete von Deutschland in politischer Beziehung gänzlich verschwunden. Aber im Unterschiede von dem sächsischen Namen hat sich der fränkische Name doch in dem Lande am Main, in dem sogenannten Frankonien, bis jetzt in volksthümlicher Bedeutung erhalten, was um so auffallender erscheinen muß, als grade das eigentliche Verhältniß dieses Gebietes zu dem wahren fränkischen Gebiete in Deutschland am Rhein entlang bis auf diese Stunde noch so sehr im Dunkeln ruht. In dem hessischen Franken ist der fränkische Name frühzeitig untergegangen oder hat gegen den uralten volksthümlichen Namen der Hessen nie recht Wurzel schlagen können. In dem rheinischen Franken ist er gleichfalls bald durch den mit einer eigenthümlichen Bedeutung dort hervortretenden Namen der Pfalz verdrängt worden, und am untern Rhein, in dem Gebiete des fränkischen Ripuariens, hat er noch früher dem Namen Lothringen weichen müssen. Und doch ist derselbe grade hier, wo jetzt aus den Gebieten der drei Herzogthümer Jülich, Kleve und Berg in Verbindung mit dem Erzstifte Köln eine neue preußische Provinz erwachsen ist, wahrhaft zu Hause, und könnte für diese noch namenlose Provinz am besten wieder hergestellt werden, wenn man nicht den alten Namen Ripuarien für dieselbe erneuern wollte.

Der Name Lothringen ist zwar von keinem deutschen Stamme ausgegangen, hat aber seit dem karolingischen Zeitalter sich eine landschaftliche Bedeutung in den westrheinischen Gauen Deutschlands errungen, in welchen er dann später einen merkwürdigen Kampf mit dem Namen Burgund zu bestehen gehabt hat. Zwar gehört der burgundische Stamm nicht mehr der deutschen Geschichte im engern Sinne an, aber als Nachbarstamm der eigentlich deutschen Stämme und mit ihnen in vielfacher politischer Verbindung stehend ist das Volk der Burgunden und ihr Name für die deutsche Geschichte in den rheinischen Gebieten doch immer von der größten Bedeutung gewesen, und erfordert in allen Jahrhunderten der deutschen Geschichte eine besondere Berücksichtigung. In einer eigenthümlichen Beweglichkeit begriffen, hat sich der Name Burgunds durch die ganze Zeit des Mittelalters und selbst bis auf die neuere Zeit immer von dem Mündungslande der Rhone nordwärts bis zum Mündungslande des Rhein ausgebreitet, hat den lothringischen Namen aus einem großen Theile seines ursprünglichen Bereiches verdrängt, und sich zuletzt noch auf dem Boden des lothringischen Belgiens innerhalb der deutschen Gebiete in dem sogenannten burgundischen Kreise behauptet. Volksthümlich ist jedoch der burgundische Name nur in den zu Frankreich gehörigen Landschaften an dem Jura und an der Saone geblieben, wo er ursprünglich als einheimisch erscheint, und wo er immer in den verschiedensten Gestalten im Mittelalter sich geltend gemacht hat. Dort am Jura lag auch die echt deutsche Pfalzgrafschaft Burgund, deren Ueberreste vor noch nicht zwei Jahrhunderten dem deutschen Reiche erst durch die Franzosen geraubt worden sind.

Eben so hatte sich Deutschland bis auf die neuern Zeiten in dem obern Mosellande ein Herzogthum Lothringen erhalten. Erst seit einem Jahrhundert ist der Name Lothringen für Deutschland durch die Franzosen verloren gegangen, und gehört dort an der obern Mosel nur dem französischen Reiche an. In dem untern Maaslande aber, im Norden der Ardennen, ist der lothringische Name schon seit dem Mittelalter von dem burgundischen verdrängt worden, und auch dieser hat jetzt wiederum dem alten dort einheimischen und durch alle Jahrhunderte im Munde des Volkes fortlebenden Namen von Belgien weichen müssen. Bekanntlich war es schon ein Prinzip des alten römischen Kaiserthumes auch bei allen Verlusten des Reiches die Namen seiner Provinzen, an welche sich stets so viele Erinnerungen an die Thaten des römischen Volkes knüpften, nicht fahren zu lassen, und auch Deutschland hat das Recht, dem lothringischen Namen, um dessen Gebiete es in dem Mittelalter mit dem westfränkischen Reiche so viel zu kämpfen gehabt hat, für seine Länder nicht zu entsagen. Kaum möchte aber wohl für diejenige preußische Provinz, welche jetzt aus den Gebieten von Trier, Coblenz und Aachen unter dem seltsamen Namen von Nieder-Rhein besteht, eine mehr geeignete Bezeichnung geltend gemacht werden können als die von Lothringen, als dessen Metropolen die Städte Trier und Aachen Jahrhunderte lang gegolten haben.

Mit der historischen Entwickelung der Territorial-Verhältnisse Deutschlands aus seinen ältern volksthümlichen Gebieten im Mittelalter hängt aber genau das genealogische Element zusammen, welches hier als der zweite oder dritte Hauptgesichtspunkt festgehalten worden ist. Denn so wie jene alten National-Herzogthümer nur durch die großen fürstlichen Geschlechter in ihnen ihr Bestehen und ihre Bedeutung hatten, so haben sich die nachmaligen kleinern Territorien durch die in jenen hervortretenden niedern fürstlichen Geschlechter gebildet, und eine geographisch-ethnographische Geschichte des deutschen Volksstammes ist ohne eine Anknüpfung an die Schicksale und die Verbreitung und Verzweigung der fürstlichen und herzoglichen Geschlechter nicht mit Bestimmtheit und Klarheit zu verfolgen. Auch gewährt es dabei noch immer ein eigenthümliches Interesse zu erkennen, wie die heut zu Tage in den deutschen Ländern herrschenden Fürstengeschlechter, deren Anzahl sich auf ungefähr siebzehn beläuft, wenn man von der hypothetischen Verwandtschaft einiger derselben absieht und die zu einem und demselben Stamme gehörigen zusammenfaßt, allmählig in der Geschichte hervorgetreten sind, und wie sie die Herrschaft in den verschiedenen Gauen Deutschlands in der Gestalt errungen haben, wie es der heutige Zustand des deutschen Bundes zeigt.

Der ältesten deutschen Geschichte gehören nur die drei Fürstengeschlechter der baierschen Agilolfingen und der fränkischen Merowingen und der Karolingen an. Für die eigentlich mittelaltrige Zeit der deutschen Geschichte nach dem Abgange der Karolingen sind es aber fünf große Heldengeschlechter, an deren Schicksale sich auch die Geschichte der deutschen Stämme und des deutschen Volkes im Allgemeinen knüpft. Dies sind die sächsischen Ludolfingen, die fränkischen Konradingen in ihren beiden Linien in Hessen und am Rhein, die fränkischen Babenberger, die schwäbisch-baierschen Welfen und vor allen die schwäbischen Hohenstaufen, welche das glorreichste Fürstengeschlecht des deutschen Volksstammes und der neuern Welt überhaupt bilden, und an sie schließen sich noch von untergeordneter Art an die sächsischen Billungen, die schwäbischen Zäringer, die baierschen Scheiern, das landgräfliche Geschlecht in Thüringen, die sächsischen Askanier, die Wettiner und einige andere. Aber fast alle jene ältern deutschen Heldengeschlechter sind auch seit dem Falle der Hohenstaufen erloschen, und nur einige der heutigen fürstlichen Geschlechter in Deutschland knüpfen ihren Ursprung noch an jene ältern an. Mit dem Hervortreten der schwäbischen Habsburger, welche ein halbes Jahrtausend lang eine der ersten Stellen unter den deutschen Fürsten eingenommen haben, beginnt das Zeitalter der jüngern deutschen Fürstengeschlechter, obschon jetzt auch jene Habsburger wieder vom Schauplatze der Geschichte abgetreten sind, wie ihn ihre alten Rivalen, die Luxemburger, welche nur ein volles Jahrhundert in den letztern Zeiten des Mittelalters unter den deutschen Fürstengeschlechtern in hohem Ansehn standen, schon vor vier Jahrhunderten oder um die Zeit verlassen haben, als die fränkischen Hohenzollern zuerst den Ruhm ihres Hauses zu begründen begannen. Die beiden Geschlechter der Welfen und der baierschen Wittelsbacher sind es allein, welche sich aus der ältern hohenstaufenschen Zeit noch mit einiger Bedeutsamkeit in die neuere Zeit hineingezogen haben.

Die heutigen eilf größern fürstlichen Geschlechter auf dem Boden Deutschlands, welche für unsere Darstellung besonders in Betracht kämen, wären folgende. Zuerst die sechs königlichen Geschlechter der Lothringer in Oestreich, der Hohenzollern in Preußen, der Wittelsbacher in Baiern, der Welfen in Hannover und Braunschweig, der Wettiner in Sachsen und Thüringen und der Beutelsbacher in Würtemberg, und sodann die fünf großherzoglichen und herzoglichen Geschlechter der Zäringer in Baden, der Brabanter in Hessen, der Oldenburger in Oldenburg und Holstein, der Nassauer in Nassau und Luxemburg und der Askanier in Anhalt. An sie reihen sich noch die fünf untergeordneten fürstlichen Häuser der thüringischen Schwarzburger, der schwäbischen Hohenzollern und die von Lippe, Waldeck und Reuß. Sie gehören sämmtlich in ihrem ersten historischen Hervortreten dem alten klassischen Boden von Deutschland an. Noch ist dann aber das fürstliche Geschlecht der Meklenburger zu nennen, welches auf dem wendischen Boden von Deutschland herrschend das einzige unter den Fürstenhäusern des neuern Deutschlands ist, welches nicht deutschen Stammes sondern wendischen Ursprunges ist. Für die allgemeine Entwickelung des volksthümlichen Lebens in Deutschland ist es immer nur von untergeordneter Art gewesen. Auch ist es eine auffallende Erscheinung, daß aus diesem Geschlechte nie ein großartiger Fürst hervorgegangen ist, woran es doch selbst auch bei den kleinern echt deutschen Fürstengeschlechtern nie ganz gemangelt hat. Es theilt aber jenes Fürstenhaus diese Erscheinung mit dem nun schon vor zwei Jahrhunderten erloschenen alten pommerschen Fürstenhause, welches gleichfalls dem slavisch-wendischen Stamme angehörte.

Was nun die Form dieses Werkes anbetrifft, so ermangelt dasselbe allerdings eines streng gelehrten Charakters, wenn gleich es den einer wissenschaftlichen Arbeit im Allgemeinen nicht verläugnen wird. Es war aber von Anfang an meine bestimmte Absicht dieser Arbeit eben diesen Charakter zu verleihen, durch welchen sie sich, ohne ihre wissenschaftliche Bedeutung zu verlieren, auch einem größern Kreise von Lesern empfehlen könnte. Denn auf gewisse Weise sollte sie als Ergänzung und Erläuterung für alle die größern Werke dienen, welche die neuere Litteratur über die Geschichte unseres deutschen Vaterlandes besitzt. Auch erhellt es wohl leicht, daß es keine großen Schwierigkeiten hätte verursachen können, wenn ich ein blos dem äußern Anschein nach gelehrtes Werk hätte liefern wollen, da sich ein solches nach den schon vorhandenen gelehrten Arbeiten über die deutsche Geschichte und vornehmlich auf Grundlage des Werkes von Mascou, aus dem ja schon so manche Werke dieser Art eigentlich hervorgegangen sind, bald hätte zu Stande bringen lassen. Daher bedarf es kaum einer weitern Bemerkung, daß die hier beigebrachten Citate nicht als Beweisstellen für die im Texte behandelten Gegenstände dienen sollen, vielmehr ist es der Zweck derselben nur auf diejenigen neuern und bessern Arbeiten hinzuweisen, in welchen man über die jedesmal in Betracht kommenden Verhältnisse eine ausführlichere Belehrung oder wo man entweder eine mit meiner Auffassung der Sachen übereinstimmende oder von ihr abweichende Annahme angegeben findet. Und absichtlich habe ich dabei so viel wie möglich alle diejenigen Arbeiten benutzt, welche ich für die in der neuern Zeit tüchtigsten und besten für die allgemeine und specielle Geschichte der deutschen Gebiete halten zu müssen glaubte.

Vornehmlich aber kam es mir darauf an, wie schon oben bemerkt ist, bei den zur Zeit noch ganz im Dunkeln liegenden oder zu den vornehmsten Streitfragen in der deutschen Geschichte gehörenden Verhältnissen die verschiedenen Auffassungen der neuern ausgezeichneten Geschichtsforscher und gewissermaßen eine genetische Entwickelung ihrer Hypothesen zu geben, um den Zustand jener Verhältnisse mit einem Blicke übersehen und würdigen zu können. Läugnen will ich nicht, daß diese Arbeit dadurch an vielen Stellen, wo ich die verschiedenen Auffassungen in dieser Beziehung zu vereinigen und auszugleichen suchte, einen eklektischen Charakter gewinnt, obschon dies in vielen Fällen nicht grade zum Nachtheil der wahren Erkenntniß der Verhältnisse gereichen möchte. Durch die Anführung und ausführliche Mittheilung der Stellen aus den alten Autoren selbst schien mir aber, zumal für den ersten Theil dieses Werkes, eben nichts wesentliches gewonnen zu werden. Denn abgesehen davon, daß die Quellen für die in diesem ersten Theile behandelte Zeit allgemein bekannt und zugänglich sind, kam es weniger darauf an zu wissen, was der Inhalt der jedesmal in Betracht kommenden Stelle sei und wo man solche zu suchen habe, als vielmehr darauf, wie man den Inhalt aufzufassen und zu erklären habe, da man aus den vorliegenden Angaben der Alten bisher immer die verschiedenartigsten Auslegungen gegeben hat. Nur bei dem hier behandelten Abschnitte über das römische Germanien, wo es sich um neuere Untersuchungen an Ort und Stelle handelt, sollen die Citate als aus den hier allein offen stehenden Quellen entnommen als wirkliche Beweise für die mitgetheilten Thatsachen gelten.

Nun habe ich aber in dieser Beziehung noch zu bemerken, daß diese ganze Arbeit, welche auf ungefähr vier bis fünf Theile berechnet ist, nur als eine ganz allgemeine Grundlage oder als eine Einleitung zu den speciellen Arbeiten betrachtet werden möge, welche sich über die besondern Theile der deutschen Geschichte von dem geographischen und ethnographischen Standpunkte aus zu veröffentlichen beabsichtige, so wie dieser erste Theil eben nur als die Einleitung zu dem eigentlich hier in Betracht kommenden Gegenstande angesehen werden kann. Darum konnte ich aber auch um so mehr veranlaßt werden sowohl hier bei diesem ersten Theile als bei dieser ganzen nur im Allgemeinen sich haltenden Vorarbeit einen streng gelehrten Charakter zu vermeiden, und erst die spätern speciellen Arbeiten werden es nachweisen müssen, ob meine Kräfte ausreichen einen solchen Gegenstand nach den Quellen genügend zu behandeln. Was jene speciellen Arbeiten anbetrifft, in welchen ich unser deutsches Vaterland zum Theil nach seinen Naturgebieten, etwa nach Art meiner Schrift über das Stromsystem der Wolga, zu behandeln denke, so liegen mir dergleichen theilweise schon vor wie z. B. über die obern Rheinlande oder über Helvetien, Hohenrhätien und Schwaben im Mittelalter, und ähnliche Arbeiten und Untersuchungen habe ich über die Geschichte der westrheinisch-deutschen Gebiete begonnen, deren historisch-ethnographische Verhältnisse noch so sehr im Dunkeln liegen und daher mein Interesse ganz besonders auf sich zogen. Ueberhaupt haben aber die rheinischen Geschichten Germaniens grade in der jüngern Zeit vielfach die Aufmerksamkeit und die Beschäftigung der Freunde der vaterländischen Geschichte in Anspruch genommen, woraus die hohe Bedeutung derselben für die deutsche Geschichte im Allgemeinen und das Interesse, das sie einflößen müssen, sich klar genug zu erkennen giebt.

Daß übrigens diese Arbeit sich zunächst nur auf die Zeit des Mittelalters erstrecken soll, hat seinen natürlichen Grund darin, weil schon am Ende jener Zeit alle Territorial-Verhältnisse auf dem deutschen Boden im Wesentlichen so durchgebildet waren, wie sie bis auf die jüngste Umwälzungszeit die Grundlage für den innern politischen Zustand von Deutschland geblieben sind. Eine weitere Ausführung dieses Gegenstandes durch die neuere Zeit von der Reformation an bis auf die Zeit des Friedens von Luneville und des Kongresses von Wien könnte sich vielleicht später noch daran anschließen.

Noch kann im Allgemeinen bemerkt werden, daß diese Arbeit als ein Kommentar oder als eine zusammenhängende historische Erläuterung zu dem bekannten historischen Atlas Spruner's von Deutschland zu betrachten ist, da es für dieses verdienstvolle Chartenwerk, das selbst nach Kruse's früherer Arbeit immer als das erste in seiner Art bezeichnet werden muß, an einer solchen Erklärung fehlte, wie sie zu dem wahren Verständniß desselben unumgänglich nothwendig ist. War es auch anfangs meine Absicht diesen Theil mit einer eigenen Charte auszustatten, auf welcher vornehmlich die Sitze der ältesten kleinen deutschen Stammvölker auf dem klassischen Boden von Deutschland genau bestimmt werden sollten, weil die Charten von Spruner weder überall als ausreichend noch auch in jeder Beziehung der Kritik als genügend erscheinen möchten, so mußte dies vorläufig wenigstens noch aufgeschoben werden.

Was die Fortsetzung dieser Arbeit anbelangt, so soll der zweite Theil derselben im nächsten Jahre erfolgen; es würde derselbe die zweite Periode dieser Geschichte bis zur Begründung des deutschen Reiches durch die sächsischen Fürsten am Anfange des zehnten Jahrhunderts umfassen, und soll am Schlusse jenes Zeitraumes zugleich eine vollständige Uebersicht über die Gaugeographie und über die kirchliche Geographie Deutschlands im Mittelalter geben. Ich kann daher nur wünschen, daß diese Arbeit als ihrem Zwecke entsprechend sich erweisen, und daß sie zur Befriedigung eines wissenschaftlichen Bedürfnisses nach dem für sie genommenen Standpunkte beitragen möge.

Berlin, im July 1840.

Inhaltsverzeichniß.

Einleitung.

Erste Periode.

Erster Abschnitt.

Zweiter Abschnitt.

Das Heimathsland des deutschen Volkes, auf dessen Boden sich aus den verschiedenen Stämmen desselben die Reihe von größern und kleinern Staaten ausgebildet hat, welche jetzt von dem deutschen Bunde umfaßt werden, gehört nach seinen natürlichen wie nach seinen historisch-ethnographischen Verhältnissen zu den wichtigsten Theilen von Europa. Zwar finden wir Deutschland nicht in der Reihe jener drei schönen Halbinseln, welche den Süden des europäischen Erdtheiles bilden, und welche von der Natur mit ihren reichsten Gaben ausgestattet von je an die leuchtenden Glanzpunkte der alten Welt und die Hauptschauplätze der Völkerentwickelung in der vorchristlichen Zeit gewesen sind. Aber wenn Deutschland im Verhältniß zu jenen auch dem mehr rauhen und weniger reichen Norden angehört, so hat es dafür andere Gaben und Vorzüge von der Natur erhalten, wie dies schon aus der so reichen und wichtigen historischen Entwickelung der Völker auf seinem Boden nothwendig hervorgeht.

Während jene drei Halbinseln des europäischen Südens mehr oder minder eine Beziehung zu den beiden andern Erdtheilen der alten Welt zum asiatischen Orient und zum afrikanischen Süden haben, gehört Deutschland nur allein dem europäischen Abendlande oder dem Heimathslande der gebildetsten Völker der Erde an, und nur Italien nähert sich von jenen südeuropäischen Ländern dem Charakter Deutschlands rücksichtlich seiner Weltstellung. Durch Italien steht

Deutschland auch allein mit dem Süden in Verbindung, und so wie Italien sein wesentlichstes Verhältniß zu Deutschland hat, so ist durch alle Jahrhunderte hindurch die Entwickelung des Völkerlebens in Deutschland durch die Beziehung auf Italien bestimmt worden. Aber Deutschland ist nicht blos ein echt europäisches Land, es ist das eigentliche Centralland von Europa, wodurch die vielfach gespaltenen Glieder dieses Erdtheiles zu einer wahrhaften Einheit zusammengeschlossen werden. Denn Deutschland verknüpft nicht nur den Süden Europas durch die italische Halbinsel mit dem skandinavischen Norden durch die dänische Halbinsel, sondern, indem es die Natur des gebirgigen West-Europa mit der Natur des flachen Ost-Europa in sich vereinigt, verknüpft es auch die gebirgigen atlantischen Länder im Westen mit den weiten sarmatischen Ebenen im Osten.

Diese eigenthümliche Weltstellung in der Mitte aller Ländertheile Europas hat dem deutschen Boden vornehmlich zu einer so reichen historischen Entwickelung verholfen und ihm während des Mittelalters in einer mehr als tausendjährigen Zeit seinen Einfluß auf die übrigen Theile Europas gesichert. Dazu kommt noch das besondere Verhältniß, daß Deutschland nicht auf solche Weise das Centralland Europas bildet, daß es nicht auch auf das bestimmteste von allen übrigen Ländern wieder geschieden wäre und sich als ein selbstständiges Glied in dem Gesammtorganismus dieses Erdtheiles darstellte. Die zwiefachen Meere, welche Deutschland auf der Nordseite unmittelbar bespülen und auf der Südseite ihm nahe benachbart liegen, sind als eben so viele Naturgrenzen wie auch als verbindende Glieder mit den übrigen Theilen zu betrachten. Das Alpensystem, diese große Naturgrenze Deutschlands gegen Italien, liegt seinem größern Theile nach wesentlich auf deutschem Boden, und bildet den Kern nicht nur von ganz Europa sondern vornehmlich auch von Deutschland. Die Lage dieses europäischen Centralgebirges auf der südlichen Seite Deutschlands bestimmt wiederum näher die kosmische Weltstellung dieses Theiles von Europa im Verhältniß zu der vorhin berührten tellurischen oder geographischen.

Denn Deutschland, schon an sich aus dem Kreise der Halbinseln des europäischen Südens herausgerückt, muß um so mehr im Gegensatz gegen dieselben einem Norden angehören, als die mit jenem Hochgebirgslande verknüpfte polarische Zone seinen Süden beherrscht. Das italische Halbinselland, an dessen Nordseite das Alpensystem liegt, erstreckt sich von der polarischen Zone desselben weit gegen Süden fast in die tropische Zone hinein und hat schon Antheil an vielen Erscheinungen des Südens der alten Welt. Bei Deutschland mußte dagegen bei seiner Ausbreitung von dem Alpengebirge nordwärts bis zu den baltischen Gestaden, die sich nur wenig über den Spiegel des Meeres erheben, eine völlige Umkehrung der klimatischen Verhältnisse eintreten, und wenn der Norden Deutschlands auch grade nicht ein milderes Klima als sein Süden zeigt, so mußte doch dadurch eine größere Gleichartigkeit aller klimatischen und der damit zusammenhängenden vegetativen Verhältnisse bewirkt werden. Wenigstens zeigen sich auf dem deutschen Boden nicht die großen Kontraste, welche uns auf dem Gebiete des italischen Halbinsellandes in seinem Norden und Süden entgegentreten. Der Einfluß davon auf die Entwikkelung des Völkerlebens ist in der Geschichte klar genug ausgesprochen.

Diese größere Gleichartigkeit der klimatischen Verhältnisse Deutschlands hängt wieder mit einer andern merkwürdigen Eigenthümlichkeit seines Bodens zusammen. Während alle übrigen Theile von Europa mehr oder weniger eine in ihnen vorherrschende Naturform der Oberflächenbildung der Erde haben, zeichnet sich Deutschland durch die größte Mannigfaltigkeit derselben aus. So wie schon Europa überhaupt, im Verhältniß zu den übrigen Erdtheilen, keinen constanten Naturtypus in sich zeigt, welcher dominirend hervorragte, sondern alle Formen der Oberflächenbildung der Erde in sich vereinigt und zu einem harmonischen, mannigfach in sich bestimmten Ganzen verknüpft, so trägt diesen Charakter in Europa vorzugsweise wiederum der deutsche Boden. Man findet hier die größte Abwechselung harmonisch geordneter Naturformen von Hochgebirgsländern, Tafelländern, Stufenländern mit den verschiedenartigsten Stromsystemen, ferner Gebirgssysteme der mannigfaltigsten Art und große Flachebenen. Wenn daher Europa den vollendetsten Typus der Erdoberflächenbildung giebt, so zeigt wiederum Deutschland als das Herz von Europa die Vollendung dessen, was die Natur in dem plastischen Bau der Erdoberfläche hat hervorbringen können.

Demnach darf es auch nicht befremden, daß sich die neuere Geognosie wesentlich auf deutschem Boden ausgebildet hat und von hier aus ein Gemeingut der übrigen europäischen Völker geworden ist, und indem man in dem Alpengebirge zuerst anfing den Bau der Erde zu studiren, ging daraus auch zuerst eine wissenschaftliche Geologie hervor. Deutschland ist die Heimath des wissenschaftlich betriebenen Bergbaues, und wenn auch schon manche andere Völker selbst in den uraltesten Zeiten Bergbau betrieben haben, wie die alten Tschuden am Ural und Altai, so unterscheidet sich von deren Bearbeitung der Grubenwerke doch wesentlich die der deutschen Völker, welche allen Nationen darin zum Muster gedient haben. Und so wie die Goldgruben der neuen Welt in Peru und Mexico durch deutsche Bergleute haben eröffnet werden müssen, so sind auch in der alten Welt die reichen Gold- und Erzgruben in jenem sibirischen Norden erst durch deutsche Bergleute wieder entdeckt und wahrhaft aufgeschlossen worden.

Nicht minder merkwürdig ist der Boden Deutschlands durch seine historisch-ethnographischen Verhältnisse. Denn so wie Europa überhaupt die Heimath und der Entwickelungsschauplatz der indogermanischen Völker genannt werden muß, welche sich vor allen übrigen Völkern der Erde durch einen eigenthümlichen höhern Adel auszeichnen, so ist Deutschland wiederum der Entwickelungsschauplatz des edelsten Zweiges dieses großen Volksstammes oder des germanisch-deutschen Stammes, von welchem alle übrigen modernen Kulturvölker Europas mehr oder weniger ausgegangen sind. Zwar hat man versucht die Spuren und Anfänge des germanisch-deutschen Volksstammes bis in das Innere von Asien als dem gemeinsamen Mutterlande der Menschheit zurück zu verfolgen, aber alles was die germanisch-deutschen Völker ihrer eigentlichen Natur nach sind, nach ihrem gesammten eigenthümlichen Leben in politischer und intellektueller Beziehung, das sind sie erst auf dem deutschen Grund und Boden.

In den Wäldern Germaniens zwischen dem Rhein und der Donau bildete sich zu der Zeit, als die mächtigste und gewaltigste Herrschaft, welche jemals die Welt gesehen, die der römischen Imperatoren nach ihren materiellen und geistigen Hülfsmitteln in Blüthe stand, dasjenige Leben aus, von welchem einige Jahrhunderte später die gesammte Welt umgestaltet und erneuert werden sollte. Die glanzvolle römische Welt hat die eigenthümliche Schmach erlitten von Barbaren vernichtet zu werden, aber grade diese Barbaren wurden die Träger des neuen geistigen Lebens, welches in der christlichen Religion der Welt aufgegangen war, und welches nur vorläufig unter der Obhut der griechisch-römischen Welt hatte erstarken sollen, um seinem Wesen nach ungefährdet an jene eigentlichen Organe des göttlichen Geistes überzugehen. In den Wäldern Germaniens zeigen sich die ersten Anfänge von dem Gefolgewesen und dem Lehnssystem, welche als eine höhere Form des politischen Lebens im Verhältniß zu allen bisher von Griechen und Römern entwickelten Staatsformen über ein Jahrtausend den Charakter der abendländischen Welt in politischer Beziehung bilden sollten.

Der Kern, der in der Zeit der Völkerwanderung auf dem deutschen Boden zurückgebliebenen germanisch-deutschen

Stämme bildete auch fortan den Mittelpunkt der gesammten Entwickelung der christlich-germanischen Welt. Von dem Boden Deutschlands ging die Erneuerung des römischen Weltreiches aus in dem heiligen römischen Reiche durch die echt deutschen Karolingen, und bei der zweiten Erneuerung desselben durch die Sachsen wurde der alte Boden Germaniens der eigentliche Sitz des römisch-deutschen Kaiserthums. Diese Zeit des Mittelalters ist die Glanzperiode des deutschen Landes und Volkes unter der glorreichen Herrschaft der drei Kaiserhäuser der Ottonen, Salier und Hohenstaufen aus den drei edelsten echt deutschen Stämmen der Sachsen, Franken und Schwaben, welche nach einander die Weltherrschaft geführt haben. Diese Zeit ist das Heldenalter der deutschen Nation zu nennen.

Das römisch-deutsche Reich war auf ein Jahrtausend lang das herrschende in Europa, gegen welches alle übrigen Reiche germanischen Ursprunges im Abendlande in eine untergeordnete Stellung traten. Seine Geschichte ist die gesammte abendländische Geschichte oder die allgemeine Geschichte, deren Bedeutung damit für immer gesichert ist. Denn auf deutschem Boden haben sich vornehmlich die päpstliche Hierarchie und das Lehnssystem, die beiden großen Formen des religiösen und politischen Lebens der Menschheit im Mittelalter, entfaltet. Von der deutschen Kirche ist eigentlich die Begründung der päpstlichen Hierarchie im Abendlande ausgegangen als das nothwendige und vernünftige Bildungsmittel in der Erziehung der noch rohen Völker; aber dieselben Deutschen, welche diese Zucht der Welt gaben, haben diese Zucht in der Fülle der Zeit, als ihr Zweck erreicht war, wieder abgelegt und aufgehoben. Die große Kirchenreformation, welche das Heldenalter der deutschen Nation völlig abschließt, ist die größte That des deutschen Volkes, die höchste Entfaltung des Geistes in seiner Freiheit.

Somit erhellt, daß der germanisch-deutsche Boden das Land der allgemeinen Interessen ist, der Interessen der allgemeinen Bildung in politischer und intellektueller Beziehung. Die römisch-deutschen Kaiser sind die Verfechter dieser allgemeinen Interessen, welche sich in der Vorstellung von dem Reiche aussprechen. Doch erklärt es sich daraus auch zugleich, daß diese Kaiser bei aller ihrer Machtfülle es nicht dahin haben bringen können, wohin es die untergeordneten Könige der übrigen germanischen Reiche gebracht haben. Aber wenn auch jene Kaiser selbst zu Grunde gegangen sind, so ist doch das, was sie in der langen Zeit des Mittelalters erarbeitet haben, ein Gemeingut der modernen europäischen Könige und Herrscher und die gesammte sittliche Grundlage ihrer Macht geworden. Für das Allgemeine hat Deutschland im Mittelalter gearbeitet, darum stand es an der Spitze der Weltentwickelung mit seinem Kaiser und mit dem von ihm emporgehobenen Papste. Deutschland ist das Land der Allgemeinheit, und das Allgemeine ist die Grundbestimmung des deutschen Charakters. Das Allgemeine ist aber seiner Wahrheit nach der Gedanke, und so wie derselbe in der Religion zum Inhalt kommt, so kommt er in der Philosophie zu der ihm angemessenen Form, und beide, die Religion und die Philosophie, haben in der modernen Welt ihre Entwickelungsstufen wiederum nur bei dem deutschen Volke durchgemacht. Aber diese Form der Allgemeinheit des deutschen Charakters ist nicht die abstrakte, sondern wesentlich die concrete Allgemeinheit, welche die Besonderung und Vereinzelung in sich enthält. Und wenn es in der Geschichte nicht selten den Anschein hat, als hätten die Deutschen das Besondere über dem Allgemeinen vergessen, so hat man dagegen nicht minder mit Recht behauptet, daß die Deutschen meistens das Allgemeine über dem Besondern vergessen hätten. Der äußere Zustand der deutschen Nation in fast jeder Zeit scheint das zu bestätigen.

Denn keins unter den europäischen Völkern ist mehr in sich gespalten und getheilt und gliedert sich selbst mehr in sich als das deutsche, und bei aller sonstigen Gemeinsamkeit im Leben und in der Gesinnung tritt diese Vereinzelung so charakteristisch hervor, daß sie in der ursprünglichen Naturanlage der Germanen begründet sein muß. So wie die Germanen von Anfang an in einer großen Anzahl kleiner Stämme auftreten, so hat sich auch bei der spätern Vereinigung derselben zu größern gemeinschaftlichen Waffenbündnissen und Völkerstämmen die ursprüngliche Zerspaltung immer erhalten, und die eigenthümlichen Naturverhältnisse des deutschen Bodens trugen dazu bei, die größern Stammgenossenschaften in ihrer spröden Selbstständigkeit gegen einander zu bewahren. Dieselben deutschen Völkerstämme, welche Karl der Große in den Verband seiner Weltherrschaft hineinzog, standen noch eben so getrennt und selbst feindselig einander gegenüber, als die Fürsten aus dem Stamme der Sachsen das römisch-deutsche Reich begründeten, und wenn sie im Verlaufe der Zeit auch ihre natürliche Absonderung gegen einander innerhalb eines und desselben Staates aufgeben mußten, so traten wieder andere Zertheilungen ein, welche anscheinend noch unheilvoller werden mußten. Indessen grade diese Zerspaltung nach dem Falle der mächtigen Kaiser aus dem Stamme der Schwaben war dem deutschen Leben höchst förderlich, sie hat die geistige Befreiung der Deutschen am Ende des Mittelalters eigentlich vorbereitet durch die allgemeine Aufregung der Kräfte und durch die Verallgemeinerung der Bildung. Das Reich dieser Welt ging zwar für die Deutschen verloren, aber bei der immer bedeutender hervortretenden innern, ideellen Einheit wurden die größten Eroberungen und Entdeckungen in dem Reiche des geistigen Lebens gemacht, und grade die letzten Zeiten des Mittelalters gehören zu den wichtigsten und selbst auch glorreichsten der deutschen Geschichte.

Es erhellt also, daß bei aller Allgemeinheit, welche sich in dem Wesen und Charakter des deutschen Volkes ausspricht, die Besonderung und Individualisirung im Aeußern immer nebenhergeht, und diese mußte nothwendig auf die Allgemeinheit des geistigen Lebens zurückwirken. Daraus erklärt sich der eigenthümliche republikanische Sinn bei den deutschen Völkern in intellektueller Beziehung bei der größten Anhänglichkeit und Liebe zu ihren alten Fürstengeschlechtern. Die Deutschen sind Republikaner zu nennen in der Religion und Wissenschaft, während das monarchische Prinzip in politischer Beziehung zu jeder Zeit das herrschende bei ihnen gewesen ist. Der Republikanismus in intellektueller Beziehung ist auch der Grundcharakter des gesammten Protestantismus mit seinem kirchlichen und wissenschaftlichen Leben, wodurch er sich von der römischen Kirche wesentlich unterscheidet.

Die Gliederung des deutschen Volkes in seine fünf oder sechs Hauptstämme der Franken und Sachsen mit den Friesen, der Thüringer und der Schwaben und Baiern und das Verhältniß derselben zu einander innerhalb des deutschen Reiches, wie dasselbe nach dem Abgange der Karolingen sich bildete, zeigt uns den eigentlichen Mittelpunkt in der politischen Entwickelung des deutschen Volkes im Mittelalter. Die Neutralisation dieser Stämme in ihrer spröden Natürlichkeit, um bei der immer bestehen bleibenden und auch anerkannten Mannigfaltigkeit und Individualisirung ein gemeinsames deutsches Volksthum zu erzeugen, wie es die neuere Geschichte gezeigt hat, war einer der Zwecke der politischen Entwickelung dieses Volkes. Grade hierin liegt ein Hauptinteresse, welches man an der Geschichte des deutschen Volkes in jener Zeit zu nehmen genöthigt ist. Indem wir aber fragen, wie diese Stämme, welche erst im Verlauf der Geschichte auf dem deutschen Boden auftreten, sich gebildet haben, müssen wir auf die ältesten Völkerverhältnisse Germaniens in der römischen Zeit zurückgehen, und durch eine genauere Betrachtung derselben wird sich ergeben, daß eine genügende Einsicht in den Zustand und die Verhältnisse der spätern deutschen Stämme erst ein Resultat der sichern

Erkenntniß des ursprünglichen Zustandes der kleinen deutschen Völker und Stämme in jenem römischen Zeitalter sein kann.

Es scheinen nun zwar jene Stammunterschiede durch den Verlauf der historischen Entwickelung in Deutschland ganz aufgehoben zu sein, dennoch sind die Spuren davon in der Verbreitung der deutschen Dialekte noch immer kenntlich genug und zeigen uns trotz aller jetzt bestehenden Zersplitterung Deutschlands noch die Gebiete der alten deutschen Stämme des Mittelalters. Nur ist dabei zu berücksichtigen, daß sich diese Stämme und ihre Dialekte erst historisch gebildet haben, oder daß sie erst durch den Prozeß der deutschen Stammelemente mit einander entstanden sind, so daß sie zwar in einer gewissen Beziehung schon zu den ältesten kleinen deutschen Völkern stehen, aber ihre später bestehende Gestalt, Ausdehnung und Durchbildung erst in den Jahrhunderten empfangen haben, welche den Untergang der römischen Weltherrschaft im Abendlande bezeichnen. Wenn daher heut zu Tage der Unterschied zwischen den Ober-Deutschen und Nieder-Deutschen in den Stämmen und ihren Dialekten auf dem Boden Deutschlands noch so erkennbar ist und dieser Unterschied im Mittelalter so dominirend in der Geschichte hervortritt, so kann derselbe aus historischen Gründen doch keineswegs so unbedingt an die ältesten deutschen Völker angeknüpft werden, als wie es in neuern Zeiten oft geschehen ist. Die vielfachen Veränderungen in dem Verhältnisse der deutschen Völker zu einander vor und während jener genannten Zeit müssen nothwendig wie auf die Gestaltung der spätern deutschen Stämme so auch auf die Umwandlung ihrer Dialekte einen großen Einfluß ausgeübt haben.

Noch jetzt zeigt sich in dem nordwestlichen Nieder-Deutschland ein gemeinsamer großer Sprachstamm verbreitet, welcher aus den Umgebungen von Göttingen und Duderstadt an der obern Leine im Eichsfelde auf der Ostseite, und von dem Thale der Diemel auf der Westseite der Weser an diesem Strom hinab bis zum Meere, und jenseit des Harzes von der Elbe im Osten bis zum Deltalande des Rheins westwärts hinüberreicht und sich dann auch über die Gebiete auf der Ostseite der untern Elbe ausgedehnt hat. Es ist dies die Sprache der Sachsen, das Niederdeutsche oder der niedersächsische Dialekt der spätern Zeit, woran sich das Friesische und die Sprache der jüngern Holländer eng anschließt, so wie das Englische und Skandinavische noch immer seine alte Verwandtschaft mit demselben beurkundet.

Aber über das ganze Oberland von Deutschland zeigt sich eine andere Sprache verbreitet, deren verschiedene Dialekte sich zwar alle einander näher stehen, jedoch auch hier noch streng von einander geschiedene und scharf abgegrenzte Sprachgebiete bilden. Denn von Kassel und von Fulda an südwärts über den Main hinaus bis nach Karlsruhe am Ober-Rhein und bis nach Stuttgart am mittlern Neckar findet sich der fränkische Sprachstamm verbreitet, welcher auf das Gebiet der deutschen Franken des Mittelalters hinweiset und von Osten nach Westen, von Bamberg am obern Main bis nach Köln und Trier über den Rhein hinausreicht. Auf der Ostseite dieser fränkischen Mundart folgt die zweite mitteldeutsche Mundart zwischen dem Thüringerwalde und dem Harze oder die Sprache der Thüringer, welche unserer Schriftsprache sehr nahe steht. Von der Werra im Westen reichte sie anfangs ostwärts nur bis zur Saale, dem Grenzflusse der Thüringer gegen die Slaven, hat sich aber nach Unterjochung der letztern weiter nach Osten ausgedehnt über das heutige Sachsen und einen Theil der brandenburgischen Marken, wo ihr der Einfluß der niedersächsischen Sprache entgegengetreten ist. Südwärts folgen sodann die beiden oberdeutschen Dialekte. Denn von dem Thale der Murg und von dem obern Neckar breitet sich am Rhein aufwärts bis in die Hochthäler der Alpen die schwäbische oder alemannische Mundart aus, deren Laute von

Straßburg im Elsaß bis nach Augsburg am Lech vernommen werden, und hinter diesem Sprachgebiete der Schwaben folgt in weiter Verbreitung die Volkssprache der Baiern, die von Augsburg und München an der Donau abwärts bis nach Wien sich erstreckt und von dem Stromknie von Regensburg sich bis in das Alpenland von Tyrol hineinzieht. Aber auch die Sprache der Bewohner der Ober-Pfalz am Fichtel-Gebirge und am Böhmer-Walde soll weder zur fränkischen, noch thüringischen, noch schwäbischen, sondern zur baierschen Mundart gehören und dadurch die Beziehung dieses Gebietes (des alten Nordgaues) zum Baierlande beurkunden [1]).

Schon im Allgemeinen schließen sich diese Gebiete der deutschen Mundarten und der ihnen entsprechenden Stämme an die verschiedenen großen Naturformen an, an welche der Boden Deutschlands vertheilt ist. Noch bestimmter aber ist dies der Fall mit den weitern Unterschieden innerhalb ihrer selbst, und dies führt uns zunächst zur genauern Betrachtung der Naturbildung Deutschlands nach seinem eigenthümlichen Terrassenbau von dem Hochgebirge der Alpen bis zu den Niederungen an der deutschen und baltischen Meeresküste.

Die Naturbildung Deutschlands.

Das Alpengebirge, der Kern und der Träger des Baues von dem gesammten westlichen Europa, bildet auch den eigentlichen Kern des deutschen Landes. In seiner mächtigen Ausbreitung von der Mündung der Rhone bis zum mittlern Donau-Laufe und bis zum nordöstlichen Winkel des Adria-Meeres scheidet es die vier schönsten ihm nach den vier Himmelsrichtungen angelagerten Länder von West-Europa

---

1) Zeuß, die Herkunft der Baiern von den Markomannen. München 1839. 8. S. 22.

oder Deutschland und Italien, Frankreich und Ungarn. Von seinen Riesenhöhen, die mit ewigen Schneefeldern und Gletschermassen bedeckt sind, ergießen sich die vier mächtigsten Ströme herab, welche wie der Rhein und die Donau, der Po und die Rhone die Landschaften des westlichen Europa bewässern und befruchten. An seiner Nordseite liegen, terrassenförmig sich abdachend, längs der Ufer des Rheins und der Donau, die Gaue Germaniens. Das Gebirge selbst gehört nach seinen wichtigsten Theilen noch zum germanischen Gebiete. Denn die sogenannten Centralalpen von dem Montblanc bis zum Groß-Glockner waren, mit wenigen Ausnahmen, schon im Mittelalter von Schwaben und Baiern bevölkert bis dahin, wo sich in die Thäler des Südabhanges dieses Gebirges die welsche Bevölkerung der Lombarden eingedrängt hatte; und nur in dem Quellgebiet des Rheins und des Inn in den Alpenthälern zwischen dem St. Gotthard und dem hohen Ortles (in den rhätischen Alpen) finden wir den mit der ältern gallischen Urbevölkerung im Zusammenhange stehenden Stamm der Romanen in einer etwas größern Ausdehnung als noch jetzt. Aber so weit das Gebirge seinen grandiosen Alpencharakter trägt, so weit zeigt sich seit der ältern Zeit des Mittelalters germanische Bevölkerung.

Die Ostalpen dagegen, welche durch die beiden großen Flügel gebildet werden, die von dem Groß-Glockner auf der Ostgrenze Tyrols sich nordostwärts bis zur Donau bei Wien und südostwärts bis zur Halbinsel Istriens hinziehen und dort im Alterthum die norischen Alpen, hier die karnischen und julischen Alpen genannt wurden, sind als eine frühere Heimath slavischer Völker erst im Laufe der Zeit für den Boden Deutschlands gewonnen worden. Dieses Alpengebirge bildet nun die erste Region Deutschlands, es ist die Region der Hochgebirgslandschaften in der heutigen Schweiz, in Tyrol, Salzburg, Steiermark, Oestreich, Kärnthen, Krain und Istrien.

Da das Alpengebirge sich in einem großen nach Norden gekrümmten Bogen durch die Mitte West-Europas hindurchzieht, so schließen sich die übrigen ihm angelagerten Naturformen, welche sämmtlich von seiner erhabenen Mitte aus beherrscht werden, in immer größern Bogen von dem atlantischen Ocean im Westen bis zu den sarmatischen Ebenen im Osten an dasselbe an. Den convexen Bogen des Alpengebirges umlagert zunächst auf der ganzen Nordseite eine Zone von Tafellandschaften in mäßiger Breite aber sehr lang ausgedehnt. Sie bleibt überall in einer Höhe von 1000 bis 1500 Fuß, und trägt auf ihrem Rücken weite unabsehbare Ebenen, aus welchen das Alpengebirge im Süden steil emporsteigt. Nirgends ist hier Gebirgsbildung, nur Hügelland. Diese Zone erstreckt sich in ihrer weitesten Ausdehnung von Genf in Südwesten bis nach Regensburg im Nordost und bis Passau im Osten. Die größte Länge dieser Tafelflächen von Genfer-See bis nach Passau beträgt an 80 Meilen, die größte Breite von Regensburg am Donau-Knie bis zum Durchbruch des Inn aus dem Alpengebirge bei Kuffstein an 20 Meilen. Die Stadt Genf hat dort eine Meereshöhe von 1218 Fuß, Zürch von 1284 F., Constanz 1200 F., Ulm an der obern Donau 1526 F., München am Fuße des Alpengebirges 1600 F., Regensburg nur an 1100 F. und Passau sogar nur 790 Fuß.

Diese Zone von Tafellandschaften bildet die zweite Region Deutschlands und wird im Allgemeinen das baiersche Hochland genannt. Sie umfaßt die nördliche flache Schweiz an der Aar, den südöstlichen Theil von Schwaben an der obern Donau oder das sogenannte Ober-Schwaben und vornehmlich das alte Bajoarien, aus welchem das heutige Baiern aber in einem ganz verschiedenen Umfange davon hervorgegangen ist. Die ganze Ebene scheint mit großen Trümmermassen überdeckt zu sein, bildet jedoch eine der ausgedehntesten Kornkammern Deutschlands. So wie der Südrand dieser Plateauebene durch das Alpengebirge, so wird auch ihr Nordrand scharf begrenzt durch eine Reihe von niedern Gebirgsketten, welche sich gleichfalls in einem Bogen von Genf bis nach Passau herumziehen. Es sind im Nordwesten die Gebirgsketten des Jura und die der rauhen oder schwäbischen Alp, welche sich als nordöstliche Fortsetzung des Jura durch Schwaben und Franken bis zum Fichtel-Gebirge hinziehen, und sodann auf der Nordostseite die Gebirgsketten des Böhmer-Waldes bis zu den Manharts Bergen in Oestreich, wo die Quellen der Moldau der Donau nahe benachbart liegen.

Durch den Rhein-Strom oder vielmehr durch das Bekken des Boden-Sees in Ober-Schwaben, der sich in dieser Hochebene in schräger Richtung von den Alpen bis zum Jura hinzieht, wird das Tafelland in zwei ungleiche Theile getheilt in den südwestlichen kleinern, die flache nördliche Schweiz, die von der Aar mit ihren Zuströmen Reuß und Limmat durchzogen wird, und den nordöstlichen größern, der von der Donau mit ihren alpinischen Zuflüssen bewässert wird. Dieser letztere Theil ist die eigentliche Heimath der alten Bajoaren, während jener an der Aar und rings um den Boden-See von den Nachkommen der alten Alemannen bevölkert wird. Die ziemlich tiefe, muldenartige Einsenkung jenes schönen schwäbischen Seebeckens mitten auf der erhabenen Hochebene ist zugleich der Grund, daß sich seine an Obst und Wein so reiche Umgebung wegen des dort herrschenden milden Klimas so vortheilhaft auszeichnet vor den mehr kühlen und rauhen baierschen Tafelflächen an der Donau und ihren Zuströmen. Aber ein Höhenzug, welcher das Quellgebiet der Donau in der schwäbischen Landschaft Baar am Schwarzwalde und auch die Zuflüsse zu ihr von dem Stromgebiet des Rheins in dem Boden-See schiede, ist durchaus nicht vorhanden. Nur über flache Hochebenen, auf denen die Leutkircher Haide und andere sumpfige und morastige Gegenden in der Nähe des Feder-Sees bei Buchau liegen, zieht hier die Wasserscheide der beiden großen germanischen Stromsysteme des Rheins und der Donau auf der Ost- und Nordseite des Boden-Sees aus den Arlberger Alpen zum Schwarzwalde nur wenige hundert Fuß über dem Spiegel jenes Sees erhaben hin, und ließe dort leicht eine Wasserverbindung zwischen beiden Flußgebieten zu Stande kommen.

Den Hauptstrom der baierschen Hochebene bildet aber die Donau, welche (ähnlich wie der Po und die Rhone) ein Längenbegleiter des Alpensystems an seiner Nord- und Ostseite genannt werden muß, und welche nicht nur die Mehrzahl der nordwärts aus den Alpen hervorbrechenden Ströme, sondern auch alle ihnen nach Osten hin entfließenden Gewässer in sich aufnimmt. Indem die Donau von den Hochebenen der Baar am Schwarzwalde herabkommend bald nach ihrem Ursprunge die Kalkketten des Jura bei dem Bergschlosse Fürstenberg durchbricht, wendet sie sich in nordöstlicher Richtung durch Ober-Schwaben über Ulm in das Gebiet der baierschen Tafelflächen hinein, an deren Nordrande sie entlang fließt und bei der alten Römer-Festung Regensburg ihr nördlichstes Stromknie bildet, welches als militärische Position gegen das Innere von Deutschland schon im Alterthume eine wichtige Rolle gespielt hat. Von jenem Punkte an wendet sie sich am Fuße der Vorhöhen des Böhmer Waldes in südöstlicher Richtung zurück, um aus den germanischen Gauen herauszutreten. Die linke Wasserscheide der Donau zieht auf dem Rücken der sie dort begleitenden Gebirgsketten in nicht großer Entfernung von der eigentlichen Stromrinne hin. Auf der linken Seite empfängt die Donau hier fast gar keine Zuströme; nur auf der rechten Seite, von Süden her, kommen alle ihre wasserreichen Zuflüsse, und es erhellt daraus, daß die allgemeine Senkung der baierschen Hochebene nach Norden und Nordosten gerichtet ist.

Auf der Nordseite der Donau sind es blos zwei kleine Gewässer, die hier zu nennen sind, einmal die Altmühl, der Hauptfluß der Landschaft Eichstädt, welche im Rücken der Bergketten des fränkischen Jura entspringt, dieselben im Zickzacklaufe durchbricht und sich zwischen Ingolstadt und Regensburg zur Donau einmündet, und dann die Nab, der Hauptfluß der Ober-Pfalz, welche von dem Fichtelgebirge herabkommend und noch ganz dem Gebiet der Hochebene angehörig sich in das Stromknie bei Regensburg ergießt. Aber von Süden her kommen die wilden und reißenden Alpenströme mit ihren Gletscherwassern, welche den zahmen Plateaustrom, der sich nur mit Mühe am Nordrande der Hochebenen durch die Versumpfungen des sogenannten Donau-Mooses von Ulm bis über Neuburg und Ingolstadt hinaus durcharbeitet, beleben und durch ihre Wasserfülle zum weitern Fortgange nöthigen. Dies sind die Iller, der bei Augsburg vorübergehende Lech, der alte Grenzstrom der Schwaben und Baiern, die bei München vorübergehende Isar und der gewaltige durch die salzburgische Salza bereicherte Inn, welcher als der eigentliche alpinische Quellstrom der Donau betrachtet werden muß.

Von Passau an oder von der Vereinigung des tyrolisch-baierschen Alpenstromes mit dem schwäbisch-baierschen Plateaustrome beginnt mit der allmähligen Senkung des sich nun ostwärts fortziehenden Donau-Thales eine andere Natur an diesem Strome. Indem der Nordostflügel des Alpengebirgslandes mit den Bergketten des mitteldeutschen Gebirgskranzes in größere Annäherung tritt, rauscht die Donau rascheren Laufes zwischen den sie einengenden Gebirgsketten hindurch und bahnt sich unter Strudeln und Katarakten ihren Weg nach den weiten pannonischen Ebenen von Ungarn. Hier ist das große Pfortenland von Süd-Deutschland, durch welches seit Alters die barbarischen Völker Ost-Europas in die süddeutschen Gaue eingedrungen sind. In diesem durch seinen Obst- und Weinreichthum und durch seine romantische Natur ausgezeichneten Theile des Donau-Thales ward darum nachmals die Mark

Austrien oder Oestreich errichtet zur Beschützung des Thores von Deutschland. Die aus den steierschen Alpen hervorbrechende und sich zur Donau ergießende wasserreiche Ens war der alte Grenzstrom Bajoariens und somit auch Deutschlands gegen Osten. In dem Kahlenberge bei Wien umströmt die Donau das nordöstlichste Vorgebirge des Nordostflügels der Alpen, welchem sich nordwärts gegenüber an dem Stromufer das weite von der March bewässerte fruchtbare Marchfeld ausbreitet, und weiter ostwärts tritt die Donau in die Ebene von Ober-Ungarn ein, die nur noch an dreihundert Fuß über dem Spiegel des Meeres liegt.

Die den Ost-Alpen gegen Osten entfließenden Gewässer in den Gebieten des alten Noricum und Pannonien nimmt die Donau erst in ihrem mittlern Laufe auf. Es sind die Drau mit der Mur und die Sau mit der Kulpa, welche aus dem innersten Winkel der beiden östlichen Alpenflügel kommend im Mittelalter das Gebiet des slavischen Karantaniens bewässerten, wo sich in dem karolingischen Zeitalter die Reihe der karantanischen und windischen Marken erhob, aus denen die Landschaften von Steiermark, Kärnthen und Krain mit Istrien hervorgegangen sind.

Jenseit jener Gebirgsketten, welche die Plateauflächen auf der Nordseite umsäumen, folgt sodann ein weit ausgebreitetes Gebiet von Berglandschaften, völlig contrastirend mit den Plateauflächen und mit dem Alpengebirgslande. Diese Zone besteht aus der mannigfaltigsten Gruppirung von Erhebungen und Senkungen aller Art. Während sich in der Region der Bergebene eine große Einförmigkeit der Oberflächenbildung zeigt, findet sich in dieser Zone die größte Mannigfaltigkeit in der Gestaltung der Erdoberfläche. Diese Zone beschränkt sich aber nicht blos auf das eigentliche Deutschland, sondern sie zieht sich in einem mächtigen Bogen durch das mittlere West-Europa hindurch. Sie erfüllt das mittlere und östliche Frankreich, einen großen Theil des mittlern und südlichen Deutschlands mit Böhmen und

Mähren und das nordwestliche Ungarn. Das ganze Gebiet zeigt jedoch nur mäßige absolute Erhebungen, nirgends findet sich hier ein alpinischer Charakter wie in der Schweiz und in Tyrol; denn kaum einige Kuppen erreichen eine Höhe von ungefähr 5000 Fuß, und dies bezeichnet dort im Alpengebirge die Grenze des Baumwuchses und den Anfang der Region der Alpentristen. Die Schneekoppe auf dem schlesischen Riesengebirge mit einer Höhe von 5000 Fuß ist der höchste Gipfel in diesem Gebiete; der hohe Feldberg bei Freiburg auf dem Schwarzwalde hat nur eine Höhe von 4608 Fuß, in den Vogesen hat der hohe Ballon des Wasgau nur an 4368 Fuß, der Brocken im Harz nur 3500 Fuß, der Ochsenkopf auf dem Fichtel-Gebirge nur 3100 Fuß, und die höchste Erhebung der rauhen Alp nur 3100 Fuß.

Die wichtigsten Gebirgsglieder dieser Region von Berglandschaften sind die Cote d'or in Burgund im Nordwesten der Saone und des Doubs, ferner die Plateauhöhen von Langres zwischen den Quellen der Saone, Seine und Maas, welche nach drei verschiedenen Meeren nach Süden, Westen und Norden abfließen, dann die Vogesen mit ihrer nördlichen Fortsetzung des Hartgebirges bis zum Donnersberge zwischen der Nahe und dem Rhein, und der Hundsrück mit der Eifel zu beiden Seiten der Mosel. Auf der Ostseite des Rhein folgen der Schwarzwald mit seiner nördlichen Fortsetzung des Odenwaldes, der Spessart am Main, und am Rhein abwärts der Taunus, der Westerwald und das Siebengebirge bei Bonn. Daran reihen sich weiter ostwärts die Höhen der Rhön und des Vogelsberges in Hessen zwischen der Weser, Main und Rhein, und nordwärts die Gebirgsketten von Westfalen bis zum Osning an der Ems zwischen Münster und Osnabrück. Dann folgt weiter ostwärts das Weser-Gebirge zu beiden Seiten der mittlern Weser, und die Gebirgsgruppe des Harzes zwischen der Weser und Elbe. Der Harz aber bildet zugleich den äußersten Vorsprung dieser Gebirgsregion nach Norden hin zu den norddeutschen Flachebenen. An ihn schließen sich weiter gegen Osten die Gebirge an der obern Saale und Elbe bis zur Oder und dem Quellgebiet der Weichsel oder das Thüringer-Waldgebirge, das sächsische Erz-gebirge, das Fichtel-Gebirge mit dem Böhmer Walde, das Lausitzer-Gebirge und die schlesisch-mährischen Gebirgsketten.

Diese Zone von niedern Gebirgslandschaften ist nun mannigfaltig durchbrochen von Stromthälern, deren Quellgebiet nicht innerhalb der Kurve des Plateaulandes liegt, sondern deren Quellen sämmtlich innerhalb eben dieser Zone gelegen sind. Dahin gehören im äußersten Westen der Doubs und die Saone als Zuflüsse der Rhone am äußern Rande des Jura, dann die linken Zuflüsse des Rhein wie der Ill im Elsaß, die Nahe und die lothringische Mosel mit der Saar, die rechten Zuflüsse des Rhein wie die Kinzig, Murg, der schwäbisch-fränkische Neckar mit seinen Nebenflüssen Kocher und Jaxt, der fränkische Main mit seinen Zuströmen und die Lahn. Sodann die hessisch-thüringischen Flüsse Fulda und Werra, die beiden Quellströme der Weser. Ferner im Osten die Saale, die Unstrut in Thüringen und die Eger und Moldau in Böhmen als Zuflüsse zu dem Elbe-System. Alle diese Flüsse sind nicht selbstständige, sondern nur Zuflüsse zu andern. Sie heißen daher die Ströme des Berglandes oder die hintern Zuströme im Unterschiede von den Flüssen des norddeutschen Flachlandes, und im Allgemeinen sind sie alle durch eine romantische Natur und eine pittoreske Umgebung ausgezeichnet.

Es bildet diese Zone die dritte Region Deutschlands im weitern Sinne von den burgundischen Gebieten an der Saone im Westen bis zu den Bergketten im Osten der March auf der Grenze von Ober-Ungarn. Sie umfaßt die Landschaften des alten Ober-Lothringen im Westen des

Rheins, die Gebiete der alten Franken am Rhein und Main, den größern Theil von dem Gebiete der Alemannen oder das doppelte Nieder-Schwaben am Rhein und am Neckar, die Landschaften der Hessen und der Thüringer von der Fulda und Werra bis zur Saale, einen Theil des Landes der alten Sachsen in Westfalen und Engern, und auf der Ostseite das Gebiet der slavischen Tschechen in Böhmen und Mähren. Nach eben diesen Völkerstämmen zerfällt aber dieses mitteldeutsche Gebirgsrevier in fünf Hauptgruppen, welche durch die größern Stromthäler von einander geschieden werden. Erstens die lotharingische Gebirgsgruppe auf der Westseite des Rheins zu beiden Seiten der Mosel. Zweitens auf der Ostseite des Ober-Rheins die schwäbisch-fränkische Gebirgsgruppe zwischen dem Rhein, Main und der Donau; drittens auf der Ostseite des Unter-Rheins die hessisch-westfälische Gebirgsgruppe zwischen der Weser und dem Rhein. Daran schließt sich ostwärts die sächsisch-thüringische Gebirgsgruppe zwischen der Weser und der Elbe, und fünftens die böhmisch-mährische Gebirgsgruppe an der obern Elbe südwärts bis zur Donau. In dem Fichtel-Gebirge oder in dem Quellgebiet des Mains, der Saale, Eger und Nab berühren sich die schwäbisch-fränkische, sächsisch-thüringische und böhmisch-mährische Gebirgsgruppe. Die Bergmasse des Fichtel-Gebirges bildet einen wichtigen Mittelpunkt in dem gesammten Bergrevier des mittlern West-Europa, dort scheiden sich die Wassersysteme der drei Hauptströme Deutschlands, des Rheins, der Donau und der Elbe.

Das sich durch Deutschland im Osten des Rheins hindurchziehende Gebirgsrevier erscheint schon im Alterthum unter dem gemeinsamen Namen des hercynischen Waldes (sylva Hercynia oder saltus Hercynius), obschon dieser Name wegen seiner allgemeinen Bedeutung von den Alten häufig in einem verschiedenen Umfange gebraucht und nicht selten auch nur einzelnen Theilen dieses Gebirgsreviers beigelegt wurde [1]). Am wahrscheinlichsten scheint es dabei zu sein, daß dieses weit ausgedehnte, damals mit mächtigen und zusammenhängenden Waldungen bedeckte Bergland nach der bei den deutschen Anwohnern heimischen Bezeichnung von den Alten seinen Namen empfangen habe [2]). Denn das Wort Hart bedeutet eine Hochwaldung und hat sich nicht nur bis jetzt in den Namen vieler einzelnen Gebirgsglieder jener ganzen Masse wie in dem Harz, dem Spessart (Speicheshart), Manhart, dem Rothaar- und dem Hart-Gebirge wie auch wohl in den Ardennen, sondern auch noch ganz besonders in den Namen der großen Königsforsten des Mittelalters am Rhein, wie bei Karlsruhe, Darmstadt und Frankfurt erhalten [3]).

Allmählig lernten die Römer jedoch die einzelnen Theile dieses großen Gebirgsgebietes unter besondern Namen unterscheiden, wenn gleich der allgemeine Name als besondere Bezeichnung für einzelne Striche, aber nur in dem mehr unbekannten Osten, fortdauerte. Schon zu des Drusus Zeit tritt die Berggruppe des Taunus hervor, welcher von Mela sogar zu den erhabensten Gebirgen gerechnet wird, und bald darauf wird das Teutoburger Waldgebirge (saltus Teutoburgiensis) bekannt, welches den südöstlichen Theil der langgestreckten Berggruppe des Osning an den Quellen

1) Wilhelm, Germanien und seine Bewohner. Weimar 1823. 8. S. 27 bis 30.

2) Doch herrscht bis jetzt noch viel Streit über die Ableitung dieses Namens aus dem deutschen oder gallischen Sprachstamm. Für das letztere erklärt sich Zeuß, die Deutschen und die Nachbarstämme. München 1837. 8. S. 2. 3. So auch Duncker, origines Germanicae. Berol. 1840. 4. Comment. I. p. 45.

3) Wenck, hessische Landesgeschichte. Frankfurt 1789. 4. Th. II. S. 27. L. v. Ledebur, das Land und Volk der Brukterer. Berlin 1827. 8. S. 5. Barth, Deutschlands Urgeschichte. Baireuth 1818. 8. Th. II. S. 19.

der Ems und Lippe in der Nähe der Weser bildet [1]). Die Südwestecke des alten hercynischen Waldes oder der südliche Theil des Schwarzwaldes an den Quellen der Donau erscheint in der spätern römischen Zeit unter dem Namen des Marciana-Waldes, während der nördliche Theil am untern Neckar das Abnoba-Gebirge genannt wurde. Aber derselbe Name Abnoba (Aunoba) erscheint auch im Norden des Mains zur Bezeichnung der Bergketten im südlichen Westfalen, wo das Ebbe Gebirge noch jetzt seine Lage anzeigt, und mit demselben in Verbindung steht der schon bei Cäsar genannte Bacenis-Wald oder die Gebirgsgruppe des Egge-Gebirges mit dem Ederkopf auf der Grenzmark der Sueven, Chatten und Cherusken [2]). Auch die schwäbische Alp wurde den Römern unter dem Namen Alba zur Zeit ihrer Kämpfe mit den dortigen Alemannen bekannt.

Aber erst beim Ptolemaeus treten die meisten Namen der übrigen Glieder des hercynischen Waldes hervor. Er nennt uns das Harz-Gebirge unter dem Namen Melibokus, womit er den Semana-Wald verbindet. Dann aber erscheint bei ihm der umfassende Name des Sudeta-Gebirges, worunter die Gebirgsketten von dem Thüringer Walde ostwärts über die Elbe hinaus bis zur Oder zu verstehen sind, und er bezeichnet das südwärts sich daran anschließende Böhmerwaldgebirge mit dem Namen des Gabreta-Waldes. Das schlesische Riesengebirge erscheint bei ihm unter dem Namen des asciburgischen Gebirges, und wird von andern auch das vandalische Gebirge genannt. Aber der im engern Sinne bei ihm noch so genannte orcynische Bergwald umfaßt die schlesisch-mährischen Gebirgsketten ostwärts bis zu den sarmatischen Gebirgen, den heu-

---

1) Ledebur, allgem. Archiv für die Geschichtskunde des preußischen Staates. Berlin 1834. 8. Th. XIII. S. 339 bis 351.

2) Ledebur, das Land und Volk der Brukterer S. 6. 7. 122. 123.

tigen Karpathen. In Verbindung mit jenem orcynischen Bergwalde steht dann noch das Luna-Waldgebirge, welches man des Namens wegen gewöhnlich in dem Manharts-Berge an den Quellen der Moldau gesucht hat, aber vermuthlich wohl die mährisch-ungarischen Bergketten bezeichnet [1]).

An dem äußersten Rande jenes großen Bergkranzes beginnt sodann das Gebiet der Niederung von West-Europa, es ist das nordwestliche Frankreich, das nördliche Deutschland und die Ebenen von Schlesien, Pommern und Polen, welche sich unmittelbar an die weiten sarmatischen Ebenen von Ost-Europa anschließen. Es zeigen sich hier mächtig ausgedehnte aber im ganzen sehr einförmige Flächen, die sich nur wenig über den Spiegel des Meeres erheben und sich, wie in dem Deltalande des Rhein, zum Theil unter denselben hinabsenken. Dem äußern Abfalle jenes umsäumenden Gebirgsreviers entquillen große Landströme, welche von dort aus die flachen Ebenen bewässern und sich unmittelbar ins Meer einmünden. Die allgemeine Senkung geht aber nach drei verschiedenen Meeresbecken, so die Seine zum französisch-englischen Kanale, die Ems und Weser zum deutschen Meere und die Oder und Weichsel zum baltischen Meere. Alle diese Flüsse sind selbstständige Stromsysteme, in so fern sie eine eigene Mündung haben. Sie sind die vordern Landströme zu nennen und haben alle eine analoge Bildung.

Diese weiten Niederungen, welche wir von dem waldigen Landrücken der Ardennen zwischen den Flußgebieten der Schelde und Seine im Westen bis zur untern Elbe und bis zur Oder im Osten zu verfolgen haben, bilden die vierte Region Deutschlands. Es sind die Landschaften von Nieder-Lothringen oder Belgien, die Gebiete der Friesen und der Sachsen vom Rhein bis zur Elbe

1) Wilhelm, Germanien und seine Bewohner S. 30 bis 46.

und die der baltischen Slaven oder der Wenden von der Elbe und Saale bis zur Oder.

In diese vier Regionen oder Terrassen des Alpenlandes, des Tafellandes, des Berglandes und des Flachlandes mit der vierfachen Klasse von Strömen gliedert sich das mittlere West-Europa und auch der Boden Deutschlands. Dazu kommt aber zur Vermehrung der Mannigfaltigkeit noch eine fünfte Klasse von Strömen, wenn schon mit keinem individuell geschiedenen Gebiete. Dies sind die durchbrechenden Stromsysteme, welcher Name ihren Charakter am besten bezeichnet und sie von der Natur der übrigen Ströme unterscheidet. Denn der große Halbkreis von Gebirgslandschaften des mittlern West-Europa wird durch zwei große Stromthäler von eigenthümlicher Art durchbrochen und dadurch das ganze Gebiet in drei große natürliche Reviere getheilt, in ein westliches, mittleres und östliches. Diese drei großen Reviere kann man nach den Gewässern die Stromprovinzen nennen oder nach den Gebirgsmassen, welche sie einschließen, die drei Gebirgsprovinzen des mittlern West-Europa.

Diese natürliche Scheidung geschieht durch die beiden durchbrechenden Tiefthäler des Rheins und der Elbe. Beide unterscheiden sich von allen andern nordwärts fließenden Strömen charakteristisch dadurch, daß sie zunächst zwei große selbstständige Stromgebiete Europas bilden und dann, daß sie dem innern Kranze des großen Gebirgsbaues entquillen. Der Rhein ist von beiden offenbar der bedeutendere Strom, weil er den Alpen, dem Kern von ganz West-Europa, entströmt und von da aus alle übrigen gegen Norden vorgelagerten Naturformen durchbricht, während die Elbe nur aus dem deutschen Mittelgebirgssystem oder aus dem Bergkessel des Böhmer-Landes hervorkommt. Beide durchschneiden den großen Gebirgshalbkreis, der sich ihnen dammartig in dem mittlern Deutschland entgegensetzt. An diesen Stellen verschwindet nun auf einige Zeit der sonst milde Charakter der Thalbildung der beiden Stromsysteme, dort zeigen sich enge Schluchten, wilde Stromengen und tiefe Thalspalten. Es tritt dort zum letztenmale die Felsbildung des Hochgebirges auf und zwar dicht an der Grenze der großen Niederung.

So zeigt sich der Durchbruch des Rheins auf die großartigste Weise bei Bingen im Rheingau bis nach Coblenz hinab und wiederum von Andernach bis nach Bonn, und so zeigt sich der Durchbruch der Elbe bei Lowositz in Böhmen unterhalb Leitmeritz bis nach Pirna und Meißen. Daher sind diese Stellen an der Grenze des nördlichen Tieflandes die romantischen Stromgegenden Deutschlands bei einer sonst milden Umgebung der Landschaft. Es sind am Rhein die weinreichen Rheingaue von Mainz bis nach Köln, und an der Elbe die sogenannte sächsische Schweiz, das obst- und weinreiche Meißner Hochland. Nur der Rhein und die Elbe haben diese Natur, welche ihrer Thalbildung einen eigenthümlichen Charakter mittheilt.

Der Rhein, welcher die Mitte Germaniens durchströmt, zeigt diese Natur in dem großartigsten Maaßstabe und ist schon durch seine Naturverhältnisse der merkwürdigste, wie durch seine historischen Verhältnisse der wichtigste Fluß von ganz Europa. Die Elbe, welche die Wiederholung dieser Naturbildung in einem etwas kleinern Maaßstabe zeigt, liegt schon an der Ostgrenze des eigentlichen Germaniens und scheidet den klassischen Boden Deutschlands von dem slavischen oder wendischen Deutschland, wo sich das Gebiet der wendischen Marken in dem heutigen Sachsen (dem alten Meißen) und in Brandenburg befindet. Beide Ströme bilden aber die Hauptbollwerke für die Sicherheit Deutschlands gegen alle von Westen und Osten andringenden Feinde, von wo stets seit den Zeiten der Römer an die Angriffe auf die Freiheit Deutschlands von außerhalb gekommen sind. Denn beide Flüsse sind nicht zu umgehen, sondern müssen mit gewaffneter Hand überschritten werden.

Nur zwei andere mehr untergeordnete Flüsse zeigen noch das Ansetzen einer ähnlichen Bildung, was aber darum auch von keiner historischen Bedeutung geworden ist. So die Weser bei ihrem Durchbruche durch die westfälische Pforte oberhalb Minden. Zwar erscheint im Mittelalter auch ihr östlicher Quellstrom, die Werra, unter dem Namen Wisera und Weser [1]), doch beginnt der eigentliche Strom dieses Namens erst nach der Vereinigung der Fulda und Werra und ist nach seiner Natur und Weltstellung mit der Elbe nicht zu vergleichen. Dann aber zeigt sich kaum noch bemerkbar das Ansetzen einer solchen Bildung in der Maas auf der Westseite des Rheins bei ihrem Durchbruche durch das Ardenner-Waldgebirge oberhalb Namur auf der Naturgrenze zwischen Frankreich und den deutschen Niederlanden oder Belgien.

Der Rhein ist der eigentlich germanische Strom zu nennen, weil er von seinen Quellen bis zu seiner Mündung fast durch alle Zeiten hindurch nur die deutschen Landschaften durchströmte, und grade dadurch, daß sein Mündungsland ein Hauptsitz deutschen Volkslebens geworden ist, unterscheidet er sich wesentlich von der Donau, die nur in ihrem obern Laufe dem deutschen Boden angehört und in ihrem untern Laufe immer das Heimathsland barbarischer Völker gewesen ist. Seit der Zeit der Größe und der Herrlichkeit des deutschen Volkes, seit den Zeiten des römisch-deutschen Kaiserthumes bildete er die Hauptpulsader des klassischen Bodens von Deutschland. An ihm fand die großartigste Entwickelung des deutschen Lebens statt, an ihm lagen die größten und herrlichsten deutschen Städte, welche wie Mainz und Köln in geistiger und weltlicher Beziehung die Metropolen des deutschen Landes und Volkes zu nennen sind. Die große Mannigfaltigkeit der von ihm durchströmten Terrassenlandschaften erklärt auch den großen Reich-

---

1) Zeuß, die Deutschen und die Nachbarstämme S. 15.

thum der historischen Erscheinungen an ihm in der Entwikkelung seiner Anwohner von den romanischen Rhätiern an seinen Quellen durch die zahlreichen deutschen Gaue hindurch bis zu seinem Deltalande in Holland.

Nach der Vereinigung der verschiedenen Quellströme bei Chur, der Hauptstadt von Hohenrhätien, bricht der Rhein in einem mächtigen Querspalt nordwärts aus dem Alpengebirge hervor, um in die baiersche Tafelebene einzutreten. Hier aber nimmt ihn das schwäbische Seebecken des Boden=Sees auf, welcher in seiner Längenerstreckung von Südost nach Nordwest die ganze Breite jener Hochfläche einnimmt. Als ein schon mächtiges Gewässer entfließt ihm der Rhein gegen Westen bei dem alten Constanz und behält diese Richtung bis nach der Stadt Basel an dem großen Stromknie auf der Grenzmark von Burgund und Schwaben. Diese Strecke bildet zugleich den merkwürdigen Durchbruch des Rheins durch die Gebirgsketten des Jura in vier Katarakten oder Stromschnellen, worunter der berühmteste der bei Schafhausen weniger durch seine Höhe als vielmehr durch die Breite und Wasserfülle des Stromes ausgezeichnet ist. Hier empfängt der Rhein auch seinen ersten großen und wasserreichen Zustrom in dem alpinischen Gewässer der Aar, welche ihm die gesammte Wasserfülle der innern Schweiz zuführt.

Mit der Nordwendung des Rheins bei Basel verändert das Stromthal seinen Charakter, es beginnt da eine ganz andere Natur. Schon bei dem Austritt des Stromes aus dem Alpengebirge beginnt eigentlich der mittlere Theil seines Laufes, aber da ihn dort das schwäbische Seebecken verschlingt und er sodann bei dem Durchbruch durch den Jura, wo er schon in das mitteldeutsche Gebirgsrevier eintritt, noch nicht schiffbar sein kann, so rechnet man seinen mittlern Lauf erst von dem Stromknie bei Basel, und dieser reicht bis zu der großen Stromspaltung an der Spitze des holländischen Deltalandes. In drei Stufen durchschneidet der Rhein in diesem Theile seines Laufes die Gauen des heutigen Deutschland in grader Richtung von Süden nach Norden. Sie reichen von Basel bis Mainz, von Mainz bis Köln und von Köln bis Kleve.

Mit reißender Schnelligkeit schießt der Rhein bei Basel vorüber, und innerhalb der großen Gebirgszone des mittlern Deutschlands zieht sich die tiefe Thalsenkung des Stromes bis nach Mainz an 40 Meilen weit fort. Das Thal, welches vorher nur eine enge Spalte war, erweitert sich zu einer schönen fruchtbaren Ebene, welche im Osten und Westen von Gebirgsketten umsäumt wird, die den Strom in seinem nördlichen Laufe begleiten, und welche, mit zahlreichen Burgruinen und mächtigen Hochwaldungen bedeckt, auch diesem Theile des Rhein-Thales eine romantische Schönheit verleihen. Hier ist es der Schwarzwald mit dem Odenwalde, zwischen welchen der Neckar sich zum Rhein ergießt, dort ist es die Gruppe der Vogesen mit dem Hartgebirge. Durch seinen milden Himmel und seine reiche Vegetation zeichnet sich dieser Theil des Rhein-Thales sehr vortheilhaft aus vor den im Rücken jener Gebirgsketten sich ausbreitenden Hochflächen, welche im Osten das Tafelland von Ober-Schwaben an der obern Donau, im Westen aber die lothringischen Bergflächen an der obern Mosel bilden. Denn schon in der Ebene von Basel hat der Spiegel des Rheins nur eine Höhe von ungefähr 800 Fuß über dem Meere (ähnlich wie die Donau bei Passau), und bei Mainz im Rheingau liegt derselbe nur noch an drittehalb hundert Fuß über dem Meere.

Unter steten Spaltungen und Krümmungen wühlt sich der reißende Strom in dem lockern Erdreich der Thalebene seine Bahn und bildet bis nach Mainz hin eine überaus große Anzahl von Inseln und Auen. Ja er ist anfangs so reißend, daß er von Basel bis nach Straßburg stromaufwärts gar nicht befahren werden kann, da findet keine Bergfahrt, sondern nur Thalfahrt statt. Erst bei Straßburg beginnt die großartige Rhein-Schifffahrt, hier ist der große Stapelplatz des Handelsverkehrs am Ober-Rhein und die obere große Rhein-Furth für Handelszüge und Kriegsheere.

Von Basel bis nach Mainz durchströmte der Rhein im Mittelalter die Landschaften von Schwaben und Franken, die Länder der Hohenstaufen oder die im engern Sinne sogenannten Reichsländer. Straßburg, die Hauptstadt des rheinischen Schwabens, war eine der vornehmsten Sitze deutschen Lebens am Rhein. Aber von der Einmündung der Murg bei Rastadt begann das fränkische Land und zwar zunächst das sogenannte Rhein-Franken, das sich am Strome bis zur Aufnahme der Mosel hinabzog, und aus welchem nachmals die Rhein-Pfalz hervorgegangen ist. Die Städte Speier und Worms, die Wiegen des deutschen Bürgerthumes, liegen schon auf fränkischem Boden, welcher sich ostwärts bis zum Quellgebiet des Main hinauferstreckt. Denn mit seinen beiden mächtigen Armen, Mosel und Main, greift der Rhein weit in die ihm ostwärts und westwärts angelagerten Gebiete ein und verbindet noch jetzt das innere Deutschland und Frankreich. Der Main, der von den Höhen des Fichtel-Gebirges kommt und dem Hauptstrom ein Drittheil seiner Wasserfülle zuführt, durchfließt in westlicher Richtung aber in zwei großen südwärts gekrümmten Bogen, bei Bamberg und Würzburg vorübergehend, die Landschaften von Ost-Franken oder Frankonien, und bei Frankfurt vorübereilend das Gebiet des rheinischen Frankens, welche beide durch die Gebirgsgruppe des Spessart geschieden werden.

Das uralte Mainz, seiner Einmündung gegenüber in dem Winkel des Rhein gelegen, bezeichnet die eigentliche Mitte des klassischen Bodens von Deutschland im Mittelalter. Von je an eine wichtige militärische Position und der Lage nach mit Regensburg an der Donau zu vergleichen bildete es immer den Schlüssel zu Deutschland und die mittlere große Furth am Rhein-Strom. Die von den Römern hierher verpflanzte Weinkultur an den Anhöhen von Laubenheim und Nierstein beurkundet die Wichtigkeit dieser Lokalität im Alterthum, wie die benachbarten kaiserlichen Pfalzen Tribur und Ingelheim im Mittelalter.

Aber unterhalb Mainz nimmt das Rhein-Thal wieder einen andern Charakter an, indem die breite fruchtbare Ebene gegen Norden plötzlich durch einen großen Felsriegel geschlossen wird. Dies ist das rheinische Schiefergebirge, welches von Südwest nach Nordost quer durch das Rheinthal hindurchsetzt und hier der Hundsrück, dort der Taunus genannt wird. Bei dem Orte Bingen, wo sich das romantische Thal der Nahe vom Hundsrück zum Rhein öffnet, tritt der Strom in den ersten engen Spalt des vorliegenden Gebirges ein, und hier mußte erst nachmals die Kunst durch Felssprengungen einen Weg für die Schifffahrt bahnen, so daß nun die großen Schiffe mitten durch ein furchtbares Felsthor hindurch aus dem Rheingau bis in die Niederlande hinabgehen können. In gewaltigen Strudeln rauscht der mächtige Rhein über eine dreifache Felswand vom Binger-Loch bis nach St. Goar hinab, ehe er aus diesem Gebirgsriegel in die Ebene von Coblenz eintritt, wo sich von Osten her das schöne Thal der Lahn zum Rhein hin öffnet und von Südwest her die wasserreiche Mosel ihre Fluthen mit demselben verbindet. Aber noch hat der Strom das Niederland nicht erreicht. Dies ist erst bei Köln der Fall nach Durchbrechung eines dritten Gebirgsriegels. Denn was sich auf dem linken Stromufer in den Vulkankegeln der Eifel an der Mosel einzeln zeigt, das findet sich auf dem rechten Ufer des Rheins in der Masse des Siebengebirges unterhalb Neuwied in einem großartigen Maaßstabe vereinigt. Denn die domartigen Kuppeln der Vulkankegel jenes Gebietes, aus deren hartem Gestein die anliegenden Städte und vornehmlich der berühmte Dom zu Köln erbaut worden sind, beurkunden die ehemalige Thätigkeit unterirdischer Feuergewalten an dem mächtigsten Durchbruche der mitteldeutschen Gebirgsregion und zwar auf der Grenzmark des Berglandes gegen das Flachland. Bei Bonn hört die Gebirgsbildung auf, und das alte Köln liegt schon in der norddeutschen Niederung, wo der Spiegel des Rheinstromes nur noch eine Höhe von etwas über hundert Fuß über dem Meere hat.

Von dem rhätischen Chur abwärts bis nach Köln hin sind überall längs des ganzen Stromes die Hügel und Berggehänge mit Weinpflanzungen bedeckt, dies ist das berühmte Land des Weinbaues, die Heimath der Rheinweine. Aber mit dem Aufhören dieser Thalbildung bei Köln ist auch die Nordgrenze der Weinkultur gegeben, da beginnt schon der untere Lauf des Rheins oder auch der untere Abschnitt des mittlern Laufes. Jene Natur des rheinischen Stromes theilt jedoch auch die Mosel in ihrem mittlern und untern Laufe. Die Mosel ist mit Ausnahme der Maas der größte Nebenfluß des Rheins, sie ist auf seinem linken Ufer, was der Main auf seinem rechten. Von den Hochebenen von Langres herabkommend und die Tafelflächen Lothringens bei Metz, Toul und Nancy bewässernd geht die Mosel in nordöstlicher Richtung bei dem alten berühmten Trier, wo sich der weinreiche Moselgau an ihren Ufern ausbreitet, unter mancherlei Windungen vorüber um sich bei Coblenz in den Rhein zu ergießen, dem sie wiederum ein Drittheil seiner Wasserfülle zuführt. Darum ist aber der Rhein auch ein so mächtiger Strom, der die gewaltigsten Lasten trägt. Vornehmlich ist es der Schwarzwald, der seinen Waldreichthum in den kolossalen Flößen auf dem Rhein hinabsendet. Doch geht diese Floßschifffahrt nur stromabwärts, indem die Flösse in den Niederlanden auseinander genommen werden. Erst von Straßburg an beginnt die regelmäßige Schifffahrt auf dem Rheinstrom und zwar die Thalfahrt und Bergfahrt. Man nennt die Wasserreise von Straßburg bis nach Mainz die Oberfahrt, die von Mainz bis Köln die Mittelfahrt, und die von Köln bis nach Holland die Niederfahrt. Jede dieser drei Strecken bedarf eines eigenen Schiffbaues, einer eigenen Landungsart und Schiffergeräthes wegen der Verschiedenheit der Thalbildung des Flusses und seiner Strömung. Diese Abschnitte sind aber bestimmt durch die Natur des Stromes, und ihr folgte die historische Entwickelung seiner Anwohner. Nur an diesen drei Punkten konnten die drei großen Stapelplätze des Rhein-Handels entstehen, die Orte Straßburg, Mainz und Köln, welche in der Geschichte des Rhein-Thales und der Kulturgeschichte des mittlern Europa von je an eine so wichtige Rolle gespielt haben.

Die große Metropole Köln, die eigentliche Hauptstadt des deutschen Reiches im Mittelalter, liegt am Anfange der norddeutschen Niederung an den Ufern des Rheinstromes. Köln ist zugleich die Hauptstadt des fränkischen Ripuariens, welches sich zu beiden Seiten des Stromes von der Mündung der Mosel bis zum holländischen Deltalande hinabzog. Hier befindet sich die untere große Furth über den Rheinstrom. Der sich fortan in einer weiten Ebene ausbreitende Strom nimmt an Breite und Tiefe seiner Gewässer immer mehr zu, er erscheint hier schon wie ein See und bedroht nicht selten durch seine Einbrüche die benachbarten Landschaften mit Verheerung. Aber es gehen auch die großen holländischen Seeschiffe auf ihm bis nach Köln hinauf und machen dadurch diese Stadt zu einem Seehafen. Unterhalb Köln bewässert der Rhein, bei Düsseldorf vorübergehend, die drei blühenden Landschaften von Jülich, Kleve und Berg, und nimmt hier auf seiner Ostseite die nicht unbedeutenden Gewässer der Ruhr und Lippe in sich auf, welche aus der weiten, nur von niedern Bergzügen unterbrochenen Ebene Westfalens ihm zuströmen.

Bei Kleve beginnt die Stromspaltung des Rheins, da breitet sich von Osten nach Westen das holländische Deltaland aus, welches fast in einem gleichen Niveau mit dem Meere gelegen, zum Theil noch unter dasselbe hinabsinkt. Dieses Deltaland, welches von dem Strome in zwei Hauptarmen, dem nördlichen Rhein und der südlichen Waal, durchschnitten wird, hat als ein erst dem Meere abgewonnenes Land im Laufe der Zeit die verschiedensten Umgestaltungen erlebt, und ist durch alle Jahrhunderte berühmt durch die Tüchtigkeit seiner Bewohner und durch deren Kenntniß im Seewesen. Dieses echt deutsche Land Holland bildet die Krone von allen rheinischen Landschaften, und die Rückwirkung des blühenden Zustandes dieses Kulturlandes von Holland an der Mündung des Rheins auf alle übrigen rheinischen Gebiete bis zu den Quellen des Stromes aufwärts ist durch alle Zeiten des Mittelalters zu erkennen. Nur durch das welthistorische Auftreten am Anfange der neuern Zeit sind die Bewohner der holländischen Gauen ihren übrigen deutschen Brüdern etwas entfremdet worden.

Noch einen großen Nebenstrom, die Maas, nimmt der Rhein in seinem Deltalande in sich auf. Sie kommt gleich der Mosel von den lothringischen Tafelflächen her, und durchströmt, nach Durchbrechung des waldigen Bergrückens der Ardennen von Verdun bis nach Namur, die westrheinische Niederung, um sich mit der Waal zu vereinigen und so das Inselland der Maas-Mündung zu bilden, mit welchem sich auch die Schelde vereinigt. Aber ein mächtiger Strom ist die Maas nur erst in der westrheinischen Niederung in den Gebieten von Brabant, Hennegau und Limburg, und sie gehört nur scheinbar dem lothringischen Tafellande in ihrem obern Laufe an. Es zeigen sich hier die beiden großen westrheinischen Marken Deutschlands gegen das westfränkische Land oder Frankreich, es sind die obere und die untere westrheinische Mark, beide geschieden durch die Ardennen. Im Süden ist es das Moselland, im Norden das Maasland, beide von wesentlich verschiedener Natur. Im Mittelalter bildeten sie die lotharingischen Gebiete oder Ober- und Nieder-Lothringen, welche heut zu Tage unter den Namen des französischen Lothringen (Lorraine) und Belgien dem deutschen Stammlande leider schon entzogen sind, so daß nach dem Verluste jener Marken die Thallinie des Rheinstromes selbst zur Grenzmark Deutschlands nun hat werden müssen.

Gliederung der deutschen Geschichte.

Die gesammte Entwickelung der Welt der germanisch-deutschen Völker von ihrem ersten Auftreten in der Geschichte bis auf die Gegenwart gliedert sich zu einer Reihe von drei Stufen oder Stadien. Die beiden Heroen, welche diese Gliederung in der historischen Entfaltung des germanischen Lebens bezeichnen, sind Karl der Große in politischer Beziehung und Luther in religiöser Beziehung, und durch sie wird auch das Leben der eigentlich deutschen Stämme in dem germanischen Heimathslande nach seinem Entwickelungsgange charakterisirt. Da nun die gesammte germanisch-deutsche Welt als mit der Entwickelung der christlichen Religion zusammenfallend die Welt der Freiheit des geistigen Lebens der Menschheit genannt werden muß, so kann man das erste Stadium der Entwickelung bezeichnen als das der natürlichen noch ungebundenen Freiheit in politischer und religiöser Beziehung. Mancherlei Versuche wurden in jener Zeit gemacht, um eine höhere sittliche Einheit unter den germanisch-deutschen Völkerschaften zu begründen, deren Ausführung jedoch nur erst dem deutschen Fürstengeschlechte der fränkischen Karolingen gelang. Seitdem war der Einheitspunkt des Lebens der germanisch-deutschen Welt in dem durch Karl den Großen begründeten Kaiserthum gefunden, und damit beginnt auch die zweite Stufe der Entwickelung der gebundenen und unter der Zucht der römischen Kirche stehenden Freiheit dieser Welt während der Zeit der Herrschaft der päpstlichen Hierarchie. Eben dieser Zeit gehört auch die Bildung und Gestaltung des Reiches der eigentlich deutschen

3*

Stämme in dem germanischen Heimathslande an, wo das Kaiserthum Karls seine eigentliche Stätte fand, und wo die einzelnen das deutsche Reich bildenden Stämme in der Führung desselben sich ablöseten, bis mit dem Sinken der Hoheit des Kaiserthumes und der Auflösung der Stämme eine gänzliche Umgestaltung dieses Reiches gegeben ward. Die Befreiung Deutschlands und der christlich-germanischen Welt im Allgemeinen von der Vormundschaft Roms ist das Werk Luthers. Als Begründer der Reformation ist Luther der Repräsentant der wahrhaften ihrer selbst gewissen Freiheit, wie sie das Prinzip und der Charakter der neuern Welt geworden ist. Die Zeit der Reformation zeigt auf dem deutschen Boden schon die aus der Zertrümmerung der deutschen Stämme hervorgehende Gestaltung der neuern Territorial-Verhältnisse mit den heute in jenen Gebieten herrschenden Fürstenhäusern.

Geht man aber bestimmter von dem hier in Betracht kommenden geographisch-ethnographischen Standpunkte in der historischen Entwickelung Deutschlands nach seinen Stämmen und Fürstengeschlechtern aus, so ergiebt sich eine mit jener ersten Eintheilung nur zum Theil zusammenfallende Gliederung in fünf Perioden, welche hier zunächst genauer zu charakterisiren sind.

Die erste Periode oder die germanisch-deutsche Zeit reicht von dem ersten Hervortreten der Völker dieses Stammes bis zur Mitte des sechsten Jahrhunderts unserer Zeitrechnung. Sie zeigt die ersten volksthümlichen Elemente der nachmaligen Stämme Deutschlands, entfaltet zugleich die gesammte germanisch-deutsche Völkerwelt, zeigt die Bildung und Gestaltung der Völkerbündnisse Germaniens, die erste Gestaltung der eigentlich deutschen Stämme, ihre Sonderung von den übrigen germanischen Völkern und reicht bis dahin, wo das deutsche Gebiet mit seinen Stämmen nach Osten und nach Süden hin seine nachmaligen Grenzmarken erhalten hat.

Die zweite Periode oder die fränkisch-deutsche Zeit reicht von der Gestaltung des fränkischen Reiches durch das Geschlecht der Merowingen bis zur völligen Auflösung desselben nach dem Abgange des Geschlechtes der Karolingen oder bis in die erste Hälfte des zehnten Jahrhunderts. Dieser Zeitraum zeigt das Leben der echt deutschen Stämme auf dem klassischen Boden Deutschlands in der Vereinigung mit dem Reiche, welches von einem der aus ihrer Mitte hervorgegangenen Stämme auf romanischem Grund und Boden errichtet war, und dadurch die ihrer Selbstständigkeit beraubten Stämme Deutschlands mit den germanisch-deutschen Völkern in Gallien und Italien wieder in nähere Verbindung brachte.

Die dritte Periode oder die eigentlich deutsche Zeit giebt uns zuerst das deutsche Reich nach der vollen Selbstständigkeit seiner Stämme unter den ältern deutschen Fürstenhäusern. Es ist dies zugleich die Zeit der Hoheit des deutschen Volkes in politischer Beziehung, die eigentliche Zeit des römisch-deutschen Kaiserthumes, welche bis zur Mitte des dreizehnten Jahrhunderts reicht. Die schon durch die fränkische Herrschaft sich einander mehr genäherten deutschen Stämme bilden nun in der erneuten Vereinigung ein gemeinsames Reich, in welchem die drei Hauptstämme oder die Sachsen, Franken und Schwaben unter ihren Fürstengeschlechtern nach einander die Herrschaft führen, diese dann auch über die Nachbarn, die Burgunder und Lombarden ausdehnen und durch die kaiserliche Gewalt ihrem Stamme und Volke die Vorherrschaft in der modernen Welt erringen. Doch stehen sich auch die Stämme noch in spröder Natürlichkeit gegenüber, obgleich schon in dieser Periode eine Lösung derselben und eine gegenseitige Verschmelzung in der Sprengung der volksthümlichen Herzogthümer erfolgt. Die alten großen Herrschergeschlechter der Deutschen gehen dabei zu Grunde. Dafür tritt eine andere Reihe niederer Herrschergeschlechter hervor, welche auf den Trümmern der alten volksthümlichen Herrschaften neue Territorial-Herrschaften zu begründen beginnt. Damit hängt auch das neue Uebergreifen Deutschlands über das alte slavische Ost-Germanien zusammen.

Die vierte Periode begreift die Zeit der Ausbildung der Territorial-Herrschaften in Deutschland, und reicht bis auf die Zeit der Reformation. Nach dem Falle des Kaiserthumes treten die zahlreichen deutschen Fürstengeschlechter in den verschiedensten Abstufungen hervor, und sind bemüht ihre Landesherrschaften ohne Rücksicht auf die alten volksthümlichen Grenzmarken, die sich nur in den geistlichen Diöcesen erhalten haben, im Kampfe mit einander zu begründen, zu erweitern und zu befestigen. Zwischen diese sich neu gestaltenden weltlichen Herrschaften unter bestimmten Fürstengeschlechtern, zu welchen fortan auch das Kaiserthum gehört, ziehen sich die zahlreichen geistlichen Herrschaften der Prälaten verschiedenen Standes hindurch, und an sie schließen sich noch die reichsunmittelbaren Gebiete der Städte und Ritterschaften.

Die fünfte Periode seit der Reformation zeigt, wie aus den vornehmsten jener weltlichen Herrschaften durch ihre Fürstengeschlechter aus der frühern Zeit die neuern fürstlichen Gebiete hervorgegangen sind, welche nach einem langen und hartnäckigen Kampfe ihrer Fürsten mit der sich aufs Neue erhebenden kaiserlichen Gewalt eine völlige politische Selbstständigkeit erringen und nach manchen Umwälzungen der jüngsten Zeit, wozu auch die Vernichtung der geistlichen Herrschaften und die Einziehung der Gebiete der Reichsstädte gehört, das neue Deutschland in der Vereinigung seiner Fürsten zum deutschen Bunde bilden.

Erste Periode.

Die germanisch-deutsche Zeit oder die germanisch-deutsche Völkerwelt bis zur Mitte des sechsten Jahrhunderts.

Diese Periode gewährt schon alle diejenigen Elemente, welche für die Bildung und Gestaltung der Stämme Deutschlands in der eigentlichen Zeit des Mittelalters nothwendig sind, und zwar lassen sich die Wurzeln derselben schon um die Zeit des Beginnes unserer Zeitrechnung bestimmter nachweisen. Doch befanden sich zu eben jener Zeit die volksthümlichen Elemente, aus welchen die spätern deutschen Stämme erwachsen sind, nicht alle auf dem Boden des heutigen Deutschland. Das alte Germanien erstreckte sich mit seinen Stämmen und Völkern ostwärts weit über die Grenzen des jetzigen Deutschlands hinaus. Demnach haben wir die gesammte germanisch-deutsche Völkerwelt zu übersehen und kennen zu lernen, wie sich aus den ursprünglich hervortretenden Geschlechts-, Gau- und Stammvereinen die größern Völkerverbindungen und Waffengenossenschaften unter den neuern Namen gebildet haben, unter welchen sie durch das ganze Mittelalter hindurch bekannt gewesen sind. Daraus wird sich zugleich ergeben, wie ein Theil jener Völkerwelt aus dem alten Germanien sich in das römische Reich verloren hat, während aus dem andern Theile die jüngern Stämme Deutschlands hervorgegangen sind, welche wir am Ende dieses Zeitraumes schon vollständig ausgebildet und in ihren Sitzen auf das Gebiet beschränkt finden, welches wir den klassischen Boden Deutschlands nennen müssen. In der Mitte des sechsten Jahrhunderts hat mit dem vollständigen äußern Ausbau der Welt der christlich-germanischen Staaten (jedoch mit Ausschluß der nordisch-germanischen Welt in Skandinavien) auch das mittelaltrige Deutschland seine Naturgrenzen gefunden.

Die beiden Hauptabschnitte, in welche dieser erste Zeitraum zerfällt, ergeben sich aus dem verschiedenartigen Verhältnisse der germanisch-deutschen Völkerwelt zur Welt des Alterthumes oder zum römischen Reiche. Durch die Römer wurde jene nordische Welt der Germanen zuerst entdeckt, nachdem sie sich bei ihren Eroberungszügen gegen den Norden durch die Reihe der gallischen Völker siegreich hindurch gearbeitet hatten. Durch die Römer wurden die Germanen erst zu einem höhern politischen Leben im Kampfe mit der Welt des Südens erweckt, und zu ihrem eigenen Verderben hat jene alte Welthauptstadt in Italien die Angriffe und Eroberungsplane auf das germanische Land unternommen, bis bei der zunehmenden politischen Mündigkeit der germanischen Völker und bei dem durch inneres Verderben hervorgerufenen Verfall der Macht des römischen Weltreiches die Germanen an Rom rächten, was es an der ganzen Welt gefrevelt hatte.

Der erste Abschnitt zeigt demnach die ursprünglich germanisch-deutsche Völkerwelt in dem alten Groß-Germanien als die Elemente umfassend, aus welchen die eigentlichen Deutschen der spätern Zeit hervorgegangen sind, sodann die Angriffe der Römer auf jene Welt und die Ausbreitung ihres Reiches über einen Theil derselben in den rheinischen Gebieten.

Der zweite Abschnitt zeigt die beginnende Reaktion der germanischen Völkerwelt gegen das römische Reich in den Umgestaltungen des politischen Lebens der Germanen, und die Umwandlung der Vertheidigungskämpfe in Angriffskriege auf das Weltreich durch die großen Waffengenossenschaften, denen die Vernichtung der alten Welt nach ihrem äußern Zustande gelungen ist, womit wieder die Gestaltung des eigentlich deutschen Germaniens nach seinem spätern Zustande zusammen hängt.

Erster Abschnitt.

Die germanisch-deutschen Stämme oder die Urzeit Germaniens bis zum Schluß des ersten Jahrhunderts unserer Zeitrechnung.

---

1) Das erste Hervortreten des deutschen Volksstammes. Die Kelten, die Germanen und Gallier. Die Bojen und Belgen. Der Name der Germanen und der Deutschen.

Schon an drei Jahrhunderte vor unserer Zeitrechnung wird zum erstenmale der Name unserer deutschen Vorfahren genannt und zwar an den Gestaden des baltischen Meeres. Der Bernsteinhandel war es, welcher die Alten mit jenen Gegenden bekannt machte [1]), und durch die merkwürdige Entdeckungsreise des Massilioten Pytheas zur Zeit Alexanders des Großen ward zuerst jener ferne Norden der

---

1) Pfister, Geschichte der Deutschen. Hamburg 1829. 8. Th. I. S. 4 bis 6.

alten Welt aufgeschlossen [1]). Denn durch Pytheas lernen wir dort die Volksnamen der Teutonen und Guttonen kennen, von welchen der erstere sich als die allgemeine einheimische Bezeichnung des deutschen Volksstammes zu erkennen giebt, der letztere aber an den später so berühmten Namen der Gothen erinnert, welcher in eben jenen Gebieten zuerst hervortritt, oder auch an den der Jüten in dem dänischen Halbinsellande [2]), obschon beide unläugbar in Beziehung zu einander stehen und vermuthlich nur ein und derselbe sind. Auch scheint aus den dunkeln Andeutungen des Pytheas über jene Gegend zuerst der Name des baltischen Meeres hervorzuklingen [3]).

Doch stand der deutsche Volksstamm ursprünglich nicht in unmittelbarer Berührung mit der Welt des Südens, wenn gleich es sehr schwierig ist die erste Verbindung beider sicher nachzuweisen. Denn als das Hauptvolk des Nordens der alten Welt oder aller Länder Europas, welche sich jenseit des mächtigen Alpengebirges ausbreiten, nennen uns die Alten die Kelten, und es ist bei ihnen viel die Rede von den Wanderungen dieser Kelten von den atlantischen Gestaden im Westen bis zum Mündungslande der Donau am Pontus im Osten. Aber so gewiß es ist, daß die eigentlichen Kelten oder Galen (Gallier), welche Cäsar in der Mitte des bei ihm sogenannten Galliens antraf, von den Germanen durchaus verschieden sind, eben so sicher ist es, daß man bei diesen keltischen Wanderungen während der Zeit vom siebenten bis zum dritten Jahrhundert keineswegs

---

1) Barth, Deutschlands Urgeschichte. Baireuth 1817. 8. Th. I. S. 135 bis 155.

2) Adelung, älteste Geschichte der Deutschen, ihrer Sprache und Litteratur bis zur Völkerwanderung. Leipzig 1806. 8. S. 87.

3) Kufahl, Geschichte der Deutschen bis zur Gründung der germanischen Reiche im westlichen Europa. Berlin 1831. 8. Th. I. S. 7.

immer an eigentlich gallische Völker zu denken hat [1]). Der Name der Kelten oder Galater diente häufig nur zur allgemeinen Bezeichnung der Völker des **Nordens** oder des Nordwestens wie der der Scythen für die des Nordostens der alten Welt, und man sprach nicht minder von Kelto-Skythen und Kelto-Ligyern wie von Kelt-Iberiern und Kelto-Germanen oder Belgen. Gallische und germanische Völker wurden von demselben ursprünglich gemeinsam umfaßt [2]).

Demnach darf es nicht befremden unter den von Norden her andringenden Völkerschaaren, welche die Alten mit dem Namen der Kelten bezeichnen, auch schon frühzeitig Stämme **deutscher** Abkunft wahrzunehmen, und eben nach der Seite hin, wo die gallischen Wanderungen ausliefen, scheinen deutsche Schaaren, wenn auch unter einem fremden Namen, den Alten zuerst bekannt geworden zu sein. Die Alten waren anfangs wenig im Stande beide Volksstämme von einander zu unterscheiden, und bis auf die Zeit des Anfangs unserer Zeitrechnung hin wurden Gallier und Germanen stets mit einander von ihnen verwechselt [3]). Erst Julius Cäsar, dieser eigentliche **Entdecker der nordischen Welt**, zeichnete bestimmt den Unterschied, der zwischen beiden Volksstämmen obwaltete und der seitdem auch im Allgemeinen von den Alten immer beobachtet worden ist. Es war aber bei der geringen Kenntniß, welche die Alten vor Cäsars Zeit von jenen nordischen Völkern hatten, eine solche Verwechselung um so eher möglich, als sich beide Stämme nach ihren Sitten und Gebräuchen, nach ihrer leiblichen Bildung und auch nach ihrer Sprache in mancher Beziehung,

1) **Barth**, Deutschlands Urgeschichte I. S. 81 bis 101. 187 bis 231.

2) **Rudhart**, über den Unterschied zwischen Kelten und Germanen. Erlangen 1826. 8.

3) **Duncker**, origines German. I. p. 87 — 90.

vornehmlich im Gegensatz gegen die südlichen Völker, einander sehr verwandt oder doch ähnlich gezeigt haben müssen. Denn aus den neuern Sprachforschungen ergiebt sich, daß die eigentlich gallischen Völker gleich den germanischen und sarmatisch-slavischen auch nur einen Zweig von dem großen indogermanischen Volksstamme gebildet haben, dessen unterschiedene sich einander mehr oder minder fern stehende Glieder von West-Asien aus über den größten Theil von Europa bis zum westlichen Ocean hin verfolgen lassen [1]).

Als ein mächtiger Volksstamm treten die eigentlichen Kelten oder Galen in der Geschichte auf, obschon ihm das Schicksal zu Theil geworden ist, grade in der Zeit zersprengt und seiner Selbstständigkeit beraubt zu werden, als er sich über den Zustand der Barbarei des Naturlebens zu erheben begann, so daß er sich in seinen Ueberresten wie in den Kymren, Galen und Ersen heut zu Tage nur in den entlegensten Gliedern des nordwestlichen Europa erhalten hat. Einstmals ausgebreitet über die Landschaften von Gallien, über alle brittischen Inseln und über einen Theil des alten Iberiens, welche Gebiete als seine Urheimath zu betrachten sind [2]), bevölkerte dieser Volksstamm auch die südlichen Theile Deutschlands in den Alpen- und Donau-Landschaften. Auch muß man im Allgemeinen die große Naturgrenze des hercynischen Waldes in der Mitte des heutigen Deutschlands beim Beginn der historischen Zeit des Nordens als diejenige ethnographische Grenzscheide betrachten, durch welche das Stammland Germaniens von den gallischen Gebieten geschieden wurde [3]).

1) Zeuß, die Deutschen und die Nachbarstämme. S. 18 bis 20. Améd. Thierry, histoire des Gaulois. Paris 1828. 8. Tome I. Introd. p. XXI.

2) Niebuhr, römische Geschichte. Berlin 1812. 8. Th. II. S. 252 bis 258.

3) Mannert, Geographie der Griechen und Römer. Th. III. Germanien. Leipzig 1820. 8. S. 3. 7.

Nun werden uns aber schon von den Alten unter den Bewohnern des Alpenlandes Halb-Germanen (Semigermani) genannt [1]), und wenn darunter wirklich Stämme deutscher Abkunft zu verstehen sein sollten, so muß man entweder annehmen, daß deutsche Schaaren sich schon frühzeitig über jene Naturgrenze hinaus unter die gallischen Völker gemischt und dort ihre Sitze genommen haben, wie eine solche Vermischung beider Volksstämme sowohl am untern Rhein als auch an der untern Donau schon früh statt gefunden hat, oder man müßte mit einigen annehmen, daß die Urheimath des germanischen Volksstammes einstmals bis zu den Alpen gereicht habe und jene Stämme nur die geringen Ueberreste einer stärkern deutschen Bevölkerung gewesen seien, welche bei dem Einbruche einer großen von Südwesten kommenden gallischen Völkerfluth in die nördlichern Gegenden zurückgedrängt worden sei [2]). Zwar sprechen die Alten weiter nicht von einer germanischen Bevölkerung der Alpen, aber der jüngere Zustand der Gebirgsgaue in den Centralalpen, wo man, neben den Ueberresten der rhätischen Völker in dem Quellgebiet des Rheins und des Inn, eine durchaus deutsche Bevölkerung findet, ist immer sehr schwierig zu erklären gewesen, da die Annahme einer Germanisirung jener Gebiete in der spätern Zeit, vornehmlich bei Vergleichung mit den westlichen Alpen, nicht als ganz genügend erscheinen möchte.

Schon in sehr früher Zeit bemerken wir ein Ziehen und Wandern germanischer Schaaren aus ihrer Heimath am nördlichen Meere nach Süden und Südosten zu den Gestaden des Pontus und nach der untern Donau, wie sich dies nachmals in den gothischen Wanderungen wiederholt. Deutsche Schaaren sind unstreitig unter denjenigen keltischen

---

1) Zeuß, die Deutschen und die Nachbarstämme. S. 225. 226.

2) Heinr. Schulz, zur Urgeschichte des deutschen Volksstammes. Hamm 1826. 8. S. 63 bis 73.

Völkern gewesen, welche sich zu Anfang des dritten Jahrhunderts vor unserer Zeitrechnung, bei der Auflösung des macedonischen Reiches nach dem Tode Alexanders des Großen, über die untern Donau-Gegenden verheerend ausbreiteten, in Griechenland eindrangen und zum Theil nach Klein-Asien übergingen. Denn Kimbern und Teutobodiaken werden uns unter den Völkerschaaren daselbst genannt, gleichzeitig mit den Teutonen am baltischen Meere und mehr als anderthalb Jahrhunderte vor dem bekannten Einbruche der Kimbern und Teutonen in die Alpenländer [1]). Und die kriegerischen durch ihre Tapferkeit berühmten Gäsaten, welche aus dem transalpinischen Gallien von der Rhone oder vom Rhein kurz vor dem Ausbruche des zweiten punischen Krieges den Völkern in dem cisalpinischen Gallien bei dem Unterjochungskriege derselben durch die Römer zu Hülfe kamen, sind, wie es sogar römische Inschriften bezeugen, echt germanischen Stammes [2]).

Das Ziehen der deutschen Völker nach der untern Donau dauerte aber auch durch das ganze dritte Jahrhundert fort, und brachte dort Völkernamen zur Kunde der Griechen, welche erst in weit spätern Zeiten an den baltischen Gestaden wieder bekannt geworden sind. So lernen wir aus griechischen Inschriften hier zuerst die Sciren und Bastarnen kennen, von welchen die letztern auch in der ersten Hälfte des zweiten Jahrhunderts durch ihre politischen Verbindungen mit den jüngern macedonischen Königen bekannt genug geworden sind [3]). Doch treten die deutschen Schaaren daselbst auf einem Gebiet, welches ursprünglich den Völkern thracischen und illyrischen Stammes angehörte, immer nur unter und neben den mächtigen gallischen Völkern auf,

---

1) Pfister, Geschichte der Deutschen. I. S. 11. Adelung, älteste Geschichte der Deutschen. S. 99.

2) Barth, Deutschlands Urgeschichte. I. S. 221 bis 225.

3) Duncker, origines Germ. I. p. 80 — 82.

so daß darum eine Sonderung derselben den Alten schwer werden mußte und Verwechselungen nicht zu vermeiden waren. Die mächtigen Skordisken an der untern Donau, die angeblichen Abkömmlinge jener Kelten, welche Griechenland verheerten, werden von den Alten Sprachgenossen der dortigen echt deutschen Bastarnen genannt [1]). Ist es nun auch sicher, daß die Hauptmasse des Volkes der Skordisken dem gallischen Volksstamme angehörte [2]), so konnten doch bei der eigenthümlichen Natur jenes Namens auch deutsche Stämme von demselben umfaßt werden, wodurch die Angabe der Alten zum Theil gerechtfertigt würde.

Folgen wir dem Laufe der Donau nach Westen zu aufwärts, so finden wir in den Thälern des Alpengebirges an den Quellflüssen jenes Stromes von dem Gebiet der Rhätier an die ausgebreiteten Völkernamen der Taurisken und Vindeliker, an welche sich ostwärts zur untern Donau hin die Skordisken anschließen [3]). Zwar haben alle diese Namen mehr ein geographisches als ethnographisches Gepräge, doch ist es sicher, daß durch sie die in jenen alpinischen Gebieten wohnende gallische Bevölkerung bezeichnet wird. Dasselbe ist auch der Fall mit dem Namen der Bojen, welcher um die Zeit des Anfanges unserer Zeitrechnung an dem ganzen Nordsaume der Alpen entlang, auf den Tafelflächen an der obern Donau und am hercynischen Walde eine große Rolle spielt und dort als seit Alters einheimisch noch lange nachher von den alten Geographen erwähnt wird [4]).

Die Alten nennen uns zwei mächtige gallische Völker, die Helvetier und die Bojen, welche in den letzten Jahrhunderten vor unserer Zeitrechnung das ganze südliche

---

1) Pfister, Geschichte der Deutschen. I. S. 17.

2) Duncker, origines German. I. p. 34 — 36.

3) Mannert, Germanien. S. 467. 493. 519.

4) Barth, Deutschlands Urgeschichte. I. S. 389 bis 391.

Deutschland innerhalb des hercynischen Bergwaldes von dem obern Rhein und Main im Westen bis zu den Ebenen an der mittlern Donau im Osten bewohnten [1]). Auch haben sich in allen diesen Gebieten noch zahlreiche Spuren des gallischen Sprachstammes in den Namen der Lokalitäten bis in die spätere Zeit erhalten [2]). Kann man nun auch der in neuerer Zeit aufgestellten Behauptung, daß der Name der Bojen ein ganz allgemeiner gewesen sei und als die Waldbewohner zu beiden Seiten der obern Donau bis zu den Alpen hin bedeutend eine germanische Bevölkerung jener Gebiete bezeichnet habe [3]), nicht beipflichten, so scheint doch dieser Name außer seiner Beziehung auf einen einzelnen Stamm, wie ein solcher auch in dem italischen Gallien vorkommt, zugleich eine allgemeine Bezeichnung für die gesammte gallische Bevölkerung an der obern Donau und dem hercynischen Walde, ostwärts von den Helvetiern, gewesen zu sein. Dazu kommt noch, daß der bojische Name durch die aus Italien versprengten Bojen auch in den Ostalpen und über die ihnen ostwärts bis zur Donau vorgelagerten Ebenen, in dem nachmaligen Noricum und Pannonien, verbreitet wurde [4]), wofern dies nicht ein Theil derjenigen Bojen sein sollte, welche nach ihrer Vertreibung aus dem Lande Bojohemum durch die vordringende Macht der germanischen Sueven hier eine Zuflucht suchten [5]).

Niemals erscheinen aber in der Geschichte die hercynischen Bojen in einer solchen Macht und mit solcher Volksmenge, wie man es nach Maaßgabe der Ausdehnung ihres

---

1) Mannert, die älteste Geschichte Bajoariens und seiner Bewohner. Nürnberg 1807. 8. S. 2 bis 5.

2) Duncker, origines Germ. I. p. 39 — 50.

3) Pfister, Geschichte der Deutschen. I. S. 20.

4) Buchner, Geschichte von Baiern. Regensburg 1820. 8. Th. I. S. 41. 42. Thierry, histoire des Gaulois. I. p. 337.

5) Zeuß, die Deutschen und die Nachbarstämme. S. 244 bis 247.

Namens erwarten sollte, woraus man zu entnehmen berechtigt ist, daß die verschiedenen kleinern gallischen Völker, welche wir nach dem Untergange der bojischen Herrschaft noch in Ober-Deutschland vorfinden, einst unter diesem Namen mitumfaßt worden seien. Als den Hauptsitz der eigentlichen Bojen im Norden der Alpen müssen wir aber den Bergkessel des Quellgebietes der Elbe betrachten, wo sich der Name Bojohemum oder Böheim als Andenken an jene alte gallische Bevölkerung durch alle Zeiten der Geschichte erhalten hat [1]). An diesem von der Natur befestigten Gebiete der Bojen innerhalb des hercynischen Bergwaldes brach sich zuerst der große gegen Süden vordringende Völkerstrom, welcher die Römer ein Jahrhundert vor unserer Zeitrechnung zunächst in genauere Berührung mit der germanischen Welt brachte, so wie gegen Westen am Rhein in dem Lande der Belgen, deren Name dort eine ähnliche Rolle spielt wie der der Bojen an der Donau.

Wenn man in dem Donau-Lande von Ober-Deutschland eine große Wanderung gallischer Völkerschaften von Westen nach Osten wahrnimmt, bis hier in dem ersten Jahrhundert vor unserer Zeitrechnung eine mächtige Reaktion germanischer Stämme eintrat, welche das gallische Element allmählig verdrängend und vernichtend sich bis zum obern Rhein hin ausbreitete, so zeigt sich dagegen in dem Rhein-Lande von Nieder-Deutschland von je an ein Vordringen germanischer Völkerschaften nach Westen im Kampfe mit den dort wohnenden gallischen Stämmen, welche eine ähnliche Reaktion äußernd die erstern zum Theil wieder verdrängten oder in sich aufnahmen, obschon die Gebiete zu beiden Seiten des untern Rhein stets den Germanen verblieben sind [2]). Daraus erklärt sich auch Cäsars An-

1) Mannert, die älteste Geschichte Bajoariens. S. 10 bis 12.

2) Schulz, zur Urgeschichte des deutschen Volksstammes. S. 73. 123.

gabe von einer ehemaligen Ueberlegenheit der Gallier über die Germanen.

Schon die ältesten dem Pytheas gleichzeitigen oder nur wenig jüngern griechischen Autoren über den Norden sprechen von den Cimbern oder Kimbern am nördlichen Ocean und von den großen Verheerungen durch Meeresfluthen daselbst, wodurch die cimbrischen Stämme zur Auswanderung genöthigt sein sollen [1]). Wir finden somit in jenen nordischen Gebieten eine unter dem Namen der cimbrisch-teutonischen Stämme vorkommende Völkermasse, mit deren Ausbreitung und Wanderungen sich das historische Leben unserer Vorfahren eröffnet [2]). Aber schon lange vorher, ehe diese Stämme bei ihren Zügen nach dem Süden mit der römischen Welt in Berührung kamen, müssen sich dieselben westwärts gewandt und durch ihre kriegerischen Unternehmungen gegen die Gallier die Veranlassung zur Entstehung neuer Völkerschaften und eines neuen Volksstammes gegeben haben. Mag das untere Rhein-Thal selbst nun ursprünglich von gallischen oder germanischen Völkern bewohnt gewesen sein, so erscheint es doch in der historischen Zeit immer im Besitz der letztern, und germanische Stämme scheinen sich einstmals siegreich bis zur Marne und untern Seine ausgebreitet zu haben, deren Ufer später die Grenzmarken zwischen den eigentlich gallischen und den belgischen Völkern bildeten [3]).

Die Belgen, die Bewohner des ganzen Nordostens der nachmaligen römischen Provinz Gallien bis zum untern Rhein hin, waren, wie es Cäsar angiebt und wie es der Gang der Geschichte zu beweisen scheint, von den eigentlichen Galliern nach Sprache und Sitte verschieden und größtentheils germanischer Abstammung. Dennoch hat

1) Adelung, älteste Geschichte der Deutschen. S. 47 bis 49.

2) Kufahl, Geschichte der Deutschen. I. S. 12 bis 15.

3) Kufahl a. a. O. I. S. 29 bis 31.

man in neuern Zeiten im Widerspruch mit Cäsars Berichten nicht nur den germanischen Ursprung der Belgen überhaupt geläugnet, sondern auch die von ihm genannten germanischen Völker auf der Westseite des Rheins von den eigentlichen Deutschen im Osten des Stromes bestimmt absondern zu müssen geglaubt, indem man aus sprachlichen Gründen beide zusammen unter dem Namen der Belgen oder Kymren für einen echten Zweig des großen gallischen Volksstammes ausgab [1]). Die germanischen Cimbern und die gallischen Kymren sollten durchaus von einander verschieden sein und jene Berichte Cäsars und seiner Nachfolger nur auf einer Verwechselung jener beiden Völkernamen beruhen [2]).

Bestätigt sich indessen bei der Dunkelheit dieses ethnographischen Verhältnisses das einstmalige Vordringen germanischer Stämme in das Innere Galliens, so muß man es als eine Folge der siegreichen Reaktion des entweder verdrängten oder unterworfenen gallischen Elementes betrachten, daß hier auf der Grenzmark Galliens und Germaniens ein Mischlingsvolk entstand, während sich das echt germanische Element nur in den dem Rhein näher liegenden Gebieten ungetrübt erhielt, weil es entweder dort stets einheimisch war oder durch die Aufnahme neuer verwandter Elemente von der Ostseite des Rheins sich dem Einfluß der um sich greifenden gallischen Volksthümlichkeit gewachsen zeigen konnte. Wenn aber die germanisch-gallische Bevölkerung der nordöstlichen Landschaften Galliens bei ihren gallischen Nachbarn gewöhnlich den Namen der Belgen führte, der eine Erklärung aus der gallischen und deutschen Sprache zuzulassen scheint [3]), so erhielt sich doch bei ihnen

1) Zeuß, die Deutschen und die Nachbarstämme. S. 186 bis 192.

2) Duncker, origines Germ. I. p. 95 — 102.

3) Barth, Deutschlands Urgeschichte. I. S. 128.

selbst auch der Name der Cimbern, und bei der Verbreitung belgischer Stämme nach den brittischen Inseln hin, wie es schon durch Cäsar bekannt ward, hat der Name der Cimbern oder Kymren neben dem der Galen trotz aller folgenden Revolutionen in den Völkerverhältnissen bis jetzt daselbst seinen Ruhm sich bewahrt [1]). So erklärt es sich auch, daß die Cimbern von den alten Autoren bald für Gallier, bald für Germanen ausgegeben werden [2]), und daß der Name der Belgen im Allgemeinen für alle Völker auf der Westseite des Rheins bis zur Seine und Marne hin gebraucht wurde, so weit die Römer das Belgica ihrer Provinz Gallien nach Maaßgabe der dortigen Volksthümlichkeit ausgedehnt hatten. Doch ist nothwendig zu unterscheiden zwischen den gallischen Belgen und den belgischen Germanen, welche letztern dort ihre Sitze hatten, wo nachmals in jenem Gallia Belgica die beiden kleinern Provinzen von Ober- und Nieder-Germanien (Germania superior und inferior) sich bildeten [3]). Nur darf man die Belgen im engern Sinne weder zu scharf von den Galliern noch auch von den Germanen absondern, indem bei dem allmähligen Uebergange der volksthümlichen Elemente in einander die einzelnen Volkszweige sich bald mehr dem einen, bald dem andern Stamme anschließen.

Cäsar fand bei seiner Ankunft in Gallien beide Ufer des Rheins von dem Stromknie bei Basel bis nach dem Deltalande hin abwärts von Germanen bewohnt, und zwar werden uns an seiner linken Uferseite an eilf deutsche Völker genannt. Am Ober-Rhein entlang in der Thalebene des Elsaß und von Rhein-Baiern westwärts bis zu den Vogesen und dem Hart-Gebirge wohnten die Stämme der

---

1) Adelung, älteste Geschichte der Deutschen. S. 246. 247.

2) Kufahl, Geschichte der Deutschen. I. S. 30.

3) Mannert, Geographie der Griechen und Römer. Th. II. 1. Gallien. Nürnberg 1789. 8. S. 206.

Nemeten um Straßburg und Speier und westwärts neben ihnen die Tribokken, und weiter abwärts die Vangionen um Worms [1]). Doch wurden diese drei Völker ursprünglich nicht zu den germanischen Bewohnern des belgischen Galliens gerechnet, indem Cäsar das Land Belgien und das Gebiet der belgischen Stämme mit Einschluß der unter ihnen wohnenden deutschen Völker nur auf die untern Gegenden des Rheins unterhalb der Einmündung des Mains beschränkt [2]). Erst später ward der Name Belgien auch auf dies Gebiet ausgedehnt, und Augustus machte das belgische Gallien dadurch zur größten von den vier Provinzen des gesammten gallischen Landes, daß er selbst noch die drei gallischen Stämme der Lingonen, Sequaner und Helvetier zu beiden Seiten der obern Saone und des Jura mit demselben verband [3]). Jene drei deutschen Völker scheinen auch erst nicht lange vor Cäsars Zeit vermuthlich in Folge der sogenannten cimbrischen Wanderungen aus dem östlichen Ober-Deutschland hier eingewandert zu sein und mit Zurückdrängung der gallischen Bevölkerung am Ober-Rhein ihre Sitze genommen zu haben [4]). Denn damit muß die Zurückziehung der gallischen Helvetier aus dem Gebiete zwischen dem Rhein und Main, wo seitdem die sogenannte Einöde der Helvetier erscheint, nach Süden hin zusammenhängen, indem wir dieses Volk zu Cäsars Zeit nur auf das Hochland der Aar zwischen den Alpen, dem Jura und dem Rhein beschränkt finden [5]).

---

1) Zeuß, die Deutschen und die Nachbarstämme. S. 217 bis 222. Barth, Deutschlands Urgeschichte II. S. 130.

2) Eichhorn, deutsche Staats- und Rechtsgeschichte. Göttingen 1834 8. Th. I. S. 55.

3) Mannert, Geographie der Griechen und Römer. II. 1. S. 33.

4) Eichhorn, deutsche Staats- und Rechtsgeschichte I. S. 54.

5) Mannert, alte Geographie II. 1. S. 187.

Die acht übrigen germanischen Völker auf der linken Seite des Rheins wohnten aber in dem ursprünglichen belgischen Gallien, und unter ihnen nehmen die Trevirer, deren Hauptort Trier sich nachmals zur Hauptstadt von ganz Gallien erhob und die zu beiden Seiten der ganzen untern Hälfte der Mosel bis zum Rhein ausgebreitet waren, die erste Stelle ein. Ihre nördlichen Nachbarn waren die vier deutschen Stämme der Eburonen, Condrusen, Pämanen und Cäräsen, welche sich in Verbindung mit einem fünften deutschen Volke, den Aduatiken, über das Bergland an der mittlern Maas oder über die Eifel und einen Theil des Ardenner-Waldgebirges ausdehnten, so daß ihre Sitze ostwärts bis zum Rhein reichten, während sie auch an der Maas abwärts bis zum Rheindelta sich verbreiteten. In dem Deltalande des Rheins selbst erscheinen die Bataver, deren Gebiet erst nach Cäsars Zeit zu Gallien gerechnet wurde. Aber der am meisten gegen Westen vorgeschobene deutsche Stamm war das streitbare Volk der Nervier, deren Gebiet sich an der Sambre, dem westlichsten Zustrom zur Maas, in dem heutigen Hennegau auf der Nordseite des Ardenner-Gebirges ausdehnte [1]).

Jene vier zusammengenannten kleinern Völker an der mittlern und untern Maas sind dadurch wichtig, daß sich von ihnen aus der Name der Germanen im Alterthum verbreitet hat. Sie standen in einer gemeinsamen Wehrverbindung (Wehrmannei), und führten schon zu Cäsars Zeit bei den Galliern diesen von der Kriegsverfassung entlehnten Namen, welcher nachmals, wie Tacitus sagt, auf alle übrigen rheinischen Stämme der Deutschen überging und zuletzt die allgemeine Bezeichnung dieses Volksstammes

---

1) Herm. Müller, die Marken des Vaterlandes. Bonn 1837. 8. Th. I. S. 27 bis 65.

bei den Römern wurde [1]). Doch ist es nicht unwahrscheinlich, daß dieser Name schon lange vorher bei den Stämmen im Innern Deutschlands zur Bezeichnung ihrer kriegerischen Bundesgenossenschaften üblich war [2]). Denn die in neuerer Zeit vorgeschlagene Ableitung des Namens der Germanen aus dem Gallischen als Bewohner von Berglandschaften bezeichnend, womit man auch die gallische Nationalität jener belgischen Germanen an der Maas in Verbindung brachte [3]), ist bis jetzt zu wenig begründet, um ohne weiteres angenommen werden zu können. Aber grade von der Seite, wo in dem Konflikt gallischen und deutschen Lebens der germanische Name seine historische Bedeutung erlangte, begannen auch die Römer-Kriege gegen die deutschen Völker; eben dort, wo die Natur keine großen völkerscheidenden Grenzen gezogen hat, ist Germanien den feindlichen Angriffen am meisten blosgestellt. In derselben Gegend, wo durch die Angriffe der Römer der Name der Germanen der herrschende zur Bezeichnung des deutschen Volksstammes wurde, entstand dann später wiederum der Name der Franken, dessen Ausbreitung am Schlusse des fünften Jahrhunderts das Ende der römischen Weltherrschaft im Abendlande bezeichnet. Schon diese Umstände bezeugen die Wichtigkeit der untern Rhein-Landschaften für Germanien in historisch-geographischer und ethnographischer Beziehung.

Uebrigens erscheinen später bei der Verallgemeinerung des germanischen Namens jene vier Stämme in Verbindung mit den Aduatikern wieder unter dem besondern

---

1) Pfister, Geschichte der Deutschen. I. S. 24. Mannert, Germanien. S. 5. 142.

2) Luden, Geschichte des deutschen Volkes. Gotha 1825. 8. Th. I. S 507. 508.

3) Zeuß, die Deutschen. S. 59.

Namen der Tungern, der sich noch jetzt daselbst in dem Orte Tongern erhalten hat [1]).

Aber die uns von Pytheas genannten Völkernamen der Teutonen und Guttonen an den nördlichen Meeresgestaden führen auf die einheimische Bezeichnung unserer Vorfahren. Denn Deutsche oder Teutsche haben sie sich immer selbst genannt nach den verschiedenen Mundarten ihrer Sprache, und die in der ältesten Zeit stets zusammengenannten Doppelnamen der Teutonen und Guttonen oder der Cimbern und Teutonen möchten vielleicht schon auf einen innern Unterschied der germanischen Völker hinweisen, wie er sich als Gegensatz von Niederdeutschen und Oberdeutschen durch alle Geschichte hindurchzieht. Da den Namen der Teutonen kein besonderer einzelner Stamm geführt hat noch auch führen konnte, so mußte er nothwendig häufig verschwinden, wenn von einzelnen deutschen Stämmen die Rede war, mußte aber immer wieder hervortreten, wenn die Deutschen selbst eine allgemeine Bezeichnung ihres Stammes angeben oder einen Unterschied unter den einem verschiedenartigen Entwickelungsgange anheimgefallenen germanischen Völkern andeuten wollten, wie es sich bei der Auflösung des großen Franken-Reiches zeigte [2]).

Denn das Stammwort selbst Deut, Diet, Thiet oder Theod als Appellativ bedeutet Volk in allen altdeutschen Mundarten, wie es sich auch in vielen Eigennamen erhalten hat, und konnte allein die einheimische und ursprüngliche Bezeichnung unserer Vorfahren sein [3]). Der Name der Guttonen aber hat gleich dem der Jüten und Gothen

---

1) Mannert, alte Geographie. II. 1. S. 175.

2) Phillips, deutsche Geschichte mit besonderer Rücksicht auf Recht, Religion und Staatsverfassung. Berlin 1832. 8. Th. I. S. 14. 15. Luden, Geschichte des deutschen Volkes. I. S. 21. 22.

3) Pfister, Geschichte der Deutschen. I. S. 30. Adelung, älteste Geschichte der Deutschen. S. 150.

nicht minder einen allgemeinen Charakter, und bezeichnet so wenig wie die letztern ein einzelnes deutsches Volk. Deshalb konnte er, wie später zu erwähnen ist, auch als Bezeichnung für eine Verbindung zahlreicher und verschiedener deutscher Stämme in Gebrauch kommen.

Wir finden demnach mindestens schon in der Zeit des zweiten Jahrhunderts vor unserer Zeitrechnung das Gebiet der germanischen Völkerwelt von den Gestaden des baltischen und deutschen Meeres ausgebreitet südwestwärts bis zu den Ardennen und südostwärts bis zur untern Donau. Nach Süden bildete damals noch der Gebirgswall des hercynischen Waldes die Grenzmark gegen das gallische Ober-Deutschland. Aber es zeigte sich auch schon das Bestreben der germanischen Völker diese Naturgrenze zu überschreiten und durch die Ausbreitung über die Tafelflächen an der Donau die eigentliche Grenzmark Deutschlands in dem Alpengebirge zu erreichen, was ihnen nach dem Falle der Macht der gallischen Völker auch gelungen sein würde, wenn ihnen die Römer nicht zuvorgekommen wären und durch ihre militairischen Grenzlinien daselbst auch dem Lande Germanien seine Grenzen gesetzt hätten.

2) Die Wanderungen der Cimbern und Teutonen und das Hervortreten des Unterschiedes zwischen den Germanen Nieder-Deutschlands und den Sueven Ober-Deutschlands.

Bestimmter treten die germanischen Völker in der Geschichte hervor in den sogenannten cimbrischen Wanderungen, durch welche der Zustand Süd-Deutschlands zuerst umgestaltet wurde. Als Ausgangspunkt derselben hat man nach den Angaben der Alten die Gestade des germanischen Nordmeeres zu betrachten, und sie erstreckten sich von dort zunächst auf der alten Zuglinie der deutschen Stämme südostwärts bis zur untern Donau, wo die Kämpfe der Römer mit den Völkern gallischen and germanischen Stammes im Zusammenhange mit ihnen zu stehen scheinen. Denn schon seit dem Beginn des zweiten Jahrhunderts vor unserer Zeitrechnung spielt dort der mächtige germanische Stamm der Bastarnen, deren sich die macedonischen Könige aus dem Geschlechte der Antigoniden bei ihren Kämpfen mit den Römern bedienten, eine wichtige Rolle, und seit dem Falle des macedonischen Reiches um die Mitte des zweiten Jahrhunderts erneuerten sich dort alljährlich die Einbrüche der Skordisken in Verbindung mit andern Stämmen, unter denen auch Cimbern genannt werden, von der Donau her in die römischen Besitzungen, wobei mit abwechselndem Glücke zwischen ihnen und den Römern gestritten wurde [1]). Der Name der Cimbern war hier also nicht unbekannt.

Plötzlich tritt hier aber als eine ganz neue Erscheinung ein mächtiges Conglomerat germanischer Stämme unter dem Namen der Cimbern auf, von dessen Gestaltung und Wanderung die Alten nichts weiter vernahmen, als daß es von Norden her andringend von den Bojen in ihrer Bergfeste des Quellgebietes der Elbe zurückgeschlagen sei und sich dann südostwärts weiter zur mittlern und untern Donau gewandt habe. Westwärts brach von dort dies cimbrische Völkerheer in das norische Land der Ostalpen ein, um nach Italien vorzudringen. Indessen trotz der Niederlage der Römer daselbst unter dem Consul Papirius Carbo bei Noreja im Jahre 113 wandte sich diese Schaar wieder um, und zog in der großen Thalebene der obern Donau am Nordsaume der Alpen entlang westwärts zum Rhein, wo ein zweites mächtiges Conglomerat germanischer Stämme unter dem Namen der Teutonen in die gallischen Gebiete einzudringen suchte. Am obern Rhein vereinigten sich beide

---

1) Thierry, histoire des Gaulois. II. p. 182. Pfister, Geschichte der Deutschen. I. S. 32. 33.

Völkerheere, welchen sich viele der auf ihren Zügen berührten gallischen Völker wie die Ambronen, vermuthlich auch ein Theil der Bojen und die helvetischen Stämme der Tigurinen und Toygenen angeschlossen hatten [1]). Mit diesen Wanderungen germanischer Stämme durch die jenseit des hercynischen Waldes gelegenen Gebiete hängt ohne Zweifel schon die Schwächung der Macht der dort hausenden gallischen Völker zusammen, die unter dem Namen der Bojen und Helvetier vorkommen [2]). Denn seitdem müssen die letztern sich allmählig aus ihren frühern Gebieten, die sich bis zum Main hin nordwärts erstreckten, nach Süden zum obern Rhein am Fuße der Alpen zurückgezogen haben, so daß fortan im westlichen Theile des hercynischen Waldes die helvetische Einöde (desertum Helvetiorum) am Schwarzwalde genannt wird, wie an der obern Donau die Einöde der Bojen (desertum Bojorum) erscheint [3]).

Wie alle spätern Germanen, welche in das römische Reich eindrangen, verlangten diese Cimbern und Teutonen in Gallien von den Römern Abtretung von Land, um ihnen im Kriege dafür zu dienen, und als dies bei der Gefahr, in welche dadurch die römischen Besitzungen in dem südlichen Gallien geriethen, verweigert wurde, suchten jene kriegerischen Stämme ihre Forderungen mit Gewalt durchzusetzen. So erhoben sich die den Römern so furchtbaren cimbrischen Kriege. An drei consularische Heere wurden in den Jahren 109 bis 105 aufgerieben, und erst der gewaltige Cajus Marius stellte in seinem viermaligen Consulate von 104 bis 101 das wankende Kriegsglück der Römer wieder her. Die Siege des Marius bei Aquae Sextiae am Westfuße der Alpen in der gallischen Provinz über die Teutonen im Jahre 102, und sodann über die Cimbern, welche

1) Pfister a. a. O. I. S. 33. 34.

2) Duncker, origines Germ. I. p. 106. 107.

3) Mannert, die älteste Geschichte Bajoariens. S. 9. 20.

auf dem frühern Wege durch die rhätischen Alpen sich den Zugang zu Italien bahnen wollten, in den raudischen Ebenen am Südsaume der Alpen im Jahre 101 hemmten noch auf einige Zeit die Wanderungen der germanischen Völker nach Süden [1]).

Auch bei diesen Wanderungen wie bei allen frühern der nordischen Völker wiederholt sich die Sage von Meeres-einbrüchen und Ueberschwemmungen, welche die erste Veranlassung zum Ausbruche der Stämme gegeben haben sollen, und dies führt wieder auf die Nordgestade Germaniens zurück. Doch ist dabei nicht zu verkennen, daß jene beiden Völkernamen große Conglomerate verschiedener Stämme bezeichnen, die bei ihrer Fortbewegung nach Süden immer mehr anwuchsen [2]). Auch erhellt, daß es zwei Hauptzüge waren, welche von Norden und von Osten kommend erst an dem Alpengebirge, der großen Barriere gegen die nordische Welt, mit einander zusammentrafen und sich daher bald vereinigten, bald trennten. An ein einzelnes oder an zwei einzelne Völker ist hier eben so wenig zu denken wie bei den spätern Markomannen des zweiten Jahrhunderts unserer Zeitrechnung, deren Andringen auf die illyrischen Provinzen der Römer mit diesen cimbrischen Zügen vollkommen zu vergleichen ist. Teutonen und Cimbern erkannten sich aber als Brüder an, und beide sind nach allen von den Alten überlieferten Angaben durchaus deutsche Stämme gewesen [3]).

Rühmten sich auch die Römer ihre Feinde völlig vernichtet zu haben, so werden doch gewiß nicht alle ihren Untergang gefunden haben, und wohl mochten die Alpenthäler manchen Ueberresten ihrer zersprengten Stämme, auf welche vielleicht die von den Alten genannten Halb-Germa-

---

1) Kufahl, Geschichte der Deutschen. I. S. 39 bis 54.

2) Adelung, älteste Geschichte der Deutschen. S. 108.

3) Pfister, Geschichte der Deutschen. I. S. 39 bis 41.

nen hinweisen, eine schützende Zuflucht gewähren, wenn auch die Ableitung einiger merkwürdigen deutschen Alpenbewohner wie der in den Gebirgsgauen des südöstlichen Tyrol von jenen Cimbern weder erwiesen noch wahrscheinlich ist [1]). Doch soll nach Cäsar eine Abtheilung der Teutonen, die am Rhein zurückgelassen war, nach manchen Wanderungen und Fehden mit den belgischen Germanen, an deren Grenzen jenes Völkerheer zuerst eine Schranke fand, unter ihnen eine Zuflucht gefunden haben und die Stammväter der an der untern Maas vorkommenden Aduatiken geworden sein [2]).

Die einmal angenommene Richtung zur Ausbreitung der Germanen nach Süden und Südwesten dauerte jedoch fort, und als ein Hauptgrund der Wanderungen ergiebt sich deutlich die starke Bevölkerung des germanischen Landes, welches sich vornehmlich zwischen dem Nieder-Rhein und dem nördlichen Meere ausbreitete. Die innern Zwistigkeiten der gallischen Stämme in dem damals von den Römern noch nicht unterworfenen celtischen oder mittlern Gallien veranlaßten neue Unternehmungen der germanischen Stämme, durch welche zugleich das südliche Deutschland eine völlig veränderte Gestalt erhielt. Auch werden wir dadurch mit einem neuen allgemeinen Namen der deutschen Völker bekannt. Denn kaum ein halbes Jahrhundert nach den cimbrischen Wanderungen tritt zuerst der Name der Sueven hervor, der fortan in der ganzen ältern deutschen Geschichte von großer Bedeutung bleibt.

Seit Cäsars Zeit erscheinen die Sueven immer als ein Hauptheil der deutschen Völker, und es wird von den Alten stets unterschieden zwischen den eigentlichen Germanen am Nieder-Rhein und an den Gestaden des deutschen Meeres und den ostwärts und südostwärts davon woh-

---

1) Adelung, älteste Geschichte der Deutschen S. 125 bis 130.

2) Pfister a. a. O. I. S. 44.

nenden Sueven in Ober-Deutschland. Die erstern hatten durchaus feste Sitze, in denen sich die uralten Stammnamen selbst während der Zeit des Mittelalters erhalten haben, und hatten erblichen Landbesitz. Die letztern erscheinen mehr unstät, gleichsam als ackerbauende Nomaden, aber weniger weil sie noch nicht zu jenem festen Leben gekommen wären, sondern vielmehr weil sie aus jenem stätigen Zustande herausgetreten waren [1]). Jene eigentlichen Germanen erscheinen in einem Zustande der Wehrverfassung, und Landeigenthum, woran sich die politische Freiheit knüpfte, bildet die Grundlage dieser Form des germanischen Lebens; die Sueven dagegen zeigen die Form einer Kriegsverfassung, und grade bei ihnen hat sich das so eigenthümliche Gefolgewesen ausgebildet, welches nicht blos auf die spätern Eroberungsversuche der Germanen gegen das römische Gebiet so einflußreich gewesen ist, sondern auch den Mittelpunkt für die gesammte politische Entfaltung der Deutschen im Mittelalter abgiebt.

Die ersten in der Geschichte auftretenden Sueven erscheinen weniger als einzelne von Natur gegebene Völkerschaften, wie es bei den eigentlichen Germanen der Fall ist, denn als kriegerische Genossenschaften, welche aus den altväterlichen Sitzen ausgewandert oder von den germanischen Stammvölkern ausgesandt neue politische Vereine gegründet hatten. Sie vollendeten im Kampfe mit den gallischen Völkern Süd-Deutschlands, was nicht lange vorher die Cimbern begonnen hatten. Denn dort am hercynischen Waldgebirge und in den Hochebenen an der obern Donau westwärts bis zum Main und Rhein finden wir um die Mitte des ersten Jahrhunderts vor unserer Zeitrechnung die suevischen Vereine der Hermunduren und Markomannen und zwar in bei weitem mehr ausgedehnten Gebieten als

---

1) Pfister a. a. O. I. S. 53 bis 65.

es sich bei jenen niederdeutschen Germanen zeigt [1]). Als den am meisten gegen Südwesten vorgedrungenen Vortrab dieser suevischen Vereine muß man aber offenbar jene drei Stämme der Vangionen, Nemeten und Tribokken betrachten, welche in der Zeit der beiden ersten Decennien jenes Jahrhunderts den gänzlichen Rückzug der Helvetier aus dem Gebiete am Schwarzwald und am Neckar bewirkten, und nach Ueberschreitung des Rheins schon geraume Zeit vor des Ariovistus Heereszug nach Gallien in der westrheinischen Thalebene bis zu den Vogesen hin ihre Sitze nahmen [2]).

Die Namen jener beiden suevischen Vereine der Hermunduren und Markomannen bedeuten offenbar nichts weiter als Kriegsmänner oder Waffengenossenschaften an den Grenzmarken des deutschen Stammlandes. Das bei ihnen vorherrschende und auch wohl von ihnen zuerst entwickelte Gefolgewesen mußte nothwendig früh die Bildung fürstlicher und königlicher Geschlechter mit sich führen, wie dies aus den Angaben über einen Ariovist, Nasua und Cimber erhellt, und alles was die Alten über die Organisation und die Art des Lebens bei diesen Völkern berichten, spricht für die erst durch die Geschichte hervorgerufene Gestaltung und Entstehung derselben [3]).

Durch die Streitigkeiten der gallischen Völker der Arverner, Aeduer und Sequaner untereinander, deren Sitze sich in der Auvergne, Bourgogne und Franche comté ausbreiteten, wurden diese suevischen Völker zuerst in Gallien hineingeführt [4]). Als Bundesgenosse der Sequaner überschritt der markomannische Fürst Ariovist mit einem Gefolge von 15,000 Mann den Ober-Rhein und bewirkte schnell die Ueberwältigung der Aeduer. Aber nur zu bald hatten es

1) Mannert, Germanien S. 42. 44. 55. 56.

2) Duncker, origines Germ. I. p. 107.

3) Kufahl, Geschichte der Deutschen I. S. 79 bis 83.

4) Thierry, histoire des Gaulois II. p. 277 — 280.

die Sequaner zu bereuen, die deutschen Kriegsschaaren in ihr Land geführt zu haben, von welchem ein Drittheil an dieselben abgetreten werden mußte. Denn schon forderte Ariovist für die neue über den Rhein gekommene Hülfsschaar der Haruden das zweite Drittheil des Landes, und überhaupt zählte man über hunderttausend Deutsche, welche sich um den Ariovist versammelt hatten, und welche sich in dem schönen und fruchtbaren gallischen Lande niederzulassen beabsichtigten [1]). Jene Haruden aber, neben denen auch die Sedusen genannt werden, waren wohl nur einzelne Abtheilungen der suevischen Markomannen, bei denen Ariovist als oberster Gefolgsherr an der Spitze stand. Die Herleitung dieser beiden Stämme von den nachmals vom Ptolemäus in der cimbrischen Halbinsel genannten Haruden und von den vom Tacitus an der untern Elbe erwähnten Eudosen, womit man überhaupt das Ziehen der Sueven von der cimbrischen Halbinsel aus an der Elbe aufwärts im Rücken der von ihnen nach Süden gedrängten Cimbern und Teutonen in Verbindung gebracht hat [2]), ist noch sehr zweifelhaft. Dagegen darf man wohl als sicher annehmen, daß schon durch die markomannischen Sueven des Ariovist die alte Herrschaft der Bojen in Bojohemum vernichtet worden ist, wie auch seine Verbindung mit einem norischen Fürsten im Süden der Donau dafür spricht [3]). Die Ueberreste der gallischen Bojen zogen sich in die benachbarten Gebirgswaldungen zurück, wo sie auch noch später erscheinen. Zum Theil schlossen sie sich an die Helvetier bei deren Unternehmung in Gallien einzuwandern an.

Aber der Versuch der Germanen zu einer Ansiedlung in Gallien scheiterte durch die Ankunft des Julius Cäsar als Proconsul von Gallien, welche letztere wieder durch die

1) Pfister, Geschichte der Deutschen I. S. 44 bis 47.

2) Duncker, origines German. I. p. 103 — 108.

3) Duncker, l. c. I. p. 111 — 113.

zu gleicher Zeit versuchte Wanderung der Helvetier beschleunigt wurde. Denn beschränkt bei ihrer Volksmenge in ihren neuern Sitzen auf der Hochebene der Aar zwischen den Alpen, dem Jura und dem Rhein=Strom vom Bodensee bis zum Knie bei Basel, und auch den steten Angriffen der benachbarten deutschen Kriegsschaaren blosgestellt, hatten sich diese Helvetier mit einigen kleinern, vermuthlich gallischen Stämmen am Ober=Rhein, wie mit den Rauracher, Tulingen und Latobrigen und einer etwas größern Schaar von Bojen vereinigt, um ihr rauhes Bergland mit den schönen Gefilden von Gallien zu vertauschen. Als durch diesen Aufbruch die gallischen Stämme der Aeduer und Sequaner sich so von einem doppelten Feinde bedroht sahen, auf der einen Seite von den durch ihre Tapferkeit den übrigen Galliern überlegenen Helvetiern und auf der andern Seite von den Germanen, ergaben sie sich den Römern, und die Helvetier wurden zunächst durch einen entscheidenden Sieg Cäsars genöthigt in die von ihnen verlassenen Gaue am Fuße der Alpen zurückzukehren [1]).

Die Besiegung und Zurückdrängung der Helvetier aus dem innern Gallien brachte den römischen Feldherrn sogleich in einen Kampf mit den Sueven, gegen welche die gallischen Völker selbst Cäsars Schutz erfleheten [2]). Aber so gefährlich und furchtbar dieser Kampf auch erschien, so gab er doch dem Cäsar die erwünschteste Gelegenheit seine und Roms Herrschaft in dem gesammten gallischen Lande zu begründen. Denn mit den zahlreichen Schaaren des Ariovist hatten sich nicht nur die drei oberrheinischen Stämme der Tribokken, Nemeten und Vangionen vereinigt, sondern Cäsar hörte auch von den Treviren, daß sich die kriegerische Jugend

1) J. v. Müller, Geschichte der schweizerischen Eidgenossenschaft. Leipzig 1806. 8. Th. I. S. 24 bis 37. Kufahl, Geschichte der Deutschen. I. S. 92 bis 99.

2) Pfister, Geschichte der Deutschen. I. S. 48.

von hundert Gauen der Sueven aus dem Innern Germaniens den Ufern des Rhein genähert habe, um nach Ueberschreitung dieses Stromes sich dem Ariovist anzuschließen. Diese überrheinischen Sueven sind aber offenbar nicht die Chatten, wie man gewöhnlich angenommen hat, sondern vielmehr ihre östlichen und südöstlichen Nachbarn die Hermunduren, deren Gebiet sich zu beiden Seiten des Thüringer-Waldes an dem obern Main und der obern Saale ausdehnte [1]). In Cäsars Nachrichten tritt aber weder schon der eine noch der andere dieser bestimmtern Namen hervor.

Cäsars Feldherrntalent gab diesem Kampfe um die Herrschaft in Gallien zwischen den Römern und Germanen sogleich eine vortheilhafte Wendung durch die Besitznahme der Stadt Vesontio (Besançon) am obern Doubs, der Hauptstadt der Sequaner, und noch ehe die überrheinischen suevischen Hermunduren sich mit ihren Stammgenossen im Westen des Rheins hatten vereinigen können, entschied die siegreiche Schlacht Cäsars im obern Elsaß im Jahre 58 nicht blos über das Schicksal Galliens, sondern auch über das der Welt der germanischen Völker auf ein halbes Jahrtausend [2]). Denn das was die belgischen Germanen am Nieder-Rhein und im nördlichen Gallien ausgeführt hatten, das gelang nicht diesen suevischen Germanen in dem mittlern Gallien. Das Land Gallien wurde durch das Zurückwerfen der Germanen über den Ober-Rhein zunächst römisch, zum erstenmale ward nun der Rhein-Strom von den römischen Legionen erreicht und die römische Herrschaft bis zu den Ufern seines obern Laufes hin ausgedehnt. Nur die schon früher dort angesiedelten Stämme der Tribokken,

---

1) Kufahl, Geschichte der Deutschen. I. S. 79. Anmerk. 2. S. 102. Anmerk. 56.

2) Kufahl a. a. O. I. S. 100 bis 109.

Nemeten und Vangionen blieben in ihren Sitzen auf dem linken Rhein-Ufer, mußten jedoch Roms Oberhoheit anerkennen [1]).

3) Die Eroberung Belgiens und die Entdeckung des Rhein-Stroms durch Julius Cäsar.

Die Besiegung der Sueven am Ober-Rhein hatte zur Folge, daß bald ein ähnliches Schicksal die belgischen Germanen am Nieder-Rhein ereilte. Denn die gallischen Völker, welche nach Cäsars glänzenden Waffenthaten nicht minder vor den Römern wegen ihrer Freiheit besorgt waren als früher vor den Germanen, suchten die durch ihre Tapferkeit vor allen Galliern berühmten Belgen aufzureizen, welche bei dem Umsichgreifen der Römer im mittlern Gallien schon Ursache genug zu haben glaubten für ihre Freiheit die Waffen zu ergreifen. So kam eine große Verbindung der gallischen Belgen von der Seine und Mosel bis zum Nordmeere hin zu Stande, an welcher auch fast alle Stämme der belgischen Germanen Theil nahmen. Aber die alte Eifersucht und der Haß der gallischen und belgischen Völker gegen einander so wie der letztern unter sich und dann die Politik der Römer zersprengten bald dies gefährliche Bündniß, welches bei der überlegenen Anzahl der Streitkräfte der vereinigten Völker dem Cäsar die Früchte seiner bisherigen Siege in Gallien zu entreißen drohete. Das Anschließen der belgischen Remen um Rheims zwischen der Aisne und Marne an Cäsar bahnte den Römern den Weg in das belgische Gebiet und bereitete die Auflösung jener Verbindung vor. Die belgischen Stämme der Suessionen, Bellovaken und Ambianen, welche als die westlichen Nachbarn der Remen die Gebiete von Soissons, Beauvais und Amiens

---

1) Mannert, Germanien. S. 36.

an der untern Aisne und an der Somme bewohnten, wurden nun von Cäsar leicht unterworfen, und erst an den belgischen Germanen wie vornehmlich an den Nerviern fand er einen andern Widerstand [1]).

Diese Nervier, an der Sambre und Schelde wohnend, hatten sich ihre ursprünglichen germanischen Sitten und Lebensweise noch vollkommen rein erhalten, und waren weithin berühmt durch ihren kriegerischen Sinn und ihre Tapferkeit. In der blutigen Schlacht Cäsars gegen sie an der Sambre, wo sie mit ihren belgischen Bundesgenossen den Atrebaten und Veromanduern, ihren westlichen und südlichen Nachbarn in den Gebieten von Artois und Vermandois, vereinigt kämpften, siegte Cäsar nur durch die Ueberlegenheit der römischen Kriegskunst über den Muth der Verzweiflung, und er ehrte selbst die unglücklichen Reste des zum Theil aufgeriebenen Volkes. Cäsar folgte dem Laufe seiner Siege an der Maas abwärts, und griff die Aduatiken an, welche eben im Begriff gewesen waren den Nerviern zu Hülfe zu eilen. Sie glaubten sich durch ihre große feste Stadt zu schützen, welche wahrscheinlich nachmals unter dem Namen Aduaca Tongrorum oder Tungri, das heutige Tongern in Westen von Mastricht, vorkommt, aber diese ward von den Römern erstürmt, und auch dies Volk zum Theil vernichtet [2]).

Nur die beiden belgischen Stämme der Morinen und Menapier an den Küsten der Nordsee in Flandern blieben allein von jener großen Verbindung übrig, welche Cäsars Siege im Jahre 57 zersprengten; denn jene beiden Völker behaupteten sich noch eine Zeitlang in ihren Waldungen und Sümpfen gegen die Angriffe der Römer. Cäsar hatte sich nun aber schon dem Deltalande des Rhein genähert, in

1) Dewez, histoire générale de la Belgique. Bruxelles 1826. 8. Tome I. p. 136 — 141.

2) Kufahl, Geschichte der Deutschen. I. S. 111 bis 120.

welchem wir gleich nach seiner Zeit das Volk der Bataver kennen lernen. An dem untern Stromlaufe jedoch unmittelbar vor seiner Spaltung traf er den belgischen Stamm der östlichen Menapier, welche man von dem gleichnamigen Volke auf der Westseite der Schelde wohl unterscheiden muß [1]). Diese rheinischen Menapier auf der einen Seite von den Römern bedrängt, waren es damals nicht minder auf der andern Seite von dem innern Deutschland aus, und dies hängt wieder zusammen mit der erobernden Ausbreitung der suevischen Hermunduren auf Kosten der eigentlichen Germanen am Mittel-Rhein. Diese Bewegungen auf der Ostseite des Rhein und die zu gleicher Zeit beginnenden Unternehmungen des mächtigen deutschen Volkes der Trevirer, welche bis dahin zwar Bundesgenossen Cäsars gewesen waren, aber mit Mißtrauen die Ausbreitung römischer Herrschaft im Westen des Rhein sahen, waren es, welche nicht nur alle westlichen Uferlandschaften jenes großen Stromes unter die Botmäßigkeit der Römer brachten, sondern die römischen Legionen auch zum erstenmale in das Innere Germaniens einführten. Eine Reihe deutscher Völkernamen wird uns hier von den Alten zuerst genannt.

Die drei Stämme der Usipier oder Usipeter, der Tenchterer oder Tenkterer und Ubier, welche das rechte Ufer des Rheins von der Einmündung des Main an abwärts bewohnten, die ersten im Rheingau, die zweiten an der Lahn und Sieg und die letzten bis über die Wipper hinab, sahen alljährlich ihre Gebiete von den kriegerischen Schaaren der Sueven verwüstet, und wenn diese Feindseligkeiten auch zunächst von den beiden kleinern suevischen Stämmen der Landen und Batten (der Langobarden des Ptolemäus in dem Lahngau und Battengau an der obern und mittlern Lahn) ausgingen, so erschien doch die Gefahr von diesem

1) Herm. Müller, die Marken des Vaterlandes. I. S. 22 bis 26.

vorgeschobenen Posten der mächtigen Hermunduren jenen rheinischen Germanen so bedeutend, daß ein großer Theil jener beiden erstern Völker der Usipier und Tenchterer sich zur Aufsuchung neuer Sitze im Westen des Rheins bewogen fühlte. Nach langem Umherirren kamen sie an der Spitze des rheinischen Deltalandes an, wo sie im Jahre 56 durch List und Gewalt nach Zurückwerfung der Menapier den Rhein überschritten und sich eines Theiles der Sitze ihrer Gegner bemächtigten [1]).

Die Tapferkeit dieser deutschen Stämme und besonders der Ruhm ihrer trefflichen Reiterei gab den von Cäsar in Gallien besiegten Völkern neue Hoffnungen zur Wiedergewinnung ihrer Freiheit. Auch unterließen jene, von diesen letztern aufgefordert nicht, sogleich ihre Streifzüge bis in die Gebiete der Eburonen und Condrusen, damals der Schutzverwandten der Trevirer, auszudehnen. Aber diese Gefahr für die römische Herrschaft in Gallien führte den Cäsar schnell in die Rhein-Lande zurück. Da er unabhängige feindliche Stämme nicht am linken Rhein-Ufer dulden zu dürfen glaubte, besiegte er nicht ohne Hinterlist diese ihm offenbar furchtbaren neuen deutschen Ankömmlinge in der Gegend zwischen der untern Maas und dem Rhein, und warf sie über den letztern Strom wieder zurück. Damit aber die deutschen Völker nicht weitere Versuche machten, jene Stromlinie, welche die Grenzmark der neuen gallischen Eroberungen bilden sollte, zu überschreiten, beschloß Cäsar die Germanen für ihr eigenes Land besorgt zu machen und über den Rhein zu gehen. Auch bewogen ihn dazu noch einige andere Umstände. Denn die Sigambern, welche, hier zum erstenmale genannt, das Gebiet im Süden der obern Ruhr bewohnten, nahmen die flüchtigen Usipier und Tenchterer bei sich auf und unterstützten sie, während zugleich die Ubier, von den Sueven bedrängt, als das erste der

1) Kufahl, Geschichte der Deutschen. I. S. 121 bis 123.

germanischen Völker sich dem Cäsar freiwillig ergaben und seine Hülfe gegen ihre Widersacher begehrten. So überschritten im Jahre 55 die römischen Legionen unter Julius Cäsar zum erstenmale den Rhein-Strom auf einer Brücke, welche wahrscheinlich in der Gegend von Köln über denselben geschlagen wurde. Verheerend brach Cäsar in das Land der Sigambern ein, kehrte aber schon nach achtzehn Tagen wieder zurück, da er es weder für rathsam hielt mit der gesammten suevischen Macht der Hermunduren sich in einen Kampf einzulassen, noch auch deren äußerste Vorposten, die Landen und Batten, die südlichen Grenznachbarn jener Sigambern, mit ihm zu kämpfen geneigt waren [1]). Julius Cäsar aber ist der Römer, welcher den gallischen und germanischen Norden der alten Welt entdeckt und aufgeschlossen, und welcher an beiden Ufern des germanischen Stromes des Rhein die siegreichen Adler der römischen Legionen aufgepflanzt hat.

Aber wenn auch die Ubier durch den römischen Schutz vor der Gefahr der feindlichen Sueven gesichert waren, so blieb dennoch die Verbindung der überrheinischen Germanen mit den Völkern Belgiens, und diese faßten neuen Muth zu ihrer Befreiung. Zwar mußten sich auch die beiden nördlichsten belgischen Stämme der Morinen und Menapier bei Gelegenheit der Heeresfahrt Cäsars nach Britannien der römischen Waffengewalt beugen, aber nun traten die den Römern lange verbündeten Trevirer, die durch ihr weit ausgedehntes Gebiet an der untern Mosel ein wichtiges Bollwerk für Germaniens Freiheit bildeten und durch ihre wohlgeübte Reiterei in großem Ansehn standen, als Vertheidiger der deutschen Freiheit auf, und ihnen schlossen sich außer den Eburonen auch die schon halb erdrückten nördlichen Stämme der Nervier, Aduatiken und Menapier an. Selbst mehrere gallische Stämme machten mit ihnen

---

1) Kufahl a. a. O. I. S. 124 bis 130.

gemeinsame Sache, so wie zahlreiche Hülfsschaaren aus dem überrheinischen Germanien ihnen zuströmten. Der trevirische Fürst Indukiomar und der Eburonen-Fürst Ambiorix waren die Häupter dieser Verbindung [1]). Erst nach langen und schweren Kämpfen gewann Cäsar die Oberhand und nöthigte die Trevirer zur Anerkennung der römischen Oberhoheit. Sodann unternahm Cäsar, um die überrheinischen Germanen zu schrecken und um sie von der Verbindung mit ihren Brüdern auf der Westseite des Rheins abzuhalten, seinen zweiten Zug über diesen Strom im Jahre 53 etwas oberhalb das ersten Uebergangsortes.

Auch diesmal blieb der römische Feldherr nur kurze Zeit in Germanien. Denn die drohenden Nachrichten, welche ihm die befreundeten Ubier von dem Andringen der furchtbaren Sueven aus Ober-Deutschland mittheilten, scheinen ihn bald zur Rückkehr bewogen zu haben. Cäsar ließ aber damals einen Theil der Rhein-Brücke stehen, und legte wie zum Zeichen seiner nahen Rückkehr in das germanische Land an dem gallischen Ufer einige Befestigungswerke an. Noch blieben aber im Westen des Stromes die Eburonen unter ihrem unermüdlichen Fürsten Ambiorix unter den Waffen und den Römern gefährliche Gegner. Denn erst im Jahre 51 gelang es dem Cäsar nach der Vertreibung des Ambiorix aus den Waldschluchten der Ardennen die Eburonen zu überwältigen. Ihr Fürst fand eine Zuflucht jenseit des Rhein. Das Volk selbst, gegen welches Cäsar alle benachbarten Stämme aufbot, denen sich auch Reiterschaaren der Sigambern zum Plündern anschlossen, ward größtentheils aufgerieben. So waren nebst den gallischen Belgen auch die belgischen Germanen nach blutigen Kämpfen endlich genöthigt worden sich der römischen Oberhoheit zu unterwerfen. Das gesammte linke Rhein-Ufer von dem helvetischen Gebiete an bis zum Deltalande der Bataver abwärts war

1) Pfister, Geschichte der Deutschen. I. S. 63 bis 65.

durch Julius Cäsar die Grenzmark des Römer-Reiches geworden [1]).

Seitdem erscheinen nicht blos diese belgischen Germanen, sondern auch viele Schaaren von dem rechten Rhein-Ufer in römischen Kriegsdiensten unter Cäsars Legionen. Diese Germanen waren es, welche ihm seine wichtigsten Siege erfechten halfen; sie befestigten durch ihre Tapferkeit seine Herrschaft in Gallien und errangen ihm die Weltherrschaft in dem Kampfe bei Pharsalus [2]). Besonders erscheinen die Batavar als treue und eifrige Bundesgenossen der Römer, ohne daß man genau die Veranlassung wüßte, wie sie mit denselben in Verbindung gekommen sind. Durch Gewalt ist es gewiß nicht geschehen [3]). Auch Octavianus Augustus hat durch diese germanischen Söldner sich die Weltherrschaft errungen, und fortan blieben die aus Germanen bestehenden prätorischen Cohorten zu Rom die eigentliche Stütze des Thrones der römischen Imperatoren [4]).

Die belgischen Germanen wurden unter des Augustus Herrschaft durch seinen Schwiegersohn Vipsanius Agrippa immer mehr in das römische Interesse gezogen und an die römische Oberhoheit gewöhnt. Agrippa war der zweite römische Feldherr, welcher im Jahre 36 den Rhein überschritt, als er die Ubier, welche unablässig sowohl von den Sueven als auch von ihren nächsten Nachbarn im Osten, den Sigambern, den heftigen Feinden der Römer, bedrängt wurden, auf das linke Stromufer versetzte, wo sie fortan in der Gegend von Köln, der alten Colonia Ubiorum, die Wächter des römischen Galliens am Rhein gegen die Ger-

---

1) Kufahl, Geschichte der Deutschen. I. S. 131 bis 151.

2) Pfister, Geschichte der Deutschen. I. S. 69. Mannert, Germanien. S. 38.

3) van Kampen, Geschichte der Niederlande. Hamburg 1831. 8. Th. 1. S. 14. 22.

4) Mannert, Germanien. S. 59.

manen wurden. Ihr altes Heimathsland auf der Ostseite des Flusses wurde darauf von den Tenkterern besetzt [1]). Aber wie wenig man daran denken durfte die überrheinischen Germanen eben so zu behandeln wie die belgischen, zeigte die berüchtigte clades Lolliana im Jahre 16, als die von dem römischen Statthalter M. Lollius gereizten Sigambern, Usipier und Tenkterer verheerend in das belgische Gallien einbrachen. Dies veranlaßte den Augustus selbst nach Gallien zu gehen, um jene so wichtige Grenzprovinz des Reiches zu organisiren, und um die Rhein-Barriere in einen festen und sichern Zustand zu bringen. Seitdem wurden auch die Namen von Ober- und Nieder-Germanien zur Bezeichnung der auf dem linken Stromufer von deutschen Stämmen bewohnten Gebiete üblich, die jedoch zu dem vierten Haupttheile der gallischen Provinz oder zu Gallia Belgica gehörten [2]).

Die Wichtigkeit jener Barriere des Römer-Reiches gegen die Welt der deutschen Völker in dem eigentlichen oder Groß-Germanien erhellt aber aus dem Umstande, daß sich nun auf des Augustus Geheiß an acht Legionen am Rhein lagerten, von denen die eine Hälfte ihre Standquartiere von Mainz (Moguntiacum) an abwärts bis zur Mosel hatte, während die andere Hälfte ihre Hauptstützpunkte zu Köln (Colonia Ubiorum) und bei Santen zu Castra Vetera fand und mit kleinern Abtheilungen die Stromufer im Deltalande schützte. Diese sogenannten germanischen Legionen schirmten also nur das eigentlich belgische Land, wo der Rhein am wenigsten eine feste Naturgrenze zwischen den ihm ostwärts und westwärts angelagerten Gebieten bildet. Dagegen blüheten am obern Rhein mehr friedliche Ansiedlungen auf. So in dem helvetischen Lande die Stadt Windisch (Vindonissa) an der untern

1) Pfister, Geschichte der Deutschen. I. S. 70.

2) Mannert, alte Geographie. II. 1. S. 206.

Aar, und an dem Rhein selbst hatte Augustus in dem Gebiete der Rauracher die Kolonialstadt Augusta Rauracorum, bald eine blühende Prachtstadt etwas oberhalb des heutigen Basel, anlegen lassen [1]). Weiter abwärts erhoben sich allmählig die Städte der Nemeten Straßburg (Argentoratum) und Speier (Civitas Nemetum) und die Stadt der Vangionen Worms (Civitas Vangionum). Es standen aber am obern Rhein von Mainz an bis zum helvetischen Lande ursprünglich keine römischen Truppen, und die dort wohnenden deutschen Völker scheinen mit den über den Rhein zurückgeworfenen suevischen Markomannen am Schwarzwalde und an der obern Donau in keiner weitern Verbindung gestanden zu haben und der römischen Herrschaft treu ergeben geblieben zu sein [2]).

4) Die Eroberung der Alpenländer durch die Römer und die Erweiterung der Reichsgrenze bis zur obern Donau.

Zur Behauptung der Erwerbungen am Rhein war aber für die Römer auch die Besitznahme der Alpenlandschaften nach der obern Donau hin unumgänglich nothwendig, und dazu kam nicht minder die Sicherheit Italiens in Betracht, welches letztere ohne die Beherrschung der Alpenpässe, die bei dem eigenthümlichen Bau des Alpengebirges von der italischen Seite aus eben so schwer zu ersteigen sind, wie sie von der deutschen Seite aus ungemein zugänglich sind, nicht ohne stete Gefahr vor den Einbrüchen nordischer Völker behauptet werden konnte. Dennoch hatten

---

1) J. v. Müller, Geschichte der schweizerischen Eidgenossenschaft. I. S. 50. 55. Mannert, alte Geographie. II. 1. S. 235.

2) Kufahl, Geschichte der Deutschen. I. S. 156 bis 163. Mannert, Germanien. S. 105. 107.

die Römer bei allen ihren Kämpfen mit den Völkern der nordischen Welt diese alpinischen Gebiete von den Quellen des Rheins ostwärts fort bis zur untern Donau hin bisher immer unbeachtet lassen müssen, und wurden erst durch die Raubeinfälle der streitbaren Alpenvölker in die fruchtbaren italischen Gefilde auf jene Gebiete hingewiesen [1]).

Nach dem gänzlichen Sturze der bojischen Macht durch die Markomannen des Ariovist verschwindet allmählig auf den Tafelflächen des obern Donau-Landes am Nordsaume der Alpen, wo jene suevischen Kriegsschaaren umherschwärmten, das alte gallische Element, dessen Andenken sich jedoch daselbst noch bis in die spätere Zeit in vielen Städte- und Flußnamen erhalten hat [2]). Wichen nun auch später die deutschen Schaaren bei dem Vordringen der Römer über die Alpen aus jenen Gebieten wieder zurück, so entbehrten jene sogenannten Einöden im südlichen Deutschland doch niemals einer starken Bevölkerung. Es konnte sich aber der Name einer bojischen Einöde hier um so mehr behaupten, als er sich vermuthlich besonders an die unfruchtbaren Landstriche des sogenannten Donau-Mooses an der obern Donau und um den Lech anschloß. Doch tritt eine solche bojische Einöde auch auf der Ostseite der Alpen an der mittlern Donau hervor, seitdem die dort hausenden Bojen, welche nach ihrer Vertreibung aus Italien bei ihren tauriskischen Stammgenossen eine Zuflucht gefunden hatten, durch unglückliche Kämpfe mit den Skordisken und Geten in dem ungarischen Flachlande entweder aufgerieben oder nach Westen in die Alpen zurückgedrängt waren [3]).

Seitdem die Römer mehr ihre Aufmerksamkeit auf das Alpengebirge richteten, lernten sie dort an funfzig kleine

---

1) Luden, Geschichte des deutschen Volkes. I. S. 161.

2) Buchner, Geschichte von Baiern. Regensburg 1820. 8. Th. I. S. 25. 26.

3) Mannert, Germanien. S. 474 bis 487.

Völkerschaften in den verschiedenen Alpengauen kennen [1]). Schon Cäsar hatte bei seinen Kriegszügen nach Gallien, abgesehen von seinen Kämpfen mit den Völkern in den West-Alpen, welche theils gallischen theils ligurischen Ursprungs waren, die drei kleinen Alpenvölker der Nantuaten, Veragrer und Sedunen in dem obern Rhone-Thal in dem heutigen Wallis bekriegt, als er sich die Alpenstraße über den großen St. Bernhard eröffnete, und am St. Gotthard in dem Quellgebiet des Rhein lernte er das Volk der Lepontier kennen, deren Namen sich noch jetzt am obern Tessino in dem Leventiner-Thal erhalten hat. Auch in die östlichen Alpen, in das heutige Kärnthen, soll Cäsar eingedrungen sein; es sollen das Gail-Thal als das Julische Thal so wie die Julischen Alpen in Krain nach ihm den Namen führen, und damals soll von ihm am Fuße der karnischen Alpen die Pflanzstadt Forum Julium angelegt worden sein [2]). Sicher ist es wenigstens, daß er mit einem norischen Fürsten in Verbindung stand, der ihn in seinem Kriege gegen Pompejus mit Reiterei unterstützte.

Aber schon seit älterer Zeit unterhielten die Römer mit den Bewohnern der Ost-Alpen einen Verkehr, und es erscheinen dieselben unter dem allgemeinen Namen der Taurisker d. h. Bergbewohner [3]). Der Eisenreichthum der steierschen Alpen und der Handelsverkehr mit diesem Produkte bewirkte eine solche Verbindung zwischen beiden Völkern, und seit der Anlegung der Kolonie Aquileja, des Hauptbollwerkes der römischen Macht im nordöstlichen Italien am Anfange des zweiten Jahrhunderts vor unserer Zeit-

---

1) Barth, Deutschlands Urgeschichte. I. S. 425 bis 434.

2) Muchar, das alt-celtische Noricum, in der steiermärkischen Zeitschrift. Grätz 1822. 8. Th. II. Heft I. S. 40 bis 42. Muchar, das römische Noricum. Grätz 1825. 8. Th. I. S. 250. Barth a. a. O. I. S 357.

3) Mannert, die älteste Geschichte Bajoariens. S. 4.

rechnung nahm der Verkehr zwischen ihnen immer mehr zu [1]). Der Handelsort Noreja, vermuthlich am Südabhange der steierschen Alpen gelegen, ließ auch den bestimmten Volksnamen der Noriker für die dortigen tauriskischen Stämme hervortreten [2]). Die Noriker gehören aber, soweit man aus den von ihnen erhaltenen sprachlichen Elementen erkennen kann, dem gallischen Volksstamme an [3]).

Erst die Zeit der Herrschaft des Octavianus Augustus in der römischen Welt brachte auch die Entscheidung über das Schicksal der Alpenvölker in den zu dem spätern Deutschland gehörigen Central- und Ostalpen. Die Unterjochung der illyrisch-pannonischen Völker in den südöstlichen Alpen am Adria-Meere noch in der Zeit der Triumviral-Herrschaft in den Jahren 35 und 31 eröffnete die Reihe der Kämpfe der Römer gegen jene kriegerischen Bergvölker in der großen Grenzbarriere Italiens gegen den Norden, und dies bahnte den römischen Waffen den Weg zu dem Gebiet der Skordisken, deren Macht zur Sicherung der illyrischen Provinzen der Römer gleichfalls gebrochen werden mußte [4]).

Etwas später als Augustus die Alleinherrschaft gewonnen hatte, wurden auch die Centralalpen in dem heutigen Graubünden, Tyrol und Salzburg oder von den Rheinquellen am St. Gotthard bis zum Groß-Glockner und bis zum Quellgebiet der Drau entdeckt und erobert. Dort war aber das Gebiet der rhätischen Stämme, deren Ueberreste sich in den Romanen von Hohenrhätien noch bis jetzt erhalten haben und schon im Mittelalter auf die Alpengaue am obern Rhein und obern Inn beschränkt seitdem das Grenzvolk Deutschlands gegen Italien bildeten. Man hat zwar in

---

1) Muchar, das alt-celtische Noricum, in der steiermärkischen Zeitschrift. Grätz 1821 8. Th. 1. Heft 3. S 18 bis 27 und 60.

2) Mannert, Germanien. S. 487 bis 491.

3) Duncker, origines Germ. I. p. 63 — 65.

4) Barth, Deutschlands Urgeschichte. I. S. 410 bis 420.

diesen Rhätiern Stammgenossen der italischen Urvölker, vornehmlich der Etrusker, zu erkennen geglaubt [1]), doch ist es bei weitem wahrscheinlicher, wie sich aus den Ueberresten der rhätischen Namen ergiebt, daß die Alten unter dem Namen der Rhätier die in den Centralalpen zusammenwohnenden gallischen und ligurischen Stämme umfaßt haben, während die mit ihnen immer in Verbindung genannten Vindeliker, deren älteste Sitze sich an den Nordgehängen der Alpen befanden, blos dem gallischen Stamme angehören [2]). So viele Thäler jene Alpengebiete enthalten, eben so viele streitbare Völker der Rhätier nennen uns die Alten, und von vielen derselben wie von den Camunen, Tridentinen, Triumpilinen, Venosten, Breunen und andern hat sich das Andenken noch jetzt in den Namen der dortigen Alpengaue erhalten [3]). Von zwei Seiten wurden jene Völker durch des Augustus Stiefsöhne Drusus und Tiberius angegriffen. Denn während Drusus das Etsch-Thal aufwärts in Tyrol eindrang, wohin vor ihm noch kein römisches Heer gekommen war, brach Tiberius vom Ober-Rhein, von Helvetien aus, in diese Alpenländer ein. So erfolgte durch den letztern die erste Entdeckung des Bodensees, auf welchem er mit den Stämmen der Vindeliker zu kämpfen hatte. Aber erst nach den gewaltigsten Anstrengungen gelang es den überlegenen Römer-Heeren, welche sich am Nordfuße der Alpen vereinigten, jene tapfern Alpenvölker, die zum Theil aufgerieben wurden, zu unterjochen [4]).

---

1) J. v. Müller, Geschichte der schweizerischen Eidgenossenschaft. I. S. 42. Niebuhr, römische Geschichte. 1812. Th. I. S. 70. Otfr. Müller, die Etrusker. Breslau 1829. 8. Th. I. S. 102.

2) Duncker, origines Germ. I. p. 67 — 74.

3) Barth, Deutschlands Urgeschichte. I. S. 425 bis 435.

4) J. v Hormayr, Geschichte der gefürsteten Grafschaft Tyrol. Tübingen 1806. 8. Th. I. Mannert, Germanien. S. 505 bis 526.

So endete im Jahre 15 vor Chr. Geb. die Freiheit jener Völker. Die Unterjochung der Noriker schloß sich unmittelbar an die Bezwingung der rhätisch-vindelicischen Völker an [1]), und die Vernichtung der Skordisken im Rücken der illyrischen Alpenvölker durch Tiberius sicherte die römischen Eroberungen in den östlichen Alpen [2]). Das ganze Gebirgssystem der Alpen von der untern Rhone bis zur mittlern Donau und bis zum Adria-Meere war so der römischen Herrschaft unterthan geworden. Durch die Gewinnung der Landschaften von Rhätien, Vindelicien und Noricum, hatte das Römer-Reich die obere Donau erreicht, und zur Sicherung dieser Eroberungen ward dort in der Nähe der Donau am untern Lech die römische Kolonie und Prachtstadt Augusta Vindelicorum angelegt, welche unter dem Namen Augsburg durch alle Zeiten der deutschen Geschichte einer der Hauptpunkte Süd-Deutschlands geblieben ist. Doch fällt die Einrichtung jener Gebiete von den Rhein-Quellen am St. Gotthard im Westen bis zum Ostabfall der Alpen in Ungarn zu den beiden römischen Provinzen Rhätien nebst Vindelicien und Noricum, denen sich später das von den illyrischen Pannoniern bevölkerte Pannonien an der mittlern Donau in der oberungarischen Ebene anschloß, nebst der Anlegung von zahlreichen Kolonien und Municipien erst in die Zeit der nächsten Nachfolger des Augustus, als das Vertheidigungssystem der Römer an der mittlern Donau auf der Ostseite des Kahlenberges den suevischen Markomannen gegenüber seinen Anfang nahm [3]).

Zu ihrem eigenen Nachtheil hatten aber die Römer die Selbstständigkeit der kleinen Alpenvölker vernichtet und sie

---

1) Muchar, das alt-celtische Noricum a. a. O. Th. II. Heft 1. S. 70 bis 80.

2) Mannert, Germanien. S. 492 bis 498.

3) Mannert, die älteste Geschichte Bajoariens. Seite 23. Muchar, das römische Noricum. I. S. 157 bis 169.

zum Theil ausgerottet. Denn wenn auch das Vorrücken der römischen Reichsgrenze bis zur obern Donau hin die früher dort vorhandenen suevischen Kriegsschaaren veranlaßte über den Strom nach Norden zurückzuweichen, und Italien also vorläufig gegen alle Angriffe von Norden her mehr gesichert erschien, so fehlten doch nun die eigentlichen Wächter jener Alpenpforten, und bei dem Sinken der Römer-Herrschaft seit der Zeit des zweiten und dritten Jahrhunderts konnten dann die Barbaren ohne Mühe durch sie nach Italien hindurchdringen. Das zeigte sich gleich in der Zeit der Markomannen-Kriege unter dem Kaiser Marcus Aurelius und später in der Zeit der gothischen Wanderungen.

5) Die Eroberungskriege des Drusus in Germanien und ihre Folgen.

Die Beschränkung des germanischen Landes durch die Eroberungen der Römer auf der West- und Südseite desselben und die Aufstellung einer ansehnlichen Kriegsmacht an den Ufern des Rhein und der Donau mußte nothwendig auf den Zustand der deutschen Völker im germanischen Stammlande zurückwirken, indem dadurch die bisher bei ihnen üblichen Pforten zur Ableitung ihrer Uebervölkerung verschlossen wurden, da weder die rheinischen Nieder-Germanen ihre kriegslustige Jugend nach Gallien hin aussenden konnten, noch auch die Kriegsgenossenschaften der Sueven in Ober-Deutschland Raum zu ihrer Ausbreitung fanden. Und trotz jener Beengung des Gebiets der germanischen Völker wurden noch in der Zeit des Augustus mehrere großartige Versuche der Römer unternommen, um auch Groß-Germanien der römischen Oberhoheit zu unterwerfen und den Nieder-Rhein innerhalb der Reichsgrenzen zu verlegen.

Sei es nun daß des Augustus Politik schon seit der Gewinnung der Stromufer des Rhein und der Donau den

Grundsatz festhielt, die Grenzen des Römer-Reiches nicht mehr über diese von der Natur gezogenen Linien hinaus zu erweitern, oder daß er erst durch die unglücklichen Erfolge im Kampfe mit der nordisch-germanischen Völkerwelt dazu geführt wurde: so erkannte doch der große Feldherr Drusus, daß die abendländischen Provinzen des römischen Reiches von dem Nieder-Rhein aus am meisten den feindlichen Angriffen blosgestellt seien, daß zur Sicherung Roms hier neue Vorwerke auf dem rechten Stromufer errichtet werden müßten, und daß das eigentliche Germanien bis zur Elbe hin in ein römisches Vorland umgewandelt werden müßte. So begann nun durch die Römer ein Kampf gegen die germanische Welt, welcher erst nach einem halben Jahrtausend mit der Begründung germanischer Reiche auf den Trümmern des römischen Weltreiches endete.

Drusus führte aber seine berühmten germanischen Kriege nicht blos wie Cäsar mit germanischen Söldnern sondern mit ganzen Völkern, die er in das römische Interesse zog, und darunter waren für ihn die Bataver und die Friesen durch ihre geographische Lage die wichtigsten. In vier Feldzügen durchzog der Besieger der Alpenvölker vom Jahre 12 bis 9 vor unserer Zeitrechnung ganz Germanien vom Rhein bis zur Elbe, und wurde so der eigentliche Entdecker aller der deutschen Völkerschaften, aus welchen nachmals die Vereine der Franken und Sachsen hervorgegangen sind.

Nachdem Drusus zunächst die beiden Stämme der Sigambern und Usipier, welche zur Unterstützung der unruhigen Gallier den Rhein zu überschreiten suchten, zurückgeschlagen und in ihrem eigenen Lande heimgesucht hatte, verband er den Rhein mit der Yssel (Saale) durch einen Kanal, die berühmte fossa Drusiana, und beschiffte als der erste Römer mit einer Flotte die Zuyder-See und die Nordsee, von wo er in die Ems einlenkte, die auch durch ihn zuerst entdeckt ward. Die beiden mächtigen Völker der Friesen und Chauken an den Gestaden der Nordsee zu beiden Seiten der Ems, jene im Westen, diese im Osten bis zur Elbe hin, erscheinen fortan als Bundesgenossen der Römer. Die Brukterer aber an der obern Ems, welche dem Drusus auf diesem Strom hinab in das Gebiet der Amsivarier entgegenrückten, wurden in einem Schiffstreffen besiegt, und müssen in Folge desselben das freundschaftliche Verhältniß mit den Römern wieder erneuert haben, in welchem sie schon seit Cäsars Zeit mit denselben gestanden zu haben scheinen [1]). Die Anlegung eines Kastelles an dem linken Ufer der Ems, welches unter dem Namen Amisia erscheint, beurkundete die weitern Plane des römischen Feldherrn [2]).

Den germanischen Völkern entging die sie bedrohende Gefahr keineswegs, und daher brachten die Sigambern nach dem Rückzuge der Römer ohne Mühe eine Verbindung der rheinischen Germanen zu Stande, an welcher auch die mächtigen Cherusken auf der Ostseite der Weser an dem Harz Antheil nahmen. Selbst die Chatten suchte man mit Gewalt zum Beitritte zu dieser Verbindung zu bewegen. Daher eröffnete Drusus seinen zweiten Feldzug im Jahre 11 von einer andern Seite her. Denn während die Sigambern mit aller Macht in das Gebiet der Chatten einfielen, drang Drusus, von Vetera Castra aus den Rhein überschreitend, an der Lippe aufwärts mitten in Westfalen ein, durchzog das Land der Brukterer und Sigambern, und drang ohne Widerstand bis zur Weser, vermuthlich etwas unterhalb der Vereinigung ihrer beiden Quellströme, vor und bedrohte die Cherusken. Zwar nöthigte ihn die nicht unbedeutende Macht der verbündeten Stämme, die bei dem Orte Arbalo an den Quellen der Ruhr noch die Ueberlegenheit der römischen Kriegskunst kennen lernten, bald zum Rückzuge, aber auch

---

1) L. v. Ledebur, das Land und Volk der Brukterer. S. 176 bis 186.

2) Pfister, Geschichte der Deutschen. I. S. 79. 80.

hier ließ er als Stützpunkt zu fernern Unternehmungen ein an der obern Lippe bei der Aufnahme der Liese erbautes Kastell Aliso zurück, welches auf der Grenzmark der rheinischen Germanen gegen die ostwärts zum cheruskischen Bunde gehörigen deutschen Stämme, an der mittlern Weser, gelegen seine militairische Wichtigkeit bei allen folgenden römischen Kriegen im Innern Germaniens behauptet hat [1]).

Dieses Werk des Drusus und die zu gleicher Zeit von ihm vorgenommene Errichtung von Festungswerken auf dem Taunus in dem Gebiete der Chatten bewog nun dies Volk sich an das Bündniß ihrer nördlichen Stammgenossen anzuschließen. Deshalb unternahm Drusus seine beiden folgenden Feldzüge zunächst gegen die streitbaren Chatten, und hielt es für nothwendig auch den gefürchteten Sueven, den östlichen Grenznachbarn derselben, die Ueberlegenheit der römischen Waffen zu zeigen, um sie von einer Verbindung mit den übrigen Germanen abzuhalten. So begann im Jahre 9 der merkwürdige Kriegszug, welcher die römischen Legionen auf der großen Heerstraße mitten durch Germanien, wie sie noch jetzt von Mainz nach Magdeburg führt, bis an die Ufer des Stromes brachte, welcher stets den alten klassischen Boden Deutschlands von den jüngern deutschen Ländern gesondert hat. Unter blutigen Kämpfen durchschritten die Legionen das Land der Chatten, bahnten sich über die Weser (die östliche Weser oder Werra) und über den hercynischen Wald einen Weg durch das Gebiet der suevischen Hermunduren, und durchzogen die Gaue der Cherusken an den südlichen und östlichen Gehängen des Harz-Gebirges. An den Ufern der Elbe (ungefähr in der Gegend von

1) Ledebur, das Land und Volk der Brukterer. S. 290 bis 305. Bekanntlich ist früher über die Lage von Aliso immer viel Streit gewesen, da es bald in dem Quellgebiet der Lippe, bald ganz in der Nähe des Rhein gesucht wurde, vergl. Gruven, origines Germaniae oder das älteste Deutschland unter den Römern, Franken und Sachsen. Lemgo 1764. 4. Th. I. S. 77 bis 98.

Magdeburg), dem Gebiet der mächtigen Kriegsgenossenschaften der suevischen Semnonen und Langobarden gegenüber, pflanzte Drusus sein Siegeszeichen über die Unterjochung der Völker Germaniens auf. Den Zweck seines Feldzuges hatte er erreicht und mehr vollbracht, als zu erwarten war. Aber schnelle Rückkehr war nothwendig, und ein Sturz mit dem Pferde machte dem Leben dieses jungen Helden auf dem Wege nach Moguntiacum nur zu schnell ein Ende [1]).

Indessen des Drusus gewaltsame Eroberungsplane waren der Freiheit der germanischen Völker weniger gefährlich als die verschlagene Politik des Tiberius, der zur Vollendung des einmal begonnenen Werkes von seinem Stiefvater sogleich an den Rhein gesandt wurde. Die durch die römischen Waffen geschreckten deutschen Völker bis zur Weser wurden leicht in Abhängigkeit gebracht, die allein widerstrebenden Sigambern wurden durch List und Gewalt unterworfen, und an 40,000 Deutsche, meistens Sigambern und Sueven aus dem Lahngau und Battengau, nach Gallien verpflanzt, wo sie zwischen der untern Maas und dem Rhein als römische Unterthanen ihre Wohnsitze erhielten und später einen Hauptbestandtheil der salischen Franken bildeten. Man hat sie wohl mit Unrecht für die dort genannten Gugernen gehalten [2]), da letztere mehr wahrscheinlich nur einen Theil der schon in früherer Zeit daselbst ansäßigen Menapier sein möchten [3]).

Vergeblich waren die Versuche der rheinischen Germanen sich der römischen Herrschaft zu entledigen. Tiberius unterwarf, nachdem er aufs neue den Oberbefehl über die germanischen Legionen übernommen hatte, in den ersten Jahren unserer Zeitrechnung die batavischen Kaninefaten in dem

---

1) Kufahl, Geschichte der Deutschen. I. S. 176 bis 189.

2) Barth, Deutschlands Urgeschichte. I. S. 466.

3) Luden, Geschichte des deutschen Volkes. I. S. 196. 197.

nordwestlichen Theile des rheinischen Deltalandes, zwang alle deutschen Stämme auf der Ostseite des Rhein zur Anerkennung der römischen Oberhoheit, und wußte sogar die Cherusken in ein Bündniß mit den Römern zu ziehen. Bis zur Weser hin erhoben sich römische Standlager, und überall wurden daselbst auf den in militairischer Beziehung wichtigsten Punkten und auf den Grenzmarken der einzelnen deutschen Völker Befestigungslinien zur Sicherung der römischen Herrschaft angelegt. Ja Tiberius brachte auf einem kühnen Kriegszuge durch die nördlichsten Gaue Germaniens auch die Chauken wieder in ein Bundesverhältniß mit Rom, und drang, während seine Flotte die Nordsee beschiffte und in die Elbe einlief, mit den Legionen bis zum untern Laufe dieses Stromes vor, wo nur die feindliche Stellung der furchtbaren Langobarden seinem Siegeszuge eine Schranke setzte [1]).

So war ganz Nieder-Deutschland bis zur Elbe und bis zu den Ländern der Sueven hin römisch geworden. Die Barriere aber am Rhein-Strom, der limes Rhenanus, war durch zahlreiche Befestigungswerke gesichert. Schon Drusus hatte am Rhein eine Reihe von funfzig Kastellen angelegt, welche sich von Moguntiacum, dem Hauptwaffenplatz der Römer an diesem Strome in dem obern Germanien, an demselben hinab bis zum batavischen Deltalande hin erstreckten, und die zum Theil die Grundlage der spätern deutschen Rhein-Städte wurden. Durch Kriegs-Flottillen standen die in ihnen gelagerten Legionen mit einander in Verbindung, und die Berghöhen des Taunus in der Nähe von Mainz bildeten mit den dort angelegten Bollwerken, an welche sich nachmals die große Vertheidigungslinie durch das ganze südwestliche Groß-Germanien anschloß, einen Zwinger für die Erhaltung der römischen Herrschaft in dem Stammlande der Germanen [2]). So schien des

---

1) Kufahl, Geschichte der Deutschen. I. S. 190 bis 199.

2) Luden, Geschichte des deutschen Volkes. I. S. 188. 189.

Drusus Absicht erreicht und sein Werk vollendet. Auch fällt in diese Zeit der merkwürdige Zug des Domitius Ahenobarbus (des Großvaters des nachmaligen Kaisers Nero) auf Veranlassung der Bewegungen der suevischen Völker an der obern Donau von hier aus mitten durch Germanien bis zur Elbe, die er nur in derselben Gegend, bis wohin Drusus vordrang, erreicht haben kann. Dadurch tritt nun zum erstenmale der Name der Hermunduren in der Geschichte hervor [1]). So wie aber Domitius nur mit Hülfe dieses Volkes seinen Zug ausgeführt haben kann, so erscheint dasselbe auch in späterer Zeit immer in einem freundschaftlichen Verhältnisse mit den Römern an der obern Donau [2]).

6) Die Freiheitskämpfe der Germanen unter Armin und Marbod und die Eroberungszüge des Germanicus.

Alle jene weitschichtigen Eroberungsplane der Römer wurden jedoch bald vereitelt durch zwei merkwürdige Unternehmungen, welche von verschiedenen Seiten ausgehend und auf verschiedene Art ausgeführt die Wiederherstellung der Freiheit der germanischen Völker bezweckten, und welche uns wieder genauer in die Kenntniß des germanischen Landes und seiner Bewohner einführen. Die eine Unternehmung war im südöstlichen Deutschland und ging von den suevischen Völkern aus, die andere war im nordwestlichen Deutschland und ward von den germanischen Stammvölkern vollbracht.

Denn in Ober-Deutschland an der mittlern Donau zeigt sich um die Zeit des Anfanges unserer Zeitrechnung der eigenthümliche Versuch zur Begründung eines großen suevischen

1) Roth, Hermann und Marbod. Stuttgart 1817. 8. S. 67.

2) Kufahl, Geschichte der Deutschen. I. S. 263. 264.

Reiches unter Marbod aus einem fürstlichen Geschlechte der Markomannen. Um die Zeit als die römischen Legionen über die Barriere des Alpengebirges bis zu den Tafelflächen an seinem Nordsaume vordrangen, verbreiteten sich die Kriegsschaaren der suevischen Markomannen, welche noch seit früher an der obern Donau und am Schwarzwalde ihre Sitze hatten, als das herrschende Volk über jene Gebiete, mußten aber bei dem Streben der Römer die Stromlinie der Donau als Grenzmark ihrer neuen Eroberungen zu erreichen, nothwendig mit diesen in einen Kampf gerathen, der für sie um so gefährlicher zu werden drohete, als sie von der rheinischen Seite Germaniens aus zugleich im Rücken angegriffen werden konnten. Da trat der junge Fürst Marbod, welcher in der Welthauptstadt selbst in römischer Kriegskunst und Politik sich wohl ausgebildet hatte, an die Spitze seiner Stammgenossen, und wandte sich, fürs erste andere Plane verfolgend als einen Kampf mit Rom, mit ihnen um die Zeit der Eroberungskriege des Drusus in Nieder-Deutschland oder ums Jahr 9 vor unserer Zeitrechnung nach dem ehemaligen Lande der Bojen im hercynischen Walde, dessen Lage einen sichern und festen Sitz für die neu zu begründende Herrschaft gewährte [1]). Hier in Bojohemum bildete sich durch Marbods Staatskunst und Waffengewalt ein großer Verein suevischer Völker, der sich von der mittlern Donau bis zur untern Elbe und ostwärts bis zur Weichsel hin erstreckt zu haben scheint, und ein mächtiges Bollwerk gegen alle weitern Unternehmungen der Römer in das Innere von Ober-Deutschland abgab [2]).

Dieses suevische Reich Marbods umfaßte außer den eigentlichen Markomannen die Quaben an ihrer Ostseite an der March, das berühmte und edle Volk der Semnonen an der mittlern Elbe und die streitbaren Langobarden an

1) Duncker, origines Germ. I. p. 126 — 128.

2) Kufahl, Geschichte der Deutschen. I. S. 253 bis 258.

der untern Elbe oder die ältesten Hauptstämme der Sueven, die hier zuerst in der Geschichte hervortreten. Mit seinen auf römische Weise geordneten und geübten Kriegsschaaren scheint er große Eroberungen in dem Gebiete der nordöstlichen germanischen Völker gemacht zu haben, und da lernen wir wieder eine Reihe von Völkernamen kennen, welche nach den Deutungen der Neuern später auf dem Schauplatz der Geschichte eine große Rolle gespielt haben. Denn in den von den Alten uns überlieferten Namen der Völkerschaften, welche sich Marbod unterworfen haben soll, und welche in der That mehr ein sarmatisches als ein germanisches Gepräge tragen [1]), hat man die ausgebreiteten deutschen Stämme der Lygier an der obern und mittlern Oder und der Gothen und Burgundionen an der Warthe und Weichsel wieder zu erkennen geglaubt.

Der Mittelpunkt dieser suevischen Macht und die Residenz des suevischen Königs war der Ort Maroboduum in dem alten Bojenheim in der Nähe der heutigen Stadt Budweis im südlichen Böhmen an der Moldau, mit einem festen Schlosse versehen, welches die Schätze des neuen Herrschers bewahrte. Die Stadt selbst ward bald ein blühender Handelsort, wo sich römische Künstler und Kaufleute niederließen und ihren Verkehr weithin durch die germanischen Landschaften bis zu den baltischen Gestaden ausdehnten. Es war dies der erste Versuch zur Begründung einer politischen Einheit auf dem deutschen Boden. Aber es war auch nur die Errichtung eines Reiches, nicht die Errichtung eines freien Völkerbundes. Es sollte ein Reich nach Art dessen der römischen Imperatoren sein, und dem widerstrebte der Geist und das Leben der germanischen Völker. Das ist auch der Grund seines baldigen Unterganges [2]).

---

1) Luden, Geschichte des deutschen Volkes. I. S. 214. 215 und 475

2) Pfister, Geschichte der Deutschen. I. S. 85. 86.

Diese furchtbare suevische Macht war jedoch der römischen Politik keineswegs gleichgültig, und während das rheinische Nieder-Deutschland unter der Verwaltung des tüchtigen und gewandten Statthalters Sentius Saturninus ganz beruhigt und der römischen Herrschaft gewonnen erschien, durfte nach der Meinung des Augustus diese Verbindung suevischer Stämme in Ober-Deutschland weder der Macht Roms Trotz bieten, noch auch den rheinischen Germanen bei feindlichen Unternehmungen gegen Rom zum Rückhalt dienen. Darum sollte Tiberius auch hier auf den Befehl seines Stiefvaters Roms Herrschermacht geltend machen [1]. An neun Legionen sammelten sich im Jahre 6 nach Chr. Geb. in Noricum und Pannonien an den Ufern der Donau. Die neu angelegte Grenzfestung, der große Waffenplatz Carnuntum an der Donau, etwas oberhalb der Einmündung der March in dieselbe, ward zum Stützpunkt der Bewegungen der gegen Norden vordringenden römischen Kriegsmacht unter Tiberius bestimmt, während zugleich Sentius Saturninus mit drei Legionen vom Mittel-Rhein her durch das Land der Chatten sich einen Weg bahnte, um sich mit den illyrischen Truppen zu vereinigen. Jetzt mußte auch das suevische Ober-Deutschland unter römische Herrschaft fallen, wenn nicht in demselben Augenblick der große Aufstand der illyrisch-pannonischen Völker an dem Adria-Meere und an den karnischen Alpen ausgebrochen wäre und den Tiberius zum Rückzuge nöthigte. In Rom selbst fürchtete man bei der Vereinigung der suevischen und illyrischen Völker die Wiederkehr der cimbrischen Schrecken. Aber Marbod dachte nur auf seinen augenblicklichen Vortheil, er nahm einen Frieden an, den ihm die Römer gern gewährten [2]. Die Freiheit der Germanen war seinen eigenen Interessen unter-

1) Mannert, Germanien. S. 111. 112.

2) Kufahl, Geschichte der Deutschen. I. S. 259 bis 266.

geordnet, sie sollte nur ein Mittel für seine besondere Herrschaft sein, und darum brach auch diese bald zusammen.

Denn als nach dreijährigem blutigen Kampfe Rom über das wiederbezwungene Illyrien und Pannonien seine Siegesfeste feierte, erscholl die Schreckensnachricht vom Nieder-Rhein. Das rheinische Germanien hatte sich der römischen Herrschaft entledigt, und diese Reaktion gegen Roms Herrschaft schließt uns wieder mehrere wichtige Lokalitäten des klassischen Bodens von Germanien auf. Dadurch daß es der römischen Politik gelungen war die Fürsten des mächtigen Cherusken Volkes, welches damals unter allen Stämmen Nieder-Deutschlands an politischer Bedeutung hervorragte, ganz zu umstricken, mußten die kleinern Völker istävonischen Stammes in Westfalen und am Rhein völlig der römischen Herrschaft anheimfallen. Auch konnte nach solchen Vorarbeiten Quinctilius Varus, des Sentius Nachfolger in der germanischen Statthalterschaft, ohne Gefahr daran denken, sein Standlager über die Grenzen des mittlern Germaniens hinaus (wo sich nachmals Westfalen von Engern schied) in dem Gebiete der Cherusken an der mittlern Weser oberhalb ihres Durchbruches durch die westfälische Gebirgspforte, welche Gegend durch ihre strategische Wichtigkeit aus den spätern Kämpfen der Franken und Sachsen in der karolingischen Zeit bekannt genug ist [1]), aufzuschlagen. Aber die Zuversicht der Römer in der ruhigen Beherrschung und Romanisirung von Nieder-Deutschland wußte der junge cheruskische Fürst Armin (Hermann), welcher gleich Marbod in Rom sich gebildet hatte und von dem Kaiser selbst hoch geehrt ward, trefflich zu benutzen zur Wiederherstellung der altväterlichen Freiheit.

Durch Armin kam eine große Verbindung fast sämmtlicher Völker des eigentlichen germanischen Stamm-

---

1) Ledebur, das Land und Volk der Brukterer. S. 196.

landes zu Stande, deren Mittelpunkt die Cherusken bildeten. Denn Antheil nahmen an derselben, außer den beiden großen binnenländischen Völkern der Cherusken und Chatten vom hermionischen Stamme, die westlichen Nieder-Germanen die Brukterer, Sigambern, Marsen, Usipier und Chattuarier vom istävonischen Stamme nebst den suevischen Landen und Batten an der Lahn, und von den nördlichen Nieder-Germanen ingävonischen Stammes die Chasuaren und Amsivarier im Hasegau und Emsgau [1]). Die Nachricht von dem Aufstande eines entfernten deutschen Volkes, nach einigen der Amsivarier, wahrscheinlicher aber der Sigambern, bewog zuerst den Varus sein Standlager zu verlassen, um sich zur Verbindung mit den übrigen römischen Kriegshaufen nach dem festen Aliso an der Lippe zurückzuziehen. Auf diesem Wege tritt nun der waldige Höhenzug des Osning (wovon der berühmte Teutoburger Wald nur den südöstlichen Theil zwischen den Quellen der Lippe und Ems bezeichnet) in der Geschichte hervor [2]), welcher sich in der Richtung von Südost nach Nordwest von der mittlern Weser an der westfälischen Pforte bis zur mittlern Ems erstreckt und sich in der Mitte zwischen den vier westfälischen Bisthümern Minden und Osnabrück im Norden und Münster und Paderborn im Süden ausbreitet. In den Sümpfen und Bergschluchten dieses Gebietes wurde im Jahre 9 unserer Zeitrechnung das Schicksal Germaniens durch das Feldherrntalent des jungen cheruskischen Helden für immer entschieden, der römische Statthalter selbst mit drei der tüchtigsten römischen Legionen fand dort seinen Untergang. Die genaue Bestimmung der Lokalität dieser clades Variana ist noch

---

1) Kufahl, Geschichte der Deutschen. I. S. 209.

2) Ledebur, allgemeines Archiv für die Geschichtskunde des preußischen Staates. Berlin 1834. Theil XIII. Seite 339 bis 355.

ungewiß, doch scheint sie wohl in der Gegend von Detmold gesucht werden zu müssen [1]).

Groß=Germanien zwischen dem Rhein und der Donau war wieder frei geworden von der römischen Herrschaft. Denn auch Aliso, der große Waffenplatz der Römer mitten in Nieder=Deutschland, mußte, obschon er nicht mit Gewalt eingenommen werden konnte, von den Römern bald geräumt werden. Die Germanen aber erstrebten nichts weiter als die Herstellung ihrer Unabhängigkeit; an einen von den Römern befürchteten Einfall in Gallien oder gar Italien war um so weniger zu denken, als dieser cheruskische Völkerverein nicht zu Eroberungen, sondern nur zur Vertheidigung geschickt war [2]). Auch zerfiel nicht blos die große Verbindung der deutschen Völker, sondern unter den Cherusken selbst brachen Partheiungen aus, welche auf die Freiheit Germaniens nur allzu nachtheilig einzuwirken droheten. Ein fortgesetzter Kampf mit Rom war damals für die germanische Freiheit nothwendig, und bald genug erneuerten sich die Angriffe der Römer. Denn wenn auch Tiberius, welcher von dem Augustus sogleich an den Rhein geschickt wurde und bei seinem zweimaligen Uebergange über diesen Strom bis in die Nähe der Ems vordrang, jeden entscheidenden Kampf mied, so wurde doch die römische Kriegszucht unter den neu gebildeten Legionen wiederhergestellt und die deutschen Völker geschreckt. Ja die beiden Küstenvölker der Friesen und Chauken blieben auch ferner im

---

1) A. v. Wersebe, über die Völker und Völkerbündnisse des alten Deutschlands. Hannover 1826. 4. S. 21. Anmerk. 22 Ueber die Lokalität dieser Schlacht, über die Zeit und über die die Schlacht betreffende Litteratur vergl. Ed. Schmid bei Ersch und Gruber, allgem. Encyklopädie. Art. Hermann. Abth. II. Th. VI. S. 220 bis 222. Ledebur, die Brukterer. S. 196. Anmerk. 676.

2) Kufahl, Geschichte der Deutschen. I. S. 209 bis 219.

freundschaftlichen Vernehmen mit Rom und duldeten selbst römische Besatzungen in ihrem Gebiete [1]).

Aber des Drusus Plane wurden von seinem Sohne, der nach dem Siegesschauplatze des Vaters benannt war, mit Talent und Glück wieder aufgenommen. Auch mußte Tiberius bei der Uebernahme der Herrschaft in Rom nach des Augustus Tode es zunächst gern sehen, daß die aufrührerischen germanischen Legionen unter der Leitung seines Neffen Germanicus durch Beschäftigung in der Schule der Kriegskunst ihm unschädlich gemacht wurden [2]). Des Germanicus dreijährige siegreiche Feldzüge in Germanien in den Jahren 14 bis 16, einem so kriegserfahrnen Feldherrn wie Armin gegenüber, sind nur daraus zu erklären, daß letzterer blos das Haupt einer freien Völkerverbindung war, während der erstere mit einem Kernheer von acht Legionen als unumschränkter Oberfeldherr die deutschen Gaue mit Krieg überzog. Und doch bleibt es wunderbar, daß Roms gesammte Macht unter seinen größten Kriegshelden an dem Freiheitssinn und an der Tüchtigkeit weniger deutschen Völker sich brechen mußte. Der Schauplatz der Feldzüge des Germanicus war der klassische Boden von Westfalen und Engern zwischen dem Rhein und der Weser, nachmals der Schauplatz der Kämpfe zwischen Karl dem Großen und den Sachsen.

Der erste Feldzug des Germanicus war gegen die Marsen gerichtet, welche die Nordwesthälfte des Oßning bewohnten. Von dem großen niederrheinischen Standlager Castra Vetera, der Einmündung der Lippe in den Rhein ungefähr gegenüber gelegen [3]), den germanischen Strom

1) Kufahl, Geschichte der Deutschen. I. S. 220 bis 222.

2) Luden, Geschichte des deutschen Volkes. I. S. 262.

3) Das Lager Castra Vetera war das Hauptbollwerk der Römer am Nieder-Rhein, über welchen hier eine Brücke führte, und bildete das Standquartier von zwei Legionen. Es ward vom Augustus

überschreitend drang Germanicus auf einem schnellen Zuge in der Richtung gegen Nordost (auf der heutigen großen Straße von Wesel nach Münster, wo schon Domitius Ahenobarbus während seiner Statthalterschaft in Germanien in den dortigen Brüchen Brücken und Knüppeldämme, die pontes longi, hatte anlegen lassen) durch den cäsischen Bergwald bei dem heutigen Kösfeld bis zur Ems vor, jenseit welcher er das Gebiet der Marsen unvermuthet überfiel, mit Feuer und Schwerd verheerte und ihr Heiligthum Tanfana zerstörte. Aber der Aufstand der Brukterer, Usipier und Tubanten nöthigte ihn bald zu einem Rückzuge, der nicht ganz ohne Verlust ablief [1]).

Der zweite Feldzug des Germanicus im Jahre 15 war eben so unvermuthet gegen die Chatten gerichtet. Zunächst erneuerte er die Befestigungswerke seines Vaters auf dem Taunus, und während er die Cherusken, welche überdies durch die Partheiungen unter ihren Fürsten Armin und Segest in ihrer Thätigkeit nach außen hin gelähmt wurden, durch einen Theil seines Heeres auf der Nordseite ihres Gebietes bedrohete, drang er von der trockenen Witterung begünstigt an der Lahn gegen Nordosten in die hessischen Gebiete ein, und stieg über die Höhen des Vogelsberges zu der Eder in Nieder-Hessen hinab, wo er nach der Besiegung der Chatten ihren Hauptort Mattium (jetzt Maden, der Hauptort des spätern Hessengaues) in Asche legte. Auch wurde in Folge dieses Kriegszuges der Fürst Segest mit seiner Familie von den Römern aus der Bedrängniß befreit, in welcher er sich in seiner festen Burg in dem südwestlichsten

---

selbst bei seiner Anwesenheit in Gallien angelegt auf der Anhöhe des Fürstenberges bei Santen, wo noch jetzt die Ueberreste davon zu sehen sind. Knapp, Geschichte der Deutschen am Nieder-Rhein. Elberfeld 1830. 8. S. 7. 165.

1) Ledebur, das Land und Volk der Brukterer. S. 188. 208 bis 210.

Theile des cheruskischen Gebietes in der Nähe der Diemel durch seine Stammgenossen befand. Er folgte dem Sieger in das römische Land [1]).

Diese Raubeinbrüche der Römer bewogen aber alle Nieder-Germanen unter dem Vorstande Armins und der Cherusken zur Erneuerung der frühern Verbindung, und da Germanicus das ganze mittlere Land im Aufstande erblickte, er aber vornehmlich die Cherusken anzugreifen gedachte, welche er mit Recht für den Heerd und den Mittelpunkt des ganzen Krieges ansah, so wollte er die Verbündeten auf mehrern Punkten bedrohen und wählte für sich selbst den Weg, den ihm sein Vater vorgezeichnet hatte. Von der See aus, mit Hülfe der sich in das Meer ausmündenden Flüsse, konnten die Germanen am besten im Rücken angegriffen und der Krieg leicht in das Innere Germaniens, in das Gebiet der Cherusken, getragen werden. Die Freundschaft der Friesen und Chauken unterstützte diesen Plan. Während demnach der alte gediente Feldherr Aulus Cäcina mit der einen Heeresabtheilung von Vetera Castra aus über den cäsischen Wald gegen Nordosten vordrang, die Reiterei aber an dem Meeresgestade entlang ihren Weg nach der Ems nahm, erreichte Germanicus mit dem Hauptheere diesen Fluß zur See, und verheerend durchzog das vereinigte Römer-Heer das Land der Brukterer zwischen der Ems und Lippe. Beim weitern Vordringen ostwärts zur Weser in die Schluchten des Teutoburger Waldes kam man an die alte Wahlstatt der clades Variana, wo die gebleichten Gebeine der vor sechs Jahren gefallenen Legionen von Germanicus unter Abhaltung einer Todtenfeier zur Erde bestattet

1) Kufahl, Geschichte der Deutschen. I. S. 222 bis 227. Die Burg des Segest hält man nicht ohne Grund für die nachmals so berühmte Eresburg im sächsischen Hessengau. Ledebur, das Land und Volk der Brukterer. S. 130. Anmerk. 473. S. 212. Anmerk. 712.

wurden. Hier in der Nähe erneuerte sich der Kampf zwischen den Römern und Germanen, da Armin mit den verbündeten Völkern in der für sie selbst günstigsten Gegend die römischen Legionen umgeben hatte, und nur mit Mühe vermochten die Römer eine erneuerte Niederlage abzuwenden. Die Letztern schrieben sich zwar den Sieg zu, aber der sofort angetretene Rückzug des Germanicus bewies am besten den Stand der Dinge. Der Angriff auf die Cherusken war ganz mißlungen [1]).

Mit Hülfe der befreundeten Chauken schiffte Germanicus sein Heer wieder auf der Ems ein, während die Abtheilung unter dem Cäcina auf dem Landwege nach dem Rhein zurückgeschickt wurde. Dieser letztern eilte Armin nach, und griff sie an den Engschluchten bei dem Uebergange über die Brücken und Knüppeldämme im Norden der untern Lippe an [2]). Nur mit der größten Mühe konnte sich diese römische Heeresabtheilung einer völligen Vernichtung entziehen. Am Rhein herrschte bei der Nachricht von ihrer Noth ein solcher Schrecken, daß man zu Vetera Castra die Brücke abwerfen wollte, und nur des Germanicus Gemahlin Agrippina vermochte durch ihre Standhaftigkeit den Untergang der Ueberreste dieser Abtheilung abzuwenden. Auch das Hauptheer selbst unter dem Oberfeldherrn erlitt bei seiner Rückkehr auf dem Meere nicht minder Verlust in aller Art [3]). So war also Germanien im Jahre 15 zum zweitenmale von seinen Feinden befreit. Armin zerstörte alle zurückgebliebenen Denkmale der römischen Herrschaft im Osten des Rhein, und nur das Kastell Aliso an der obern Lippe, welches in Folge dieses Zuges des Germanicus scheint wiederhergestellt worden zu sein, blieb in den Händen der Römer, so wie auch die

---

1) Ledebur, das Land und Volk der Brukterer. S. 213 bis 215.

2) Ueber diese Lokalität s. Ledebur a. a. O. S. 221. 222.

3) Kufahl, Geschichte der Deutschen. I. S. 228 bis 237.

Linie von Vertheidigungswerken an dem Nordufer der Lippe von Aliso bis nach Vetera Castra noch behauptet wurde [1]).

Indessen der unermüdliche Germanicus gedachte auf einem dritten großen Feldzuge im Jahre 16, indem er auf dem zuletzt betretenen Wege von dem nördlichen Ocean aus die Cherusken in ihrem Heimathslande angriff, den großen Kampf zur Entscheidung zu bringen, und die Verbindung mit den drei deutschen Stämmen an den Gestaden der Nordsee, mit den Batavern, Friesen und Chauken, mußte nach des römischen Feldherrn Erwartung den glücklichen Ausgang der Unternehmung nicht zweifelhaft lassen. Auf einer großen Flotte von tausend Schiffen kam das römische Heer von der Zuyder-See aus über den Ocean nach der Mündung der Ems, wo die Truppen bei dem Kastell Amisia ausgeschifft wurden und durch das Gebiet der Chauken ostwärts zur Weser gelangten, deren linkem Ufer sie aufwärts folgten. Die Besiegung der Angrivarier, welche an der Weser unterhalb ihres Gebirgsdurchbruches wohnend der Sache der Cherusken ergeben waren und im Rücken der Römer einen Aufstand erhoben hatten, führte den Germanicus bis zur westfälischen Pforte, wo er den Kriegsschaaren der Cherusken gegenüber mit Hülfe seiner trefflichen batavischen Reiterei den Uebergang über den Strom erzwang. Dort auf der Ostseite der Weser in der von Bergen im Osten und von dem Flusse im Westen umsäumten Thalebene, das Feld Idistavisus genannt [2]), nur wenig oberhalb Minden kam es zu einer blutigen Schlacht, in welcher die Germanen unter Armins Führung zwar geschlagen aber nicht überwunden wurden [3]).

Denn nun erhoben sich alle Stämme auf der Ostseite der Weser, und es kam bald nicht weit von der erstern

1) Ledebur, das Land und Volk der Brukterer. S. 224. 225.

2) Ledebur a. a. O. S. 228. Anmerk. 751.

3) Luden, Geschichte des deutschen Volkes I. S. 284 bis 299.

Gegend mehr abwärts am Strom am Steinhuder-Meere auf der cheruskisch-angrivarischen Grenze zu einem neuen blutigen Kampfe, und die Römer gestanden selbst, daß sie nur durch ihre überlegene Kriegskunst die Germanen besiegt hätten. Germanicus drang nicht weiter in das cheruskische Gebiet ein. Er errichtete ein Denkmal über alle zwischen dem Rhein und der Elbe angeblich unterworfenen Völker, aber er schiffte auch seine Legionen auf der Ems wieder ein und kehrte zurück. Unterwegs litt seine Flotte noch Schiffbruch, und nicht ohne großen Verlust wurde das römische Gebiet am Rhein wieder erreicht. Doch kamen durch die nach allen Seiten hin verschlagenen Fahrzeuge mancherlei wunderbare Nachrichten über die nordischen Gebiete der Erde an jenem Ocean nach Rom. Damit aber die Germanen aus dem Unfall der Flotte und aus der mißlungenen Unternehmung gegen die Cherusken nicht neue Hoffnung schöpfen möchten, ließ er noch in dem Herbst desselben Jahres unter einem Legaten einen Kriegszug gegen die Chatten machen, während er selbst aufs neue die Marsen überfiel, und dort durch die Verrätherei eines ihrer Fürsten noch einen von den drei Adlern der varianischen Legionen wieder gewann [1]).

Germanicus glaubte, nur noch ein Feldzug werde hinreichen, um seines Vaters Plane zur Vollendung zu bringen. Aber des Kaisers Tiberius Ausspruch, daß man genug gethan habe, und daß man fortan durch kluge Politik Roms Herrschaft in Germanien besser begründen werde als durch die Gewalt der Waffen, beendete seine Unternehmungen. Germanicus mußte im Jahre 17 nach Rom zurückkehren und hielt dort einen glänzenden Triumph, der durch zahlreiche deutsche Gefangene verherrlicht wurde. Die Germanen jedoch waren in ihrer Heimath frei, und zahlreiche römische Gefangene schmachteten noch, wie die spätere Geschichte

---

1) Kufahl, Geschichte der Deutschen. I. S. 238 bis 247.

lehrt, in den deutschen Wäldern. Merkwürdig und einzig in der Geschichte bleibt auf jeden Fall dieser Kampf der kleinen deutschen Stämme gegen die überlegene Macht der römischen Imperatoren, denen doch die ganze Welt erlag. Der Ruhm, Deutschlands Freiheit gerettet zu haben, gebührt besonders den Harz-Anwohnern, den Cherusken, welche unter ihrem Helden Armin die erste Stelle unter den Völkern Germaniens einnahmen, und deren Name durch das Anschließen vieler kleineren deutschen Stämme an sie weit hin von der Elbe im Osten bis über die Weser nach Westen verbreitet war. Als ihre Hauptbundesgenossen aber in diesem Kampfe mit Rom erscheinen die drei Völker der Chatten, Brukterer und Marsen, denen auch die drei Legionsadler des varianischen Heeres zur Beute fielen. Dies sind zugleich die vier Hauptvölker des ältern eigentlichen Germaniens in historischer und ethnographischer Beziehung, da sie schon ringsum theils von geschwächten, theils von solchen Völkern umgeben waren, die die römische Politik gewonnen hatte [1]).

7) Der innere Zwiespalt der deutschen Völker und der batavische Freiheitskrieg.

Die Römer gaben vorläufig ihre Eroberungsplane auf Germanien auf, der Rhein und die Donau blieben die sorgfältig bewachten Barrieren ihres Reiches gegen die Welt der deutschen Völker, und sie durften erwarten durch ihre Politik, durch ihre Freunde und Bundesgenossen im Innern Germaniens und durch die innere Zwietracht, die bald unter den Stämmen ausbrach, doch noch zum Ziele zu gelangen. Leider tragen aber die nur fragmentarischen Nachrichten über die Begebenheiten im Innern Germaniens nur wenig zur Kenntniß des Landes und seiner Bewohner

---

1) Pfister, Geschichte der Deutschen. I. S. 98 bis 100.

bei. Doch sehen wir, daß nicht nur die große Verbindung der Völker von der Elbe bis zum Rhein nach dem Verschwinden der Gefahr durch die Römer sich auflösete, sondern daß auch bei den Cherusken innerer Zwiespalt ausbrach, der durch die politische Stellung des Armin zu den übrigen Häuptlingen dieses Volkes hervorgerufen ihrem Vorrange unter den deutschen Völkern Gefahr brachte [1]).

Unter solchen Umständen traten noch die beiden Völkerverbindungen der Cherusken und der Markomannen, beide freilich von wesentlich verschiedener Natur in ein feindseliges Verhältniß mit einander, und wenn auch der Uebertritt der beiden suevischen Völker der Semnonen und Langobarden an der mittlern Elbe zu dem niederdeutschen Bunde und die in jener Gegend gelieferte große Schlacht zum Vortheil der Cherusken entschied, so hatten diese selbst doch keinen Gewinn davon. Marbod mußte durch die Erhebung seiner eigenen Völker bewogen schon im Jahre 19 bei den Römern eine Zuflucht suchen. Der Gothe Catvalda aber, welcher bei den Markomannen seine Stelle eingenommen hatte, erlitt bald ein ähnliches Schicksal durch einen feindlichen Angriff der Hermunduren, und während die vertriebenen Häuptlinge selbst auf römischem Gebiete ihr Leben beschlossen, bildeten die Römer aus ihren ansehnlichen Gefolgschaften ein eigenes kleines suevisches Reich am Norduser der Donau zwischen den Flüssen March und Gran, dessen König der Quade Vannius in einem Verhältniß abhängiger Bundesgenossenschaft gehalten wurde. Armin aber fiel im Jahre 22 als Opfer der Eifersucht und der Zwietracht unter den cheruskischen Fürsten, und mit dem Tode dieses großen Mannes war die Einigkeit unter den Völkern Nieder-Deutschlands gänzlich gelöst [2]).

---

1) Kufahl, Geschichte der Deutschen. I. S. 250 bis 252.

2) Luden, Geschichte des deutschen Volkes. I. S. 309 bis 329.

Unter den suevischen Völkern Ober-Deutschlands an der Donau traten seit dem Verfall des markomannischen Reiches die Hermunduren mit immer größern Ansehn hervor, und obwohl ihnen der friedliche Verkehr mit Rom wünschenswerth erschien und sie auch ferner in gutem Vernehmen mit den Römern blieben, haßten sie doch den römischen Einfluß im Innern Germaniens, und suchten alle Spuren von Abhängigkeit von Rom daselbst zu vernichten. Um so mehr nährten die Römer die Zwietracht bei den Völkern Deutschlands am Rhein und an der Weser, so daß sie bei den zum Theil wieder aufgenommenen Kämpfen nicht ohne Glück stritten. Aber die Friesen, die alten Bundesgenossen der Römer, wurden durch deren Uebermuth bewogen, alle römischen Schaaren aus ihrem Lande zu verjagen, und sie machten dadurch wieder gut, was sie im Bunde mit den Feinden des deutschen Vaterlandes an ihren Stammgenossen gefehlt hatten [1]).

Als das mächtigste Volk aber und gleichsam als die Verfechter der deutschen Freiheit an der Rhein-Seite Germaniens erscheinen in jener Zeit die Chatten obschon in einer eigenthümlichen Stellung zu ihren Nachbarvölkern, da sie sowohl mit den ihnen nahe verwandten Cherusken als auch mit den suevischen Stämmen nach der Donau hin in Feindschaft standen und immer nur ungern mit den rheinischen Germanen gemeinsame Sache machten, an welche sie sich bei ihrer Stellung gegen die römische Welt nothwendig anzuschließen hatten. So erscheinen auch in der spätern Zeit der deutschen Geschichte die Hessen in ihrem Verhältniß zu den Franken am Rhein, zu den Sachsen am Harz und zu den Alemannen an der obern Donau. Die Cherusken dagegen waren durch die innere Zwietracht so geschwächt, daß sie sich zur Herstellung der innern Ruhe zur Zeit des

---

1) van Kampen, Geschichte der Niederlande. I. S. 27. Pfister, Geschichte der Deutschen. I. S. 109.

Kaisers Claudius aus Rom einen Sprößling ihres alten Fürstengeschlechtes erbaten, obschon sie dadurch nicht zur Eintracht gelangten, und so wie die Chatten in die Unruhen daselbst zu ihrem Vortheil sich einmischten, so benutzten dies auch die streitbaren Langobarden zur Erweiterung ihrer Macht und ihres Ansehns [1]).

Indessen dauerten die Bewegungen am Rhein und an der Donau durch den Conflikt römischer Politik und germanischen Lebens immer fort. Die Römer wurden dadurch stets aufs neue veranlaßt, ihre Herrschaft zur Sicherung ihrer transalpinischen Provinzen auch in Germanien weiter auszubreiten, wo noch mancherlei feste Punkte in ihren Händen waren, und auf der andern Seite versuchten die Germanen zur Sicherung ihrer Freiheit immer jene Barrieren am limes Rhenanus und Danubianus zu durchbrechen. So traten zur Zeit des Claudius die Chauken feindlich gegen ihre alten Bundesgenossen, die Römer, auf und unternahmen unter der Anführung des Kaninefaten Gannascus zur See Raubzüge nach den gallischen Küsten, bis der tüchtige Feldherr Domitius Corbulo, der Statthalter am Nieder-Rhein, nicht nur das römische Gebiet an den Mündungen des Rhein sicherte, sondern auch die Friesen wieder in ein abhängiges Verhältniß brachte [2]). Schon sollte durch ihn die römische Herrschaft an den Gestaden der Nordsee bis zur Mündung der Elbe hin aufs neue begründet werden, als im Jahre 47 der Befehl des Kaisers, alle Besatzungen über den Rhein zurückzuführen, Germanien von seinen Feinden wieder befreite. Vermuthlich ging erst damals das wichtige Aliso für die Römer verloren, und nur die Vertheidigungswerke auf dem Taunus wurden als ein wichtiges

1) Kufahl, Geschichte der Deutschen. I. S. 275 bis 278.

2) van Kampen, Geschichte der Niederlande. I. S. 28.

Außenwerk für die obergermanischen Legionen zu Mainz auch noch ferner behauptet [1]).

Von um so größerer Bedeutung wurden seitdem die festen Ansiedlungen und die römischen Standlager an den Ufern des untern Rhein selbst. Dort wurde nun der alte Hauptort der Ubier durch des Kaisers Claudius Gemahlin Agrippina im Jahre 50 zum Andenken ihres Großvaters Vipsanius Agrippa zur römischen Kolonie erhoben und Colonia Agrippina genannt, und diese Stadt wuchs in kurzer Zeit so, daß sie schon nach Nero's Tode als die erste in der ganzen Rhein-Gegend galt [2]). Dieses Ansehn hat auch nachmals Köln unter der Herrschaft der Deutschen sich bewahrt. Auch duldeten die Römer an der rechten Uferseite des Stromes daselbst keine neuen Ansiedlungen deutscher Völker, und so wie die Friesen dort zurückgedrängt wurden, so auch die Schaar von Amsivariern, welche von den Chauken aus ihrer Heimath an der Ems vertrieben daselbst Sitze nehmen wollten [3]).

Im suevischen Ober-Deutschland erscheinen aber um die Mitte des ersten Jahrhunderts die Hermunduren als die Verfechter der deutschen Freiheit, und ihren Angriffen erlag damals nach einer Dauer von drei Decennien der römische Vasallenstaat des Vannius an der mittlern Donau. Von den Römern nicht unterstützt, suchte sich der quadische Fürst vergeblich durch Reiterschaaren von sarmatischen Jazygen, die damals zuerst an der Donau auftraten, zu behaupten; die Verbindung der mächtigen Hermunduren mit den ausgedehnten Stämmen der Lygier an der obern Oder bewirkte die Auflösung seines Reiches. Er selbst fand eine Zuflucht

1) Kufahl, Geschichte der Deutschen. I. S. 281 bis 283. Ledebur, das Land und Volk der Brukterer. S. 232.

2) Mannert, Germanien. S. 102. 103. Knapp, Geschichte der Deutschen am Nieder-Rhein und in Westfalen. S. 79.

3) Kufahl, Geschichte der Deutschen. I. S. 283 bis 286.

auf dem römischen Gebiete, doch scheint sich ein Ueberrest seiner Herrschaft im Norden der Donau auch noch ferner unter dem Schutze der Römer erhalten zu haben [1]). Somit waren die Hermunduren bei dem innern Verfall der Macht der Markomannen das herrschende Volk an der ganzen obern Donau entlang. Der Name der Markomannen verschwindet hier selbst auf längere Zeit, und nur erst die erneuten großen Kämpfe zwischen der römischen und germanischen Welt an der Donau riefen ihn wieder hervor. Leider geriethen aber auch die beiden Hauptvölker Germaniens an der Rhein-Seite und an der Donau-Seite, die Chatten und Hermunduren, ums Jahr 58 in einen Kampf mit einander, welcher durch das streitige Gebiet der Salzquellen an der fränkischen Saale hervorgerufen ward. Auch hier behielten die Hermunduren die Oberhand, wenn schon die Macht der Chatten, wie ihre fortgesetzten Fehden mit den Römern zeigen, dadurch nicht gebrochen ward [2]).

So dauerte die Zwietracht, welche von Anfang an durch die Römer genährt war, ein halbes Jahrhundert fort; nicht nur zwischen den eigentlichen Germanen und Sueven, sondern auch in jedem Theile wieder besonders, wobei die einzelnen Stämme bald für, bald gegen die Römer auftraten.

Aber nur ein Decennium später, als in Rom das julische Kaiserhaus endete und die Feldherrn der verschiedenen Heere im Abendlande und Morgenlande mit einander um das Cäsarenthum stritten, traten die von Cäsar zuerst besiegten Germanen noch einmal für die alte Freiheit auf und gaben auch ihren transrhenanischen Stammgenossen Veranlassung an diesem Kampfe Theil zu nehmen. Der große batavische Freiheitskrieg, den die belgischen Germanen unter dem Vorstande der Bataver erhoben, brachte alle Uferlandschaften des Rhein in Bewegung, und drohete durch die Zertrüm-

---

1) Mannert, Germanien. S. 116 bis 118.

2) Pfister, Geschichte der Deutschen. I. S. 116.

merung dieser großen Grenzmark das römische Weltreich selbst zu erschüttern. Aber die Uneinigkeit der Germanen und Roms Kriegszucht und altes Glück befreite auch diesmal die weltbeherrschende Stadt von der Gefahr. Der Kampf zwischen dem Vitellius und dem Vespasianus gab dem kühnen und unternehmenden Claudius Civilis die nächste Veranlassung seinem wohlbegründeten Hasse gegen Rom Luft zu machen. Die Erhebung seiner Stammgenossen der Bataver, denen sich die Kaninefaten und Friesen sogleich anschlossen, angeblich im Interesse der sich bekämpfenden Imperatoren, erhob den Muth aller deutschen Völker, und die Besiegung und Vertreibung der Römer aus dem batavischen Gebiete führte ihm sogleich Bundesgenossen aus dem Innern Germaniens zu, während die Legionen am Nieder-Rhein unter Hordeonius Flaccus, welche theils dem einen, theils dem andern Imperator ergeben waren und überdies noch zum Theil aus deutschen Kriegsschaaren bestanden, den siegreichen Feinden das Feld räumen mußten. Die Brukterer und Tenchterer überschritten den Rhein, überall traten die deutschen Bundesgenossen der Römer zu ihren Stammgenossen über, und nur Vetera Castra, das große römische Bollwerk am untern Rhein, behauptete sich gegen die Angriffe des batavischen Feldherrn. Zugleich aber ward Mainz von einer über den Rhein gekommenen Schaar von Chatten, Mattiaken und Usipiern umlagert, und die Ermordung des römischen Oberfeldherrn durch seine eigenen Truppen mußte das ganze Gebiet des Rhein-Stroms den Germanen preis geben [1]).

Denn vergebens erscholl indessen die Nachricht aus Rom, daß Vespasianus nach Besiegung seiner Gegner die Alleinherrschaft übernommen habe; die Germanen kämpften nun offen für ihre eigene Sache, und der Uebertritt der Trevirer und Lingonen zu ihnen brachte auch die gal-

1) Kufahl, Geschichte der Deutschen. I. S. 286 bis 303.

lischen Völker zum Aufstande gegen Rom unter die Waffen, und ließ diese an die Errichtung eines neuen gallischen Reiches denken. Da fiel nun auch Vetera Castra, die Stämme der Tungern und Nervier schlossen sich gleichfalls den Batavern an, und dennoch war das ganze Unternehmen seiner Auflösung nahe. Wie zu Cäsars Zeit war die Verbindung der gallischen und belgischen Völker ohne innere Kraft. Bei der Nachricht von dem Herannahen neuer Legionen, welche der Imperator unter Petilius Cerialis im Jahre 69 über die Alpen sandte, zerfiel das gallische Reich, nur die Trevirer und Lingonen blieben der Sache des Civilis ergeben. Aber auch die Ubier um Köln konnten sich von dem römischen Interesse nicht lossagen, und vernichteten die den Batavern zu Hülfe eilenden Schaaren der Friesen und Chauken. Daher ward Trier, die neue Hauptstadt des gallischen Reiches, von den Römern wieder in Besitz genommen, und nach der Niederlage der Bataver und Trevirer mit ihren Bundesgenossen bei Trier mußte auch das gesammte linke Rheinufer sich wieder der römischen Waffengewalt unterwerfen [1]). Das Deltaland des Rhein blieb mit seinen vielen Stromlinien das letzte Bollwerk der Freiheit der Bataver, welche von ihren Bundesgenossen verlassen bald die Unmöglichkeit erkannten den Römern auf die Dauer allein zu widerstehen. Claudius Civilis knüpfte Unterhandlungen mit dem römischen Oberfeldherrn an. Die Bataver kehrten in ihr früheres Bundesgenossenverhältniß zu Rom zurück, wonach sie zwar von Abgaben frei blieben, aber Kriegsvölker zu stellen hatten. Die batavischen Cohorten gehörten auch ferner zu den tüchtigsten Truppen der römischen Heere [2]).

So endete dieser große Kampf. Nicht unrühmlich war von den Germanen in den Rhein-Gebieten gestritten, aber

---

1) van Kampen, Geschichte der Niederlande. I. S. 30 bis 42.
2) Kufahl, Geschichte der Deutschen. I. S. 303 bis 323.

noch behauptete sich Roms Macht ihnen gegenüber; die Barriere des Rhein-Stroms ward für das Weltreich wieder hergestellt. Was die Bataver schon jetzt versuchten, konnte erst spätern Geschlechtern der Deutschen in eben dieser Gegend nach einer größern innern Zersetzung des Lebens der römischen Welt gelingen.

Die ersten wichtigen Begebenheiten, welche nach dem batavischen Freiheitskriege auf die Umgestaltung der Völkerverhältnisse Germaniens einen bedeutenden Einfluß hatten, sind die Kämpfe der Römer an der untern Donau mit den Daken und Geten vom thracischen Stamme, die mit den suevischen Völkern Ober-Deutschlands in mannigfacher Berührung standen, und sodann die Eroberungen des Kaisers Trajanus daselbst am Schlusse des ersten und am Anfange des zweiten Jahrhunderts [1]). Sie bilden die Vorbereitung zu dem zweiten Zeitraum der Entwickelung der germanischen Stämme in der ersten Periode. Ehe wir aber dazu übergehen, haben wir zu übersehen, was uns die zu jener Zeit lebenden beiden Hauptschriftsteller über Germanien, Plinius und Tacitus, von den deutschen Völkerverhältnissen berichten, womit das zu vergleichen ist, was der etwas spätere Ptolemäus aus der Mitte des zweiten Jahrhunderts über die germanische Geographie und Ethnographie angiebt. Durch jene Autoren bekommen wir zuerst ein vollständiges System der germanischen Völkerstämme, wie es am Schlusse des ersten Jahrhunderts bestand.

8) Die germanisch-deutsche Völkerwelt.

Aus den Angaben der alten Autoren über die verschiedenen deutschen Völkerschaften erhellt bestimmt genug, daß einige derselben durch ein engeres Band mit einander

1) Pfister, Geschichte der Deutschen. I. S. 130 bis 133.

verknüpft waren als andere, wie dies auch durch die Geschichte jener Zeit bestätigt wird. Schon die Römer wußten diese Gegensätze unter den deutschen Stämmen, die unstreitig auf einer größern oder geringern Stammverwandtschaft beruheten, bei ihren Eroberungsplanen trefflich zu benutzen. Bisher haben wir den historisch gegebenen Gegensatz kennen gelernt zwischen den eigentlichen Germanen in Nieder-Deutschland am Rhein und an der Nordsee und zwischen den Sueven in Ober-Deutschland, und so wie Cäsar schon diesen Unterschied andeutet, so ergiebt sich derselbe auch aus den etwas dunkeln Berichten Strabos, der zunächst nach ihm diese Verhältnisse berührte [1]). Es erhellt aber auch aus dem Gange der Geschichte zu jener Zeit, daß nicht minder unter den zahlreichen Stämmen der eigentlichen Germanen eine größere oder geringere Verwandtschaft zu einander statt fand, die auf ihre politischen Verhältnisse einen großen Einfluß ausübte, und damit hängen die von Tacitus und Plinius berichteten Gruppirungen der deutschen Stämme zusammen. Nur scheinbar weichen beide Autoren in der nähern Bestimmung jener Gruppen von einander ab, wenn Tacitus von einem dreifachen Germanien nach seinen Völkern, Plinius aber von einem fünffachen Germanien spricht, da ihre Angaben sowohl auf die Sueven als auf die eigentlichen Germanen bezogen werden müssen [2]).

---

1) Wilhelm, Germanien. S. 82 bis 84.

2) Ueber das Verhältniß der deutschen Stammsage zu dem historisch gegebenen Unterschiede unter den deutschen Völkern hat sich Tacitus zwar nicht ausgesprochen, da er nach der Angabe jener Sage in seiner Germania dieselbe sogleich unberücksichtigt läßt und die germanische Völkerwelt nur nach jenem historischen Unterschiede darstellt, aber aus der Gruppirung derselben bei Plinius wird man von selbst auf die richtige Auffassung dieses Verhältnisses geführt. Vergl. besonders E. Th. Gaupp, das alte Gesetz der Thüringer mit einer Abhandlung über die Familien der altgermanischen Volksrechte. Breslau 1834. 8. S. 24 bis 32.

Aber der durchgreifende Unterschied, welcher sich zwischen diesen beiden Hauptklassen aller germanisch-deutschen Völker in der Geschichte bis auf die Zeit der Völkerwanderung geltend macht, führt zugleich nothwendig auf die Frage von der Herkunft und der Abstammung dieses eigenthümlichen Volksstammes, welcher dereinst die erste Stelle in der Welt einzunehmen berufen war. Wenn es auch unläugbar ist, daß die Germanen mit mehrern westasiatischen Völkern rücksichtlich der Sprache eine gewisse Stammverwandtschaft beurkunden, und wenn man deshalb dem Gesetz der spätern historisch bekannten Völkerwanderungen gemäß die Stammväter des deutschen Volkes aus dem innern Asien mit Grund glaubte herleiten zu müssen [1]), so ist doch auf der andern Seite anzuerkennen, daß die Germanen als das, was sie in der Geschichte erscheinen, nur auf deutschem Grund und Boden erscheinen. Die Geschichte weiß nichts von einer Einwanderung des deutschen Volksstammes aus dem asiatischen Orient in das europäische Abendland. Auch die deutsche Stammsage weiß nichts von einer Einwanderung dieses Volkes aus dem Osten in sein historisch bekanntes Heimathsland, vielmehr verweisen die Sagen bei vielen deutschen Völkern auf einen Ursprung im Norden und auf eine Verbreitung in der Richtung von Norden nach Süden [2]). So besonders bei der großen Gruppe der gothisch-vandalischen Völker im östlichen Germanien [3]).

Wenn man nun bisher annahm, daß die germanischen Stammvölker bei ihrer Einwanderung in Europa allmählig von den ihnen nachfolgenden slavischen Völkern,

---

1) Pfister, Geschichte der Deutschen. I. Beil. 1. S. 519 bis 530.

2) Phillips, deutsche Staats- und Rechts-Geschichte. I. S. 18. 19.

3) Geijer, Geschichte von Schweden. Hamburg 1832. 8. S. 10 bis 14.

welche in der Geschichte immer als ihre östlichen Nachbarn erscheinen, nach Westen gedrängt worden seien, bis sie ihr späteres Heimathsland im Westen der Weichsel erreicht hatten, so widerspricht dem doch die Geschichte. Denn grade in dem Weichsel-Lande finden wir die Urheimath der Slaven[1]), und statt einer Verbreitung von Osten nach Westen sehen wir in der Geschichte von den cimbrischen Wanderungen an durch die Zeiten der erobernden Ausbreitung der Gothen und Waräger ein Ziehen deutscher Stämme von den nördlichen Meeresgestaden nach Südosten zu den Ufern des Pontus. Ja es können die deutschen Völker um so weniger von ihren slavischen Nachbarn westwärts gedrängt worden sein, als die Slaven im Verhältniß zu den Germanen fast immer in einem dienenden Verhältnisse erscheinen, und die ostwärts gewandten Eroberungszüge der Gothen und Waräger sich über alle slavischen Stämme bis zur Wolga hin erstreckten[2]). Ist aber auch die Verbreitung germanischer Stämme in der Richtung von Norden nach Süden und von Westen nach Osten im Allgemeinen durch die Geschichte bestätigt, so erweiset sich doch das ganze bisher meistens angenommene Wanderungssystem derselben nur unter gewissen Bedingungen als richtig.

Im Gegensatz gegen die Annahme einer Abstammung der Germanen aus dem Orient bemerkt Tacitus, daß dieselben ein ganz eigenthümliches und nur sich selbst gleiches Geschlecht seien. Zugleich weiset aber die gesammte leibliche Bildung dieses Stammes auf den Norden hin, und zwar ergiebt sich das Küstengebiet der Nordsee als der traditionelle Ursitz des deutschen Volksstammes, von wo aus sich derselbe südwärts über das Land zwischen dem

---

1) Schaffarik, über die Abkunft der Slawen nach Lor. Surowiecky Ofen 1828. 8. S. 28 bis 30.

2) Schulz, zur Urgeschichte des deutschen Volksstammes S. 75 bis 78. 90.

untern Rhein und der untern Elbe bis in die Bergregion des hercynischen Waldes hinein ausdehnte [1]). Dieses ursprüngliche Germanien, welches sich westwärts über den Rhein hinaus bis zu den Ardennen erstreckte, und dessen Bewohner die Germanen des Tacitus im engern Sinne sind, hat aber frühzeitig seine kriegerischen Söhne nach Süden und Osten ausgesandt, so daß schon in vorgeschichtlicher Zeit germanische Schaaren über die Hochebenen an der Donau und über die weiten Flachebenen an dem baltischen Meere bis zur Oder und Weichsel verbreitet waren, wo ihnen fremdartige Völkerschaften entweder hatten ausweichen oder sich ihnen hatten unterwerfen müssen. In diesem weitern Sinne reichte Germanien von den Ardennen bis zur Weichsel und den Karpathen und von den Gestaden der Nordsee und Ostsee aufwärts bis zur Donau in der Nähe der Alpen. Die Ausbreitung deutscher Stämme aber jenseit des hercynischen Waldgebirges, wo ursprünglich noch gallische Völker hauseten, und ostwärts über die Elbe hinaus, wo schon seit der Urzeit slavische Stämme, Wenden bei den Germanen genannt [2]), ihre Sitze hatten, veranlaßten zuerst die Bildung der Stämme der Sueven, deren Heimathsland nach der Angabe der Alten sich in einem mächtigen Halbkreise um das ursprüngliche Germanien von der obern Donau gegen Osten und Nordosten bis zum baltischen Meere hinzog [3]). So stehen sich eigentliche Germanen und Sueven unter den deutschen Völkern einander gegenüber, und durch diese ursprüngliche Sonderung beider von einander entwickelte sich ein Unterschied in der deutschen Volksthümlichkeit, der auf die Umgestaltung der ganzen alten Welt von Einfluß war,

1) Schulz a. a. O. S. 248 bis 267.

2) Schaffarik, über die Abkunft der Slawen. S. 62. 126.

3) Wilhelm, Germanien. S. 95.

und der in seinen Folgen die gesammte Entwickelung des deutschen Volksstammes selbst bestimmt hat [1]).

Vergleicht man das westliche oder eigentliche Germanien und das östliche oder suevische Germanien mit einander, so ergiebt sich nicht nur in dem gesammten politischen Zustande und in dem Charakter ihrer Bewohner ein bedeutender Unterschied, sondern es erhellt auch, daß das germanische Land im Westen der Elbe oder das Land am Nieder-Rhein und an den Gestaden der Nordsee als das eigentliche Heimathsland des deutschen Volksstammes betrachtet werden muß. Auch erhellt ferner, daß das suevische Germanien nicht der frühere Aufenthaltsort der germanischen Völker gewesen sei, von wo die Sueven etwa ihre zuerst aus dem Osten nach dem Abendlande vorgerückten Stammgenossen westwärts zusammengedrängt haben [2]), sondern daß vielmehr das weit ausgedehnte Suevien von Westen her seine germanische Bevölkerung erhalten habe. Denn in dem westlichen Germanien finden wir eine große Anzahl kleiner aber sehr volkreicher Stämme, welche in durchaus festen Sitzen mit einem auf der Ackerkultur beruhenden politischen Leben so wenig jemals daran gedacht haben ihre Wohnsitze zu verändern, daß nur die größte Noth einzelne Stämme zur Auswanderung bewegen konnte. Auch haben sich die zahlreichen Namen dieser kleinen Stämme größtentheils an eben den Lokalitäten, wo sich die Stämme stets erhalten haben, bis auf die neuern Zeiten behauptet, und beweisen damit zugleich die Nichtigkeit der Wanderungstheorie der deutschen Völker in diesem germanischen Stammlande [3]). Wo aber hier Völkerstämme von einem bedeutend größern Umfange sich zeigen, als es sonst hier der Fall

---

1) Gaupp, das alte Gesetz der Thüringer. S. 62 bis 65. 96 bis 128.

2) Adelung, älteste Geschichte der Deutschen. S. 191.

3) Kufahl, Geschichte der Deutschen. I. S. 164.

ist, wie bei den Cherusken und Chatten, da sind es nur politische Vereinigungen, bei denen die Namen vieler kleinerer von einem in politischer Beziehung hervorragenden Namen verschlungen wurden. Denn auch bei jenen beiden größern Völkern bildeten die eigentlichen Cherusken und Chatten als Bewohner des Harzgaues und des fränkischen Hessengaues an sich nur kleinere Stämme.

Dagegen erscheinen nun die Sueven in einer Reihe weit ausgebreiteter, mächtiger Völker, deren Kriegsruhm schon zu Cäsars Zeit den der übrigen Germanen überstrahlte, so sehr auch die Römer den letztern bei ihren Kämpfen mit denselben den Ruhm der Tapferkeit zuerkennen mußten. In weniger festen Sitzen als ihre westlichen Stammgenossen trat bei den Sueven das ruhige ackerbauende Leben vor dem mehr beweglichen kriegerischen Leben zurück, welches weit eher die Erzeugung eines wahren Königthumes mit sich führen mußte, als es bei jenen Germanen der Fall war, wo sich die freie Volks- und Gauverfassung weit länger erhalten hat [1]), und so wie jene Sueven schon zu Cäsars Zeit durch Eroberungslust bis nach Gallien geführt wurden, so haben sich ihre kriegerischen Schaaren noch früher über die dem germanischen Stammlande südwärts und ostwärts angelagerten Gebiete ausgebreitet. Aber eben diese letztern (östlichen) Gebiete waren auch nur ein vorübergehender Aufenthaltsort germanischer Völker, aus welchem sie darum im Laufe der Zeit auch spurlos verschwunden sind. So sicher es ist, daß das weit ausgebreitete Suevien in den baltischen Flachebenen zu Tacitus Zeit die Heimath mächtiger germanischer Völker war, so sicher ist es dabei auch, daß sie hier nicht in dem germanischen Heimathslande, sondern unter und neben andern Völkern wenn auch als die herrschenden wohnten, unter deren Namen die

1) Gaupp, das alte Gesetz der Thüringer. S. 94.

beherrschten Urbewohner mit begriffen wurden [1]). Grade diese ostgermanischen oder suevischen Völker sind es, welche das römische Weltreich erobert und sich auf den Trümmern desselben niedergelassen haben, und merkwürdig erscheint es dabei, daß diese über so weite Räume ausgebreiteten Völker bei ihrem Eintritt in das Römer-Reich keineswegs in solchen Schaaren ankommen, wie man es ihrer frühern Ausdehnung angemessen halten sollte. Die großen suevischen Völker scheinen in dieser Beziehung selbst vielen der kleinen westgermanischen Völker nachzustehen, deren Volksmenge durch die langdauernden blutigen Kriege mit den Römern und durch sonstige Angaben über ihre Bevölkerung, wie bei der Wanderung der Usipier und Tenkterer, genugsam beurkundet wird.

Da nach dem bisher bemerkten die Sueven nur als Sprößlinge der westlichen Germanen zu betrachten sind, so bezieht sich die von Tacitus mitgetheilte Stammsage des germanischen Volkes zugleich auch auf die Sueven, und diese Sage in Verbindung mit den weitern Angaben über den westgermanischen Stamm der Ingävonen führt wieder darauf, das Küstengebiet der Nordsee als die Urheimath des deutschen Volksstammes zu betrachten [2]). Diese Stammsage über den Ursprung und die Verzweigung des deutschen Volkes ist aber doppelt, und darum ist auch des Plinius Angabe über die Gruppirung der deutschen Völker mit ihr zu vereinigen. „Die Germanen, bemerkt Tacitus, feiern in alten Liedern, welche allein die Stelle der Geschichte und Jahrbücher bei ihnen vertreten, Tuisto den erdgebornen Gott und den Sohn desselben Mannus als den Ursprung und die Begründer des Volkes. Dem Mannus schreiben sie drei Söhne zu, nach deren Namen die am Ocean Ingävonen, die in der Mitte des Landes Hermionen und

---

1) Schulz, zur Urgeschichte des deutschen Volksstammes. S. 120 bis 134.

2) Schulz a. a. O. S. 273 bis 294. 328 bis 338.

die übrigen Istävonen genannt werden. Einige aber zählen, sich auf die Freiheit stützend, die das Alterthum giebt, mehrere Söhne des Gottes und mehrere nach ihnen benannte Völker wie Marsen, Gambrivier, Sueven und Vandalier als wahre und alte Benennungen [1])."

Es gab demnach drei Hauptzweige der eigentlichen Germanen, welche unter den drei Gattungsnamen der Ingävonen, Hermionen und Istävonen vorgeführt werden, und wenn nach einer andern Auffassung historisch bekannte Volksnamen angegeben werden, an welche die Abstammung der einzelnen Völker geknüpft wird, so erhellt leicht, daß von jener doppelten Stammsage die erstere einen mythisch-traditionellen Charakter, die letztere aber einen historischen Charakter hat [2]). Zwar sind auf gewisse Weise die Marsen, vornehmlich aber die Gambrivier für uns dunkele Namen in der Geschichte, da es eine bis jetzt noch nicht begründete Annahme ist, daß durch sie die Bewohner der Niederungen an der Küste des deutschen Meeres bezeichnet werden [3]), wo uns Tacitus die Ingävonen nennt; dagegen tritt der Name der Sueven geschichtlich um so bedeutender hervor, und an ihn schließt sich der der Vandalen genau an. Dies ergiebt sich aus des Plinius Nachricht über die Hauptstämme Germaniens.

Die germanischen Völker zerfallen, wie Plinius bemerkt, in fünf Klassen oder Geschlechter. Erstens die Vindiler (oder Vandiler), wozu die Burgundionen, die Varinen und die Guttonen gehören. Zweitens die Ingävonen, wozu die Cimbern, Teutonen und die Stämme der Chauken gehören. An sie schließen sich die Istävonen an den Ufern des Rheins, und die vierte Gruppe in der Mitte Germaniens bilden die Hermionen, wozu die Sueven, die Hermun-

1) Wilhelm, Germanien. S. 86.

2) Schulz, Urgeschichte. S. 313.

3) Schulz a. a. O. S. 314 bis 316.

duren, die Chatten und Cherusken gehören. Die fünfte Klasse aber bilden die Peucinen und Bastarnen an den Grenzen Daciens [1]). Die doppelte Stammsage des Tacitus zeigt sich auf gewisse Weise vereinigt. Denn die drei Hauptzweige der germanischen Völker sehen wir bei beiden Autoren unter denselben Namen in denselben Sitzen angegeben, und wenn auf der einen Seite die suevischen Völker in eine nähere Verbindung mit den eigentlichen oder westlichen Germanen gesetzt werden, so trennt sie Plinius auch wieder davon und zwar unter einem Namen, der dem der Sueven in mancher Beziehung gleich kommt. Auffallend aber kann es nicht sein, daß Plinius die bis zum äußersten Südosten vorgedrungenen suevischen Kriegsschaaren, welche auf der alten Wanderstraße der Germanen zum Pontus schon an zwei Jahrhunderte vor unserer Zeitrechnung unter dem Namen der Bastarnen, mit welchem der der Peucinen ganz gleichbedeutend ist, in der Verbindung mit gallischen Stämmen an der untern Donau auftreten, als eine eigene Gruppe auffaßt, da sie von dem eigentlichen Sueven-Lande mehr oder minder getrennt sein mochten. Offenbar sind diese südöstlichsten Sueven später in die Gothen aufgegangen, deren Name dem der Sueven und Vandalen als Collektivname zur Bezeichnung der östlichen germanischen Stämme nachfolgte [2]).

Wenden wir uns zur nähern Betrachtung der einzelnen Völker der beiden Hauptklassen der germanischen Welt, so haben wir hierbei von den eigentlichen Germanen im deutschen Stammlande auszugehen.

---

1) Wilhelm, Germanien. S. 81.

2) Wilhelm, Germanien. S. 92 bis 94.

I. Die eigentlichen Germanen.

Im Unterschiede von den östlichen oder suevischen Germanen entbehren diese westlichen oder eigentlichen Germanen eines besondern Namens, da die Bezeichnung derselben als Cimbern, wie man sie früher benannte [1]), zu wenig durch die Angaben der Alten gerechtfertigt ist, um sich Geltung verschaffen zu können. Dafür kommen hier die drei Namen der Hauptzweige dieser Germanen in Betracht, deren Erklärung von je an auf die verschiedenste Weise versucht ist und kaum eine und dieselbe Erklärungsart zuzulassen scheint. Ist auch die geographische Lage jener drei Zweige der westgermanischen Völker im Allgemeinen ziemlich sicher, so erheben sich doch bedeutende Schwierigkeiten bei der genauern Bestimmung des Verhältnisses derselben zu einander, so wie bei der Bestimmung des Verhältnisses der germanischen Bevölkerung Skandinaviens zu diesen Bewohnern des germanischen Heimathslandes.

Was zunächst die Namen der drei Hauptstämme der Germanen anbetrifft, so ist im Allgemeinen immer die Erklärung vorherrschend gewesen, daß sie von den Wohnsitzen derselben entlehnt seien [2]), obschon man zur Herleitung der in ihnen enthaltenen Stammwörter bald zur deutschen, bald zur belgischen oder kymrischen Sprache seine Zuflucht nahm. Wie nun auch das Wort Inge erklärt werden mag, so scheint doch der Name der Ingävonen nur eben das zu bedeuten, was Tacitus als nähere Bestimmung zu demselben hinzufügt, nämlich Meeresanwohner [3]), und mit Recht hat man schon früher diesen Namen

1) Adelung, älteste Geschichte der Deutschen. S. 240.

2) Schulz, Urgeschichte S. 294 bis 299.

3) Wilhelm, Germanien. S. 89. Adelung, älteste Geschichte der Deutschen. S. 185.

mit den entsprechenden Bezeichnungen der Pommern, Morinen und Armoriker verglichen [1]). Auf gleiche Weise hat der Name der Istävonen einen geographischen Gehalt und ist, da unter ihm die westfälisch-rheinischen Germanen verstanden werden, als Westbewohner oder Westländer zu erklären [2]). Aber bei dem dritten Namen oder dem der Hermionen reicht diese Erklärung nicht aus. Er verweiset vielmehr auf die Götter- und Heroenwelt der alten Deutschen, und veranlaßte somit auch eine mythologische Deutung aller jener drei Stammnamen. Mit Unrecht hat man den Namen der Hermionen (Hermonen, Herminonen) schon in den ältern griechischen Sagen finden und aus denselben ableiten wollen [3]), mit Sicherheit erscheint er erst beim Pomponius Mela, und erinnert an den Irmin, (Jörmun bei den Normannen) oder Hermin, weshalb man auch die Lesart Herminonen vorzog. Diesem Hermin stellte man die beiden andern Heroen Inge und Isko zur Seite, und leitete so von dem Tuisto oder Tuisko und Mannus als den mythischen Repräsentanten des deutschen Volksstammes die drei Zweige der Ingävonen, Iskävonen und Herminonen ab [4]).

Sobald man davon ausgeht, daß das Küstengebiet an den südlichen und östlichen Gestaden der Nordsee, wo die deutsche Volksthümlichkeit in leiblicher Beziehung, die wesentlich auf ein nordisches Heimathsland am Meere hinweiset, sich bis jetzt in ihrer reinsten Gestalt erhalten hat, der Ursitz des ganzen deutschen Geschlechtes gewesen sei, so ergiebt sich damit auch von selbst, daß der Stamm der Ingävonen der eigentliche Urstamm der Germanen

---

1) Schlözer, allgem. nordische Geschichte. Halle 1771. 4. S. 113.

2) Wilhelm, Germanien. S. 90.

3) Mannert, Germanien. S. 10. 145.

4) J. Grimm, deutsche Mythologie. Göttingen 1835. 8. S. 204 bis 214.

sei, von welchem sich eben so gegen Südwest die Istävonen und gegen Südost die Hermionen allmählig abgezweigt haben können, wie aus diesen eigentlichen Germanen wiederum die Sueven hervorgegangen sind. Auch ist es sicher, daß es eben dort, wo jetzt der Busen der Nordsee tief in das Innere des germanischen Landes eindringt, in der Urzeit ein größeres Ländergebiet gegeben habe, auf welchem die ingävonischen Völker in größerer geographischer Einheit und Annäherung an einander gewohnt haben können, bis dieselbe durch gewaltige Naturrevolutionen mehr und mehr zerstört worden ist. Solche Zerstörungen und Umgestaltungen des Landes durch das Andringen mächtiger Meeresfluthen wiederholen sich aber dort durch alle Jahrhunderte der Geschichte, und der historische Zusammenhang dieser Naturrevolutionen in den Küstenländern des Nordseebeckens mit den ältesten nordischen Völkerwanderungen scheint durch die Angaben der Alten beglaubigt zu sein. Die ursprüngliche innere Einheit der Völker des Ingävonen-Stammes ist noch jetzt in ihrer Zersplitterung, wie sie sich in den getrennten Küstengebieten von Friesland, Jütland und Norwegen zeigt, erkennbar [1]).

Schon die Reihenfolge, in welcher Plinius und Tacitus die drei Hauptstämme der Germanen angeben, spricht dafür, die Ingävonen für den relativ ältesten Stamm zu halten, und zwar um so mehr als dieselben auch als Anwohner des Sevo-Gebirges (mons Sevo, das skandinavische Kjölen-Gebirge) genannt werden, wo nach den Angaben der Alten der eigentliche Anfang des germanischen Landes (initium Germaniae) sein sollte [2]). Man hat daher den ingävonischen Volksstamm auch den skandinavisch-nordischen Stamm unter den Germanen genannt, dessen Glieder eben so über die Küstengebiete Deutschlands an der

1) Schulz, Urgeschichte. S. 278 bis 292.

2) Wilhelm, Germanien. S. 89.

Nordsee wie über alle skandinavischen Landschaften ausgebreitet sein sollten [1]). Indessen wie man in der jüngsten Zeit aus sprachlichen Gründen für jene drei Stammnamen der Germanen eine andere Deutung aufnehmen zu müssen glaubte, welche nach Analogie der Eigennamen für einzelne Völker und Personen sich auch dort bestätigen sollte, so hat man auch die skandinavischen Germanen von ihren Stammgenossen in Deutschland getrennt. Denn danach würden die Namen der Ingävonen, Istävonen und Herminonen nichts anderes bedeuten als die Vornehmen, die Edlen und die Starken. Aber die germanische Bevölkerung von Skandinavien umfaßte man nach den Andeutungen des Plinius unter dem Namen der Hillevionen, worunter entweder Bewohner der Meeresküste oder eines Gebirgslandes zu verstehen sein sollten. Dieser vierte nordische Stamm der Germanen sollte der Sprache nach zwar den drei andern germanischen Hauptstämmen gegenüberstehen, aber im Unterschiede von dem herminonischen und rheinländischen Stamme der Germanen, deren Sprache auf eine nähere Verwandtschaft mit dem suevischen oder gothischen Stamm hinweiset, sich wiederum an den ingävonischen Stamm der Germanen anschließen [2]).

Schon frühzeitig suchte man die in sich dialektisch unterschiedene Sprache der alten Deutschen zur bestimmtern Gruppirung der einzelnen Völker dieses Stammes zu benutzen, und der Hauptunterschied zwischen dem niederdeutschen und oberdeutschen Dialekte schien ein leichtes Mittel darzubieten, die Abstammung der deutschen Völker von einander nachzuweisen. Dennoch ist dies bei dem Mangel an bestimmten Nachrichten über die Sprache der einzelnen Völker und bei ihrem spätern politischen Zustande seit der Zeit des Markomannen-Krieges, wo sich aus dem Zu-

---

1) Schulz, Urgeschichte. S. 278.

2) Zeuß, die Deutschen und die Nachbarstämme. S. 70 bis 80.

sammenfallen ganz verschiedener Elemente neue deutsche Völker bildeten, kaum geeignet um zu einem sichern Resultate zu gelangen. So glaubte man früher mit der Klasse der suevischen und der eigentlichen Germanen den oberdeutschen und den niederdeutschen Dialekt in Verbindung bringen zu können [1]), während andere mit mehr Recht die beiden Hauptdialekte schon an die eigentlichen Germanen vertheilten [2]).

Wenn nun doch wieder in der neuesten Zeit auf die umfassendste Weise versucht worden ist, ein vollständiges ethnographisches System Germaniens auf Grundlage der bei den einzelnen Völkern angenommenen dialektischen Verschiedenheit der deutschen Sprache aufzuführen, so erhellt von selbst, daß dies nicht ohne mancherlei Willkühr geschehen konnte [3]). Nach Analogie der Bildung und Gestaltung der hellenischen Stämme muß man auch hier voraussetzen, daß die verschiedenen deutschen Völker, von einer gemeinsamen sprachlichen Grundlage ausgehend, erst unter verschiedenen Naturverhältnissen ihre besondern Dialekte ausgebildet haben, und daß sie bei dem mannigfachen Uebergreifen und Durcheinanderwerfen auch mehr und minder ihre Mundart geändert haben werden, bis mit der festern Fixirung der später hervortretenden Völkerschaften die Mundarten durch den Einfluß der Naturverhältnisse und der in ihnen vorherrschenden volksthümlichen Elemente diejenige Gestaltung annahmen, wie sie durch die Denkmale aus jener Zeit überliefert sind. Demnach scheint die historische Entwickelung der deutschen Völker das wichtigste Moment zur bestimmtern Gruppirung derselben abgeben zu müssen.

---

1) Adelung, älteste Geschichte der Deutschen. S. 187. 362 bis 365.

2) Schulz, Urgeschichte. S. 294 bis 299.

3) Zeuß, die Deutschen u. die Nachbarstämme. Münch. 1837. 8.

1. Die Istävonen.

Aus einer ganzen Reihe kleiner Völkerschaften auf dem rechten Rhein-Ufer bestehend, haben diese Istävonen den Ruhm, in dem Kampfe mit der römischen Welt durch ihre Anstrengung und Ausdauer am meisten dazu beigetragen zu haben, daß Germaniens Freiheit aufrecht erhalten wurde. Mit der Angabe ihrer Wohnsitze und ihrer politischen Verhältnisse in der Zeit des ersten Jahrhunderts unserer Zeitrechnung haben wir daher auch die Darstellung der germanischen Völkerwelt zu beginnen.

Es zeigen sich diese istävonischen oder rheinisch-germanischen Völker ausgebreitet von dem Rheingau an der Biegung des Rheins bei Mainz, wo sich die Stammsitze der Usipier und Tenkterer vorfinden, am rechten Ufer dieses Stromes entlang nordwärts bis zur Mündung der Yssel, von wo eine sich gegen Osten ziehende Linie, die bis in die Nähe der Weser unterhalb ihres Austrittes aus der westfälischen Pforte reicht, dieselben von den ingävonischen Völkern schied. Nach Osten hin bezeichnet dagegen eine Linie, welche auf der Westseite der Weser, den Osning durchschneidend, sich von Norden nach Süden über das Quellgebiet der Ruhr und Lahn bis zum Taunus bei Mainz erstreckt, die Grenzmark zwischen den istävonischen und hermionischen Völkern Germaniens. Ueberall haben sich auf diesem Gebiete die aus der ältesten Zeit der Geschichte herüberreichenden Völkernamen erhalten, und die Gaugeographie des Mittelalters nebst der kirchlichen Eintheilung Deutschlands lassen noch jetzt die immer stätigen Sitze der ältesten rheinischen Völker auf diesem klassischen Boden Germaniens mit Bestimmtheit nachweisen [1]).

1) Die Erläuterung der Urzeit Deutschlands auf diesem Gebiete durch die spätern politischen und kirchlichen Verhältnisse im

Wenn es nichts destoweniger durch die Geschichte bestätigt wird, wie es grade aus dem Beispiele jener Usipier und Tenkterer erhellt, daß einzelne Völker zuweilen ihre Sitze geändert haben, so geschah dies nie nach Willkühr, sondern nur unter ganz besondern Umständen. Denn abgesehen davon, daß diese eigentlichen Germanen zu Cäsars Zeit durchaus keine Nomaden waren, was sie vermuthlich nie gewesen sind, so war bei dem volkreichen Zustande der einzelnen Stämme dieses Germaniens selbst nicht einmal der Raum hinreichend zur beliebigen Veränderung ihrer Wohnsitze, die sie bei ihren Kämpfen mit den Römern stets mit der größten Hartnäckigkeit vertheidigt haben. Auch darf man sich bei der Angabe von ähnlichen oder übereinstimmenden Völkernamen in verschiedenen Gegenden nicht verleiten lassen an Wanderungen der Völker zu denken, da dies fast immer ganz verschiedene Völker waren, wie es durch die Geschichte und die Geographie des Mittelalters nachgewiesen wird. Dagegen war es etwas sehr gewöhnliches, daß kriegerische Schaaren mit ihren Familien von einem Volke auszogen und sich in andern Gegenden Niederlassungen zu erkämpfen suchten, obschon dies letztere immer nur selten gelang, und es noch seltener dahin kam, daß sie in den neu erlangten Sitzen unter ihren bisherigen Volksnamen eine eigene Völkerschaft bilden konnten [1]). Mit Recht hat man bemerkt, daß die Auswanderer gewöhnlich nur die Oberhäupter und die wehrhaftesten Krieger eines Volkes

---

Mittelalter auf die gründlichste Weise ist das große Verdienst der trefflichen Arbeit L. v. Ledebur's (das Land und Volk der Brukterer), dessen Resultaten wir hier nur zu folgen haben. Die ältern Arbeiten über die Völker Germaniens von Reichard, Mannert und Wilhelm so wie auch das ethnographische Werk von Zeuß über die Deutschen und ihre Nachbarn sind für die Bestimmung der Sitze der istävonischen Völker als ganz unbrauchbar zu bezeichnen.

1) Wersebe, über die Völker und Völkerbündnisse des alten Deutschlands. S. 6. Anmerk. 5.

waren, welche die Rache ihrer Nachbarn hauptsächlich zu fürchten hatten, wogegen die in der Heimath Zurückgebliebenen den Namen der Völkerschaft immer fortführten [1]).

Der Rhein-Strom war aber nur erst seit des Augustus Zeit die Grenzmark der istävonischen Germanen und Germaniens überhaupt. Denn auf dem linken Ufer desselben wohnten noch die belgischen Germanen, welche schon frühzeitig durch die römische Herrschaft von ihren Brüdern auf dem rechten Ufer getrennt wurden und sich im Laufe der Zeit der römisch-gallischen Volksthümlichkeit mehr oder minder anschlossen. Unentschieden muß es aber bleiben, ob dieselben ursprünglich dem ingävonischen oder istävonischen Stamme angehörten, wenn gleich es wahrscheinlich ist, daß sie von beiden ausgegangen sind. Ihre Sitze und Schicksale haben wir bereits kennen gelernt. Nur ein deutsches Volk ist hier zu erwähnen, welches erst später über den Rhein verpflanzt wurde, als derselbe schon die Grenze der römischen Herrschaft bezeichnete. Dies sind die Ubier vom istävonischen Stamme. Denn daß die Gugernen oder Gubernen, welche als nördliche Nachbarn der Ubier in ihren neuern Sitzen oder in dem Halbinsellande zwischen der Maas und Rhein erscheinen, nicht wie man meistentheils gemeint hat [2]), die von Tiberius über den Rhein verpflanzten Sigambern sein können, sondern vermuthlich eine Abtheilung der belgischen Menapier, ist schon oben erwähnt worden.

Schon mit Cäsar traten die von den Sueven bedrängten Ubier in ein freundschaftliches Verhältniß, und ihre fortdauernde Verbindung mit den Römern bewirkte, daß sie nicht lange darauf mit ihrem Willen von dem Agrippa nach der gallischen Seite des Stromes versetzt wurden. Dort bekamen sie ihre Sitze in den östlichen Theilen der

---

1) Ledebur, das Land und Volk der Brukterer. S. 164. Anmerk. 576.

2) Zeuß, die Deutschen und die Nachbarstämme. S. 85.

Landschaften der Trevirer und der Eburonen von der untern Mosel am Rhein abwärts bis zu den Gugernen hin in einem Gebiete, wo der Rhein aus dem mitteldeutschen Berglande heraustretend die norddeutsche Niederung zu durchströmen beginnt. Sie blieben fortan immer so treue Bundesgenossen der Römer, daß sie sich selbst mit Verschmähung ihres deutschen Namens nach der bei ihnen neu errichteten römischen Kolonie Colonia Agrippina lieber Agrippinenser nennen ließen. Ihre Anhänglichkeit an die Sache der Römer im batavischen Freiheitskriege ward den verbündeten deutschen Völkern nachtheilig genug [1]).

Zwar hat man gemeint, daß ihr deutscher Name dieselbe Bedeutung habe wie der später in eben dieser Gegend des Nieder-Rheins auftretende Name der Ripuarier, indem man ihn als Flußanwohner erklärte, indessen ist es wahrscheinlicher, daß die Ubier nach dem Flüßchen Wupper benannt sind, welches ihr früheres Heimathsland im jetzigen Herzogthum Berg bewässernd sich zum Rhein ergießt [2]). Denn gleich wie die größern Flüsse Deutschlands die deutschen Stämme von einander schieden, so lagen ihre Gebiete um die kleinern Flüsse herum, und wie die Geschichte lehrt, sind die meisten Gaue Deutschlands und die kleinern Völker oder ihre ursprünglichen Bewohner nach ihnen benannt worden [3]).

Eben diese rheinischen oder istävonischen Völker Germaniens bilden später die Grundlage und den Kern von dem großen Völkerverein, der unter dem Namen der Franken bekannt wird, und wenn dieser Name auch eine Zeitlang die hermionischen und selbst die ingävonischen Völker umfaßte, so hat er sich bei diesen doch wieder verloren und sich nur bei den rheinischen Germanen erhalten.

---

1) Wilhelm, Germanien. S. 114.

2) Ledebur, das Land u. Volk der Brukterer. S. 169. Anm. 592.

3) Gaupp, das alte Gesetz der Thüringer. S. 264.

1) Die Usipier oder Usipeter (Usipetes, Usipetae, Usipii). Es waren die Usipier der südlichste Stamm unter den istävonischen Völkern Germaniens, und sie erscheinen fast immer in Verbindung mit ihren Nachbarn den Tenkterern, mit welchen sie von den Sueven aus ihrer ursprünglichen Heimath vertrieben nach dreijährigem Umherirren am Nieder-Rhein ankamen, um nach dessen Ueberschreitung neue Wohnsitze in Gallien zu suchen. Indessen von Cäsar besiegt, rettete sich der Ueberrest des wandernden Stammes über den Rhein zurück zu den Sigambern, mit denen sie fortan gemeinschaftlich Streifzüge über den Strom machten, um ihre frühere Schmach daselbst zu rächen. Auch hatten die Usipier unter dem Beistande der mächtigen Sigambern wieder feste Wohnsitze und zwar auf Kosten der Chamaven und Brukterer am untern Rhein gewonnen. Denn dies neue Gebiet der Usipier erstreckte sich am rechten Strom-Ufer entlang von der untern Lippe bis zur Insel der Bataver. In diesen Sitzen lernen wir das Volk kennen durch die Feldzüge des Drusus und Germanicus. Gegen Osten und Norden waren sie von den Völkern begrenzt, auf deren Gebiet sie sich hier niedergelassen hatten. Aber außer diesen Usipiern findet man zur Zeit des batavischen Freiheitskrieges auch am Mittel-Rhein in den angeblich von den Sueven eingenommenen Sitzen Usipier erwähnt, woraus folgt, daß keineswegs das ganze Volk von den eindringenden Sueven vertrieben worden sei, sondern daß sich die Hauptmasse desselben noch immer daselbst erhalten hatte. Denn diese mittelrheinischen Usipier waren es, welche zu jener Zeit in Verbindung mit den Mattiaken und Chatten die Stadt Mainz belagerten. Auch weiset Tacitus auf eben diese Usipier hin, wenn er sie Nachbarn der Chatten und Anwohner des Rheins nennt, da wo derselbe bereits ein sicheres Bett habe und als Grenze genüge.

Ihren Namen führten die Usipier von dem Bache Wisper in dem Nieder-Rheingau (in dem Stromwinkel, der Bingen gegenüber liegt ostwärts bis zum Taunus), und eben dort nennt uns Ptolemäus das Volk der Visper, deren Namen mit dem der Usipier zusammenfällt. Sie grenzten ostwärts an die Mattiaken am Taunus, und nordwärts stießen sie an den kleinen Stamm der Intuergen in dem Einrichgau oder Hairich an der untern Lahn. Gegen Süden und Westen bildete der Rhein die Grenze ihres Gebietes. Das aus chamavischen und brukterischen Gebieten bestehende Land der niederrheinischen Usipier bildete nachmals einen Theil des fränkischen Ripuariens, war aber nach seinen ursprünglichen Bestandtheilen an die beiden Diöcesen von Köln und Utrecht in kirchlicher Beziehung vertheilt [1]).

2) Die Tenkterer (Tencteri). Von den drei durch die Sueven bedrängten istävonischen Völkern der Usipier, Tenkterer und Ubier, deren Sitze sich in gleicher Folge am Rhein abwärts erstreckten, hatten die Schaaren der auswandernden Krieger von den beiden ersten Völkern im Kampfe mit Cäsar vergeblich versucht, sich eine neue Heimath in Gallien zu erringen. Sie wurden nicht ohne Verlust über den Rhein zurückgeworfen, und während es den Usipiern gelang sich am rechten Ufer des Nieder-Rheins anzusiedeln, fanden ihre Leidensgefährten auf der Wanderung mehr oberhalb am Rhein, aber von ihnen getrennt, ihr Unterkommen. Denn eben das Gebiet der Ubier, ihrer frühern nördlichen Nachbarn, welche unwillig über die fortgesetzten Befehdungen durch die Sueven und Sigambern unter dem Schutze des Agrippa nach der Westseite des Stromes hinübergewandert waren, nahm jetzt die heimathlosen Tenkterer auf. Dadurch wurden sie aber wiederum Nachbarn ihrer in der ältern Heimath zurückgelassenen gleichnamigen Stammgenossen, und demnach unterscheidet auch Ptolemäus beide jetzt historisch gesonderten Theile des Volkes, indem

1) Ledebur, das Land und Volk der Brukterer. S. 47 bis 60.

er die in der ältern Heimath zurückgebliebenen Schaaren Ingrionen und die ausgewanderten jetzt nordwärts daran stoßenden Schaaren Tingrer nennt. Beide unterscheiden sich demnach wie die doppelten Usipier am mittlern und untern Rhein; doch scheint Tacitus beide Theile zu verstehen, wenn er die Usipier im Rheingau nebst den Tenkterern Nachbarn der Chatten nennt. Ostwärts erstreckten sich ihre Sitze bis zum Aunoba= oder Ebbe=Gebirge, das sie von den Sigambern schied, nordwärts reichten sie bis zum Flüßchen Wupper, wo die Sitze der Chattuarier begannen.

Aber das Gebiet der Ingrionen oder das Stammland der Tenkterer, am rechten Ufer des Rhein und im Norden der untern Lahn gelegen, erscheint im Mittelalter als der zum rheinischen Franken gehörige Engersgau, in dessen Namen sich das Andenken an seine Urbewohner erhalten hat. Denn die Namen Ingrionen, Engerer, Tengerer oder Tenkterer fallen wesentlich zusammen; dagegen hat sich in dem neu erworbenen Lande dieses Volkes, wo wir im Mittelalter die fränkisch=ripuarischen Gauen Avelgau, Deutzgau und Keldachgau vorfinden, keine Beziehung weder zu den ältesten Bewohnern, den Ubiern, noch zu den spätern, eingewanderten Tenkterern erhalten. Auch waren damals beide Gebiete in kirchlicher wie politischer Beziehung geschieden, indem das erstere zur Diöcese von Trier, das letztere aber zur Diöcese von Köln gehörte. Als einen Zweig der Ingrionen muß man aber wahrscheinlich die vom Ptolemäus genannten Intuergen in dem zur trierschen Diöcese gehörigen Einrichgau an der untern Lahn nebst den ihnen vielleicht benachbarten Vargionen betrachten, welche sonst von den Geschichtschreibern nicht erwähnt werden [1]).

Schon zu Cäsars Zeit zeichneten sich die Tenkterer durch ihre treffliche Reiterei aus, und auch Tacitus rühmt

---

1) Duncker, origines Germ. I. p. 121. 124.

sie in dieser Beziehung, indem er bemerkt, daß ihre Reiterei mit dem Fußvolke der Chatten in gleichem Rufe stehe. Als Bundesgenossen der kriegerischen Sigambern und der Usipier machten sie sich den Römern nicht selten furchtbar, und werden fast bei allen Kriegszügen der letztern genannt. Auch an dem batavischen Freiheitskriege nahmen sie thätigen Antheil. Um die Mitte des zweiten Jahrhunderts werden sie zum letztenmale genannt. Sie gingen später in den Bund der Franken auf [1]).

3) Die Brukterer (Bructeri). Unstreitig bilden diese Brukterer das mächtigste unter den istävonischen Völkern, und die genaue Bestimmung ihrer geographischen Lage in dem heutigen Westfalen oder in dem Lande zwischen dem Rhein und der Weser dient zugleich zur sichern Angabe der Wohnsitze aller übrigen istävonischen so wie selbst vieler ingävonischen und hermionischen Völker. Grade ihr Land diente den Römern zum Stützpunkte aller ihrer Unternehmungen im Innern Germaniens.

Unter gleicher geographischen Breite mit dem Deltalande des Rhein zeigt sich weiter ostwärts eine weit ausgedehnte nur von mäßigen Höhen durchschnittene Ebene, welche im Nordosten und Südosten von höhern Bergketten, dort von dem Osning, hier von den westfälisch-hessischen Gebirgen, wozu das Egge-Gebirge, die sylva Bacenis gehört, umsäumt wird. Aus dem innersten Winkel dieser Ebene in der Nähe der Weser, von wo jene Bergketten gemeinsam auslaufen, ergießen sich westwärts die beiden Ströme Ems und Lippe, und die letztere, welche in grader Richtung von Osten nach Westen zum Rhein eilt, während die Ems nordwärts zum Ocean hin aus dieser Ebene heraustritt, durchschneidet das sich weit zu ihren beiden Seiten ausdehnende Land der Brukterer. Gegen Süden reichte dasselbe bis zur Ruhr, dem südlichen Begleiter der Lippe und berührte daselbst das Ge-

---

1) Ledebur a. a. O. S. 161 bis 169.

biet der Sigambern. Westwärts erstreckte sich das brukterische Gebiet ursprünglich bis zum Rhein, bis es durch die sich daselbst niederlassenden Usipeter von demselben geschieden wurde. Gegen Nordwest erstreckten sich die Brukterer bis in die Nähe der Yssel, wo sie mit den Chamaven und Tubanten zusammengrenzten, während sie nordwärts das heutige Fürstenthum Münster bevölkernd ihre Sitze an der ganzen obern Ems verbreiteten, und erst an der mittlern Ems an die ingävonischen Amsivarier grenzten. Ihre nordöstlichen Nachbarn waren auf der rechten Seite der Ems und am Fuße des Döning die Marsen. Die Ostgrenze des Landes der Brukterer war zugleich die Scheidelinie zwischen den istävonischen und hermionischen Germanen, und sonderte die Brukterer von dem Völkerverein der Cherusken. Diese Linie, welche im Norden an der obern Hunte (einem Zustrom zur Weser) begann und im Süden bis zum Quellgebiet der Ruhr und Eder reichte, durchschnitt das Quellgebiet der Lippe gleich im Osten von dem Kastell Aliso. Es waren dies im Alterthum die mittlern Grenzen Germaniens (medii Germaniae fines), und so wie sich durch eben diese Linie in kirchlicher Beziehung die Diöcesen von Köln und Münster im Westen von denen von Minden und Paderborn im Osten schieden, so war hier in politischer Beziehung wieder die Grenzmark zwischen den sächsischen Landschaften Westfalen und Engern. Diese Grenzlinie zieht sich durch alle Zeiten der deutschen Geschichte hindurch [1]).

In dem angegebenen weit ausgedehnten Gebiete wohnte das brukterische Volk nach den Angaben der Alten in die größern und kleinern Brukterer eingetheilt. Diese Abtheilung eines Volkes in sich, welche wir eben so bei den ingävonischen Friesen und Chauken wieder finden, bedeutet wohl nichts weiter als das Volk im engern und weitern

1) Ledebur, das Land und Volk der Brukterer. S. 1 bis 46.

Sinne genommen, so daß unter dem kleinern Theile das eigentliche Volk, unter dem größern Theile aber ein Bundesverhältniß ausgedrückt wurde [1]). Der Lauf der Lippe schied die größern von den kleinern Brukterern. Die letztern, das eigentliche Stammvolk bewohnten den kleinern, südlichen Theil des Landes von der Lippe bis zur Ruhr, dieselbe Gegend, welche auch im Mittelalter unter dem Namen des Boroktra-Gaues vorkommt. Die größern Brukterer dagegen, welche aus einem Verein kleiner Stämme bestehend durch ihre Verbindung mit den eigentlichen Brukterern diesen Namen erhalten hatten, bewohnten den größern, nördlichen Theil des Landes bis zur Ems, und darum erscheint diese Gegend im Mittelalter auch unter einem andern Namen oder als der Südergau. Auf gleiche Weise schieden sich später durch die Lippe die beiden Diöcesen Köln im Süden und Münster im Norden [2]).

Hatten sich auch die Brukterer frühzeitig in ein freundschaftliches Verhältniß mit den Römern eingelassen, als diese zuerst unter Cäsar den Gebieten des eigentlichen Germaniens sich näherten, so wurden sie doch ihren Stammgenossen dadurch nicht entfremdet. Die Brukterer waren eins von den Hauptvölkern bei der großen Verbindung der deutschen Stämme unter der Leitung der Cherusken gegen Roms Herrschermacht, und so wie sie in jenem Freiheitskampfe bei der Vernichtung der römischen Legionen thätig waren, so kämpften sie auch später gegen Germanicus, und nahmen Antheil an dem batavischen Freiheitskriege. Bis dahin spielten sie eine Hauptrolle unter den Völkern Germaniens.

---

1) Doch scheint diese Auffassung nicht überall zu passen, und ist daher auch bestritten worden von Sökeland, über die Verhältnisse und Wohnsitze der deutschen Völker zwischen dem Rhein und der Weser zur Zeit der Römerkriege in Deutschland. Münster 1835. 8. S. 56.

2) Ledebur, a. a. O. S. 171 bis 174.

Aber der Fall der cheruskischen Macht bezeichnet auch das Sinken ihres Ansehns, obschon die Nachricht des Tacitus von ihrer gänzlichen Vernichtung durch die Chamaven und Angrivarier keineswegs durch die spätere Geschichte bestätigt wird. Doch müssen sie im Kampfe mit jenen beiden Völkern eine große Einbuße erlitten haben. Denn so wie damit die siegreiche Verbreitung der ingävonischen Angrivarier über die frühern cheruskischen Gebiete auf der Westseite der Weser zusammenhängt, so verloren die Brukterer an ihre nordwestlichen Nachbarn, die Chamaven, einen Theil ihres Gebietes und zwar denjenigen, welcher im Mittelalter unter dem Namen des sächsischen Hamalandes (pagus Hamaland Saxonicus) vorkommt [1]).

Denn auch noch später kommen die Brukterer in ihren frühern Sitzen vor, obschon nicht mehr als Nachbarn der Cherusken. Sie erscheinen bald als ein Hauptbestandtheil des Bundes der Franken, und werden als solche unter den einzelnen Stämmen dieser Verbindung häufig genannt. So wie jedoch die Ausbreitung des Christenthumes bei den am Rhein wohnenden Franken die allmählige Absonderung der mehr östlichen fränkischen Völker von dem großen Bunde bewirkte und dieselben zu dem Verein der Sachsen führte, so trennten sich auch die Brukterer nachmals von den Franken, und erscheinen seitdem als Sachsen, unter denen sie unter dem Namen der Boruktuarier noch bis auf die karolingische Zeit hin als ein eigener Stamm in dem Boroktra-Gau genannt werden [2]).

4) Die Chattuarier (Chattuarii, Hattuarii und Attuarii). Die verschiedenen Schreibarten des Namens eines und desselben Volkes und die Gleichnamigkeit verschiedener Völker haben frühzeitig zur Verwechselung derselben Veranlassung gegeben. So verwechselte man diese istävonischen

---

1) Ledebur a. a. O. S. 210 bis 215.

2) Ledebur a. a. O. S. 218 bis 289.

Chattuarier mit den ingävonischen Chasuaren [1]), und indem man sie ihres Namens wegen für eine Kolonie der Chatten nahm, so hielt man sie irrthümlich für dieselben mit den Batavern und Kaninefaten im Deltalande des Rhein [2]). Es wohnten aber die Chattuarier an dem Ostufer des Rhein an der untern Ruhr südwärts bis zur Wupper, wo sie an die nördlichen Tenkterer grenzten, während sie nordwärts die niederrheinischen Usipier berührten. Somit umfaßte ihr Gebiet den nördlichen Theil des Herzogthumes Berg um Düsseldorf, und ward gegen Nordost von den kleinen Brukterern, und gegen Osten von den Sigambern umsäumt. Zwar ein eigenes deutsches Volk bildend, scheinen die Chattuarier doch mit den Brukterern in einer nähern Verbindung gestanden zu haben, weshalb auch ihr Land in späterer Zeit zum brukterischen Gebiet gerechnet wurde. Auch theilten sie immer ein gleiches Schicksal mit den Brukterern.

In älterer Zeit wird ihr Name weniger genannt, tritt aber um so bedeutender hervor, seitdem sie im Bunde der Franken mit ihren Stammgenossen, wie besonders zur Zeit des Kaisers Julianus, sich durch ihre Raubeinbrüche in Gallien bekannt machten. Noch im Mittelalter erscheint ihr Gebiet als der Hatterun-Gau, welcher seit dem Anschließen der Brukterer an den Verein der Sachsen das Schicksal hatte als Grenzland zwischen den ripuarischen Franken und den Sachsen häufigen Verwüstungen ausgesetzt zu sein. Denn die Chattuarier blieben dem fränkischen Bunde getreu, und nur ein Theil ihres Landes, namentlich die Gegend von Herbede, gehörte zum sächsischen Lande, während der übrige größere Theil zum Lande Ripuarien gerechnet ward. Darum wird dieser letztere Theil zum Unterschiede von dem ganzen Lande der Chattuarier insbesondere

---

1) Wilhelm, Germanien. S. 189.

2) Zeuß, die Deutschen und die Nachbarstämme. S. 99. 100.

der Ruhrgau genannt. Mit diesem ostrheinischen Gau der Chattuarier ist aber nicht der gleichnamige Hattuarier-Gau (pagus Hattuaria) in dem westrheinischen Ripuarien an dem Flüßchen Niers zwischen dem Rhein und der Maas zu verwechseln, obwohl der letztere vermuthlich eine Ansiedlung der ostrheinischen Chattuarier ist, und zwar so daß diese Niederlassung derselben in dem alten Gebiet der Gugernen mit den Kriegszügen des Julianus gegen dieses Volk in Verbindung steht [1]).

5) Die Sigambern (Sigambri, Sicambri, Sygambri und Sugambri). Mit Unrecht hat man meistens den Namen dieses Volkes von dem Flusse Sieg abgeleitet [2]), da die Sigambern durchaus nicht als Anwohner dieses Flusses erscheinen, sondern vielmehr ihre Sitze in demjenigen Gebirgstheile von Westfalen hatten, welcher im Süden der Ruhr im Mittelalter unter dem Namen des Süderlandes, so wie noch heute als Suerland oder Sauerland bekannt ist.

In den Sigambern, welche zu den mächtigsten unter den istävonischen Völkern gehörten, fanden die Römer seit ihrem ersten Erscheinen am Rhein die hartnäckigsten Feinde. Die Unterstützung der Usipier und Tenkterer gab die erste Veranlassung dazu, und so wie sie zu Cäsars Zeit Gallien mit ihren Einbrüchen heimsuchten, und später selbst zum Uebergange der Ubier über den Rhein durch ihre Feindseligkeiten gegen dieses Volk mitwirkten, so war auch nicht lange darauf ihr Gebiet das Ziel der Verheerungszüge des Drusus. Doch erst dem hinterlistigen Tiberius gelang es, die Macht dieses streitbaren Volkes zu brechen, indem durch ihn ein großer Theil desselben nach Gallien an die Mündung der Maas und des Rheins verpflanzt wurde. Somit gab es nun, wie bei den Usipiern und Tenkterern auch doppelte Sigambern, da die Hauptmasse des Volkes noch

1) Ledebur, das Land und Volk der Brukterer. S. 152 bis 161.

2) Mannert, Germanien. S. 161.

immer in der alten Heimath zurückgeblieben war. Dies erhellt aus ihrer Theilnahme an der grossen Verbindung der germanischen Völker unter der Leitung der Cherusken während der Statthalterschaft des Varus.

Darum unterscheidet auch Strabo die beiden gesonderten Theile des Volkes dadurch, daß er die in dem Stammlande zurückgebliebenen Sigambern unter dem Namen der Gamabrinen, die verpflanzten dagegen Sugambern nennt. Diese Gamabrinen scheinen aber dasjenige Volk zu sein, welches Tacitus unter dem sonst unbekannten Namen der Gambrivier aufführt, und welches er zu den ältesten Stammvölkern Germaniens zählt. Daß aber die verpflanzten Sigambern nicht die in eben jener Gegend genannten Gugernen sind, erhellt daraus, daß ihr Name dort auch noch später genannt wird, indem sie grade von der Vorsehung dazu ausersehen waren, der römischen Herrschaft in Gallien ein Ende zu machen. Denn aus sigambrischem Blute entsprossen war jenes merowingische Geschlecht, welches mit seinen salischen Franken auf den Trümmern des römischen Reiches in Gallien das fränkische Reich gründete.

Noch Ptolemäus fand die Sigambern in dem alten Stammlande, indem er dieselben im Norden von den kleinen Brukterern, im Westen von den Tingerern und Ingrionen, im Süden von den westlichen Langobarden (den suevischen Landen und Batten), und im Osten von den Nertereanen umgrenzt wohnen läßt, das heißt in dem von dem Boroktragau, Ingersgau, Lahngau und Nittergau umschlossenen gebirgigen Süderlande, welches nachmals den südlichsten Theil der sächsischen Provinz Westfalen bildete. Die Thallinie der Ruhr schied die Sigambern im Norden von den Brukterern, und südwärts davon erstreckte sich ihr Gebiet über das von den Zuströmen der Ruhr durchschnittene Bergland (die Südhälfte der Grafschaft Mark und das Herzogthum Westfalen). Die westlichen Nachbarn der Sigambern waren die Tenkterer und Chattuarier, sich berührend am Ebbe-Gebirge, wo sich auch im Mittelalter das fränkische Ripuarien und das sächsische Westfalen einander begrenzten. Ostwärts stießen sie zwischen den Quellen der Ruhr und Diemel an die Völker des Cherusken-Bundes, zu dem die Nertereanen gehörten, und wo die spätere kirchliche Grenze zwischen den Diöcesen von Köln und Paderborn die Sitze beider von einander absondert. Gegen Süden und Südost waren jene Landen und Batten an der obern Lahn nebst den Chatten ihre Nachbarn. Das Egge-Gebirge, die südöstliche Grenzmark des Gebietes der Sigambern, dessen Mittelpunkt der Ederkopf zwischen den Quellen der nach den entgegengesetztesten Himmelsrichtungen ablaufenden Flüsse Ruhr, Sieg, Lahn und Eder, eine große Naturgrenze in dem Lande zwischen Rhein und Weser bildet, ist auch für immer die Grenzmark zwischen Westfalen und Hessen geblieben.

Der Name des Volkes der Sigambern ging später in den der Franken auf, trat aber seit dem achten Jahrhundert in der besondern Bezeichnung als Süderer (Suduosi) in dem Süderlande wieder hervor [1]).

6) Die Marsen (Marsi). Die Sitze dieses in der Geschichte bald verschwindenden Volkes sind immer sehr verschieden bestimmt worden [2]). Es erhellt aber schon aus den Feldzügen der Römer zur Zeit des Germanicus, daß die Marsen fern vom Rhein, den Cherusken benachbart, solche Wohnsitze hatten, daß die Völker der Brukterer, Usipier und Tubanten zwischen ihnen und dem Rhein wohnten, und daß sie in der Nähe des Schlachtfeldes zu suchen sind, welches durch die Niederlage des Varus berühmt geworden ist. Danach ist man genöthigt den Marsen ihre Wohnsitze in der heutigen Landschaft von Osnabrück anzuweisen,

---

1) Ledebur, das Land und Volk der Brukterer. S. 134 bis 152.

2) Wersebe, über die Völker und Völkerbündnisse des alten Deutschlands. S. 63.

und zwar mit Berücksichtigung der spätern kirchlichen und politischen Eintheilungen in demjenigen Theile des Sprengels von Osnabrück, der an das sogenannte sächsische Nordland d. h. an den Emsgau und Hasegau oder an das Land der Amsivaren und Chasuaren grenzend, ganz zu Westfalen gehörte.

Die Heimath der Marsen umfaßte also das Land am westlichen Osning, südwestlich bis gegen die Ems hin, und erstreckte sich nordostwärts über das Quellgebiet der Hase, die zur Ems geht, bis zu den Quellen der Hunte. Gegen Süden und Westen grenzten die Marsen an die Brukterer, deren Gebiet sich an beiden Ufern der obern Ems entlang zog, gegen Norden stießen sie an die drei ingävonischen Völker der Amsivaren, Chasuaren und Angrivaren, und gegen Osten berührten sie in der Nähe der westfälischen Pforte die Stämme der Cherusken. Es war somit das marsische Land die Nordostecke des istävonischen Germaniens, wie das sigambrische Land die Südostecke desselben; auch fiel die Ostgrenze der Länder der Marsen, Brukterer und Sigambern mit der sogenannten mittlern Grenzmark Germaniens zusammen. In diesem Gebiete der Marsen und vermuthlich in seinen westlichen Theilen lag das berühmte Heiligthum Tanfana, welches uns durch die Feldzüge des Germanicus bekannt wird, so wie dies Volk überhaupt zu jener Zeit am meisten erwähnt wird. Doch ist es sicher, daß die Marsen, wie aus der ihnen zu Theil gewordenen Beute erhellt, auch an dem Befreiungskriege Germaniens unter dem Arminius thätigen Antheil genommen haben.

Bei Tacitus werden diese Marsen nur in seiner Geschichte, nicht in seiner Beschreibung Germaniens erwähnt. Wahrscheinlich sind daher diejenigen Marsen, welche er neben den Gambriviern als eins der ältesten germanischen Stammvölker nennt, nicht zu verwechseln mit diesem kleinern Stamm, der nur kurze Zeit von Bedeutung war, und nicht ohne Grund hat man gemeint, daß dieser Name in der Urzeit Germaniens einen größern Umfang gehabt habe und die allgemeine Bezeichnung für die an der Meeresküste wohnenden deutschen Stämme gewesen sei [1]). Auch berichtet Strabo, die Marsen seien ehemals Anwohner des Rheins gewesen, von den Römern jedoch vertrieben und weiter landeinwärts gezogen. In dem Deltalande des Rhein kennen wir aber noch das Volk der Marsaten nach Plinius oder der Marsaken nach Tacitus, deren Andenken sich noch später daselbst in dem Namen des Gaues Marsum an der Mündung der Maas erhalten hat, und die auf das Volk der Marsen am Osning hinweisen. Denn in den Namen der Gaue, welche die spätere Geographie für diesen Theil des Sprengels von Osnabrück nennt, ist seltsamer Weise kein Anklang an den Namen der Marsen erhalten; ein Umstand, der die Nachricht zu bestätigen scheint, daß hier nicht ursprüngliches Marsenland zu suchen ist, sondern nur eine Ansiedlung der Marsen in Folge einer Auswanderung von den Meeresküsten am Rheindelta [2]).

7) Die Chamaven (Chamavi). Durch Namensähnlichkeit verleitet hat man dieses Volk immer in sehr verschiedenen Sitzen gesucht oder auch von der Mündung des Rheins bis zum Harz wandern lassen [3]). Denn in der Geschichte werden sie nur wenig genannt, was mit Recht vermuthen läßt, daß sie mit den Römern immer in einem freundschaftlichen Verhältnisse standen. Wenigstens kommen sie in der Reihe der von ihnen besiegten Völker nicht vor, und die Unternehmung des Drusus in der Verbindung des Rheins mit der Yssel scheint selbst mit ihrer Hülfe zu Stande gekommen zu sein. Denn der Drusus-Kanal führte

---

1) Schulz, zur Urgeschichte der Deutschen. S. 314.

2) Ledebur, das Land und Volk der Brukterer. S. 106 bis 117.

3) Wilhelm, Germanien. S. 136. Mannert, Germanien. S. 151.

durch ihr Land, in einem Gebiete, welches auch im Mittelalter unter dem Namen des Hamalandes an der obern und mittlern Yssel, südwärts bis zum Nieder-Rhein reichend, erscheint.

So wie aber diese Chamaven bei dem Strabo unter dem Namen der Chauben vorkommen, so werden sie vom Ptolemäus Chämen genannt, und die von ihm neben den Cheruskern erwähnten Kamaven, deren Sitze er an dem Melibokus-Gebirge angiebt, sind von den Chamaven an der Yssel wesentlich zu unterscheiden. Denn jene Kamaven sind die an den Harzgau der Cherusker angrenzenden Bewohner des Ammergaues oder Ambergaues, während auch jenes Hamaland an der Yssel im Mittelalter nicht selten Hamarland genannt wurde. Ueberhaupt lernt man in den Völkern des Ptolemäus eine Menge von Namen kennen, die man in den von ihm angewiesenen Gegenden in den Gau-Benennungen des Mittelalters wieder findet. Eben so wenig jedoch wie man von der Gleichnamigkeit vieler Gaue Deutschlands einen Schluß machen darf auf die Stammgenossenschaft ihrer Bewohner, eben so wenig darf man auch die gleichnamigen Völker, welche die Geschichte nennt, für ein und dasselbe Volk halten.

Das Gebiet der Chamaven grenzte ostwärts an das Land der großen Brukterer, westwärts an das Inselland der Bataver, und ward gegen Norden von den Gebieten der beiden istävonischen Völker der Salier und Tubanten umsäumt. Zwar verloren die Chamaven an der Südseite ihres Landes das Uferland des Rheins, welches sich vor der Spaltung dieses Stromes ausdehnt, und welches sie den flüchtigen Usipiern überlassen mußten, dagegen gelang es ihnen in etwas späterer Zeit nach einem glücklichen Kampfe mit den Brukterern sich eines Theiles von ihrem Gebiete zu bemächtigen. Daraus erklärt es sich, daß das spätere Hamaland sich nicht allein über das eigentliche Land der Chamaven oder über den von salischen und ripuarischen

Franken bewohnten pagus Hamaland Franconicus, sondern auch über den zum eigentlichen Lande der Brukterer oder über den von sächsischen Westfalen bewohnten pagus Hamaland Saxonicus erstreckt hat. Nur der Name des erobernden Volkes ging auf das Land über, die alten Rechtsgewohnheiten blieben. Darum war die ursprüngliche Grenze der Länder der Chamaven und Brukterer auch nachmals die kirchliche Grenzmark der beiden Hochstifte Utrecht und Münster.

Aus den spätern Kämpfen der Römer mit den rheinischen Völkern zur Zeit Julians lernen wir die Chamaven als einen Theil des Bundes der Franken kennen, und zwar müssen dieselben nach dem im Mittelalter vorkommenden Unterschiede zwischen einem salischen und ripuarischen Hamalande beiden Haupttheilen der Franken angehört haben. Sicher hängt diese Spaltung der fränkischen Chamaven mit der ehemaligen Besitznahme des südlichen Theiles ihres Landes durch die Usipier zusammen [1]).

8) Die Tubanten (Tubantes). So verschieden auch immer die Wohnsitze dieses Volkes bestimmt worden sind, da man dasselbe vom Rhein bis zum Thüringer-Walde hat wandern lassen [2]), so sicher ergeben sie sich doch aus den Nachrichten über die Feldzüge des Germanicus, und lassen sie eben dort auffinden, wo im Mittelalter und in der neuern Zeit der Landschaftsname Twente erscheint, in welchem sich ihr Name stets erhalten hat. Mit Unrecht hat man sie daher auch früher zu dem Bunde der Cherusken oder gar zu den chattischen Völkern zählen wollen [3]). Vielmehr erscheinen sie auch noch später zur Zeit Constantins als

---

1) Ledebur, das Land und Volk der Brukterer. S. 60 bis 77.

2) Wilhelm, Germanien. S. 130.

3) Wersebe, über die Völker und Völkerbündnisse des alten Deutschlands. S. 61. 68. Zeuß, die Deutschen und die Nachbarstämme. S. 90.

Franken in ihren alten Sitzen am Nieder-Rhein. Es erhellt daraus zugleich, daß sie den salischen Franken angehörten, und die Grenzmarken der zur Diöcese von Utrecht gehörigen Landschaft Over-Yssel, welche auch die Twente umfaßt, gegen die zu Westfalen gehörige Diöcese von Münster bezeichnen noch jetzt den Umfang des alten Landes der Tubanten gegen Süden und Osten. Denn es lag dies Gebiet an der mittlern Vechte, die sich in die Zuyder-See ergießt. Gegen Süden grenzten die Tubanten an die Chamaven und Brukterer, welche letztern auch ihre östlichen Nachbarn waren. Gegen Westen berührten sie die Salier, gegen Norden die Friesen, und nordostwärts grenzten sie noch mit den Amsivaren zusammen [1]).

9) Die Salier (Salii). So berühmt auch der Name der Salier in der ältern deutschen Geschichte geworden ist, indem sich an ihn die Begründung des fränkischen Reiches anknüpft, so spät erscheint er doch bei den römischen Autoren. Denn wir hören dies Volk zum erstenmale im vierten Jahrhundert nennen als einen Theil desjenigen Bundes deutscher Völker, der unter dem Namen der Franken der römischen Herrschaft in Gallien furchtbar zu werden anfing, und dessen Name fortan sogar einen Haupttheil der Franken bezeichnet hat. Dennoch ist nicht zu bezweifeln, daß die Salier, nach ihren Sitzen an der Yssel (Issel, Saale oder Sale) benannt, schon seit Alters einen eigenen kleinen deutschen Stamm gebildet haben, der aber wegen seines geringen Umfanges, und weil er mit den Römern nicht in feindselige Berührung getreten ist, von den ältern Autoren nicht erwähnt worden ist.

Bekanntlich gehört die Frage, ob die Stammsitze der Salier oder der salischen Franken in dem Sallande an der niederländischen Yssel oder in dem Saalgau der sogenannten fränkischen Saale gesucht werden müssen, zu

1) Ledebur, das Land und Volk der Brukterer. S. 84 bis 90.

denjenigen Punkten der deutschen Geschichte, worüber die bedeutendsten Forscher immer der verschiedensten Ansicht gewesen sind [1]), da das sogenannte salische Gesetzbuch in Verbindung mit der Angabe einiger Lokalitäten mehr auf jenes fränkische Gebiet am Main als auf die Gegend am untern Rhein hinzuweisen schien [2]). Indessen steht es heut zu Tage wohl fest, daß die Urheimath der salischen Franken eben dort am Nieder-Rhein zu suchen ist, wo die Salier zur Zeit des Julianus zuerst in der Geschichte hervortreten. Denn es sollen damals die Salier von dem Volke der Sachsen aus ihren Wohnsitzen nach der batavischen Insel vertrieben worden sein, worauf Julianus ihre Widersacher besiegte und die Salier und Bataver in seine Legionen aufnahm. Aber außer jener Niederlassung auf der batavischen Insel suchten sich die Salier auch in dem zwischen der Maas und der Schelde gelegenen Toxandrien festzusetzen, welches Gebiet ihnen Julianus zur Ansiedlung zugestehen mußte, und dort scheinen sie sich mit den an der Waal wohnenden Ueberresten der Sigambern vereinigt zu haben, da ihre spätern Könige als von diesem Volke stammend genannt werden.

Mit den Tubanten bildeten die Salier die beiden nordwestlichsten Stämme des istävonischen Germaniens. Das Gebiet der Salier, das sogenannte Salland oder im Mittelalter der pagus Salon oder Ysselgau, umfaßte das Land an der untern Yssel bis zur ihrer Ausmündung in die Zuyder-See, war südwärts begrenzt von dem Gebiet der Chamaven, stieß ostwärts an das Land der Tubanten, und berührte im Norden die Friesen von ingävonischem Stamme [3]).

---

1) Vergl. Ledebur a. a. O. S. 77.

2) Wenck, hessische Landesgeschichte. Darmstadt 1783. 4. Th. II. S. 122 Wersebe, über die Völker und Völkerbündnisse des alten Deutschlands. S. 165 bis 178.

3) Ledebur a. a. O. S. 77 bis 84.

3. Die Ingävonen.

Wie man auch immer den Namen der Ingävonen erklären mag, so ist es sicher, daß darunter die Reihe von deutschen Völkerschaften zu verstehen ist, welche sich an den Gestaden der Nordsee von dem Mündungslande des Rheins nordostwärts bis in die cimbrische oder jütische Halbinsel hineinerstreckten. Schon der Umstand, daß diese ingävonischen Völker Germaniens in den Zeiten der erobernden Ausbreitung der Römer auf diesem Gebiete ihren Brüdern von istävonischem Stamme stets feindselig gegenüberstanden und sich so leicht der römischen Politik ergaben, weiset auf eine frühzeitige Trennung beider Volksstämme Germaniens von einander hin. Es berührten aber diese Ingävonen nicht blos die Istävonen in dem Lande von der Rhein-Mündung bis zur westfälischen Pforte an der Weser, sondern weiter ostwärts von der Weser bis zur untern Elbe grenzten sie auch an die Völker hermionischen Stammes, unter welchen die zum Bunde der Cherusken gehörigen Völker dort als ihre südlichen Nachbaren erscheinen.

Nicht mit Unrecht hat man diese Ingävonen, welche in sprachlicher Beziehung als die eigentlichen Nieder-Deutschen zu betrachten sind, mit dem allgemeinen Namen des friesischen Volksstammes bezeichnet [1]). Denn es erscheinen die Friesen bei den ältern Autoren zwar nur als ein einzelnes Volk an der Nordsee neben den Chauken, aber in den ersten Zeiten des Mittelalters tritt der Name der Friesen als der vorherrschende in allen diesen ingävonischen Gebieten hervor. Die Chauken erscheinen seit jener Zeit nur unter dem Namen der Friesen, und friesische Bevölkerung zeigt sich damals verbreitet von der Schelde in Flandern bis zu

1) Michelsen, Nord-Friesland im Mittelalter. Schleswig 1828. 8. S. 40.

den Westküsten von Süd-Jütland (Schleswig) in dem sogenannten Nord-Friesland, während die nördlichen Theile der Diöcesen von Münster und Osnabrück und die ganze Diöcese von Bremen eine aus Sachsen und Friesen gemischte Bevölkerung enthielten [1]). Nur erst später ist der Name der Friesen wieder mehr eingeschränkt worden.

In einem eigenthümlichen Verhältnisse finden wir diese ingävonischen Völker zu den in späterer Zeit hier auftretenden Völkerverbindungen. Denn ursprünglich gehörten sie, wenigstens bis zur untern Elbe hin, mit zu der großen Verbindung der Franken, die sich anfangs über fast alle Völker des germanischen Stammlandes erstreckte. Dann aber trat der Name der Sachsen hervor, und der Bund der Sachsen zeigt sich als die eigentliche Verbindung der ingävonischen Völker, die sich entweder durch Gewalt oder mit freiem Willen ihm anschlossen. Dabei behauptete sich aber der Name der Friesen in einer gewissen Selbstständigkeit, und trat bald in erweiterter Bedeutung dem Namen der Sachsen gegenüber. Doch kann auch bei diesen Veränderungen von Wanderungen ganzer Völkerschaften nicht die Rede sein, dies betrifft nur einzelne kriegerische Schaaren. Die uralten Völkergrenzen zeigen sich auch hier in den kirchlichen und politischen Grenzen im Mittelalter fortdauernd.

1) Die Bataver (Batavi). Trotz der angeblichen Abstammung dieses Volkes von den im Innern Germaniens wohnenden Chatten scheinen die Bataver wegen ihres spätern Verhältnisses zu den Friesen dem ingävonisch-friesischen Stamme zugezählt werden zu müssen, und auf der Grenzmark von Gallien und Germanien wohnend beginnen sie die Reihe der Völker dieses Stammes. Denn die Bataver bewohnten das Inselland zwischen dem Rhein und der Waal, wo sich in dem Gaunamen Batua und in den jetzigen Landschaftsnamen Ober- und Nieder-Betuwe

1) Eichhorn, deutsche Staats- und Rechtsgeschichte. I. S. 49.

der alte Name erhalten hat [1]). Cäsar hatte bei seinen Kriegen am Rhein mit den Batavern noch nichts zu thun, auch rechnet er ihr Land als jenseit der westlichsten Rhein-Mündung liegend noch mit zu Germanien. Aber seit des Augustus Zeit scheinen sie mit den Römern in nähere Berührung getreten zu sein, wenigstens waren sie schon Bundesgenossen des Drusus und unterstützten ihn auf seinen Feldzügen. Darum wurde ihr Land, in welchem sich bald unter dem römischen Schutze eine Reihe von Ortschaften erhob, fortan mit zu Gallien gerechnet, und bildete einen Theil der belgischen Landschaft Unter-Germanien [2]).

Die von Tacitus berichtete Abstammung dieses Volkes von den Chatten, welche wohl allgemein als beglaubigt angenommen zu werden pflegte [3]), ist doch nicht selten bezweifelt worden [4]), und beruht höchst wahrscheinlich auf einer Verwechselung dieser Bataver mit den suevischen Batten in der Nachbarschaft der Chatten. In der Geschichte tritt wenigstens eine Verwandtschaft beider Völker nicht hervor [5]). Vielmehr finden wir in jenem batavischen Gebiete noch einige andere kleinere, ihnen vermuthlich verwandte Völker, welche auf eine Stammgenossenschaft mit den Ingävonen hinweisen. So werden häufig die Kaninefaten (Caninefates, Canninefates) genannt, deren Sitze in den nordwestlichen Theilen jenes Gebietes der Bataver im weitern Sinne, in der

---

1) Wersebe, über die Völker und Völkerbündnisse des alten Deutschlands. S. 44. Zeuß, die Deutschen und die Nachbarstämme. S. 101.

2) Mannert, Geographie der Griechen und Römer. II. I. S. 209.

3) Wilhelm, Germanien. S. 105. Rommel, Geschichte von Hessen. Marburg 1820. 8. Th. I. S. 3.

4) Luden, Geschichte des deutschen Volkes. I. S. 62. Wersebe, über die Völkerbündnisse Deutschlands. S. 46.

5) Ledebur, die Brukterer. S. 123. Anmerk. 452.

heutigen Landschaft Holland, gewesen zu sein scheinen [1]). Außerdem erwähnt Plinius noch fünf kleine Völkerschaften die Frisier, Chauken, Frisiabonen, Sturier und Marsaken, welche die Inseln zwischen Helium (der Mündung der Maas) und dem See Flevus (Zuyder-See) bewohnten. Nicht ohne Grund sucht man die Sitze der beiden letzten auf den Inseln vor der Mündung der Maas und Schelde in dem heutigen Seeland [2]).

Wegen ihrer frühen Verbindung mit den Römern und wegen ihrer bekannten Tapferkeit wurden die Bataver immer mit mehr Achtung als die andern Völker behandelt. Vorzüglich berühmt war ihre Reiterei. Sie blieben immer nur Bundesgenossen der Römer, bezahlten nie eine Abgabe, und gestatteten den Römern blos Werbungen für den Kriegsdienst in ihrem Lande anzustellen. Aber auch sie erhoben einmal das Panier für die Freiheit Germaniens gegen die römische Gewaltherrschaft, und wenn sie auch unterlagen, so behaupteten sie sich doch ihre Freiheit und blieben bei den Römern geehrt. Im Laufe der Zeit nahm ihr Land zwar immer mehr eine römische Gestalt an durch Errichtung von Ortschaften und Erbauung von Heerstraßen, wurde aber schon am Schlusse des dritten Jahrhunderts durch das Eindringen der salischen Franken wieder germanisirt [3]). Zu Julians Zeit war die batavische Insel schon ein Besitzthum der Franken. Nicht lange nachher erscheinen wieder die Friesen als Bewohner dieses Gebietes bis nach Flandern und Brabant hinein [4]).

2) Die Friesen (Frisii, Frisones). Diese bei den Alten als ein besonderes Volk genannten Friesen bewohnten

1) Wersebe, über die Völker des alten Deutschlands. S. 49.

2) Wilhelm, Germanien. S. 107.

3) Mannert, Geographie der Griechen und Römer. II. 1. S. 210.

4) van Kampen, Geschichte der Niederlande. I. S. 68.

die nordwestlichsten Theile des germanischen Landes von der östlichen Mündung des Rheins ostwärts bis zur Ems und die Inseln, welche der Ocean in der Küstennähe umströmt, oder die heutigen holländischen Landschaften West-Friesland und Gröningen [1]). Sie grenzten demnach südwärts an die istävonischen Salier und Tubanten, ostwärts an die Amsivarier, und berührten auch auf dieser Seite an der Mündung der Ems die Chauken. Die von Tacitus angegebene Eintheilung dieses Volkes in größere und kleinere Friesen, die sonst weiter nicht erwähnt wird, bezieht sich vermuthlich auf den Haupttheil des Volkes im Osten der östlichen Rhein-Mündung und auf die kleinen von Plinius genannten friesischen Stämme, die Friesen, Frisiabonen und Chauken, welche die Inseln zwischen der mittlern und östlichen Mündung als Nachbarn der Bataver bewohnten [2]). Denn die Zuyder-See ist bekanntlich erst später durch den Einbruch des Meeres in die östlichste Rhein-Mündung und in den Flevus See, so wie durch die Zerstörung der dortigen Inseln entstanden [3]).

Frühzeitig wurden die Römer mit den Friesen bekannt, und wußten durch die Anknüpfung einer freundschaftlichen Verbindung mit ihnen ihren Unternehmungen gegen die Völker Germaniens eine sichere Grundlage zu geben. Die mit dem Meere und mit der Schifffahrt auf jenen Gewässern wohl vertrauten Friesen waren dem Drusus und Germanicus die wichtigsten Bundesgenossen. Selbst römische Kastelle erhoben sich in ihrem Lande wie Flevum und Amisia an den Mündungen des östlichen Rheins und der Ems. Aber wenn später die Römer daran dachten dies Volk zu Unterthanen zu machen, so wußten die Friesen doch

---

1) Wersebe, über die Völker und Völkerbündnisse des alten Deutschlands. S. 100.

2) Zeuß, die Deutschen. S. 136.

3) Mannert, Germanien. S. 270.

ihre Freiheit zu behaupten, und als Domitius Corbulo sie mit Gewalt zu unterjochen strebte, ward durch des Claudius Befehl, die römischen Legionen über den Rhein zurückzuziehen, ihre Unabhängigkeit gerettet. Auch an dem batavischen Freiheitskriege nahmen sie Antheil. In der folgenden Zeit werden sie weiter nicht genannt, und erst im vierten und fünften Jahrhundert tritt ihr Name wieder hervor und zeigt zugleich eine weit größere Ausdehnung nach Osten und Westen hin [1]).

Sicher hängt der Name dieses Volkes wie der ihrer östlichen Nachbarn am Gestade der Nordsee, der Chauken, für welche letztern auch bald die Bezeichnung als Friesen hervortritt, mit der Natur ihres Heimathslandes zusammen, obschon die bestimmtere Erklärung desselben wie bei vielen andern germanischen Völkern dunkel bleibt. Die in neuerer Zeit vorgeschlagene Ableitung des Namens von dem Worte Fries oder Frese, was einen umgebenden Rand oder Saum bedeutet und auf das Küstengebiet der Nordsee bezogen werden kann [2]), hat in sofern etwas für sich, als in dem Namen der Ingävonen, mit welchem er geographisch ganz zusammen fällt, eine ähnliche Bedeutung enthalten zu sein scheint.

Ehe wir aber zu den Chauken selbst übergehen, haben wir die drei ingävonischen Völker zu berühren, welche im Süden der Friesen und Chauken das Binnenland bis zu den Grenzmarken der istävonischen und hermionischen Völker bewohnten.

3) Die Amsivarier (Ansibarii, Ampsivarii). Die Sitze dieses bei Strabo auch unter den entstellten Namen der Ampsanen und Kampsianen vorkommenden Volkes geben sich als an der Ems liegend zu erkennen, von welcher

---

1) Wilhelm, Germanien. S. 148 bis 152.

2) Michelsen, Nord-Friesland im Mittelalter. S. 33.

dasselbe seinen Namen führte [1]). Sie bewohnten jedoch als nördliche Nachbarn der Brukterer nur das sich zu beiden Seiten an der untern Hälfte der Ems ausbreitende Gebiet bis zur Mündung dieses Stromes. Außer den Brukterern berührten sie südwärts auch noch das Land der Marsen. Gegen Westen grenzten die Amsivarier an die Tubanten und vornehmlich an die Friesen. Ihre östlichen Nachbarn waren die Chasuaren und weiter nordwärts die Chauken. Sie bewohnten also dieselben Gegenden, welche noch jetzt das Emsland und im Mittelalter der Emsgau genannt wurden, welcher letztere in landschaftlicher Bedeutung genommen wieder in das Ober- und Nieder-Emsland zerfiel. Die Südgrenze des Emsgaues schied im Alterthum die Amsivarier und Brukterer, wie im Mittelalter die Diöcesen von Osnabrück und Münster.

Hatten auch die Amsivarier gleich den übrigen ingävonischen Völkern anfangs als Bundesgenossen der Römer dieselben in ihrem Kampfe mit den Cherusken unterstützt, so fehlten sie doch nicht bei der allgemeinen durch den Arminius bewirkten Erhebung der Völker Germaniens gegen Roms Herrschaft. Mit dieser Theilnahme der Emsgauer an der Befreiung Deutschlands hängt aber eine Begebenheit zusammen, welche von wichtigen Folgen für den spätern Zustand des Landes gewesen ist. Es war dies die Vertreibung eines Theiles des amsivarischen Volkes unter dem dem römischen Interesse ergebenen Fürsten Bojocalus im Jahre 59 durch die Chauken. Die auswandernden Amsivarier wandten sich nach dem Nieder-Rhein, und baten bei den Römern um Aufnahme in diejenigen Landstriche, welche an der Grenze gegen die Friesen, Tubanten, Chamaven und Usipier längs den Ufern des Rheins und der Yssel wüst gelegt waren und nur zu Weiden für die Pferde der

---

1) Wersebe, über die Völker und Völkerbündnisse des alten Deutschlands. S. 97.

römischen Reiterei benutzt wurden. Indessen da die Römer unmittelbar an den Ufern des Stromes keine deutsche Ansiedlungen haben wollten und darum auch schon einige Jahre vorher einer Schaar von Friesen, die daselbst eine Niederlassung beabsichtigten, den Aufenthalt verweigert hatten, so wurden auch die Amsivaren zurückgewiesen. Nachdem sie bei allen ihren Stammgenossen vergeblich um Hülfe gebeten hatten, wurden sie allmählig, lange in der Fremde umherirrend, aufgerieben [1]).

Daß aber nur der nördliche Theil des amsivarischen Landes von den Chauken eingenommen war, zugleich aber seine frühern Bewohner theilweise noch behielt, erhellt einmal aus dem Namen des Emsgaues im Mittelalter für jenes ganze Gebiet, und dann aus der politischen und kirchlichen Sonderung desselben in eine nördliche und südliche Hälfte mit einer verschiedenartigen Bevölkerung. Denn die selbstständig gebliebenen Amsivarier in dem Ober-Emslande werden auch noch später von den alten Autoren als ein eigenes Volk genannt, und erscheinen als solches, und zwar immer in den alten Sitzen, auch in dem Bunde der Franken [2]).

4) Die Chasuaren (Chasuari). Die Verwechselung dieses Volkes der Chasuaren mit dem der Chattuarier und mit den Chatten, worin die neuern Autoren dem Vorgange der Alten nachfolgten [3]), und die ganz unbegründete Ableitung derselben von den Chatten [4]), wie bei den Batavern, hat auf die Bestimmung ihrer Sitze immer einen nachtheiligen Einfluß ausgeübt. Auch werden die Chasuaren bei den Alten unter sehr entstellten Namen angegeben. Denn Strabo nennt sie nicht blos Kaulken und Kathylken, sondern

1) Kufahl, Geschichte der Deutschen. I. S. 283 bis 285.

2) Ledebur, das Land und Volk der Brukterer. S. 90 bis 101.

3) Wilhelm, Germanien. S. 189.

4) Wenck, hessische Landesgeschichte. II. S. 26. 44.

sie werden von andern sogar Kattigauken genannt. Nicht selten erscheinen sie aber auch unter dem Namen der Chatten, obschon die Sitze beider Völker weit von einander getrennt waren. Denn die Heimath der Chasuaren war das Land an der Hase, die westwärts in dem Gebiete der Amsivaren sich in die Ems ergoß, stieß südwärts an das Land der Marsen in dem Quellgebiet der Hase, ward westwärts von den Amsivaren begrenzt, und reichte ostwärts bis zur obern Hunte, dem Grenzstrom gegen die Angrivaren. Die nördlichen Nachbarn der Chasuaren waren die Chauken. Dieses chasuarische Gebiet umfaßte im Mittelalter als der Hasegau in landschaftlicher Bedeutung verschiedene kleinere Gaue, und bildete mit dem westwärts anstoßenden Ober-Emslande das sogenannte sächsische Nordland in der Diöcese des Bisthums Osnabrück [1]).

5) Die Angrivarier (Angrivarii). Wenn auch anfangs wenig bekannt, hat dieses ingävonische Volk doch nachmals durch das Waffenglück seinen Namen so weit ausgedehnt, daß er durch das ganze Mittelalter hindurch zur Bezeichnung eines Haupttheiles des nördlichen oder sächsischen Deutschlands gedient hat. Durch die Feldzüge des Germanicus lernen wir dies Volk zuerst kennen, als es, gleich den andern ingävonischen Völkern anfangs im Bunde mit den Römern, bei dem Eindringen des Germanicus in das Land der Cherusken von demselben abfiel und jenen Feldherrn zur Unterwerfung derselben nöthigte. Als ein mächtiges und zahlreiches Volk bewohnten die Angrivarier damals die Gebiete zu beiden Seiten der mittlern Weser (unterhalb ihres Austrittes aus der westfälischen Pforte) und der untern Aller. Eine Linie, welche sich von dem Dümmer-See an der Hase im Westen bis zum Steinhuder Meere auf dem Ostufer der Weser und weiter ostwärts über die

1) Ledebur, das Land und Volk der Brukterer. S. 102 bis 106.

Aller fortzieht, bezeichnet die Südgrenze dieses Volkes gegen die cheruskischen Völker und somit auch die Grenzmark zwischen dem ingävonischen und hermionischen Germanien. Alte Landwehren waren daselbst aufgeworfen zur Sonderung beider großen Volksstämme Germaniens [1]). Auch auf der Ostseite grenzten sie (im heutigen Fürstenthum Lüneburg) noch an die cheruskischen Völker und an die suevischen Langobarden, während sie im Westen durch die Hunte von den Chasuaren geschieden wurden. Die Nordgrenze ihres Gebietes gegen die Völker der Chauken zu beiden Seiten der Weser bezeichnet die Grenzlinie zwischen dem spätern Angarien (Engern) und dem sächsischen Nordlande an der Vereinigung der Aller und Weser. Angrivarien umfaßte demnach die beträchtlichen nachmals engerschen Gaue Enteriga, Sturmi, Lainga und Grindiriga [2]).

Aber in den Sitzen dieses Volkes traten bald bedeutende Veränderungen ein und zwar in Folge des Kampfes der Angrivarier mit den Brukterern, durch welchen, wie Tacitus irrig annahm, das letztere Volk ganz aufgerieben sein sollte. Es war dies noch am Schlusse des ersten Jahrhunderts. Zwar verloren die Brukterer auf dieser Seite nichts von ihrem Gebiete, wie auf der Nordwestseite gegen die Chamaven, aber die Angrivarier verbreiteten sich siegreich über die Gebiete der Völker des cheruskischen Bundes zu beiden Seiten der mittlern Weser, und wurden dadurch nicht nur östliche Nachbarn der Brukterer, sondern erweiterten auch südwärts ihre Grenzen bis zu den gleichfalls durch das Sinken der Macht der Cherusken verstärkten Chatten. Die Ausdehnung des Namens Angaria im Mittelalter über die westlichen Theile der alten Cheruskia an der mittlern Weser beurkundet diese Umgestaltung der politischen Verhältnisse. Ja die echt westfälische in dem

1) Wilhelm, Germanien. S. 164 bis 166.

2) Kufahl, Geschichte der Deutschen. I. S. 238.

alten Lande der Brukterer liegende Stadt Soest ward ehemals nicht selten eine Stadt der Angarier genannt, obschon die Grenzmarken zwischen den beiden sächsischen Landschaften Engern und Westfalen genau mit der uralten Grenzlinie zwischen dem hermionischen und istävonischen Germanien zusammenfallen [1]).

Später tritt dies Volk der Angrivarier nicht weiter in der Geschichte hervor, als bis es unter dem Namen der sächsischen Engern erscheint.

6) Die Chauken (Chauci, oder Cauchi). Unter allen ingävonischen Völkern waren die Chauken der bei weitem ausgedehnteste Stamm, dessen Name überdies nicht selten zur Bezeichnung ihrer anwohnenden Stammgenossen gebraucht wurde. Aber so glanzvoll auch der Name der Chauken in der ältern Zeit hervortritt, so verlor er sich später doch gänzlich und ging in den Volksnamen auf, der mit der spätern allgemeinen Bezeichnung der ingävonischen Völker zusammenfällt, und der auch diesem Volke von Anfang an nicht fremd gewesen sein kann. Denn grade auf dem Gebiete der Chauken hat sich der Name der Friesen in rühmlicher Selbstständigkeit bis auf unsere Tage erhalten.

Die Chauken bewohnten die norddeutschen Marschländer an den Gestaden der Nordsee von der Mündung der Ems, wo sie mit den bei den Alten sogenannten Friesen zusammenstießen, über die Weser ostwärts fort bis zur Mündung der Elbe, oder die heutigen Landschaften von Ost-Friesland, Oldenburg und Bremen. Sie grenzten gegen Südwesten an die Amsivarier, gegen Süden an die Chasuaren und Angrivarier, und gegen Südosten an die suevischen Langobarden. Auf diesem weit ausgedehnten Gebiete wurden sie durch den untern Lauf der Weser in die beiden Völker der größern und kleinern Chauken getheilt, deren Sitze uns von den Alten jedoch verschieden

---

1) Ledebur, das Land und Volk der Brukterer. S. 241. 243.

angegeben werden. Denn Tacitus versetzt die größern Chauken auf die Westseite der Weser neben die Friesen, während Ptolemäus wohl mit größerm Rechte die Wohnsitze der kleinen Chauken im Westen der Weser und die der großen Chauken von der Weser bis zur Elbe angiebt [1]).

Es sprechen die Alten aber meistens von den Völkern der Chauken (gentes, nationes Chaucorum), wobei es scheint, daß sie nicht blos an diesen Unterschied der beiden Stämme auf der Ost- und Westseite der Weser, sondern an ein Bundesgenossen- oder Abhängigkeits-Verhältniß ihrer anwohnenden ingävonischen Völker gedacht haben müssen. Somit zeigt sich hier ein chaukischer Völkerbund, der nach Art dessen der Cherusken und der Chatten sich gebildet haben mag. So wie die Angrivarier immer in enger Verbindung mit ihnen erscheinen, so umfaßte dieser Bund auch die Chasuaren und die Amsivarier. Darum scheinen die Chasuaren auch unter dem Namen der chaukischen Chatten oder Cattigauken bei den Alten vorzukommen [2]).

In welcher hohen Achtung diese Chauken bei den Römern standen, und wie genau sie mit der Natur ihres Landes vertraut waren, lehren die Berichte derselben aus dem ersten Jahrhundert. Plinius, welcher sie selbst kennen lernte, schildert sie als ein armes Fischervolk, welches nur auf Anhöhen und Dämmen Sicherheit gegen die dort andringenden Meeresfluthen finde, keine Viehzucht und keine Jagd treiben könne, Regenwasser in Gruben sammele und den Torf, womit es seine Speisen koche, mehr im Winde als an der Sonne trockene, aber doch dies ärmliche Dasein der Knechtschaft weit vorziehe. Tacitus rühmt sie als ein edles Volk, fern von Habsucht und Herrschbegierde, welches

1) Wiarda, ostfriesische Geschichte. Aurich 1791. 8. Th. I. S. 3.

2) Ledebur, das Land und Volk der Brukterer. S. 94. 104.

seine Größe durch Gerechtigkeit zu behaupten suche, den Krieg zwar nicht liebe, aber ihn auch nicht scheue [1]).

Schon früh lernten die Römer dieses Volk kennen, und zwar zu gleicher Zeit mit den Friesen bei den Kriegszügen des Drusus. Fortan erscheinen die Chauken als Bundesgenossen der Römer, und so wie Tiberius nur mit ihrer Hülfe seinen merkwürdigen Zug bis zur untern Elbe unternehmen und seine Flotte nach Durchschiffung der Nordsee in diesen Strom einlaufen konnte, so gelangen auch später dem Germanicus nur durch die Unterstützung dieses kühnen seefahrenden Volkes seine Feldzüge in das Innere Germaniens. Selbst feste römische Plätze befanden sich in ihrem Gebiete [2]). Aber die Gewaltthaten der Römer bewogen dies Volk endlich sich dem Abhängigkeitsverhältnisse zu entziehen, und die Plane mehrerer römischen Feldherrn, wie eines Gabinius und Domitius Corbulo gegen ihre Freiheit, waren ohne Erfolg. Sie blieben seitdem heftige Feinde der Römer, und damit hängt wieder die gewaltsame Einnahme des nördlichen Theiles des amsivarischen Landes (Nieder-Emsland) um die Mitte des ersten Jahrhunderts zusammen [3]). Auch sind sie bekannt durch ihren Antheil an dem batavischen Freiheitskriege, indem sie dem Civilis Hülfstruppen zusandten.

Zwar noch genannt um die Mitte des zweiten Jahrhunderts, verschwindet doch seitdem der Name der Chauken und ging in den der Franken auf, welcher anfangs alle ingävonischen Völker bis zur untern Elbe hin umfaßte, aber hier in diesem äußersten Nordosten von Germanien bald wieder dem Namen der Sachsen Platz machte. Noch werden uns die „Chaken" als ein fränkisches Volk genannt, aber bald ist hier nur von Sachsen die Rede, welche sich

---

1) Wilhelm, Germanien. S. 155.

2) Wilhelm, Germanien. S. 159.

3) Ledebur, die Brukterer. S. 91.

durch ihre Raubzüge zur See nach den belgischen und gallischen Küsten den Römern furchtbar machten, und um die Mitte des vierten Jahrhunderts erscheinen sie sogar als das sächsische Volk der Quaden, welches zur Vertreibung der Salier aus seiner ältern Heimath beitrug. Zum letztenmale werden die Chauken am Schlusse des vierten Jahrhunderts erwähnt unter dem Namen der Kayken. Denn auf geraume Zeit kennt man in jener Gegend nur die Sachsen, bis der westliche Theil des chaukischen Volkes unter dem Namen der Friesen hervortritt, während sich für den östlichen Theil der Name der Sachsen erhielt [1]).

7) Die Saxonen (Saxones) und die Völker der cimbrischen Halbinsel. Erst durch die römischen Flotten eines Tiberius und Germanicus scheint jene Halbinsel, welche sich an den Nordgestaden Deutschlands weit in das Meer hineinzieht und in geographischer Beziehung das Vermittelungsland zum skandinavischen Norden bildet, bekannt geworden zu sein. Denn Strabo erwähnt diese Halbinsel zuerst, und Plinius, der sich einige Zeit in dem nördlichen Germanien aufgehalten hatte, ist schon besser unterrichtet. Er kennt ein Vorgebirge der Cimbern, welches weit hervortretend in das Meer in der Landessprache Kartris genannt wurde. Eben so wußte Tacitus von einem halbinselartigen Vorsprunge der Küste, den er mit Cimbern bevölkert, und der hier wohl bekannte Ptolemäus giebt eine genaue Darstellung dieser sogenannten cimbrischen Halbinsel (chersonesus Cimbrica) nebst ihren Völkerschaften [2]).

Unter den Völkern jenes Gebietes, welche von den Alten den ingävonischen Stämmen zugezählt werden, lernen wir durch Ptolemäus zuerst den kleinen Stamm der Saxonen kennen, deren Name nachmals, gleich dem der Salier bei den istävonischen Völkern im Westen, so hier im

---

1) Wiarda, ostfriesische Geschichte. I. S. 24 bis 32.

2) Wilhelm, Germanien. S. 172.

Nordosten bei den ingävonischen Völkern eine solche Berühmtheit erlangt hat. Es wohnten aber diese ursprünglichen Sachsen auf dem Halse der Halbinsel im Osten der untern Elbe im heutigen Holstein, und gleich ihren Stammgenossen an der Weser und Ems mit der Beschiffung des Meeres vertraut, begannen sie von hier aus gegen das Ende des dritten Jahrhunderts als Freibeuter und Seeräuber die gallischen Küsten zu überfallen und zu plündern, während die zur selbigen Zeit von ihnen ausgehenden kriegerischen Gefolgschaften in dem Lande jenseit der Elbe eine Umgestaltung der Dinge hervorbrachten [1]). Gewiß haben aber die Saxonen in jenem Gebiete von je an gewohnt, wenn auch ihr Name weder vom Plinius noch Tacitus erwähnt wird; wenigstens ist es eine bis jetzt wenig sicher begründete Annahme, daß dieselben erst in Folge mächtiger Umwälzungen und Wanderungen der Völker in dem skandinavischen Norden am Schlusse des ersten oder am Anfange des zweiten Jahrhunderts hier an der Elbe ihre Sitze genommen haben [2]).

Außer den Saxonen nennt aber Ptolemäus noch sechs andere Völker in diesem Halbinsellande, welche uns sonst ganz unbekannt sind, aber vermuthlich nur eben so viele Gaue des hier einheimischen größern Zweiges des Stammes der Ingävonen bilden. Denn gleich im Norden der Saxonen nennt er die Sigulonen, Saballingier und Kobanden und weiter nordwärts die Chalen, Phundusier und Charuden. Die nördlichste Spitze der Halbinsel aber bewohnen die Cimbern, durch deren Namen dies ganze Gebiet seine Berühmtheit bei den Alten erhielt [3]). Es scheint

---

1) Wilhelm, Germanien. S. 168 bis 171.

2) Schaumann, Geschichte des niedersächsischen Volkes von seinem ersten Hervortreten auf dem deutschen Boden bis zum Jahre 1180. Göttingen 1839. 8. S. 8. 9.

3) Wilhelm, Germanien. S. 177.

jedoch dieser Name bei den Alten zu vielen Mißverständnissen und Irrthümern Veranlassung gegeben zu haben, da man fast als sicher behaupten darf, daß es nie ein einzelnes Volk dieses Namens gegeben habe [1]).

Der einstmals von den an den Nordgestaden wohnenden deutschen Völkern über die Römer gebrachte Schrecken veranlaßte sie bei ihren spätern Eroberungszügen im Norden nach der Heimath dieser furchtbaren Feinde zu forschen, aber man fand überall an den Gestaden der Nordsee deutsche Stämme unter andern Namen, da der Name der Cimbern als eine allgemeine Bezeichnung dieser nördlichen germanischen Völkerwelt sich nicht ohne besondere Ursachen bei einem einzelnen Stamme fixiren konnte. Jenes anfangs wenig bekannte Halbinselland mußte daher als die Heimath des besondern cimbrischen Volkes übrig bleiben, und als auch nachmals, zu Ptolemäus Zeit, die Namen der einzelnen Zweige dieses ingävonischen Volkes der norddeutschen Halbinsel bekannt wurden, konnte doch der Name der Cimbern selbst noch nicht ganz verdrängt werden. Erst nach jener Zeit verschwand derselbe, und auch die Folgezeit lehrt, daß er hier nicht auf besondere Weise einheimisch gewesen ist [2]). Das Dunkel, in welches dieses Halbinselland sich seitdem verliert, erhellt sich erst wieder im karolingischen Zeitalter. Da finden wir aber als Bewohner desselben die Jüten vom dänischen oder skandinavisch-germanischen Stamm, und die den Jüten verwandten Sachsen bilden in historischer und ethnographischer Beziehung das Mittelglied zwischen den deutschen Germanen und den skandinavischen Germanen oder Normannen und Dänen [3]).

---

1) Luden, Gesch. des deutschen Volkes. I. S. 30. Vergl. dagegen Dahlmann, Gesch. v. Dänem. Hamb. 1840. 8. Th. I. S. 7.

2) Mannert, Germanien S. 282 bis 288.

3) H. Leo, über die Odins-Verehrung in Deutschland. Erlangen 1822. 8. S. 71 bis 80.

Da die Römer bei den cimbrischen Wanderungen in Gesellschaft der Cimbern auch die Teutonen kennen gelernt hatten, so suchte man ihre Urheimath auch hier im Norden in deren Nachbarschaft, obschon man in der genauern Bestimmung ihrer Sitze anfangs eben so wenig wie bei jenen einig werden konnte. Auch weiset schon ihr Name darauf hin, daß hierbei an kein einzelnes Volk zu denken ist [1]). Weil jedoch das den Cimbern zugewiesene Heimathsland in der Halbinsel zu beschränkt war, um dort auch die Teutonen unterzubringen, so verwies man dieses teutonische Volk nach der Ostseite der untern Elbe, wo Ptolemäus dieselben sogar in zwei Abtheilungen als Teutonen und Teutonoaren anführt, von denen man gemeint hat, daß sie die bei Tacitus vorkommenden Nuithonen und die Reudignen (später die Juthungen) seien [2]). Nach des Ptolemäus Zeit werden sie nicht weiter genannt, und auffallend bleibt es, daß diese Teutonen nur dort in dem suevischen Germanien angewiesen werden konnten, wo die Alten nicht blos weniger bekannt waren als wie im westlichen Germanien, sondern wo auch die germanischen Völkerverhältnisse weniger die Stätigkeit hatten als bei den Völkern des eigentlichen Germaniens. Sicher stehen die beiden von Ptolemäus genannten teutonischen Stämme in keinem andern Zusammenhange mit den Teutonen des Pytheas und den Teutonen der cimbrischen Wanderungen, als in so weit ihr gleicher Name eine gemeinsame deutsche Abstammung beurkundet.

3. Die Hermionen.

Indem wir von den Ufern der Elbe wieder in das Innere des germanischen Stammlandes zurückkehren, haben

1) Wersebe, über die Völker des alten Deutschl. S. 118. 119.

2) Zeuß, die Deutschen und die Nachbarstämme. S. 146 bis 150.

wir noch zwei Völker kennen zu lernen, welche wegen ihrer ausgedehnten und volkreichen Gebiete und wegen ihrer rühmlichen Waffenthaten zu den wichtigsten Stämmen der germanischen Völkerwelt gehören. Denn die Hermionen oder Herminonen bestehen nur aus den beiden Völkern der Cherusken und der Chatten, welche in dem Herzen des heutigen Deutschland wohnend damals im Süden und Osten von den suevischen Stämmen Ober-Deutschlands umsäumt wurden, wie im Norden und Westen von den ingävonischen und istävonischen Völkern Nieder-Deutschlands. Wenn es aber auffallend erscheinen sollte, daß diese beiden hermionischen Völker im Verhältnisse zu ihren Nachbarn im Norden und Westen in solcher Macht und Ausdehnung auftreten, wie sie uns die Geschichte zeigt, so ist dabei zu berücksichtigen, daß beide aus einer Verbindung vieler kleiner Stämme bestehen, während die an der Spitze dieser Bundesvereine stehenden eigentlichen Cherusken und Chatten nicht bedeutender erscheinen als wie die andern Zweige ihrer Stammgenossen. Nur wenig treten die speciellen Völkernamen in den Berichten der römischen Autoren hervor; erst durch Ptolemäus werden wir mit den besondern Abtheilungen in den Bundesvereinen und mit den Namen derselben näher bekannt, welche sich meistens in den Gaunamen der Geographie des Mittelalters wieder erkennen lassen.

1) Die Cherusken (Cherusci). Unter allen Völkern des ältern Germaniens leuchtet kein Name berühmter hervor als der der Cherusken, an welchen sich die siegreiche Bekämpfung der römischen Weltherrschaft in den Wäldern Germaniens und die Freiheit unseres Vaterlandes anschließt. Und doch scheint der ihren Namen umstrahlende Ruhm der Sicherheit ihrer Geschichte und der genauen Bestimmung ihrer Wohnsitze eben so nachtheilig als vortheilhaft gewesen zu sein. Denn kaum würden ihnen ihre bestimmten Grenzen sich anweisen lassen, wenn nicht die Ruhmsucht der Römer, den Triumph durch das Aufzählen jedes überwundenen

Volkes zu verherrlichen und die Befreier Germaniens mit Macht und Ansehn zu schmücken, uns dabei zu Hülfe käme. Sicher ist es jedoch, daß die Cherusken, als sie den Römern näher bekannt wurden, ein bedeutendes Gebiet zu beiden Seiten der mittlern Weser besaßen, und daß mehrere kleine Völker ihre Oberhoheit oder Vorherrschaft anerkannten; und zwar mußten sie sich schon geraume Zeit vorher aus ihren eigentlichen Wohnsitzen am Harz verbreitet haben, da Cäsar bereits hörte, daß sie an die Batten grenzten [1]).

Denn man muß die Cherusken als Volk von den Cherusken als Völkerbündniß unterscheiden, und die erstern, die eigentlichen Cherusken, lernen wir durch Ptolemäus an dem Melibokus-Gebirge oder als Bewohner des Harzgaues kennen. Aber als einen Verein von mehrern Völkerschaften finden wir die Cherusken in den ersten Zeiten vor und nach unserer Zeitrechnung genannt zu beiden Seiten der Weser westwärts bis zu den Völkern des istävonischen Germaniens und nordwärts bis zu denen des ingävonischen Germaniens reichend, so daß diese Cheruskia in dem nachmaligen Lande Sachsen die gesammten bischöflichen Diöcesen von Paderborn, Hildesheim und Halberstadt, so wie den südlichen Theil des Bisthumes Minden und einen Theil des sächsisch-mainzischen Sprengels umfaßte [2]).

Es grenzte demnach das cheruskische Gebiet in diesem weitern Sinne gegen Norden an das Land der Angrivarier zu beiden Seiten der Weser unterhalb ihres Austrittes aus dem Gebirgslande, und gegen Nordosten an die suevischen Langobarden, die auf dem linken Ufer der Elbe wohnten. Die Westgrenze der Cherusken, mit der Scheidungslinie des mittlern Germaniens oder der spätern Landschaften von Engern und Westfalen zusammenfallend, lief von Norden

1) Kufahl, Geschichte der Deutschen. I. S 170

2) Ledebur, das Land und Volk der Brukterer. S. 117.

nach Süden von den Quellen der Hunte an den Gebieten der Marsen, der doppelten Brukterer und der Sigambern entlang, und endete dort am Ederkopf im Egge-Gebirge (sylva Bacenis) auf der Grenze der Sigambern und Batten. Weniger genau läßt sich nach den Angaben der Alten zwar die Südgrenze des cheruskischen Landes bestimmen, doch wissen wir, daß die Cherusken dort die beiden suevischen Stämme der Landen und Batten und ostwärts davon die Chatten berührten. Im Mittelalter aber zerfiel die Landschaft Hessen in den südlichen oder fränkischen Hessengau und in den nördlichen oder sächsischen Hessengau, so daß in dem erstern fränkisches Recht und in dem letztern sächsisches Recht galt. Wenn nun, wie man mit Recht voraussetzen darf, die Nordgrenze der Chatten ursprünglich mit der des fränkischen Hessengaues zusammenfiel, so reichte die Südgrenze der Cherusken bis in die Gegend von Kassel und bis zum Zusammenfluß der Fulda und Werra, indem das nordwärts angrenzende Gebiet an der Diemel, der sächsische Hessengau, erst nachmals den Cherusken von den Chatten abgenommen wurde. Noch weniger aber sind wir über die Ostgrenze unterrichtet und dürfen nur vermuthen, daß das cheruskische Land sich bis dahin erstreckte, wo die Saale und Elbe sich vereinigen. Die suevischen Semnonen würden dort die Nachbarn der Cherusken sein, während sie nach Südosten hin durch den Lauf der Unstrut von den Hermunduren geschieden wurden [1]).

Innerhalb dieses bedeutenden Gebietes herrschten die Cherusken zur Zeit ihrer Blüthe über mehrere kleine Völker, welche uns theils namentlich bekannt geworden sind, theils nur im Allgemeinen als Unterthanen und Schützlinge derselben angegeben werden. Doch darf man keins von den Völkern zu ihnen rechnen, welche in der Zeit des cheruskischen Bundes neben den Cherusken oder ausdrücklich als deren

1) Kufahl, Geschichte der Deutschen. I. S. 171.

Nachbarn genannt werden. Zu jenen cheruskischen Völkern gehörten an der Nordgrenze des Landes gegen die Angrivarier und Langobarden die Dulgibinen und die Fosen. Von ihnen sind die erstern, die Dulgibinen des Tacitus oder die Dulgumnier des Ptolemäus, für die Bewohner des Gaues Tilithi zu halten, welcher der Diöcese von Minden angehörig sich zu beiden Seiten der Weser oberhalb der westfälischen Pforte in der Gegend von Hameln ausdehnte, obschon die Dulgibinen sich nach Norden zu über die Grenzen desselben hinaus erstreckt zu haben scheinen. Den Fosen aber weiset man mit Recht als ihren nordöstlichen Nachbarn ihre Sitze in dem zur Diöcese von Hildesheim gehörigen Gaue Flotwida an dem kleinen Flusse Fuhse an, der sich bei Zelle in die Aller ergießt [1]). Ferner gehörten zu jenen Völkern die Kamaven, deren Heimath am Melibokus die Bewohner des im Nordwesten des Harzes liegenden und gleichfalls zur Diöcese von Hildesheim gehörigen Ammergaues an der Innerste erkennen lassen. Als das vierte cheruskische Volk lernen wir sodann die Mertereanen kennen und zwar an der Südwestecke des cheruskischen Landes am Bacenis-Walde in dem zur Diöcese von Paderborn gehörigen Itter- oder Nittergau zwischen den Quellen der Eder und Diemel [2]). Auf der Ostseite und Südseite des cheruskischen Landes werden weiter keine einzelnen Stämme genannt, und wahrscheinlich bildete das Stammvolk der Cherusken selbst in diesen dem Harz näher liegenden Gebieten die Bevölkerung, so wie dasselbe auch von jenem Gebirge den Namen empfangen zu haben scheint [3]).

War es zwar auch der römischen Politik nach den drohenden Feldzügen des Drusus im Innern Germaniens

1) Wersebe, über die Völker des alten Deutschlands. S. 113.

2) Ledebur, die Brukterer S. 118 bis 129.

3) Wilhelm, Germanien. S. 196. Gegen die Ableitung des Namens der Cherusken von dem Harz erklärt sich jedoch Phillips, deutsche Staats- und Rechtsgeschichte. I. S. 32. Anmerk. 36.

gelungen, die Cherusken in ein Bündniß mit Rom zu ziehen, und verschmäheten selbst die Häuptlinge des cheruskischen Volkes nicht in Rom das Bürgerrecht zu suchen, so war doch das Unternehmen der Römer, auch dieses Volk nach Schwächung der Macht der istävonischen Völker in größere Abhängigkeit zu bringen, übereilt. An der Tüchtigkeit dieses Kernvolkes des klassischen Bodens von Germanien an der Weser und am Harz brach sich die Macht der Weltherrscher. Die Zeit der Vernichtung der varianischen Legionen bildet die Glanzperiode der Cherusken, als dieselben unter der Leitung eines Mannes wie Arminius die Vorherrschaft im ganzen Germanien in Anspruch nahmen. Darum waren besonders gegen die Cherusken die großartigen kriegerischen Unternehmungen des Germanicus gerichtet, welcher dennoch, obschon von der ganzen Macht Roms und selbst auch von den ingävonischen Germanen unterstützt, nur die Schwellen ihres Gebietes berühren, und noch viel weniger in das Innere desselben eindringen konnte.

So wie aber unstreitig die Kämpfe der germanischen Völker mit den Römern auf die Gestaltung jenes Bundes von Einfluß waren, so zerfiel derselbe nach der Zeit jener Kämpfe, und der Zwiespalt unter den Edlen des Volkes trug zur gänzlichen Auflösung desselben bei. Ihre südlichen Nachbarn, die Chatten, die in alter Feindschaft mit ihnen standen, benutzten diese Gelegenheit, an ihnen Rache zu üben, und aus des Tacitus Andeutungen läßt sich die verlorne Macht und das gesunkene Ansehn der Cherusken, so wie der Glanz des Namens der Chatten zu seiner Zeit erkennen. Denn ein Theil der cheruskischen Völker gerieth damals unter die Oberherrschaft der Chatten, oder schloß sich freiwillig an sie an, und dies ist der später sogenannte sächsische Hessengau (pagus Hessi-Saxonicus), der ein Bestandtheil des sächsischen Landes Engern war, weil die alten Gesetze und Einrichtungen des Landes verblieben, wenn auch der Name der Chatten (Hessen) auf das Land überging [1]).

Eine noch bedeutendere Veränderung zeigt sich aber auf der Westseite der alten Cheruskia am Schlusse des ersten Jahrhunderts durch die siegreiche Ausbreitung der Angrivarier über die Weser-Gegenden in den früher den Schützlingen der Cherusken gehörigen Gebieten, welche jenes ingävonische Volk bei seinem Kampfe mit den Brukterern nicht umgehen konnte und seine damaligen Siege zur Begründung seiner Vorherrschaft daselbst benutzte. Doch sind die Grenzen dieses sächsischen Angrivariens (Angaria, Engern) gegen die rheinländischen Germanen in Westfalen, wie die Grenzen der Diöcesen von Minden und Paderborn gegen die von Osnabrück, Münster und Köln lehren, dieselben geblieben, welche einst die alte Cheruskia gegen die Völker des istävonischen Germaniens hatte [2]).

So verschwand die Macht der Cherusken. Zu des Ptolemäus Zeit finden wir sie nur als ein kleines Volk erwähnt, welches auf seine ursprünglichen Sitze am Harz beschränkt war, und welches nicht eher wieder genannt wird, als bis es in der großen Verbindung der Franken auftritt. Doch dauerte diese Theilnahme der Cherusken an dem fränkischen Verein nicht lange, da wir sie nebst ihren Nachbarn, den Angrivariern, bald als Theile des Bundes der Sachsen angegeben sehen [3]).

2) Die Chatten (Chatti). Dieses zweite große herminonische Volk, welches von den Römern so oft bekriegt, aber nie gänzlich besiegt wurde, bestand gleich den Cherusken aus einer Verbindung mehrerer kleiner Stämme, welche nicht minder wie dort durch die Angriffe der Römer

---

1) Ledebur, die Brukterer. S. 129 bis 131.

2) Ledebur a. a. O. S. 243 bis 245.

3) Ledebur a. a. O. S. 251. 273.

zusammengeführt sein mögen [1]). Doch zeigt sich hier die eigenthümliche Erscheinung, daß bei der Auflösung dieses Bundes die beiden Hauptbestandtheile desselben oder die eigentlichen Chatten und die chattischen Bundesvölker sich ganz verschiedenen Völkervereinen anschlossen, und daß jene erstern sich durch alle Zeiten der Geschichte hindurch ihren alten Namen bewahrt haben. Denn der jüngere Name der Hessen ist offenbar nichts anderes als der ältere Name der Chatten [2]).

Erst durch die Feldzüge des Drusus lernen wir den Namen, die Sitze und die Ausdehnung der Chatten im weitern Sinne kennen. Nur irrthümlich hat man bisher gewöhnlich die von Cäsar genannten Sueven für dies Volk gehalten, da man vielmehr die Landen und Batten darunter zu verstehen hat, die jedoch wahrscheinlich auch chattischen Ursprungs waren. Es bildeten aber jene beiden suevischen Stämme gleichsam nur die Vorposten von dem großen suevischen Volke der Hermunduren, welches bei seinem Vordringen bis zum Mittel-Rhein in Verbindung mit jenen die drei rheinischen Stämme der Usipier, Tenkterer und Ubier so lange bedrängte, bis sie sich zur Auswanderung genöthigt sahen. Sobald indessen die Hermunduren sich durch die kriegerischen Anstalten der Römer bei Mainz in ihrer Stellung gefährdet sahen, zogen sie sich aus dem Landstriche zwischen dem Main, dem Taunus und dem Vogelsberge zurück, und die Römer wiesen nun dieses verlassene Gebiet einem nordöstlich angrenzenden chattischen Stamm an, der seit den Zeiten des Kaisers Claudius unter dem Namen der Mattiaken erwähnt wird [3]). Da nun durch den Rückzug

---

1) Wersebe, über die Völker und Völkerbündnisse des alten Deutschlands. S. 61. Doch werden hier irrig auch die Stämme der Marsen und Tubanten zu ihnen gerechnet.

2) Wenck, hessische Landesgeschichte. Darmstadt 1783. 4. Th. II. S. 21 bis 23.

3) Wilhelm, Germanien. S. 145.

der hermundurischen Hauptmacht jene suevischen Vorposten an der obern Lahn die unmittelbare Hülfe ihrer Stammgenossen verloren und ihre eigene Macht und Anzahl nicht hinreichte, sich in dem Ansehn zu behaupten, dessen sie bisher genossen hatten, so schlossen sie sich fortan mehr an die Chatten an, deren Sitze sie nach Osten hin berührten. Das Gebiet dieser Langobarden-Sueven des Ptolemäus bildet aber im Mittelalter den großen hessischen Ober-Lahngau, der auch den kleinen Battengau oder Battenfeld an der obern Eder umfaßte, in welchem sich das Andenken an die alten Batten noch bis jetzt in vielen Ortsnamen erhalten hat [1]).

Das Gebiet der Chatten erstreckte sich demnach von den Grenzen der Cherusken am Zusammenfluß der Fulda und Werra im Norden bis zur Vereinigung des Rhein und Main im Süden. Indem es westwärts das Gebiet des Ober-Lahngaues begriff, reichte es auf dieser Seite bis an die Grenzen der Ingrionen und Tenkterer im Engersgau und einem Theile des Nieder-Lahngaues, und gegen Nordwesten bis zur Naturgrenze des Egge-Gebirges oder Bacenis-Waldes, wo sich im Alterthum eben so die Grenzen der Batten, Cherusken und Sigambern berührten, wie sich dort im Mittelalter die Landschaften Hessen, Engern und Westfalen von einander sonderten [2]). Gegen Osten und Südosten wurden die Chatten durch den Lauf der Werra, des spätern Grenzstromes zwischen den Hessen und Thüringern, und durch die fränkische Saale von den suevischen Hermunduren geschieden. Der hercynische Wald, welcher nach des Tacitus Angabe das chattische Gebiet begleiten sollte, und worunter hier das Rhön- und Vogelsgebirge oder die wasserscheidenden Gebirgsgruppen zwischen dem Rhein und der Weser zu verstehen sind, sandte

1) Kufahl, Geschichte der Deutschen. I. S. 166.

2) Ledebur, die Brukterer. S. 123.

von seiner Hauptmasse in verschiedenen Richtungen Hügelreihen durch das Land, dessen Bewohner in einer selbst unter den Deutschen ausgezeichneten körperlichen und geistigen Kraft und Gewandtheit die heilsamen Einflüsse eines trockenern Bodens und einer reinern und schärfern Luft erkennen ließen [1]).

Das eigentliche Volk der Chatten, welche sich in Verbindung mit den Batten und Landen auch nachmals immer den Namen der Hessen bewahrt haben, bewohnte aber nur die Nordwesthälfte jenes Gebietes zu beiden Seiten des Vogelsgebirges an der untern Fulda und an der obern Lahn oder in dem heutigen Nieder- und Ober-Hessen, wo wir im Mittelalter den fränkischen Hessengau (pagus Hessi-Franconicus) und den Ober-Lahngau wiederfinden [2]). Die südöstlichen Gebiete dagegen bildeten das Land der chattischen Bundesvölker, deren Namen uns nur zum Theil bekannt sind, und auf welche die Bezeichnung als Hessen nicht übergegangen ist. Zu diesen Völkern gehörten zunächst die Mattiaken, die Bewohner des Gaues Kunigesundra am Taunus und die östlichen Nachbarn der istävonischen Vispier oder Usipier im Nieder-Rheingau. Ihren Namen empfingen die Mattiaken wahrscheinlich von den warmen Quellen in ihrem Gebiete, welche als die Bäder von Wiesbaden noch jetzt einen so alten Ruhm behaupten. Auch scheint ihr Name erst seit der Zeit in Gebrauch gekommen zu sein, als die Römer den von ihnen eroberten überrheinischen Theil Germaniens mit Wällen umgeben hatten, die mit den Befestigungswerken auf dem Taunus in Zusammenhang standen, und als dieser Theil der Chatten innerhalb jenes von festen Landwehren umschlossenen Gebietes sich willig der römischen Oberherrschaft ergab. Denn

---

1) Kufahl, Geschichte der Deutschen. I. S. 172.

2) Rommel, Geschichte von Hessen. Marburg 1820. 8. Th. I. S. 46. 122.

daß die Römer sich hier ganz heimisch hielten, zeigt ihr Versuch Silberbergwerke am Taunus anzulegen. Doch waren die Mattiaken nicht ganz sichere Unterthanen, da sie im batavischen Freiheitskriege als Feinde der Römer auftraten und gegen Mainz, die römische Hauptfestung in ihrer Nähe, feindlich auszogen [1]).

Ein anderer wenig bekannter chattischer Stamm scheinen die Danduten gewesen zu sein, deren Sitze man neben den Landen in dem obern Lahngau aufzufinden geglaubt hat [2]). Bedeutender, wenn auch erst in späterer Zeit, erscheinen die Bucinobanten, die wir als einen Zweig der Alemannen kennen lernen, und deren Sitze in dem südlichen Theile des chattischen Landes in dem Nieder-Lahngau und in der Wetterau gesucht werden müssen, wo sich in dem Orte Butzbach noch ein Anklang ihres Namens erhalten haben mag [3]).

Mit besonderer Ausführlichkeit handelt Tacitus bei der Beschreibung der germanischen Völker grade von den Chatten, was zum Theil darin seinen Grund haben mag, daß die Römer von ihren Besitzungen am Taunus dies Volk genauer als manche andere Stämme kennen zu lernen Gelegenheit hatten. Die Chatten waren, wie die Römer oft genug auf ihren Kriegszügen erfuhren, ein echtes Kriegervolk. Neben der Reiterei der Tenkterer behauptete das Fußvolk der Chatten die erste Stelle unter den deutschen Kriegsschaaren [4]). Welchen Antheil die Chatten an der Befreiung Germaniens durch die Vernichtung der varianischen Legionen hatten, ist

---

1) Wilhelm, Germanien. S. 145.

2) Ledebur, die Brukterer S. 7.

3) Mannert, Germanien. S. 258. Wersebe, über die Völker und Völkerbündnisse des alten Deutschlands. S. 142. 143.

4) J. E. Ch. Schmidt, Geschichte des Groß-Herzogthums Hessen. Gießen 1818. 8 Th. I. S. 23. Rommel, Geschichte von Hessen I. S. 7. 8.

bekannt, und wie sehr die Römer ihre Macht und Stellung zu würdigen wußten, zeigen die Feldzüge des Germanicus, welcher die beiden Hauptvölker in dem Herzen Germaniens, die Cherusken und die Chatten, abwechselnd in ihrer Heimath anzugreifen suchte, obwohl es ihm bei den Chatten so wenig gelang festen Fuß zu fassen, wie er bei den Cherusken nicht einmal in das Innere ihres Landes eindringen konnte.

Aber gleich nach der Zeit der Gefahr durch einen Germanicus beginnen dafür auch die Einbrüche der Chatten über den Rhein in Gallien, welche zwar, wie unter der Regierung des Claudius nicht immer glücklich abliefen, aber den chattischen Namen bei den Römern in Achtung erhielten. Lucius Pomponius, der Statthalter von Ober-Germanien, drang ums Jahr 50 von dem Taunus aus wieder siegreich in ihr Gebiet ein. Dennoch behaupteten die Chatten zu jener Zeit, vornehmlich nach dem Falle der Macht der Cherusken, den Vorrang unter allen Völkern des eigentlichen Germaniens, und wenn sie auch wenige Jahre nachher in einem Kampfe mit den suevischen Hermunduren wegen der Salzquellen an der Saale unterlagen, so bewahrten sie sich doch ihr Ansehn in den rheinischen Gebieten Germaniens, und suchten in dem batavischen Freiheitskriege nebst den Mattiaken durch einen Angriff auf Mainz die Erhebung der westrheinischen Völker durch einen Seitenangriff auf die Römer zu unterstützen [1]).

Noch höher mußte der Ruhm der Chatten steigen, als dieselben, ihrer alten Feindschaft gegen die Cherusken folgend, bei der gänzlichen Auflösung des cheruskischen Bundes nur an drei Decennien nach jenem Kampfe an der Saale mit den Waffen ihre damalige Ueberlegenheit an ihren hermionischen Stammgenossen geltend machten. Zwar läßt es sich nicht nachweisen, daß die Chatten, wie die neuern hessischen Geschichtschreiber aus vorgeblichen Spuren

1) Rommel, Geschichte von Hessen. I. S. 16 bis 21.

der Verbreitung des hessischen Namens über den größten Theil der Gebiete des cheruskischen Landes bis zur Aller haben folgern wollen [1]), alle diese Gegenden siegreich durchzogen und ihre nördlichen Grenzen bis zum Harz hin verlegt hätten, bis sie durch die neu eindringenden Sachsen wieder zurückgedrängt wären, doch muß damals das Gebiet des sächsischen Hessengaues an der Diemel von ihnen gewonnen worden sein.

Auch Feinde der Römer blieben die streitbaren Chatten, und trotz dem daß die große römische Vertheidigungslinie im Innern Germaniens, welche die Kaiser am Anfange des zweiten Jahrhunderts errichtet hatten, die südliche Grenzmark ihres Landes durchschnitt, durchbrachen sie dieselbe nicht selten sowohl nach dem Rhein als nach der Donau hin, und dehnten zur Zeit des markomannischen Krieges ihre Einbrüche südwärts bis nach Rhätien hin aus [2]). Aber die Bewegungen, welche damals unter den germanischen Völkern eintraten, müssen auch auf den chattischen Völkerbund eingewirkt haben. Gleich dem cheruskischen Bunde scheint er sich zu der Zeit, als sich die größern Völkerverbindungen in Deutschland bildeten, in seine ursprünglichen Bestandtheile aufgelöst zu haben. Denn die Chatten finden wir fortan zwar in dem Bunde der Franken genannt, aber es waren dies nur die eigentlichen Chatten im Hessengau und Oberlahngau, und für diese hat sich im Unterschiede von ihren cheruskischen Stammgenossen die fränkische Nationalität immer erhalten. Dagegen erscheinen die südlich chattischen Stämme in der Wetterau, Kunigesundra und im Niederlahngau in der Verbindung der Alemannen, deren Name uns in den Main-Gegenden zuerst entgegentritt [3]).

1) Wenck, hessische Landesgeschichte. II. S. 46. Rommel, Geschichte von Hessen. I. S. 22. Vergl. dagegen Wersebe, über die Völker des alten Deutschlands. S. 115.

2) Schmidt, Geschichte des Großherzogthums Hessen. I. S. 21.

3) Rommel, Geschichte von Hessen. I. S. 24 bis 29.

Noch geraume Zeit nachher oder bis zur Mitte des folgenden Jahrhunderts wird uns der Name der Chatten unter den fränkischen Völkern genannt. Dann verschwindet er und tritt im sechsten Jahrhundert in der etwas veränderten Form von Hassen und Hessen wieder hervor [1]).

Mit den Chatten schließt die Reihe der Völker des germanischen Stammlandes, und wir haben nun die, unter dem Namen der Sueven bekannten Völker kennen zu lernen, welche in dem östlichen Ober-Deutschland aus jenen Stammvölkern auf einem ihnen ursprünglich fremden Boden erst allmählig erwachsen sein müssen.

II. Die suevischen Germanen.

Die Sueven bestanden aus einer Reihe theils größerer, theils kleinerer Völkerschaften, deren jede neben dem allgemeinen Namen, der nicht sowohl auf die Abstammung derselben gehen oder von ihrer Heimath entlehnt sein kann, als vielmehr ihre Lebensart bezeichnen muß, noch einen besondern Namen führte, durch den sich die einzelnen Stämme von einander unterschieden. Als ein Hauptunterschied zwischen diesen Sueven und den eigentlichen Germanen giebt sich sogleich zu erkennen, daß die erstern als weit mächtigere oder doch als weit ausgedehntere Völkerschaften in Verhältniß zu den letztern erscheinen, wenn sie ihnen an Volksmenge auch keineswegs überlegen sein mochten, und daß mehrere derselben sich immer zu einer größern Verbindung vereinigt haben. Ueberhaupt füllt dieses Suevien auf der südlichen und besonders östlichen Seite des klassischen Bodens von Germanien einen bedeutend größern Raum als das letztere selbst und zwar auf einem Gebiete, wo alle suevischen Völker später nicht nur ganz spurlos

---

1) Wenck, hessische Landesgeschichte. II. S. 141. 142.

verschwunden sind, sondern wo sich auch eine bestimmte Einwanderung der nachmals dort hausenden slavischen Bevölkerung nicht nachweisen läßt.

So weit aber um die Mitte des ersten Jahrhunderts unserer Zeitrechnung suevische Völker in größern Schaaren verbreitet erscheinen, so weit rechneten die Römer auch das Land Groß-Germanien im Unterschiede von ihren beiden germanischen Landschaften am linken Rhein-Ufer. Zwar war in älterer Zeit das Gebiet der Tafelflächen an der obern Donau und an den Alpen vielfach von germanischen Schaaren durchzogen worden, aber seit der Begründung des Reiches des Marbod und der Einrichtung der römischen Donau-Provinzen erstreckte sich Germanien an der Seite der suevischen Völker südwärts nur bis zum Main und bis zur Donau, gegen Südosten aber bis zu den Bergketten von Ober-Ungarn im Norden der Donau [1]). Nach Osten hin kannte man anfangs das innere Land nicht, und als man später erfuhr, daß längs den Karpathen germanische und sarmatische Völker mit einander vermischt lebten, bemerkte Tacitus, daß Germanien von den Sarmaten und Daken durch gegenseitige Furcht oder durch Gebirge geschieden werde. Erst Ptolemäus bestimmt die Weichsel, diesen Scheidefluß zwischen dem östlichen und westlichen Europa, als Grenzstrom Germaniens. Bis zu ihm reichten vor den Eroberungszügen der Gothen auch nur die Sitze der Sueven [2]).

Cäsars eigenthümliche Schilderung von den Sueven beweiset, daß sie sich in einem ganz andern geselligen und politischen Zustande befanden als die eigentlichen Germanen. Der Stamm der Sueven ist nach ihm bei weitem der größte und am meisten kriegerische unter den Germanen.

---

1) Reichard, Germanien unter den Römern. Nürnberg 1824. 8. S. 9 bis 11.

2) Mannert, Germanien S. 149 bis 150.

Sie sollen hundert Gaue inne haben, und aus jedem Gau zögen jährlich tausend Mann zum Kriege aus. Den zu Hause bleibenden liege unterdessen die Sorge für ihren eigenen Unterhalt und für den ihrer entfernten Brüder ob, doch würden sie im nächsten Jahre von den heimkehrenden Kriegern, an deren Stelle sie nun selbst treten müßten, abgelöst. Durch diesen Wechsel werde weder der Krieg noch der Landbau vernachlässigt. Doch kennten sie noch kein Landeigenthum, blieben auch nicht lange an einem Orte des Landbaues halber, und lebten überhaupt mehr von der Viehzucht und der Jagd als von dem Ertrage ihrer Felder. Ihre rauhe und freie Lebensart stähle von Jugend auf ihre Kräfte und gebe ihren Körpern eine fast übernatürliche Größe. Cäsar rühmt sie als besonders geschickt im Tummeln der Rosse, und daß sie in Reitergefechten oft vom Pferde herabsprängen und zu Fuße kämpften. Auch sollten sie einen Ruhm darin setzen, weit und breit um ihre Grenzen die Felder wüste zu lassen um zu beweisen, daß ein großer Theil der Nachbarvölker ihrer Macht nicht habe widerstehen können. Dieser kriegerische Sinn der Sueven erhellt auch aus den Berichten des Tacitus, womit bei ihnen die besondere Sitte zusammenhängt einen Haarschweif zu tragen, obschon man davon ganz mit Unrecht ihren Namen hergeleitet hat [1]).

Offenbar hat, wie auch die spätere Geschichte beurkundet, die starke Bevölkerung der germanischen Urheimath und der kriegerische Sinn ihrer Bewohner schon frühzeitig germanische Schaaren als Kolonisten aus dem heimischen Lande herausgeführt, und wie solches am Nieder-Rhein in den belgischen Gebieten geschehen ist, so auch an den südlichen und östlichen Grenzen Germaniens am hercynischen Walde und an der Elbe. Grade diese beiden Seiten zeigten den meisten Raum zur Ausbreitung, und als man bei der Berührung mit den dort angrenzenden gallischen und

1) Wilhelm, Germanien. S. 95 bis 99.

slavischen Stämmen nur mit Gewalt durchzudringen vermochte, scheinen sich im Innern Germaniens kriegerische Gefolgschaften zur erobernden Kolonisation in jenen Gebieten gebildet zu haben [1]). Denn einheimisch waren die Völker Sueviens in ihrem Lande auf keinen Fall. So wie die Markomannen als erobernde Kriegerschaaren an der Südgrenze Germaniens in dem Gebiet gallischer Völker auftreten und vermuthlich aus den hermionischen Völkern hervorgegangen sind, so scheinen die vandalisch-gothischen Völker Sueviens dem skandinavischen oder ingävonischen Stamme entsprossen zu sein und erst von jenem Norden aus die Unterwerfung der wendischen und lygischen Völker im Osten Europas im Laufe der Zeit vollbracht zu haben [2]).

Der hohe Ruhm, dessen sich die suevischen Völker unter allen Germanen besonders erfreuten, würde sich sehr schwer erklären lassen, wenn er nicht durch Waffenthaten und durch Eroberungen erworben wäre, und dies kann nicht auf Kosten ihrer Stammgenossen sondern nur im Gebiete anderer Völker geschehen sein. Vornehmlich nach Osten hin finden wir die Sueven ausgebreitet und dort herrschten sie über die Völker slavischen Stammes von der Elbe bis zur Weichsel hin. Daß in diesen baltischen Gebieten einstmals germanische Völker wohnten, ist nach den Angaben der Alten nicht zu bezweifeln, aber eben so sicher ist es auch, daß die Germanen hier, in dem Heimathslande der Slaven, nicht die einzige Bevölkerung bildeten, sondern daß die Masse der Bewohner aus Slaven bestand. Ja selbst mehr südwärts, in Böhmen und Mähren und in dem östlichen Franken, möchten die Slaven wohl neben den dort

1) Phillips, deutsche Staats- u. Rechtsgesch. I. S. 393. 394.

2) Schulz, zur Urgeschichte des deutschen Volksstammes. S. 75. 111 bis 120.

vorkommenden gallischen Völkern die eigentlichen Urbewohner bilden.

Denn merkwürdig bleibt es immer, daß die Sueven im östlichen und südöstlichen Deutschland, nordwärts der Donau, grade so weit verbreitet erscheinen, als nachmals, nach der Ausscheidung des deutschen Elementes daselbst, die slavische Bevölkerung sich ausgebreitet zeigt. Daß darum die Sueven doch durchaus nicht für die Slaven selbst zu halten sind, wie man in neuerer Zeit gemeint hat [1]), sondern nur für den dort die Herrschaft führenden Kriegerstand, ergiebt sich leicht von selbst. Das Schauspiel, welches wir im Mittelalter in den Ländern an der Elbe und Oder in der Begründung deutscher Marken auf slavischem Grund und Boden wieder finden, das zeigt sich schon in der germanischen Urzeit in der erobernden Ausbreitung kriegerischer Gefolgschaften, die von allen germanischen Hauptstämmen ausgegangen sein mögen, auf demselben Gebiete.

Nicht mit Unrecht hat man die vandalisch-gothischen Völker stationär gewordene Kriegerschaaren in Ost-Europa bei den Slaven genannt [2]). Zu Völkern erwuchsen sie erst allmählig in der neuen Heimath, und diese ließen wieder ähnliche Kriegerschaaren aus sich hervorgehen, welche durch neue Eroberungen den Grund zur Bildung neuer Völker legten. Auch hängt ohne Zweifel mit diesem etwas unstäten Leben der Name dieses einen Haupttheiles der germanischen Völker zusammen. Denn so verschiedenartig bis jetzt der Name der Sueven erklärt ist, so scheint er doch auf keine andere Weise genügend als aus dieser wandernden Lebensweise der germanischen Kriegerstämme in dem slavischen Osten Europas erklärt werden zu können [3]).

1) Wersebe, über die Völker und Völkerbündnisse des alten Deutschlands. S. 209. 210.

2) Schulz, Urgeschichte. S. 80. 120 bis 134.

3) Zeuß, die Deutschen. S. 55. 56.

Demnach treten die suevischen Völker eigentlich in der Gestalt von Kriegsheeren auf, und die Zeiten der Völkerwanderung bestätigen auch diese Erscheinung [1]). In dieser Verfassung betraten sie die römischen Provinzen, wobei keineswegs ausgeschlossen ist, daß sich Weiber und Kinder in ihrem Gefolge befanden.

Indem diese Völker des suevischen Gebirtes, welches nur im uneigentlichen Sinne den Namen Germanien führen kann, aus der Ansiedlung kriegerischer Gefolgschaften, die in der neuen Heimath nicht blos ein Unterkommen, sondern auch einen Schauplatz der Thätigkeit für ihre Kampflust suchten, hervorgegangen sind, mußten sie sich wesentlich in einem andern geselligen und politischen Zustande als ihre westlichen Stammgenossen zeigen. Grade durch sie und bei ihnen ergiebt sich das Moment, welches auf die Weiterentwickelung des gesammten germanischen Lebens in weltlicher Beziehung von dem entscheidendsten Einflusse gewesen ist. Bei beiden Klassen der germanischen Völker zeigt sich auch eine ganz verschiedenartige Ausbildung der Standesverhältnisse, indem z. B. die eigentlichen Germanen im Unterschiede von den suevischen eine doppelte Unfreiheit kennen, die suevischen Germanen dagegen wieder eine mannigfaltigere Gliederung des Standes der Freien anerkennen. Auch scheint der Gegensatz des westgermanischen und ostgermanischen oder suevischen Lebens einen durchgreifenden Unterschied in dem Charakter der alten Volksrechte der deutschen Völker, der sogenannten leges barbarorum, zu begründen [2]).

Wenn bei den westlichen Germanen, deren weltliches Leben zunächst wesentlich auf dem Ackerbau beruhete, nur eine Landwehre sich findet zur Vertheidigung des Landes gegen die Angriffe von außen, so zeigen sich bei den östlichen,

---

1) Phillips, deutsche Staats- u. Rechtsgesch. I. S. 412. 413.

2) Gaupp, das alte Gesetz der Thüringer. S. 91 bis 96.

suevischen Germanen durchaus stehende Völkerheere welche für den Krieg organisirt sind. Die Ackerkultur tritt bei den Sueven mehr zurück, sie erscheinen in weit geringerer Ansäßigkeit und weniger an den Boden geknüpft, der sie ernähren sollte. Vielmehr bemerken wir überall nur politisch-kriegerische Vereine, bei denen sich zugleich die eigenthümliche Erscheinung eines theokratischen Prinzips kund giebt. Denn mehr als sonstwo bei den Germanen scheint hier das religiöse Element des Lebens die politischen Verhältnisse durchdrungen zu haben. Ueberall zeigt sich das Ansetzen zur Gestaltung größerer politischen Verbindungen und zwar in einem Umfange, wie es in dem germanischen Stammlande nur einmal in der Zeit der Angriffe der Römer bemerkbar wird, und als Mittelpunkte dieser Verbindungen finden wir religiöse Heiligthümer mit besondern Kulten. Hier in dem suevischen Germanien muß die Feudalverfassung, welche sich nachmals mit den Germanen über das ganze Abendland verbreitete, sich zuerst im Keime entwickelt haben. Mit Recht läßt sich daher wohl behaupten, daß sich in dem unstäten Leben dieser Sueven im Verhältniß zu den übrigen Germanen ein Fortschritt zeige, indem die germanische Völkerwelt durch diese Bewegung in der Erzeugung der suevischen Völker von dem isolirenden Ackerbauleben zu einem höhern politischen Leben erweckt wurde [1]).

Von den suevischen Völkern ging das gährende Element aus, welches später auch die westlichen Germanen durchdrang und die Bildung der größern Völkervereine daselbst, wenn auch nicht erzeugte, doch beförderte. Die suevischen Völker sind die eigentlichen Eroberer des römischen Reiches, und auch, was die Franken, Alemannen und Sachsen im Abendlande vollbrachten, ist nicht ohne Beziehung auf das politische Leben der erstern, so wie ja die Alemannen

---

1) Schulz, Urgeschichte. S. 80 bis 88. 108 bis 111. 318 bis 328.

ganz aus ihnen hervorgegangen sind. Darin liegt die große Bedeutung und die historische Wichtigkeit dieser ostgermanischen Völker.

Wo sich diese suevische Form des germanischen Lebens zuerst gebildet habe, könnte zweifelhaft sein, wenn Tacitus nach den von den Deutschen darüber erhaltenen Traditionen nicht auf den Stamm der Semnonen verwiese, bei denen er eines berühmten heiligen Haines erwähnt. Dort war der Ursprung des Volkes (initia gentis) zu suchen. Offenbar bezieht sich dies aber nur auf die politisch-religiöse Geburt des suevischen Volkes und nicht auf die physische Geburt der Germanen überhaupt [1]).

Sind nun auch nicht alle suevischen Stämme von jenem Punkte ausgegangen, so mag dies doch besonders von dem Theile derselben gelten, welche zu Cäsars Zeit die große Grenzmark Germaniens gegen Süden am hercynischen Walde bildeten, und welche unter dem allgemeinen Namen der Markomannen zusammenzufassen sind. Dieser südlichen oder gallisch-germanischen Mark entsprechend scheinen sich, nach den Völkerverbindungen zu urtheilen, noch zwei andere slavisch-germanische Marken im Osten gebildet zu haben, oder die der Vandalen oder Vindiler im Nordost und die der Lygier im Südost, deren Gebiete von der Oder bis zur Weichsel reichten. An der Südseite Germaniens trat vor dem mächtigen Andringen suevischer Stämme in der Verbindung der Markomannen das gallische Element in volksthümlicher Beziehung sehr bald zurück und verschwand daselbst. Aber an der Ostseite Germaniens, wo wir in dem Lande an der Weichsel die Urheimath des slavischen Volksstammes zu suchen haben [2]), konnte in dem Gebiete jener beiden Marken das germanische Element

1) Schulz, Urgeschichte. S. 274.

2) Schaffarik, über die Abstammung der Slawen. S. 28 bis 30.

keineswegs so durchdringen, und mußte von dem dort vorherrschenden volksthümlichen Elemente auf gewisse Weise seine Farbe und seinen Charakter bekommen.

Die Oder, welche die suevischen Gebiete mitten durchströmt, scheint nun auch einen wichtigen Grenzstrom innerhalb derselben für einen Osten und Westen abzugeben. Auch ist es deshalb nicht unwahrscheinlich, daß dieser Fluß, den wir beim Ptolemäus unter den Namen Jadua und Viadus kennen lernen, eben derselbe ist, den er unter dem Namen Suebus aufführt [1]), da die Meinung, daß der kleine Fluß Warne unter diesem berühmten Namen zu verstehen sei [2]), nicht haltbar sein dürfte. Im Westen der Oder zeigen sich nun überall noch rein germanische Völkernamen und echt germanisches Leben, weil hier die germanische Ansiedlung mit der slavischen Urbevölkerung in einem angemessenen Verhältnisse stehen mochte, aber gleichsam eine ganz andere Welt zeigt sich schon an der obern Oder im Osten des vandalischen Gebirges (Riesengebirge) und jenseit der untern Oder. Hier in den mächtigen Räumen zwischen den Karpathen und dem baltischen Meere, wo durch das ganze Mittelalter hindurch und selbst bis auf diesen Augenblick deutsche und slavische Volksthümlichkeit im Kampfe mit einander stehen, finden wir ganz fremdartige Namen, unter denen die deutschen Völker erscheinen; hier finden wir zugleich eine Menge von Ortschaften, woran es in dem eigentlichen Germanien doch mangelte und deren Existenz nicht blos durch die Angaben der Alten sondern auch durch die in neuern Zeiten daselbst aufgefundenen Alterthümer bestätigt wird. Der alte Handelsverkehr zwischen der römischen Welt und den baltischen Küstenlandschaften scheint jene Orte hervorgerufen und erhalten zu haben [3]).

1) Zeuß, die Deutschen. S. 16.

2) Mannert, Germanien. S. 420.

3) Kruse, Arch. für alte Geograph., Geschichte u. Alterthümer der germanischen Völkerstämme. Leipz. 1822. 8. Th. 1. Heft 2 u. 3.

Wenn uns Strabo von dem Stamme der Sueven als dem umfassendsten unter den Germanen sechs Hauptvölker namentlich angiebt als die Kolduer (Quaden), die Markomannen, die Luier (Lygier), die Semnonen, Eumondoren (Hermunduren) und die Lankosargen (Langobarden), so erkennt man darin mit Ausnahme der Luier oder Lygier noch echt deutsche Namen. Wenn er aber bei der Darstellung der Begründung der Macht Marbods in Bojohemum berichtet, daß er sich sechs Völker für seine Herrschaft gewonnen habe, nämlich das große Volk der Luier, die Zumen, Butonen, Mugilonen und Sibinen und das mächtige Volk der Semnonen, so erhellt leicht, daß diese Völkernamen, wofern sie nicht verstümmelt uns überliefert sind, ein ganz fremdes und zwar slavisches Gepräge tragen. Dann aber ist auch schon von Andern erinnert worden, daß die Namen der einzelnen lygischen Völker wenig germanisch klingen und vielmehr auf einen sarmatischen oder slavischen Ursprung hinweisen [1]).

Das weit verbreitete Volk der Lygier hat seine Sitze an der obern Oder an dem vandalischen Gebirge und führt zu der Annahme, daß, so weit der vandalische oder lygische Name sich in den ostgermanischen Gebieten ausdehnt, die slavische Bevölkerung trotz der Beherrschung durch germanische Kriegerschaaren so dominirend gewesen sei, daß selbst ihr Name und zum Theil sogar ihre Sitten auf ihre Herren übergegangen sind. Wir haben demnach bei der Uebersicht über die suevischen Völker zu unterscheiden zwischen den im engern Sinne sogenannten Sueven und den östlichen Sueven der beiden großen slavischen Marken, welche unter den Namen der vandalisch-gothischen und der lygischen Völker erscheinen.

---

1) Luden, Geschichte der Deutschen. I. S. 475.

1. Die eigentlichen Sueven.

Unter diesen eigentlichen Sueven begreifen wir die Reihe von Völkern, welche auf einem theils ganz germanischen theils halb germanischen Boden das Stammland der Germanen im Süden und Osten unmittelbar umgaben. Es kommen also hier diejenigen suevischen Stämme in Betracht, welche in der alten Mark der Markomannen von dem untern Main ostwärts sich im Norden der obern Donau bis zur Grenze der Geten und Daken an den Gebirgsketten von Ober-Ungarn hinzogen, und dann diejenigen, welche von den böhmisch-mährischen Gebieten an nordwärts das Land zwischen der Elbe und Oder bis zum baltischen Meere hin erfüllten. Aus diesen Sueven sind größtentheils die beiden deutschen Stämme der Thüringer und der Alemannen mit den Schwaben und vielleicht auch zum Theil die Baiern hervorgegangen.

Bei der nähern Angabe der Sitze der einzelnen suevischen Völker ist es übrigens wohl zu berücksichtigen, daß sich dieselben keineswegs so genau wie bei den westlichen Germanen bestimmen lassen, und daß die ungenauen und sich vielfach widersprechenden Berichte der Alten in dieser Beziehung sich eben so sehr aus der Natur des politischen Zustandes dieser Völkerschaften als aus ihrer geringern Kenntniß der Gebiete Ober-Deutschlands erklären lassen. Denn da diese suevischen Völker nicht auf natürliche Weise gegeben, sondern erst im Verlauf der Zeit aus verschiedenen sich vereinigenden Gefolgschaften gebildet waren, so behielten sie diesen unstäten oder schwankenden Charakter nicht minder in ihrem Innern rücksichtlich ihrer einzelnen Unterabtheilungen als auch rücksichtlich der äußern Begrenzung, wie dies theils durch politische Verbindungen unter ihnen, theils durch willkührliche oder erzwungene Veränderung der Wohnsitze bedingt wurde. Darum können die spätern kirchlichen und politischen

Eintheilungen aus der Zeit des Mittelalters auf diesem Gebiete der suevischen Völker nicht mehr von Bedeutung sein.

Dies zeigt sich sogleich bei der genauern Bestimmung der Grenzen der Hermunduren und Markomannen, welche als die beiden Hauptvölker in dem südlichen Suevien längs des Main und der Donau erscheinen, und deren Namen offenbar nur ganz allgemeine Bezeichnungen für Kriegerschaaren an den Grenzen des deutschen Stammlandes bilden.

1) Die Hermunduren (Hermunduri). In großer Ausbreitung erscheint dieser suevische Stamm um die Mitte des ersten Jahrhunderts unserer Zeitrechnung in Ober-Deutschland, und sein Name scheint damals, wie früher und dann wieder später der markomannische, die vorherrschende Bezeichnung der südlichen Sueven gewesen zu sein. Wenigstens werden die Hermunduren später in der Geschichte genannt als die Markomannen, und trotz ihrer gewaltigen Ausbreitung verschwand ihr Name bald im zweiten Jahrhundert als der ihrer Stammgenossen und östlichen Nachbarn noch in hohem Ansehn stand.

Von gleicher Wurzel mit dem Namen der Hermionen stammend und auf die Gottheit Hermin oder Irmin verweisend, womit man aber auch das Wort Ariman oder Herman d. h. ein freier und selbstständiger Krieger in Verbindung gebracht hat [1]), erinnert der Name der Hermunduren oder Irminduren an die Duringen oder Thüringer [2]). Hermunduren und Markomannen wurden diejenigen suevischen Stämme genannt, welche schon zu Cäsars Zeit am meisten gegen Südwesten in Ober-Deutschland vorgedrungen waren und dort den Rhein theils schon überschritten hatten, theils noch überschreiten wollten. Sie waren es auch, welche die rheinischen Germanen bedrängten und zum Theil

---

1) Grotefend bei Ersch und Gruber, allgem. Encyklopädie. Abth. II. Th. VI. S. 350 bis 353.

2) Grimm, deutsche Mythologie. S. 216.

zur Auswanderung nöthigten, bis sie selbst durch das Vordringen der Römer am Rhein und an der obern Donau sich mehr in das Innere des Landes zurückzuziehen genöthigt waren. Aber erst durch den Domitius Ahenobarbus, welcher durch die Bewegung unter den suevischen Stämmen veranlaßt von der Donau aus einen Zug durch Ober-Deutschland bis zur Elbe hin unternahm, lernen wir die Hermunduren bestimmter kennen. Durch ihn erhielten damals die aus ihrer Heimath verdrängten Hermunduren einen Theil des frühern markomannischen Gebietes auf der Nordseite der obern Donau, wo wir sie auch in späterer Zeit wiederfinden. Nicht ohne Grund hat man dies Ereigniß mit der Besetzung Bojohemums durch die Markomannen in Verbindung gebracht [1]). Wenigstens würde die Vertreibung hermundurischer Schaaren aus jenem Gebiete durch die letztern nicht nur die Feindschaft gegen den Marbod, sondern auch den spätern Haß derselben gegen die Markomannen erklären.

Um die Mitte des ersten Jahrhunderts oder zur Zeit der Glanzperiode des hermundurischen Waffenvereins, als derselbe auch gegen die Chatten an der fränkischen Saale glücklich kämpfte, erscheinen die Hermunduren im Besitz der südwestlichsten Grenzmark Germaniens ausgebreitet in den Gebieten zu beiden Seiten des Thüringer-Waldgebirges, und gegen Westen und Nordwest an die Chatten und Cherusken grenzend. Südwärts reichten sie bis an die obere Donau in der Gegend von Regensburg, und erstreckten sich ostwärts über die sächsische Saale hinaus bis zur mittlern Elbe und über einen Theil des nördlichen Böhmens. Mit den Römern standen sie damals an der Donau, an der rhätischen Grenze, in einem freundschaftlichen Vernehmen und in Handelsverkehr; ihnen allein war es gestattet bis zu der neu gegründeten rhätischen Hauptstadt Augusta Vindelicorum am Lech zu kommen, um Handel zu treiben.

1) Wilhelm, Germanien. S. 201. 203

Dennoch bildeten sie hier an der Donau die Verfechter der germanischen Freiheit, indem sie im Norden des Stromes keinen römischen Einfluß duldeten, und selbst die Ueberreste der marbodischen Herrschaft trotz des römischen Schutzes gänzlich vernichteten [1]).

Das freundschaftliche Verhältniß zwischen den Hermunduren und Römern scheint übrigens nicht länger als bis zur Mitte des zweiten Jahrhunderts bestanden zu haben, denn da traten sie mit den Markomannen und fast allen übrigen germanischen Stämmen auf dem Nordufer der Donau als die heftigsten Gegner der Römer auf, und bei dieser Gelegenheit wird ihr Name zum letztenmale genannt. Denn Ptolemäus, welcher grade um jene Zeit die Materialien zu seiner Geographie sammelte, kennt die Hermunduren nicht mehr. Verschwinden konnte jedoch ein so mächtiges von der mittern Elbe bis zum untern Main und bis zur obern Donau ausgebreitetes Volk nicht, vielmehr muß sich diese suevische Waffengenossenschaft in verschiedene Theile aufgelöst haben, so wie uns auch Ptolemäus eine Reihe einzelner deutscher Stämme in ihrem ehemaligen Gebiete nennt, deren Namen auf einzelne Lokalitäten und spätere Gau-Benennungen hinführen [2]). Im äußersten Westen am Main lernen wir die beiden kleinen Völker der Vargionen und Karitnen kennen, welche an die dortigen ostfränkischen Gaue Weringau und Arogau zu erinnern scheinen [3]). Im Osten am Fichtelgebirge nennt er uns die Teuriochämen, deren Namen mit dem der Hermunduren noch zusammenhängen mag. In der Mitte des Landes am obern Main finden wir die Turonen und Marvingen, und vom Main bis gegen die Donau hin werden uns die Stämme der Kurionen, Chätuoren und Parmäkampen genannt [4]).

---

1) Wilhelm, Germanien. S. 204. 205.

2) Wilhelm, Germanien. S. 206.

3) Ledebur, die Brukterer. S. 52 bis 57.

4) Mannert, Germanien. S. 199. 203.

Aber auf demselben Gebiete, wo sich im Alterthum die hermundurischen Völker zeigen, da treten uns gleich mit dem Beginn des Mittelalters die Thüringer entgegen, deren Herkunft und Entstehung als eines mächtigen in sich fest zusammenhängenden Volkes ganz im Dunkeln liegt. Indessen so wie der Name der Hermunduren vermittelst der Teuriochämen und Turonen auf die spätern Thüringer hinweiset, so ist auch der historische und ethnographische Zusammenhang zwischen beiden nicht zu verkennen [1]). Nur ist dabei zu berücksichtigen, daß diese Stämme zum Theil auch zur Bildung des Waffenvereins der Alemannen beigetragen haben müssen, und der Name der Sueven, welcher neben dem der Alemannen anfangs immer besonders genannt wird, ehe beide in einander aufgingen, scheint auf diesen Antheil suevischer Hermunduren an jenem Verein noch bestimmter hinzuweisen. Sicher ist es aber, daß die Hermunduren auf einige Zeit bei den Alten in der zweiten Hälfte des zweiten Jahrhunderts unter dem Namen der Sueven vorkommen [2]).

Dieselbe allgemeine Bezeichnung als Sueven wird jedoch auch zu jener Zeit ihren östlichen Nachbarn den Markomannen ertheilt, deren besonderer Name bei seiner allgemeinen Bedeutung und bei dem schwankenden Gebrauche, den er in den Berichten der Alten hat, nicht geringe Schwierigkeiten in der ältern deutschen Ethnographie und Geschichte verursacht. Unläugbar haben die beiden Namen der Hermunduren und Markomannen zu gewissen Zeiten bestimmte einzelne suevische Waffengenossenschaften bezeichnet; da sie aber beide nur einen appellativen Charakter haben, so mußten sie auch bei den schwankenden und sich häufig verändernden politischen Verhältnissen unter diesen südlichen

---

1) Grotefend bei Ersch und Gruber, allgem. Encyklopädie. Abth II. Th. VI. S. 365. Mannert, Germanien. S. 199.

2) Wilhelm, Germanien. S. 207.

Sueven an der Donau nicht selten in einander übergreifen, und konnten sogar zuweilen von dem noch allgemeinern Namen der Sueven verdrängt werden.

Wenn nun der Name der Markomannen als die in der ältern Zeit vorherrschende besondere Bezeichnung für die süddeutschen Sueven sich unter einem Ariovist bis zum obern Rhein hin ausbreitete, dann aber etwas später auf dieser westlichen Seite von dem der Hermunduren verdrängt wurde, wobei man nicht sowohl an mächtige Wanderungen der markomannischen Sueven als vielmehr nur an die weitere Ausbreitung des hermundurischen Namens auf jener Seite denken darf, so erlangte der markomannische Name bald eine weitere Ausdehnung auf der andern östlichen Seite, indem die an der Donau genannten Stämme der Narisken und Quaden bald mit unter diesem allgemeinen Namen, bald als besondere Völker neben dem einzelnen Volke der Markomannen aufgeführt werden. Außerdem finden wir aber an der Nordseite der Donau ostwärts bis zu den dacischen Grenzen Germaniens hin noch eine große Menge anderer Völkernamen erwähnt, welche zwar zum Theil markomannische Stämme bezeichnen, aber auch nicht selten auf das in älterer Zeit hier heimische gallische Element der Bevölkerung hinweisen möchten.

2) Die Narisken (Narisci, auch Varisti und Naristae). Dieses erst vom Tacitus genannte suevische Volk, dessen Tapferkeit er rühmt, hatte seine Sitze dem nördlichsten Donauknie von Regensburg gegenüber, scheint sich aber später etwas mehr nordwärts zum Fichtelgebirge hinaufgezogen zu haben, da sie Ptolemäus nicht mehr als Umwohner der Donau nennt [1]). Man hat diese Narisken für den Theil der markomannischen Stämme gehalten, welcher nicht in das Bergland von Bojohemum mit einwanderte [2]).

---

1) Wilhelm, Germanien S. 210.

2) Zeuß, die Deutschen. S. 117.

Doch könnte man sie bei ihrer Stellung zwischen den Hermunduren und Markomannen auch einen hermundurischen Stamm nennen und zwar um so mehr, als sie nicht mit zu dem Reiche des Marbod gehörig genannt werden, und nur durch das Anschließen an das größere westliche Volk sich selbstständig erhalten haben können. In dem markomannischen Kriege werden sie zum letztenmale genannt unter den Feinden der Römer an der Donau. Ob sich ihr Name noch später im Mittelalter an dem Fichtelgebirge in dem Vogtlande erhalten haben mag, wo uns die provincia Variscorum angegeben wird, muß wohl unentschieden bleiben [1]), und noch weniger wird sich ermitteln lassen, ob die Varasken im Lande Warasch oder Waraschken, das wir im Mittelalter am Jura und am Doubs kennen lernen, dem Namen nach mit dem Volke der Narisken an der Donau zusammenhängen [2]).

3) Die Markomannen (Marcomanni). Als ein besonderes Volk oder als eine besondere Waffengenossenschaft kann man die Markomannen nur erst seit der Zeit betrachten, als ein großer Theil der süddeutschen Sueven in den Hochebenen an der obern Donau, der dort vordringenden Macht der Römer weichend, sich unter Anführung des Marbod in das bojohemische Bergland zurückzog und dort den Grund zu einer mächtigen suevischen Herrschaft in Ober-Deutschland legte [3]). Doch wurden sie auch in dieser Stellung noch mit dem allgemeinen Namen der Sueven bezeichnet [4]). Schon haben wir kennen gelernt, daß dieses weit ausgedehnte Reich, welches selbst die fernen suevischen Stämme der Semnonen und Langobarden an der mittlern und untern

---

1) Juncker, Anleitung zur Geographie der mittlern Zeiten. Jena 1712. 4. S. 106.

2) Zeuß, die Deutschen. S. 117.

3) Wilhelm, Germanien. S. 215. 216.

4) Zeuß, die Deutschen. S. 117.

Elbe umfaßte, nicht lange von Bestand war, und daß außer den Cheruskern vornehmlich die Hermunduren zum Sturze desselben thätig waren. Die Markomannen blieben jedoch ein ansehnliches Volk unter der Herrschaft eigener Könige aus dem Geschlechte Marbods, und standen in der folgenden Zeit meistens in einem friedlichen Verhältnisse mit den Römern bis auf die Regierung des Domitianus, welcher selbst die Feindschaft anregte, durch welche der markomannische Name sich an der obern Donau bald so furchtbar gemacht hat. Uebrigens ist es bei dem Umstande, daß nun gleich darauf in eben diesem Gebiete uns so viele besondere Völkernamen genannt werden, nicht ohne Grund bezweifelt werden, ob die Markomannen in Bojohemum nach Marbods Zeit auch noch diesen Namen geführt haben, da derselbe zwar auch noch ferner bei den Römern blieb, aber allmählig wieder in einem allgemeinern Sinne gebraucht wurde, während eine andere besondere Bezeichnung zum Vorschein kommt, welche an die eigentlichen suevischen Bojohemen erinnert [1]).

4) Die Quaden (Quadi). Auf der Ostseite der Markomannen wohnend bilden die Quaden das südöstlichste unter den suevischen Völkern Germaniens, und sie wurden dort an der Donau den Römern bei der Eroberung Pannoniens und Norikums frühzeitig bekannt. Anfangs nach Osten hin bis zu den Gebieten der Geten und Daken ausgedehnt, zogen sie sich später seit dem Vordringen der sarmatischen Jazygen, welche den Vortrab der von den Karpathen her sich bis zur Donau verbreitenden slavischen Stämme bilden [2]), und seit der Begründung des Reiches des Marbod in Bojohemum mehr nach Westen in das heutige Ober-Ungarn und Mähren zurück. Mit den Markomannen

---

1) Mannert, Germanien. S. 384. 391.

2) Muchar, Geschichte der slavischen Völker Inner-Oestreichs, in der steiermärkischen Zeitschrift. Heft 6. Grätz 1825. S. 1 bis 57.

stehen sie immer in enger Verbindung, gehörten auch zum marbodischen Reiche, und erscheinen durchaus als eine markomannische, wenn auch selbstständige Völkerschaft. Daher wird auch das kleine Reich, welches die Römer aus den flüchtigen Gefolgschaften des Marbod und Catvalda an dem Nordufer der Donau an den Flüssen Waag und Gran unter einem besondern Könige aus dem Volke der Quaden errichteten, ein quadisches Reich genannt, und hier wie weiter westlich an der March kennt man später immer nur Quaden [1]).

Während der Mitte und der zweiten Hälfte des ersten Jahrhunderts standen die Quaden mit ihren Stammgenossen in einem gleichen friedlichen Verhältnisse zu den Römern, bis die letztern selbst zur Störung desselben Veranlassung gaben. Dafür wurden sie auch in dem folgenden Jahrhundert um so fürchterlichere Feinde, als sie in dem großen markomannischen Kriege zur Zeit des Marcus Aurelius die Grenzen des römischen Reiches in den illyrischen Provinzen an der obern Donau bestürmten. Sie erscheinen damals mit unter dem gemeinsamen Namen der Markomannen, welcher alle suevischen Völker und Gefolgschaften an dem Ufer der Donau umfassend in dem zweiten Jahrhundert sich noch einmal zur welthistorischen Bedeutung emporschwang, wenn gleich sie auch noch immer unter ihrem besondern Namen neben Markomannen und andern Völkern jener Gebiete genannt werden.

Noch während des ganzen dritten und vierten Jahrhunderts ist der Name der Markomannen für die über die obere Donau in die illyrischen Provinzen einbrechenden Sueven in Gebrauch, erst im fünften Jahrhundert verliert er sich. Auch der Name der Quaden erhielt sich bei den Alten bis zum Ende des vierten Jahrhunderts, obschon aus diesem wie aus dem markomannischen Volke im Laufe der Zeit etwas

---

1) Mannert, Germanien. S. 379 bis 381.

ganz anderes geworden war, und wird zum letztenmale im fünften Jahrhundert zu Attilas Zeit genannt [1]).

Indessen schon seit der Mitte des zweiten Jahrhunderts finden wir auf dem Gebiete der bojohemischen Markomannen und der Quaden eine Reihe anderer Völkernamen, und zwar neben jenen, vom Ptolemäus angegeben, welche sonst weiter nicht vorkommen und welche, wenn auch nicht Gaunamen doch Gefolgschaftsnamen der einzelnen Theile jener größern Verbindungen anzeigen. Die mehr im Innern des Landes angegebenen allgemeinen Namen der Markomannen und Quaden möchten vielleicht beim Ptolemäus auch dort verschwunden sein, wenn er dort eben so genaue Kunde als wie an dem Gestade der Donau gehabt hätte. Hier aber nennt er uns zunächst das große Volk der Bämen (Baemi), welches in dem Marchfelde seinen Sitz hatte, und dem sich gegenüber auf der rechten Seite des Stromes die starke Festung Carnuntum erhob, das Bollwerk Roms gegen Markomannen und Quaden. Wahrscheinlich sind unter jenen Bämen nichts als Bojohemen zu verstehen oder diejenigen Gefolgschaften der bojohemischen Markomannen, welche sich in Folge der Angriffe des Domitianus am Ufer der Donau festsetzten [2]). Denn die Vermuthung, daß sie die Abkömmlinge der von den Römern an die Donau verpflanzten Gefolgschaften unter der Herrschaft des Vannius seien, möchte durch ihre Bezeichnung als eines großen Volkes kaum gerechtfertigt werden [3]).

---

1) Mannert, Germanien. S. 382 bis 385.

2) Mannert, Germanien. S. 391.

3) Zeuß, die Deutschen. S. 118. Nach Andern sollten sie die angeblich von den Markomannen aus Bojenheim vertriebenen Bojen, die nachmals sogenannten Bajoaren und die Stammväter der heutigen Baiern sein. Buchner, über die Einwohner Deutschlands im zweiten Jahrhundert unserer Zeitrechnung nach Ptolemäus. München 1839. 4. S. XII.

Als die Nachbarn der Bämen werden uns genannt ostwärts die Rhakaten und westwärts die Terakatrier, sämmtlich im Ufergebiet der Donau, indem in ihrem Rücken die Quaden wohnten nordwärts bis zu den Gebirgsketten auf der Grenze von Mähren und Schlesien. Weiter aufwärts an der Donau nennt uns Ptolemäus die beiden Stämme der Abrabäkampen und der Parmäkampen, welche letztern sich bis zum Stromknie von Regensburg hinzogen, und in ihrem Rücken nordwärts an den Quellen der Moldau die Sudinen, welche man mit den bei Strabo genannten Sibinen verglichen hat. Noch jetzt weisen die beiden Zuflüsse zur Donau die östreichische und baiersche Kamp auf die Sitze jener doppelten Kampen hin [1]). An der Nordseite aber des markomannischen Gebietes an dem Durchbruche der Elbe durch das Gebirgsland, von wo an der Strom das Gebiet der Hermunduren bespülte, saßen die Bänochämen oder Bonochämen, deren Namen man wegen des von ihnen bewohnten Gebietes in Bojochämen verwandeln zu müssen glaubte [2]).

Wenn es sich auch weiter nicht begründen läßt, daß die an der Donau genannten Terakatrier ein gallisches Völkchen seien [3]), so trifft man doch hier an den südöstlichen Grenzen Germaniens, wo die suevisch-markomannischen Kriegsschaaren erst im Kampfe mit der gallischen und auch slavischen Urbevölkerung sich ihre Heimath und eine Herrschaft erworben haben können, nach den bestimmten Angaben der Alten noch mancherlei Ueberreste jener Volksstämme, welche sich in den mehr gesicherten Gebirgsgegenden, in dem Quellgebiet der Oder und Weichsel, noch in

---

1) Mannert, Germanien. S. 389 bis 391.

2) Wilhelm, Germanien. S. 221.

3) Zeuß, die Deutschen S. 119 bis 122.

einer gewissen Selbstständigkeit behaupteten [1]). Da uns dies aber schon in das Gebiet der östlichen Markenvölker Germaniens hineinführt, haben wir zunächst noch die Reihe der suevischen Völker an der Elbe abwärts bis zur Oder und dem baltischen Meere vorzuführen.

5) Die Semnonen (Semnones). Mit großem Glanze tritt der Name der suevischen Semnonen in der Geschichte hervor. Sie erscheinen zuerst als ein durch Marbod für den Bund der Markomannen gewonnenes Volk, das aber später durch sein Anschließen an den Bund der Cherusken zur Auflösung des marbodischen Reiches beitrug. Durch die Kriegszüge unter Tiberius lernten die Römer die Heimath dieses Volkes als an der Elbe gelegen kennen, und so wie sie schon Strabo ein großes Volk nennt, so bemerkt Tacitus, daß die Semnonen die ältesten und angesehensten unter den suevischen Völkern seien. Grade in ihrem Gebiete sollte der Ursprung aller Sueven zu suchen sein, worunter wohl nur die Entstehung der suevischen Waffengenossenschaften und die Ausbildung ihrer Kriegsverfassung verstanden werden kann. Auch weiß er mancherlei Wunderbares von dem bei ihnen befindlichen heiligen Haine, von den Bundesopfern und von den hundert Gauen zu berichten, welche sie bewohnten. Noch jetzt hat man die Lage jenes heiligen Haines in der Lausitz bei Sonnenwalde auffinden wollen, wo die in der Umgegend zerstreuten vielen deutschen Grabmale aus der ältesten Zeit einen ehemals bedeutenden Punkt in diesem Gebiete suevischer Völker beurkunden [2]).

Die Elbe sollte nach den Angaben der Römer die Grenzgebiete der Hermunduren und Semnonen in ihrem

1) So hält man auch jene beiden Völker der Kampen bald für gallische Stämme, wie Duncker, orig. Germ. I. p. 50 — 53, bald für markomannische Stämme, wie Mannert, älteste Geschichte Bajoariens. S. 26.

2) Kufahl, Geschichte der Deutschen. I. S. 258.

mittlern Laufe bespülen, und noch genauer bestimmt Ptolemäus ihre Sitze, wenn er sagt, daß die Semnonen von der Elbe ostwärts bis zum suevischen Strom, bis zur Oder, reichten. In diesem Gebiete, in der heutigen Mark Brandenburg und in einem Theile von Sachsen grenzten sie gegen Südosten schon an die lygischen Völker, gen Südwesten an die Hermunduren, und berührten westwärts an den Ufern der Elbe die hermionischen Cherusken und die suevischen Langobarden [1]). Die uns hier vom Ptolemäus an der Elbe noch genannten Kalukonen waren entweder ein Theil der Semnonen oder sind irrthümlich hier angegeben, da sie sonst als deutscher Stamm ganz unbekannt, vielmehr von den Alten mehrmals unter den vindelicischen Völkern am obern Lech genannt werden [2]).

Zwar kommen die Semnonen in der Geschichte nur wenig vor, und nachdem ihr Name noch zuletzt in der Zeit des markomannischen Krieges erwähnt ist, verschwindet derselbe gänzlich. Die Römer standen mit ihnen in gar keinem Verkehr, und nur gelegentlich wird ihr Name in der zweiten Hälfte des ersten Jahrhunderts von ihnen angeführt. Dennoch läßt sich nach den Angaben der Alten an dem Dasein dieses suevischen Waffenvereins unter dem Namen der Semnonen nicht zweifeln, und wohl mit Unrecht hat man ihren Namen für die allgemeine Bezeichnung der nördlichen suevischen Völker an der Elbe gehalten, welche bei den südlichen Sueven in einer gewissen Verehrung standen, weil sie einst von ihnen ausgegangen wären und die innern Gegenden als ihr eigentliches Mutterland betrachteten [3]). Daß ihr Name nachmals in der Zeit der Völkerwanderung nicht wieder erscheint, das ist ihm mit dem vieler andern suevischen Völker gemeinsam.

---

1) Wilhelm, Germanien. S 238 bis 242.

2) Mannert, Germanien S. 519.

3) Mannert, Germanien. S. 331 bis 334.

6) Die Langobarden (Langobardi, Longobardi). Durch den Kriegszug des Tiberius nach der untern Elbe lernen wir zuerst das suevische Volk der Langobarden als Anwohner dieses Stromes kennen [1]), und bald machten sie sich in der Geschichte unter den Völkern Germaniens bemerkbar, als sie mit ihren Stammgenossen und Nachbarn, den Semnonen, dem markomannischen Reiche des Marbod beitraten. Beide gaben dann auch wiederum bei der feindseligen Stellung der germanischen Völker gegeneinander in dem Bunde der Cherusken auf der einen Seite und der Markomannen auf der andern Seite den Ausschlag, indem sie durch den Uebertritt zum cheruskischen Völkerverein Germaniens Freiheit aufrecht erhielten.

So vielfach auch der nachmals so berühmte Name der Langobarden erklärt worden ist [2]), und man ihn meistens von ihren Stammsitzen an den Ufern der Elbe glaubte herleiten zu müssen, wo die Börde eine fruchtbare Ebene am Stromufer bezeichnet [3]), so ist es doch am wahrscheinlichsten, daß sie eben so nach den beiden von ihnen bewohnten Gauen benannt worden sind, wie ihre suevischen Stammgenossen, die mit ihnen häufig verwechselten Langobarden am Rhein als die Bewohner der beiden Gaue Lahngau und Battengau bezeichnet worden sind [4]). Denn die Sitze dieser

1) Daß die Langobarden zu den Sueven gehören, ist nach den Angaben der Alten außer Zweifel, und die nahe Verwandtschaft der spätern Langobarden mit den Sachsen berechtigt noch nicht, wie es in neuerer Zeit (Phillips, deutsche Staats- und Rechtsgeschichte I. S. 33) geschehen ist, sie von den Sueven zu scheiden und den Ingävonen zuzugesellen, da jene Verwandtschaft offenbar nur die Abstammung dieser Sueven von jenen Ingävonen, oder wenigstens eine vielfache Beziehung beider Völker auf einander beurkundet.

2) Türk, Forschungen auf dem Gebiete der Geschichte. Rostock 1835. 8. Heft 4. Die Langobarden und ihr Volksrecht. S. 18.

3) Wilhelm, Germanien. S. 286.

4) Ledebur, die Brukterer. S. 62. Anmerk. 270.

Langobarden an der Elbe finden sich im Laingau und Bardengau an der Westseite des Stromes im Fürstenthum Lüneburg, so daß sie gegen Nordwesten an die Chauken und Angrivarier, gegen Westen und Süden an die Cherusken grenzten, gegen Südost aber die Semnonen berührten [1]).

Die Auflösung des cheruskischen Bundes in der zweiten Hälfte des ersten Jahrhunderts trug dazu bei das Ansehn der streitbaren Langobarden unter den Völkern Germaniens noch mehr zu heben. Schon hatten sie sich in die innern Angelegenheiten der Cherusken eingemischt und einen von den letztern vertriebenen König, den Neffen Armins, mit Gewalt wieder bei ihnen eingesetzt, und die Cherusken müssen seitdem in eine gewisse Abhängigkeit von ihren ehemaligen Bundesgenossen gekommen sein [2]). Tacitus rühmt die Langobarden zu seiner Zeit als ein Volk, welches trotz seiner geringen Anzahl mitten unter andern sehr mächtigen Völkern sich nicht nur seine Freiheit bewahrt habe, sondern auch allgemein geehrt sei. Dennoch ist es eine ganz irrige durch ein Mißverständniß der Angaben des Ptolemäus veranlaßte Ansicht, wenn man, wie es von verschiedenen Seiten her geschehen ist [3]), von einem großen langobardischen Reiche zu jener Zeit spricht, welches sich über einen großen Theil Germaniens von der Elbe bis zum Rhein erstreckt haben soll.

Die Geschichte weiß von einer solchen langobardischen Herrschaft nichts. Gleich den Semnonen verschwinden die

---

1) Kufahl, Geschichte der Deutschen. I. S. 171. Wersebe, über die Völker und Völkerbündnisse des alten Deutschlands. S. 216. Anmerk. 268.

2) Wilhelm, Germanien. S. 283.

3) Mannert, Germanien. S. 171. Wilhelm, Germanien. S. 284. So auch noch Mannert in seiner Geschichte der alten Deutschen besonders der Franken. Stuttgart 1829. 8. Theil I. S. 79. 80.

Langobarden nach des Ptolemäus Zeit aus den Augen der Alten, und erst im fünften Jahrhundert erscheint wiederum der Name dieses Volkes, aber schwerlich eben dies Volk selbst, an dem Nordufer der Donau, um fortan seine historische Bedeutung nicht mehr zu verlieren.

So wie die untere Elbe im Allgemeinen den Grenzstrom des eigentlichen Germaniens gegen die Welt der suevischen Völker bezeichnet, so bildete sie auch dort die Grenzmark der genauern Kunde der nordischen Welt für die Alten. An der Elbe, bis wohin die Römer nur erobernd vordrangen, begann schon das Dunkel in der Geographie und Ethnographie, und zwar mußte dies um so mehr statt finden, als die beiden vorhin genannten Hauptvölker daselbst in nur geringer oder eigentlich gar keiner Berührung und Verbindung mit der römischen Welt gestanden haben. Wenn aber schon hier, zu jener Zeit wenigstens, das historische Leben ein Ende nimmt, so kann davon noch weit weniger die Rede sein in den Gebieten, welche sich im Rücken der Semnonen und Langobarden bis zur untern Oder und zum baltischen Meere ausbreiten.

In diesen baltischen Gebieten zwischen der Elbe und Oder, bis wohin gewiß auch nur selten ein römischer Handelsmann gekommen sein wird, und wo im Mittelalter die deutsche Herrschaft und die christliche Religion erst am spätesten unter den Ländern Deutschlands Wurzel schlug, erscheinen im germanischen Alterthum die verschiedenen suevischen Stämme, wenn auch fast alle noch unter deutschen Namen, doch in so unbestimmter und schattenhafter Gestalt, daß es bei den sich zum Theil widersprechenden Angaben der Alten über ihre Namen und Sitze außerordentlich schwierig ist, etwas sicheres darüber zu ermitteln. Offenbar waren hier in dem ersten Jahrhunderte unserer Zeitrechnung die ethnographischen und politischen Verhältnisse noch in einem gewissen flüssigen und unentwickelten Zustande, und scheinen aus solchem in die Krisis der bald rings umher eintretenden Veränderungen unter den deutschen Völkern hineingezogen zu sein, ehe sie sich noch zu bestimmtern politischen Gestalten durchbilden konnten.

Nach des Tacitus Angabe finden wir im Rücken der Semnonen und Langobarden einen auf einer religiösen Verbindung beruhenden Verein von sieben suevischen Völkern, von welchen uns die meisten ganz unbekannt sind und nur einige durch das spätere Vorkommen ihres Namens in der Geschichte eine größere Wichtigkeit in Anspruch nehmen.

7) Die Angeln (Angli, Angili), die Warnen (Varini), die Reudingen (Reudigni), die Avionen (Aviones), die Eudosen (Eudoses), die Suardonen (Suardones) und die Nuithonen (Nuithones). Die Sitze aller dieser Stämme hat man zwar zuweilen in den heutigen thüringischen Gebieten in dem Stromgebiete der Saale zu finden geglaubt [1]), doch scheint es kaum zweifelhaft, daß sie vielmehr auf der Ostseite der untern Elbe gesucht werden müssen, obschon Tacitus darüber nur das ganz Unbestimmte anzugeben weiß, daß sie durch Flüsse und Waldungen geschützt seien. Auch sei bei den einzelnen Völkern nichts weiter Merkwürdiges anzugeben, als daß sie gemeinsam die Hertha, wofür man jetzt Herthus oder Nerthus lesen zu müssen glaubt [2]), d. h. die Mutter Erde als eine mächtige Gottheit verehrten, die auf das Schicksal der Menschen Einfluß habe.

Bekanntlich ist das Lokale des Haines und des Heiligthumes jener Gottheit, weil es auf einer Insel im Ocean liegen sollte und den Sitzen jener sieben Völker benachbart sein mußte, schon seit ältern Zeiten auf der Insel

---

1) Wersebe, über die Völker und Völkerbündnisse des alten Deutschlands. S. 218. 219.

2) Grimm, deutsche Mythologie. S. 140.

Rügen gesucht worden [1]). Aber wohl mit Recht hat man dieser Insel, obschon sie auch im Mittelalter sich durch einen berühmten Kultus bei den wendischen Völkern auszeichnete, jetzt den Ruhm streitig gemacht, jenes altgermanische Heiligthum beherbergt zu haben [2]). Sicher ist es gewiß, daß nicht eine einzelne oceanische Insel darauf Anspruch machen kann, durch solches Heiligthum ausgezeichnet gewesen zu sein, da sich dergleichen auf allen nordischen Inseln jener Gebiete vorfinden mochten [3]). Neben der Insel Rügen kann auch jede andere dänische Insel wie Bornholm, Femern, Fünen und Seeland den Sitz und Mittelpunkt eines solchen Kultus für die benachbarten Völker des Festlandes dargeboten haben, und sucht man einmal ein einzelnes bestimmtes Lokale für die Angabe des Tacitus, so scheint sich selbst die Insel Helgoland vor der Mündung der Elbe in dieser Beziehung noch am meisten zu empfehlen [4]). Eben dort finden wir in späterer Zeit den berühmten Kultus der Gottheit Forsete oder Fosete bei den friesischen Völkern wieder [5]).

Noch haben die stets verunglückten, vielfachen Erklärungen der Namen jener sieben suevischen Völker nebst dem Versuche einer genauern Bestimmung ihrer Sitze zu keinem sichern Resultate geführt, und nur die beiden Stämme der Angeln und Warnen kommen hier in Betracht, welche bei der weiten Verbreitung ihrer Namen in der ältern germanischen Zeit zu vielen Irrthümern Veranlassung gegeben

---

1) Wilhelm, Germanien. S. 49.

2) Barthold, Geschichte von Pommern und Rügen. Hamburg 1839. 8. Th. I. S. 112 bis 121.

3) Mone, Geschichte des Heidenthumes im nördlichen Europa. Leipzig 1822. 8. Th. II. S. 24.

4) F. v. d. Decken, historisch-geographische Untersuchungen über die Insel Helgoland. Hannover 1826. 8. S. 37 bis 52.

5) Grimm, deutsche Mythologie. S. 144. 145.

haben. Denn das spätere Vorkommen derselben im Mittelalter nöthigte immer zu einer Anknüpfung an die schon im Alterthum genannten und auch grade in den norddeutschen Gebieten erscheinenden Stämme. Das Verhältniß derselben zu den spätern Thüringern mußte die Wichtigkeit dieser Namen erhöhen.

Was zunächst die Angeln betrifft, so ist es auffallend, daß dieselben bei Gelegenheit der bis an die Elbe gehenden Feldzüge der Römer nicht als Anwohner dieses Stromes genannt werden, wie dies auch den Angaben des Tacitus zu entsprechen scheint. Dagegen setzt Ptolemäus seine suevischen Angilen mit Bestimmtheit auf das Westufer der Elbe und zwar gegen die Mitte ihres Laufes in der heutigen Altmark Brandenburg, so daß sie die südöstlichen Nachbarn der Langobarden waren und ostwärts durch die Elbe von den Semnonen geschieden wurden [1]). Eben dort in dem sogenannten Balsamer-Lande oder in dem Balsamgau hat sich das Andenken an die alten Angeln noch bis jetzt erhalten in dem Namen des Flusses Tanger und der Stadt Tangermünde oder Angermünde, da die Namen Angern oder Angeln im Mittelalter abwechselnd gebraucht wurden [2]).

Aus den spätern Verhältnissen des Mittelalters erhellt nun aber, daß die Angeln sich in diesem Gebiete auch ferner behauptet haben, indem man nicht ohne Grund die alte Grenzmark zwischen ihnen und den Langobarden mit der nachmaligen Grenzscheide zwischen den beiden Kirchsprengeln von Halberstadt und Verden in Verbindung bringt, und eine nur wenig begründete Annahme ist es, wenn man behauptet, daß die Angeln durch die nachmaligen Völkerbewegungen an der Elbe zersprengt worden seien und sich theils südwärts bis zur Unstrut, theils nordwärts bis zur cimbri-

1) Wilhelm, Germanien. S. 279.

2) Ledebur, allgem. Archiv für die Geschichtskunde des preußischen Staates. 1834. Th. XIII. S. 75 bis 81.

schen oder jütischen Halbinsel gezogen hätten [1]). Denn dort knüpfte man ihr Andenken an den Gaunamen Englin, hier aber glaubte man sie in dem kleinen Lande Angeln wiederzufinden, welches an der baltischen Meeresküste zwischen den Städten Schleswig und Flensburg gelegen schon von den alten angelsächsischen Geschichtschreibern nicht ohne Hinweisung auf die Urheimath ihres Volkes neben dem Lande der Sachsen genannt wird [2]).

Diese Wanderung der Angeln nach Norden schien aber um so nothwendiger angenommen werden zu müssen, als sie von der cimbrischen Halbinsel aus mit den Sachsen gemeinsam die Eroberung Britanniens zu Stande gebracht haben sollten. Dennoch ist diese allgemein verbreitete Annahme keineswegs für unzweifelhaft zu halten, und jene sächsischen Angeln verweisen am Ende mit weit mehr Wahrscheinlichkeit auf die Angern oder Engern an der Weser als auf die Bewohner der Landschaft Angeln in Jütland [3]). Wenn auch die weite Zerstreuung eines Namens wie der der Angeln über verschiedene Gebiete im germanischen Alterthum auf einen gewissen historischen Zusammenhang hindeutet, so scheint doch besonders dabei beachtet werden zu müssen, daß man es bei den schwankenden ethnographischen und politischen Verhältnissen unter den suevischen Völkern bei aller Uebereinstimmung des Namens doch immer mit ganz verschiedenen Völkern zu thun habe.

Dies scheint sich noch mehr zu ergeben bei der genauern Betrachtung des Namens der Warnen oder Varinen, deren Sitze man gewöhnlich an der baltischen Küste im heutigen Meklenburg am Flusse Warnow zu suchen pflegt, von wo ein Theil nach Südwesten hin ausgewandert sein

---

1) Wilhelm, Germanien. S. 280.

2) Forster, Geschichte der Entdeckungen im Norden. Frankfurt 1784. 8. S. 96.

3) Ledebur, a. a. O. XIII. S. 78.

und durch seine Ansiedlung an der Werra zur Begründung des Reiches der Thüringer beigetragen haben soll [1]). An jenem baltischen Küstenflusse zeigt auch das Mittelalter die Landschaft Warnow und das Volk der Waaren, welche, wenn auch der slavischen Welt angehörig, doch beurkunden, daß der Name der Warnen hier einheimisch sei, und noch im fünften Jahrhundert finden wir dies Volk als in derselben Gegend wohnend genannt [2]).

Auf eine merkwürdige Weise zeigt sich der Name der Warnen zu gleicher Zeit nach fast allen Enden der Welt hin verbreitet. Denn während die byzantinischen Geschichtschreiber zur Zeit des fünften Jahrhunderts einen Zweig dieses Volkes als Anwohner der untern Donau angeben, zeigen sich die Warnen auch zugleich als Anwohner des untern Rhein, wo sie mit den Franken in häufiger Fehde lebten und zuletzt von denselben vernichtet wurden. Dann sind aber auch etwas später in der karolingischen Zeit die Warnen oder die Werinen neben den Angeln als ein Haupttheil des thüringischen Volkes genannt [3]). Wenn nun aber jene rheinischen und die an der Donau vorkommenden Warnen wenig mehr als den Namen mit den baltischen Warnen gemein hatten, von welchen letztern vielleicht nur ihre Gefolgsherren stammten, so hat man jene an der Weser in dem Gaue Werinafeld vorkommenden thüringischen Warnen von den baltischen gänzlich abscheiden zu müssen geglaubt, indem man in ihnen die vom Ptolemäus genannten Varisten, als verschieden von den beim Tacitus erwähnten Narisken anzunehmen geneigt war [4]).

Kaum läßt es sich bezweifeln, daß wir diese Warnen in den vom Ptolemäus genannten Virunen, deren Sitze

---

1) Wilhelm, Germanien. S. 275.

2) Ledebur, a. a. O. XIII. S. 82.

3) Wilhelm, Germanien. S. 276.

4) Ledebur, a a. O. XIII. S. 85.

er zwischen den Saxonen und Semnonen angiebt, wieder zu erkennen haben. Auch hat man das von ihm in eben jener Gegend genannte Volk der Auarpen, als entstellt aus Auarnen, nur als eine verschiedene Auffassung desselben Namens der Warnen betrachtet [1]). Sonst sind uns diese Auarpen ganz unbekannt. Doch nennt uns Ptolemäus überhaupt hier eine ganz andere Reihe von Völkern, als wie wir sie nach dem nur wenig ältern Tacitus kennen gelernt haben. Nur auf gewaltsame Weise hat man zwischen beiden eine Uebereinstimmung in den ethnographischen Angaben hervorzubringen gesucht. Die bei dem griechischen Geographen in diesem Gebiete genannten Völker sind folgende.

Die Pharodenen (Pharodeni) erscheinen als östliche Nachbarn der Saxonen an der baltischen Meeresküste ostwärts bis zur Oder, und sind darum von Einigen für dieselben mit den Warnen gehalten worden [2]), deren Namen in dem ihrigen nur umgebildet erschien, während sie von Andern als dieselben mit den bei Tacitus vorkommenden Suardonen gehalten werden [3]). Dann aber nennt uns Ptolemäus auf dem Ostufer der Elbe und zwar in dem Gebiete des heutigen Lauenburg und der Priegnitz die Teutonen (Teutones) als Nachbarn der Avarpen und die Teutonoaren (Teutonoari) als Nachbarn der Virunen, welche bei den neuern Ethnographen die verschiedensten Metamorphosen haben erleiden müssen, um aus der Urzeit des germanischen Alterthums als besondere, einzelne Stämme in das Mittelalter überzugehen. Denn indem man diese Teutonen mit den Nuithonen des Tacitus zusammenwarf, deren Namen man auch in Vuithonen verwandelt hat [4]), machte man daraus die später hin und

1) Zeuß, die Deutschen. S. 133.

2) Mannert, Germanien. S. 335.

3) Zeuß, die Deutschen. S. 154.

4) Grimm, deutsche Mythologie. S. 152.

wieder vorkommenden Völkernamen der Euthionen, Juthen, Jüten und Viten, während die gleichnamigen Teutonoaren als mit den Reudingen des Tacitus zusammenfallend in Euthingen, Vitingen, Jutingen und Juthungen umgewandelt wurden, welche letztern im dritten Jahrhundert an der Donau in Verbindung mit den Markomannen den Römern so furchtbar wurden [1]).

Von allen den bei Tacitus hier genannten Völkern scheint, die Angeln und Warnen abgerechnet, nur von den Avionen noch eine Spur vorzukommen, wenn nämlich die in Verbindung mit einem Haufen von Herulern in Gallien einbrechenden Kavionen oder auch Chaibonen auf sie hinweisen [2]), und wir nicht bei diesem vermuthlich verstümmelten Namen an die Chauken zu denken haben. Als das letzte Volk in diesem Gebiete reihen sich noch an die Sidenen (Sideni), deren Heimath nach Ptolemäus auf der Westseite der Oder-Mündungen oder an der Peene zu suchen ist, wo man in einem entsprechenden Landschaftsnamen des slavischen Mittelalters noch einen Anklang an diese ältern Bewohner zu finden geglaubt hat [3]). Auch waren andere Erklärer der alt-germanischen Ethnographie schon geneigt in diesen Sidenen einen slavischen Stamm zu finden [4]). Sie bilden für uns zugleich den Uebergang zu der zweiten Gruppe der suevischen Völker in den eigentlich slavischen Gebieten.

2. Die lygischen und vandalischen Sueven.

Im Osten der untern Oder, des suevischen Flusses, und der böhmisch-schlesischen Gebirgsketten finden wir bis zu den

---

1) Zeuß, die Deutschen. S. 146 bis 150.

2) Wilhelm, Germanien. S. 288.

3) Ledebur, allgemeines Archiv für die Geschichtskunde des preußischen Staates 1830. Th. 1. S. 72 bis 75.

4) Mannert, Germanien. S. 337.

Karpathen und bis zur Weichsel hin noch eine ganze Reihe germanischer Völker suevischen Stammes, welche nicht blos durch ihre Namen, sondern auch durch alle sonst bekannten Verhältnisse ihres Lebens darauf hindeuten, daß hier ein ganz anderes dem eigentlichen Germanien ziemlich fremdes Gebiet beginnt, wo eine germanische Bevölkerung nur auf eine solche Weise eine Zeitlang heimisch geworden ist, wie es von den gothischen Völkern etwas später in den ost-europäischen Landschaften am Dnepr und am Pontus nicht geläugnet werden kann.

Denn dort in der Urheimath der Sarmaten oder der Völker slavischen Stammes treten die von den Alten uns genannten germanischen Völker in so eigenthümlicher Gestalt und zugleich in so gewaltiger Ausbreitung bei einer nichts destoweniger verhältnißmäßig nur geringen Anzahl ihrer Volksmassen auf, daß man sich leicht überzeugt, daß sie hier gar nicht heimisch gewesen sind, und daß sie, nur als erobernde Kolonisten hier eingezogen, blos das herrschende Volk oder die unter den Slaven die Oberherrschaft führenden Kriegerstämme gebildet haben. Wie sehr aber doch das hier einheimische Element der Bevölkerung einen Einfluß auf die zu stehenden Kriegsheeren erwachsenen suevischen Gefolgschaften ausübte, und wie sehr das slavische Element viele Theile des germanischen Lebens auf gewisse Weise absorbirte, zeigt sich sowohl darin, daß slavische Namen sich zu Bezeichnungen der germanischen Völker haben ausbilden können, als auch darin daß ganz fremdartige Sitten auf die letztern übergegangen sind.

Befremden darf es übrigens keineswegs, wenn wir in diesen der alten Welt so sehr entlegenen Gebieten eine offenbar größere und mehr sichere Bekanntschaft der Alten mit den Natur- und Völkerverhältnissen als in dem westwärts der untern Oder liegenden Lande wahrnehmen, indem grade diese baltischen Gebiete an der Weichsel in einem ziemlich lebhaften Verkehr mit der Südwelt standen. Der Bernsteinhandel verknüpfte auf einer doppelten Straße theils gegen Südost nach dem Pontus hin, theils gegen Südwest zur obern oder mittlern Donau hin diese nordische Welt mit jenem Süden [1]). Bekannt ist es, daß römische Handelsleute selbst bis dorthin vorgedrungen sind, und das schon oben berührte Vorkommen so vieler bestimmter Ortschaften mit zahlreichen daselbst erhaltenen Alterthümern zeugt für einen gewissen, wenn auch des eigentlich historischen Lebens ermangelnden Kulturzustand dieser Gebiete in dem ersten Jahrhundert unserer Zeitrechnung [2]).

Zwei Hauptnamen treten uns in dieser großen ostgermanischen Mark entgegen die der Lygier und der Vandalen, von welchen der letztere von der slavischen Bevölkerung entlehnt, der erstere aber selbst slavischen Ursprunges sein muß, obgleich man darum diese lygisch-vandalischen Völker nicht gradezu selbst für Slaven halten darf, wie es von neuern Slavisten geschehen ist [3]). Der letzte erscheint mehr im Nordosten verbreitet, während der lygische Namen sich im Südosten vorherrschend zeigt. Auch lassen sich diese ostsuevischen Völker geographisch am besten in zwei Hauptgruppen zertheilen, in welchen man die ursprüngliche Bildung und Gestaltung ihres Lebens erkennen mag. Diese beiden Gruppen bezeichnen neben der südlichen oder markomannischen Mark Germaniens die beiden östlichen Marken Germaniens, nämlich die südöstliche oder die lygische Mark an der obern Oder und obern Weichsel und die nordöstliche oder die vandalische oder vandalisch-gothische Mark an der untern Weichsel.

Der auch in der Zeit des Mittelalters so berühmte Name der Vandalen geht schon in die Urzeit der germa-

1) Muchar, das römische Noricum. I. S. 388 bis 392.

2) Joh. Voigt, Geschichte von Preußen bis zum Untergange des deutschen Ordens. Königsberg 1827. 8. Th. I. S. 80 bis 93.

3) Schaffarik, über die Abkunft der Slawen. S. 72.

nischen Völker zurück, und ist deshalb auf so verschiedenartige Weise erklärt worden. So wie Tacitus einen der Stammheroen der Germanen unter diesem Namen anführt, so erscheinen die Vindiler oder Vandilier bei Plinius als die östlichste Gruppe der deutschen Völker oder als ein Theil der bei Tacitus genannten Sueven, und er rechnet zu ihnen die Burgundionen, die Varinen (welchen wohl nur irrthümlich die Karinen zugesellt worden sind), und die Guttonen. Später führt nun zwar ein einzelnes, bestimmtes und zwar gothisches Volk den Namen der Vandalen, dennoch scheint derselbe ursprünglich eine allgemeine Bedeutung gehabt zu haben. Wenn Einige den Namen der Vandalen für gleichbedeutend mit dem der Sueven nahmen [1]), in so fern dadurch die unstäte Lebensart der östlichen Germanen bezeichnet werden sollte, und dies allerdings auch grade für die östlichen Sueven besonders geeignet wäre, so haben Andere in diesem Worte (Wand oder Wend im Altdeutschen die Küste, das Meer) die germanischen Bewohner der baltischen Meeresgestade finden wollen [2]).

Dennoch ist dies letztere um so weniger wahrscheinlich, als der vandalische Name bis tief über die innern Gegenden dieses ostgermanischen Gebietes verbreitet erscheint. Auch die Bergketten auf der Westseite der obern Oder werden von den Alten unter dem Namen der vandalischen Gebirge erwähnt, woraus man schließen muß, daß die lygischen Völker ursprünglich gleichfalls unter jenem Namen umfaßt worden seien. Daher ist es am wahrscheinlichsten, daß diese ostsuevischen Völker oder Gefolgschaften auf dem Urgebiete der slavischen Völker, welche von den Deutschen stets nur Wenden genannt wurden, wie die östlichsten Slaven am Dnepr bei den dortigen Gothen den Namen der Anten

1) Zeuß, die Deutschen. S. 57.

2) Wilhelm, Germanien. S. 87. Adelung, älteste Geschichte der Deutschen. S. 220.

führten [1]), als wendische Germanen oder als Vandalen bezeichnet worden seien, und merkwürdiger Weise reicht dieser vandalische oder wendische Name schon im Alterthum von der Weichsel an westwärts grade so weit, als sich die suevischen Völker auf dem nachmals bekannten Gebiete slavischer Stämme verbreitet zeigen. Denn auch die Langobarden auf dem linken Ufer der Elbe sollen einstmals den Namen Winiler geführt haben [2]), und in dem Gebiete dieses suevischen Volkes zeigt sich nach seinem Verschwinden aus dieser Gegend eine durchaus slavische Bevölkerung, ohne daß man eine Einwanderung dieses Elementes mit Ueberschreitung der sonst bekannten Grenzmark zwischen den Ländern der Germanen und Slaven historisch nachweisen könnte. Aus den Berichten des ältesten gothischen Geschichtschreibers erhellt aber, daß die slavischen Urbewohner der südlichen Ostseeküsten, an dem sogenannten wendischen Ocean, schon in früher Zeit durch einen großen von Nordwest kommenden Völkerzug von deutschen Stämmen unterworfen und in einen Zustand der Hörigkeit versetzt worden sind [3]).

Aus der südostwärts gewandten Verbreitung jener Gefolgschaften erklärt es sich auch, daß grade im Innern des Landes nicht nur die besondern slavischen Namen auf die germanischen Sieger übergegangen sind, sondern daß sich verschiedene Stämme slavischen Ursprungs noch in einer gewissen Selbstständigkeit unter ihnen behauptet haben. Dies zeigt sich ganz deutlich in der großen südöstlichen Mark bei den lygischen Völkern.

---

1) Schaffarik, über die Abkunft der Slawen. S. 125.

2) Wilhelm, Germanien. S. 88.

3) Schulz, zur Urgeschichte des deutschen Volksstammes. S. 80 bis 88. 102.

1. Die lygischen Völker.

So zahlreich wie in ihren einzelnen Stämmen, so weit verbreitet erscheint auch die Gruppe der lygischen Völker, denen wir zugleich die Stämme der Bastarnen an den Karpathen zugesellen müssen.

Die Lygier (Lygii, Ligii) erscheinen bei den Alten unter sehr verschiedenen Namen, indem sie bald Luier, bald Luten, Lugen, Longen, vielleicht auch Logionen und selbst Lutugen genannt werden, obschon in allen diesen Bezeichnungen sich ein und dasselbe Wurzelwort leicht erkennen läßt [1]). Unstreitig haben die Alten unter diesen Lygiern wie unter allen übrigen ostsuevischen Stämmen sich ein germanisches Volk gedacht, und sicher ist es ein Irrthum sie gradezu für ein wendisches oder slavisches Volk auszugeben, indem man selbst den Namen der Hörigen (Lazzen, Liuten, Ledjonen) bei den Deutschen im Mittelalter daraus erklären wollte [2]). Dennoch muß man behaupten, daß die eigentlichen oder ursprünglichen Lygier ein slavisches Volk waren, dessen echt slavischer Name auf die sie beherrschenden Sueven übergegangen ist, und unter welchem sich die wenigen, die Herrschaft führenden suevischen Gefolgschaften so verloren, daß slavische Sitte und Volksthümlichkeit bei ihnen charakteristisch hervortraten. Das dem lygischen Namen zum Grunde liegende Wort Lug, welches auch im Altdeutschen in der Bedeutung von Wald oder Sumpf vorkommen sollte [3]), ist aber im Slavischen noch jetzt allgemein verbreitet, und heißt Wiese oder Sumpf, und bildet eine genügende Bezeichnung für die slavische Bevölkerung an der obern Oder und Weichsel von dem schlesischen Gebirge an bis zu den Karpathen.

---

1) Wilhelm, Germanien. S. 242.

2) Schulz, Urgeschichte. S. 89. 105 bis 108.

3) Adelung, älteste Geschichte der Deutschen. S. 229.

Schon durch Strabo lernen wir das große Volk der Luier als einen der Hauptstämme unter den Sueven kennen, vermuthlich in Folge der Berührung der Römer mit den Markomannen und Quaden an der Donau. Sie gehörten mit zu dem großen Reiche des Marbod, und die Verbindung derselben mit den Markomannen und Hermunduren scheint auch selbst noch lange Zeit nach der Vertreibung Marbods fortgedauert zu haben; denn bei der Erhebung der Quaden gegen den ihnen von den Römern gegebenen König Vannius erscheinen sie mit den Hermunduren als Bekämpfer des römischen Einflusses in Germanien. Auch noch etwas später zur Zeit Domitians werden die Lygier als im Kampfe mit ihren Nachbarn, den Quaden erwähnt [1]). Seitdem verschwindet eigentlich dieses Volk, indem die im dritten Jahrhundert genannten Logionen, mit welchen Kaiser Probus am Rhein zu kämpfen hatte, eher an die dortigen Lahngauer als an diese östlichen Sueven denken lassen. Bei der Umgestaltung der Völkerverhältnisse in diesen Gebieten der ostgermanischen Marken müssen sich die Ueberreste der eigentlich suevischen Lygier an die gothischen Stämme angeschlossen haben.

Gleich den nördlichen Sueven im Osten der untern Elbe scheinen die zahlreichen Stämme der Lygier durch den gemeinsamen Kultus eines Heiligthumes, welches in das Gebiet der lygischen Naharvalen verlegt wird, enger mit einander verknüpft gewesen zu sein. Ueber die einzelnen Stämme, aus denen der lygische Verein gebildet war, hat uns zuerst Tacitus Nachrichten mitgetheilt, mit welchen die spätern Angaben des Ptolemäus nur zum Theil übereinstimmen, obschon sich diese Abweichung von einander bei dem schwankenden politischen Zustande jener Stämme leicht aus der Verschiedenheit des Zeitalters erklärt. Auch bemerkt Tacitus ausdrücklich, daß er nur die mächtigsten unter

1) Wilhelm, Germanien. S. 243.

den lygischen Völkern nennen wolle. Nur zwei Namen werden von beiden Autoren zugleich genannt, und von dem dritten wird angenommen, daß er, obgleich bei beiden verschieden lautend, doch ein und dasselbe Volk bezeichne.

Die fünf von Tacitus genannten lygischen Stämme sind die Arier (Arii), die Helvekonen (Helvecones), die Manimer (Manimi), die Elysier (Elysii, Helisii) und die Naharvalen (Naharvali). Diesen sind aber noch die Buren zuzugesellen, welche vom Ptolemäus ausdrücklich ein lygisches Volk genannt werden. Denn der letztere nennt als die Hauptzweige dieses Volkes die lygischen Omanen (Lugii Omani), die lygischen Dunen (Lugii Duni) und die lygischen Buren (Lugii Buri), von welchen die letztern beim Tacitus zwar auch genannt, aber in Verbindung mit drei andern kleinen Völkerschaften angegeben werden [1]).

Denn nach des Tacitus Angabe wohnten im Rücken d. h. im Nordosten der Markomannen und Quaden an den wasserscheidenden Berghöhen zwischen Mähren, Schlesien und Ungarn die vier Völker der Marsignen (Marsigni), der Gothinen (Gothini), der Osen (Osi) und der Buren (Buri, Burii), von welchen er jedoch nur das erste und letzte den germanisch-suevischen Völkern zuzählt, die beiden mittlern aber als von anderm Stamme entsprungen ausgiebt. Außerdem nennt uns Ptolemäus in eben diesem Gebiete auf der Grenzmark der markomannischen und lygischen Völker noch verschiedene andere kleine Stämme, welche uns sonst ganz unbekannt sind, und über deren Sitze im einzelnen sich kaum etwas sicheres ermitteln läßt. Sie erscheinen nur als Trümmer und Ueberreste größerer Völker theils germanischen, theils slavischen und vielleicht auch illyrischen Stammes.

---

1) Wilhelm, Germanien. S. 245. Zeuß, die Deutschen. S. 124. 125.

Daß die Gothinen gallischen Ursprunges waren, die Osen aber pannonischen oder illyrischen Ursprunges, das bewies nach Tacitus ihre Sprache, so wie auch der Umstand, daß die einen den Sarmaten, die andern den Quaden tributpflichtig waren. Auch bemerkt er von den Gothinen als etwas schimpfliches, daß sie sich in den Eisengruben gebrauchen ließen, was bei den Alten nur eine Sklavenarbeit war. Mit Recht verlegte man daher die Sitze dieser Gothinen, welche mit den Kognen des Ptolemäus zusammenzufallen scheinen, in die eisenreiche Gegend von Ober-Schlesien, und die illyrischen Osen, wahrscheinlich eigentlich slavischen Stammes, werden von den neuern Erklärern als deren Nachbarn an die Quellen der Weichsel versetzt, wo sie vermuthlich mit den vom Ptolemäus genannten Visburgiern (Visburgii) an dem orkynischen Gebirgsrücken ein und dasselbe Volk bilden [1]).

Dagegen beurkundeten die Marsignen und Buren nach Sprache und Sitten ihre suevische Abstammung. Doch werden die Marsignen nicht weiter erwähnt, und daher bald von Einigen nach dem Lande Glatz innerhalb des asciburgischen Gebirges, bald von Andern nach der Lausitz verlegt, wo sie mit den beim Ptolemäus vorkommenden Silingen zusammengeworfen wurden [2]). Nur der Name der Buren, des südlichsten großen lygischen Volkes tritt bei den Alten mit mehr Bestimmtheit hervor, erinnert aber auch sogleich an ein hier herrschendes slavisches Element, indem der Name, von dem slavischen Worte Bor abgeleitet, die Waldbewohner jener Gebiete bezeichnet zu haben scheint.

Die Buren lernen wir bei den Alten als ein mächtiges Volk kennen, dessen Sitze sich über die Gegenden der

---

1) Kruse, Archiv für alte Geographie, Geschichte und Alterthümer der germanischen Völkerstämme. Heft 1. S. 45. 64. Wilhelm, Germanien. S. 231 bis 235.

2) Kruse, Archiv I. S. 72. Wilhelm, Germanien. S. 235.

obern Oder und obern Weichsel verbreiteten, und von den Batinen und Korkonten am asciburgischen Gebirge im Westen bis zu den Stämmen der Bastarnen im Osten reichten. Wegen ihrer Nachbarschaft mit den Quaden, den Feinden der Römer, standen sie mit den letztern, wie zur Zeit des Trajanus, öfters in einem freundschaftlichen Verhältnisse, müssen aber in dem großen markomannischen Kriege auch dem allgemeinen Drange der germanischen Völker nach den illyrischen Provinzen an der Donau gefolgt sein [1]). Die vom Ptolemäus als ihre westlichen Nachbarn genannten beiden kleinen Stämme der Batinen und Korkonten wohnten am asciburgischen Gebirge (Riesengebirge) an den Quellen der Elbe, wo der Name Korkonosch bei den slavischen Anwohnern sich für die dortigen Berghöhen noch jetzt als einheimisch zeigt [2]).

Die lygischen Dunen oder auch Didunen bewohnten die mittlern Gebiete der Länder der Lygier. Ihr Hauptsitz muß Nieder-Schlesien gewesen sein, wo die Stadt Lugidunum, das heutige Liegnitz, den politischen und merkantilischen Mittelpunkt ihres Gebietes bezeichnet. Aber von dem Riesengebirge im Westen erstreckten sie sich weit nach Osten hin über die obere Warte hinaus bis zur mittlern Weichsel, dem Grenzstrom Germaniens. Mit Recht hat man bemerkt, daß ihr Name wie der ihrer Hauptstadt ein gallisches Gepräge habe. Wie wichtig aber jener Ort Lugidunum in jener Zeit des Alterthums gewesen sein muß, das erhellt aus den daselbst noch jetzt vorhandenen zahlreichen Alterthümern [3]). Nordwärts von ihnen wohnte das dritte lygische Hauptvolk, die Omanen oder die Manimer an der mittlern und untern Warte. In gleich mächtiger Ausdehnung wie die Dunen erstreckten sie sich von der

1) Wilhelm, Germanien. S. 246.
2) Kruse, Archiv I. S. 49 bis 58.
3) Kruse, Archiv I. S. 95 bis 100.

Oder im Westen bis zur Weichsel im Osten, und grenzten nordwärts schon an die vandalischen Burgundionen [1]).

Nur Theile dieser drei lygischen Hauptstämme der Buren, Dunen und Omanen scheinen, wenigstens zu des Ptolemäus Zeit, die andern von Tacitus genannten lygischen Völker gewesen zu sein. Denn ihre Gebiete können damals keine große Ausdehnung gehabt haben. Zwischen den Dunen und Omanen sucht man das Gebiet der Elysier und zwar auf dem rechten Ufer der Oder, wo die Landschaft von Oels durch ihre zahlreichen alten Denkmale und durch die vielen dort gefundenen römischen Münzen einen uralten Kultursitz beurkundet und noch durch ihren Namen an die ältesten Bewohner erinnert [2]). Westwärts dagegen scheinen die Sitze der beiden Stämme der Arier und Naharvalen gesucht werden zu müssen. Tacitus schildert uns die Arier als ein zu seiner Zeit sehr mächtiges und dabei überaus wildes Volk, welches schwarze Schilde führe, gefärbte Leiber habe und finstere Nächte zu seinen Schlachten wähle, um durch diesen fremdartigen Anblick dem Feinde einen desto größern Schrecken einzuflößen. Ihre Sitze verlegt man an das Riesengebirge, an die Quellen des Bober, und hält die Naharvalen für ihre nordwestlichen Nachbarn an der Neisse und am Bober [3]). In dem Gebiete der letztern befand sich ein Hain, der schon in grauer Vorzeit den Ruhm besonderer Heiligkeit hatte, wo ein Priester in weiblichem Schmucke dem Kultus vorstand und ein göttliches Brüderpaar verehrt wurde. Nicht aber die Gottheit selbst, sondern die Stätte derselben hieß Alx, welches dem gothischen Alhs entspricht [4]).

Als westliche Nachbarn der lygischen Völker und als Grenzvolk zwischen ihnen und den Semnonen sind hier so-

1) Kruse, Archiv I. S. 86 bis 95.

2) Wilhelm, Germanien. S. 249.

3) Kruse, Archiv I. S. 100 bis 105.

4) Grimm, deutsche Mythologie. S. 39.

gleich die uns vom Ptolemäus genannten Silingen (Silingae) anzureihen, deren Sitze in der Lausitz an der Spree gewesen sein müssen. Dem Alterthum sonst ganz unbekannt, wird ihr Name im Mittelalter, wo er stets in Begleitung der Vandalen erscheint, um so berühmter [1]). Das letzte der lygischen Völker, die Helvekonen des Tacitus, finden wir beim Ptolemäus unter dem Namen der Aelvåonen wieder, welche er zwar nicht als ein zu diesem Stamme gehöriges Volk bezeichnet, aber wohl nur deshalb, weil sie durch die vandalischen Burgundionen von den Sitzen ihrer Stammgenossen etwas getrennt waren. Darum hält man sie auch für die Logionen, welche vereint den Burgundionen am Rhein als im Kampfe mit dem Kaiser Probus erwähnt werden. Das Gebiet der Helvekonen lag schon jenseit der Netze, im Westen der untern Weichsel [2]).

An diese mächtige Gruppe der lygischen Völker schließt sich noch geographisch an die Reihe der Stämme der Bastarnen (Bastarnae), welche aus ihrem Heimathslande an der obern Weichsel den Alten frühzeitig an der untern Donau bekannt wurden und dort bei ihnen als Galater auftraten. Bei den Alten erscheinen sie dort auch unter dem Namen der Peucinen, nach der in der Donau befindlichen Fichteninsel Peuce so genannt; indessen Ptolemäus, welcher allein mit dem Gebiet der bastarnischen Völker auf der Grenzmark von Germanien und Sarmatien genauer bekannt ist, nennt auch dort die Peucinen als Bewohner des Peuce-Gebirges, eines Theiles der Karpathen. Denn es wohnten die Völker der Bastarnen an dem ganzen Nordabhange des karpathischen Waldgebirgszuges entlang von der obern Weichsel bis nach Siebenbürgen hin, von wo aus sie leicht nach der Mündung der Donau gelangten. Als die drei Hauptzweige derselben lernen wir kennen die Sidonen, die

---

1) Zeuß, die Deutschen. S. 127.

2) Wilhelm, Germanien. S. 250.

Nachbarn der Lygier, dann weiter ostwärts die Atmonen, und sodann die Peucinen am obern Dniester [1]). Wie und wann die suevischen Stämme der Bastarnen sich soweit in diese sarmatischen Gebiete verloren haben, ist eben so unbekannt wie ihr späteres Verschwinden aus dieser Gegend. Offenbar aber gingen nachmals die Ueberreste der Bastarnen in den Völkerverein auf, welcher unter einem Namen auftrat, der uns zur zweiten Gruppe der östlichen Sueven führt.

2. Die vandalisch-gothischen Völker.

Die Völker der nordöstlichen Mark des östlichen Germaniens erscheinen zwar im engern Sinne unter dem Namen der wendischen Germanen oder der Vandalen, aber so wie diese Bezeichnung bald zu einem Specialnamen für einen besondern Zweig dieser Völkergruppe ward, so ist ein anderer Name, der bei den Alten nur für einen Zweig derselben gebraucht wurde, seit der Zeit des zweiten und dritten Jahrhunderts wiederum zu einem ganz allgemeinen geworden. Dies ist der Name der Gothen. Denn die ältern byzantinischen Geschichtschreiber begreifen unter dem Namen der gothischen Völker außer vielen andern als die Hauptstämme derselben die doppelten Gothen nebst den Gepiden, Burgundern und Vandalen [2]), und es erhellt aus dem Verlauf der Geschichte, daß der größte Theil der lygischen und bastarnischen Stämme in den Völkerverein und den Namen der Gothen aufgegangen ist. Wir bezeichnen daher diese Gruppe bestimmter als die der vandalisch-gothischen Völker.

Das Gebiet dieser Völker findet sich an der baltischen Meeresküste ausgebreitet von der untern Oder bis zur untern Weichsel, aber auch hier ist wie bei der südöstlichen,

---

1) Zeuß, die Deutschen. S. 127 bis 130. Kruse, Archiv I. S. 58 bis 64.

2) Wilhelm, Germanien. S. 88.

lygischen Mark noch eine Nebengruppe zu berühren in dem skandinavischen Halbinsellande, dessen suevische Bevölkerung seit des Tacitus und Ptolemäus Zeit der alten Welt schon bekannter wurde.

Die Burgundionen (Burgundiones, Burgundii) eröffnen bei Plinius die Reihe der vandalischen Völker. Wenn es auch nicht unwahrscheinlich ist, daß sie schon mit zu dem markomannischen Reiche des Marbod gehörten, so lassen sie sich doch in den von Strabo darüber mitgetheilten Völkernamen mit Sicherheit nicht wieder erkennen. Ja auch Tacitus erwähnt dieses Volk nicht, und nur erst durch Ptolemäus lernen wir seine Heimath bestimmt kennen. Die Burgundionen waren die nördlichen Nachbarn der lygischen Völker und zwar der Omanen; sie wohnten nordwärts der untern Warte von der Oder im Westen bis zur Weichsel nach Osten, und von hier sollen sie bei den Völkerbewegungen an jenem sarmatischen Strome, wie es scheint am Anfange des dritten Jahrhunderts, aufgebrochen und sich südwärts und dann westwärts zum Rhein gewandt haben. Schon in der zweiten Hälfte jenes Jahrhunderts finden wir die Burgunden in der Nachbarschaft der Alemannen am obern Main genannt; dennoch ist nicht zu bezweifeln, daß diese Burgunden ein ganz anderes Volk als jene Burgundionen waren, von denen nur der Name an sie überliefert sein konnte [1]).

Die Rugen oder Rugier (Rugi, Rugii) werden von Tacitus als das Hauptvolk an der Küste des baltischen Meeres in der Nachbarschaft der Gothonen genannt, so daß ihre Heimath an der Nordseite der Burgundionen zu suchen ist. Beim Ptolemäus wird dieses Volk, dessen Name nachmals so berühmt geworden ist, nicht erwähnt. Aber auch die Lemovier (Lemovii), welche uns Tacitus in Verbindung mit den Rugen nennt, kommen nachmals gar

1) Wilhelm, Germanien. S. 253 bis 257.

nicht weiter vor, und sind wohl nur als ein Zweig des rugischen Volkes zu betrachten. Mag auch in dem Ortsnamen Rügenwalde im heutigen Pommern sich ein Anklang an den Namen dieses suevischen Volkes erhalten haben (denn die slavischen Namen Rega und Regenwalde kommen hier gar nicht in Betracht), so ist es doch sicher, daß der Name der Insel Rügen mit den vandalischen Rugen nichts zu thun hat [1]).

Aber statt der Rugen nennt uns Ptolemäus in eben diesem Gebiete das sonst ganz unbekannte Volk der Rhutiklien (Rhuticlii), deren Sitze sich von der Oder bis zur Weichsel hin erstreckten. Man hat nun zwar in diesem Namen durch Umstellung der Sylben das Volk der Turcilingen wieder zu erkennen geglaubt [2]), welches später in der Zeit der Völkerwanderung an der Donau in Verbindung mit den Rugen in ziemlicher Bedeutung hervortritt, doch ist es wahrscheinlicher, daß die Rhutiklien eben dasselbe Volk mit den beim Tacitus genannten Rugen bilden [3]). Immerhin aber mögen die wandernden Kriegsheere der Rugier und Turcilingen, welche wir als solche erst im fünften Jahrhundert zur Zeit der hunnischen Herrschaft Attilas kennen lernen, von diesen vandalischen Stämmen an der pommerschen Küste ihren ersten Ausgangspunkt genommen haben, obschon sie gewiß nicht als durchaus dieselben Völker mit jenen zu betrachten sind. Noch lernen wir hier in dem baltischen Küstengebiete an der Weichsel einen andern Volksnamen kennen, welcher uns schon vom Plinius daselbst und zwar auch nur von ihm allein angegeben wird, aber trotz dem daß er beim Tacitus und Ptolemäus nicht vorkommt, doch nicht durch Irrthum entstanden sein kann, weil er nachmals mit großer Berühmtheit auftritt, und wie schon oben

1) Barthold, Geschichte von Pommern u. Rügen I. S. 224.
2) Zeuß, die Deutschen. S. 155.
3) Wilhelm, Germanien. S. 264 bis 266.

bemerkt ist (S. 46), selbst den Griechen am Pontus nicht unbekannt war. Denn nach des Plinius Angabe wohnten in der Nähe der untern Weichsel in Gesellschaft der Sarmaten und Veneder die Sciren oder Schiren (Sciri, Scirri), neben welchen er zwar noch die Hirren nennt, deren sonst ganz unbekannter Name jedoch nur aus dem der Schiren entstanden zu sein scheint [1]). Man sucht ihre Sitze in dem heutigen Preußen auf der Ostseite der Weichsel. Bekannter werden die Schiren in Verbindung mit den vorhin genannten Völkern der Rugier und Turcilingen erst in der Zeit der hunnischen Herrschaft [2]).

Als den letzten Zweig der großen germanischen Völkerwelt haben wir nun noch das Volk der Gothen kennen zu lernen, deren Name uns zugleich in das skandinavische Land hinüberführt. Dort allein hat sich auch der gothische Name, welcher schon bei dem ersten Dämmerlicht der germanischen Völkerwelt uns entgegentritt, und welcher gleich dem der Franken nachmals die ganze abendländische Welt mit seinem Ruhme erfüllte, noch bis jetzt zur Bezeichnung der schönsten und ausgebreitetsten Landschaften erhalten.

Die Gothonen oder Gothen (Gothones, Guttones, Gothi) werden uns schon von dem ältesten griechischen Seefahrer an den nordischen Küstengebieten genannt, sei es nun daß wir unter diesen vom Pytheas erwähnten Guttonen die Jüten in der cimbrischen Halbinsel oder auch die Kossinen oder Kottinen, welche bei dem spätern Artemidorus am Nordocean vorkommen, zu verstehen haben [3]). Doch werden sie seitdem nicht eher wieder von den Alten angeführt als zu des Marbod Zeit, zu dessen Reiche auch eine suevische Schaar unter dem Namen der Gothen gehört haben muß. Doch nur erst Tacitus giebt uns nähere Kunde über dieses

1) Zeuß, die Deutschen. S. 156.

2) Wilhelm, Germanien. S. 267.

3) Adelung, älteste Geschichte der Deutschen. S. 200. 251.

Volk und seine Sitze, indem er sagt, daß die Gothonen jenseit der Lygier wohnten und zwar, wie aus seiner Darstellung hervorzugehen scheint, im Osten der untern Weichsel [1]). Sie wären Nachbarn der oceanischen Rugen, und würden von Königen beherrscht zwar schon etwas strenger als die übrigen germanischen Völker, doch nicht mit dem Verluste der Freiheit. Noch bestimmter äußert sich sodann Ptolemäus, welcher, wie die von ihm hier genannten Völkernamen zeigen, mit diesen Gebieten schon vertrauter ist. Doch scheinen seit des Tacitus Zeit hier auch manche Veränderungen in den Sitzen der einzelnen Stämme eingetreten zu sein. Denn die Gythonen des Ptolemäus wohnten nicht mehr in Groß-Germanien, berührten aber unmittelbar seine Grenze, indem er ihre Sitze auf das Ostufer der Weichsel in das Land der Sarmaten verlegt, wo der ausgedehnte Volksstamm der Veneder (Wenden) an dem nach ihm benannten wendischen Golfe seine Heimath hatte [2]).

Wenn es auch nicht zu läugnen sein wird, daß die allgemeine Bewegung der Völker im östlichen Europa zur Zeit der markomannischen Kriege gleich nach der Mitte des zweiten Jahrhunderts auch auf die Gothonen an der Weichsel von Einfluß gewesen ist, so läßt sich doch nicht mit Sicherheit entscheiden, daß sie, wie man gemeint hat, durch jene Bewegungen und durch die weitere Ausbreitung der Veneder bewogen worden sind, sich als dieses einzelne Volk von der Meeresküste zurück an der Weichsel mehr aufwärts zu ziehen, und daß sie durch die Veneder vom Meere abgeschnitten worden sind [3]). Denn selbst auch der Antheil, welchen gothische Schaaren an jenen markomannischen Kriegen genommen haben mögen, würde schon eher auf die Ausbildung eines größern gothischen Waffenvereines unter

---

1) Voigt, Geschichte von Preußen I. S. 53 bis 56.

2) Wilhelm, Germanien. S. 257 bis 259.

3) Voigt, Geschichte von Preußen. I. S. 63 bis 66.

den vandalischen und bastarnischen Völkern als auf jenes einzelne gothonische Volk hinweisen. Eben so wenig wird sich über die Verwandtschaft und Abstammung derjenigen Stämme etwas sicheres ermitteln lassen, welche uns Ptolemäus in der Nachbarschaft seiner Gythonen auf ihrer Ostseite in dem heutigen Preußen angiebt, und die man noch zum Theil mit der germanischen Bevölkerung jenes Nordens der alten Welt in Verbindung gebracht hat. Denn die merkwürdigen Völkernamen der Galinden (Galindae), Sudinen (Sudini) und Stavanen (Stavani), denen sich ostwärts die schon ganz fremdartigen Völker der Alaunen, Igyllionen und Kostoboken anschließen, klingen in eben jenen Gebieten durch alle spätern Zeiten des Mittelalters hindurch, und wenn man auch in den Stavanen nicht die nachmaligen Schalauen von preußisch-lettischem Stamme erkennen mag, so verweisen doch die Galinden und Sudinen unstreitig auf die später aus ihnen nach mancher Umwandlung in volksthümlicher Beziehung hervorgegangenen altpreußischen Galinden und Sudauen [1]). Uebrigens mag die Beziehung der Sudinen und Stavanen zu den Sarmaten oder Slaven sich weniger unwahrscheinlich erweisen als die der Galinden zu den Germanen, indem man sie nebst den von Tacitus in den baltischen Gebieten genannten Aestyern nur für die östlichsten gothischen Zweige gehalten hat [2]).

Jene Gothonen der spätern Zeit des Alterthums erscheinen aber nur als ein unansehnlicher suevischer oder vandalischer Volkszweig, und die nachmals so gewaltige Ausbreitung dieses Namens führt nothwendig zu der Annahme, daß derselbe eigentlich eine allgemeine Bedeutung habe. Auch ist dieser Name als einen Mann bezeichnend wohl

---

1) Zeuß, die Deutschen und die Nachbarstämme. S. 271. Doch werden hier jene drei Völker schon zu jener Zeit als lettische Stämme oder vom Stamme der Aisten ausgegeben.

2) Voigt, Geschichte von Preußen. I. S. 68 bis 76.

mit Recht aus den nordisch=germanischen Dialekten erklärt worden [1]), und es würden sich dadurch die Namen der Teutonen und Guttonen als die richtigsten allgemeinen Bezeichnungen für das germanische Volk im Allgemeinen und Einzelnen erweisen. Wenn wir demnach in den skandinavischen Gebieten die Namen der Gothen und Jüten, mit denen der der Withen oder Viten überall als gleichbedeutend erscheint [2]), vielfach verbreitet finden, so erhellt daraus von selbst, daß diese Gleichheit des Namens die öfters behauptete Abstammung der schwedischen Gothen [3]) von den Gothonen an der Weichsel eben so unerwiesen läßt als wie die der letztern von den erstern. Mehr spricht allerdings für die letztere Annahme der Verbreitungsgang der suevischen Völker der germanischen Welt und die angeblichen Traditionen der gothischen Völker von ihrer Abstammung aus dem Norden [4]). Doch giebt sich darin nur die unläugbare historische Verbindung der Völker diesseit und jenseit des baltischen Meeres zu erkennen, welche bei aller Uebereinstimmung des Namens doch als durchaus verschieden in der Geschichte hervortreten [5]).

Das Emporkommen dieser Gothonen oder vielmehr die Ausbreitung des gothischen Namens über die sarmatischen Gebiete an der mittlern und obern Weichsel muß, in Folge der allgemeinen Gährung und der Völkerbewegungen im östlichen Germanien um die Mitte des zweiten Jahrhun=

---

1) Thunmann, Untersuchungen über die alte Geschichte einiger nordischen Völker. Berlin 1772. 8. S. 39.

2) Voigt, Geschichte von Preußen. I. S. 115. 116.

3) Aschbach, Geschichte der Westgothen. Frankf. a. M. 1827. 8. S. 2. Voigt, Geschichte von Preußen. I. S. 95.

4) Geijer, Geschichte von Schweden. Hamburg 1832. 8. Th. I. Seite 29.

5) Zeuß, die Deutschen. S. 158. Luden, deutsche Geschichte. II. S. 473.

derts, noch am Schlusse desselben Jahrhunderts erfolgt sein. Seitdem ist aber auch wie im Westen an den Ufern der Elbe und des deutschen Meeres zwischen den ältern Saxonen und den jüngern Sachsen, so hier an der Weichsel und am baltischen Meere zu unterscheiden zwischen den ältern Gothonen und den jüngern Gothen, welche wiederum bei allem ursprünglichen Zusammenhange doch als wesentlich verschiedene Völker betrachtet werden müssen.

Nur als ein von dem germanischen Hauptlande wenig gesonderter Theil des germanischen Landes im Allgemeinen erscheint bei den Alten und selbst auch in den ersten Zeiten des Mittelalters das skandinavische Gebiet, welches nach ihnen aus einer Inselgruppe im nördlichen Ocean bestand [1]). Unter dem Namen der Insel Basilia oder Baltia soll nach der Meinung Einiger schon durch Pytheas das skandinavische Halbinselland zuerst bekannt geworden sein [2]), während nach Andern darunter nur das preußische Küstenland von Samland, der Heimath des Bernsteines, verstanden werden dürfte [3]). Aber auf jeden Fall dauerte es sehr lange, ehe sich aus den vielen dunkeln und fabelhaften Nachrichten über jene fernen Gebiete der nordischen Welt ein bestimmtes Bild gestaltete, und ehe die Alten über die dortige germanische Bevölkerung genauere Kunde einzogen. Nicht ohne Einfluß darauf war die erobernde Ausbreitung der Römer bis zur Elbe in den ersten Decennien unserer Zeitrechnung, und erst von da stammen die bestimmtern Nachrichten der Alten über diese Gebiete.

---

1) Dahlmann, Forschungen auf dem Gebiete der Geschichte. Altona 1822. 8. Th. I. S. 405. 418.

2) Mannert, Germanien. S. 296 bis 304. Zeuß, die Deutschen. S. 269. 270.

3) Voigt, Geschichte von Preußen. I. S. 23. 29. 45 bis 50. 100. Anm. 4.

So nennt uns Mela als den südwestlichen Theil des baltischen Meeres den großen Busen Codanus, welcher mit vielen größern und kleinern Inseln angefüllt sei und unter diesen besonders die fruchtbare von den Teutonen bewohnte Insel Scandinovia, wenn gleich man für diesen Namen die ältere Leseart Codanonia als den richtigern vorziehen zu müssen glaubte [1]). Auch scheint es wohl zweifelhaft, ob man bei diesem Namen Codanus an die Gothen oder an die Dänen zu denken habe [2]). Dagegen nennt uns aber Plinius mit Bestimmtheit die Insel Skandinavia, deren Name offenbar von der einheimischen Bezeichnung der südlichsten Halbinsel Schwedens, Schonen, Skaune oder Skaney, entlehnt ist [3]). Auch bemerkt er nicht nur, daß auf ihr das zahlreiche Volk der Hillevionen in fünfhundert Gauen wohnen sollte, sondern wir lernen durch ihn zugleich noch mehrere andere angebliche Inseln daselbst kennen, welche wie Skandia und Nerigos die südlichen und westlichen Theile des skandinavischen Halbinsellandes bestimmt genug bezeichnen [4]).

Durch den etwas jüngern Tacitus lernen wir in dem nun schon mehr bekannt gewordenen skandinavischen Gebiete zwei Völkernamen kennen, welche auf die noch jetzt bestehende doppelartige Bevölkerung jenes Landes hinzuführen scheinen. Er nennt uns die beiden Stämme der Suionen (Suiones) und der Sitonen (Sitones), von welchen die erstern im Süden das germanische, die letztern im Norden das finnische Element der Bevölkerung andeuten würden. Der Natur jenes Landes angemessen erscheinen die Suionen schon bei ihrer ersten Erwähnung als ein Seefahrt treibendes Volk. Denn Tacitus bemerkt von den im Ocean liegenden

1) Reichard, Germanien unter den Römern. S. 160.

2) Schlözer, allgem. nordische Geschichte. S. 56. 66.

3) Geijer, Geschichte von Schweden. I. S. 49.

4) Mannert, Germanien. S. 308 bis 316.

Gauen der Suionen, daß sie ähnlich, wie bei den Gothonen an der Weichsel unter der Herrschaft eines Einzigen ständen, welcher unumschränkt regiere [1]). Das Volk besitze keine Waffen, sondern diese seien alle unter der Aufsicht eines Sklaven, welches bei ihnen angehe, da sie durch den Ocean gegen den plötzlichen Ueberfall eines Feindes gesichert wären. Sie hätten auch eine Seemacht, und die Bauart ihrer Schiffe sei von den Fahrzeugen anderer Völker darin verschieden, daß sie auf beiden Seiten Vordertheile hätten und also immer gradezu fahren könnten, ohne erst wenden zu müssen. Auch seien die Ruder nicht am Borde befestigt, sondern wie bei einigen Flußfahrzeugen frei, so daß man sie nach Beschaffenheit der Umstände bald auf dieser, bald auf jener Seite anwenden könne. Von ihren Nachbarn den Sitonen bemerkt er weiter, daß sie sich blos dadurch von den Suionen unterschieden, daß sie von einem Weibe beherrscht würden [2]).

Nicht unwahrscheinlich ist es, daß in dem Namen der Suionen der der Sueven der Wurzel nach enthalten ist [3]). Sollte man aber Anstand nehmen müssen diese Bewohner Skandinaviens schon mit zu den suevischen Stämmen zu rechnen, und sollten sie noch den eigentlichen Germanen vom Stamme der Ingävonen zuzuzählen sein, so würde die schon öfter vorgeschlagene Ableitung dieses Namens der Suionen von dem Worte Sewe oder Saiws d. h. die See rücksichtlich ihres Wohnsitzes um so geeigneter erscheinen [4]), wie dies durch des Tacitus Berichte über sie noch mehr bestätigt wird. Aus den Angaben aber über die Sitonen schimmern trotz dem, daß hier von keiner Stammverschiedenheit die Rede ist, wegen der angeblichen Weiberherrschaft

---

1) Geijer, Geschichte von Schweden. I. S. 9. 10.

2) Mannert, Germanien. S. 321.

3) Zeuß, die Deutschen. S 157.

4) Adelung, älteste Geschichte der Deutschen. S. 195. 270.

schon die spätern finnischen Kwänen in Kwänland (dem Weiberlande) hindurch [1]).

So wie sich der Name der Suionen noch jetzt in dem Svealand der Schweden als die einheimische Bezeichnung des Landes und Volkes in Ost-Skandinavien erhalten hat, so führt uns der zweite noch jetzt dort einheimische Name Göthaland auf die Berichte des letzten Geographen aus dem Alterthum. Zwar kennt auch Ptolemäus keinen Stammunterschied der Bewohner Skandinaviens, ja er nennt uns statt jener beiden von Tacitus angegebenen Völkernamen sechs andere Namen, doch ergiebt sich leicht, daß er statt jener Gesammtnamen nur die einzelnen Stämme derselben vorführt, und auch bei diesen macht sich ein Unterschied von germanischer und finnischer Abstammung kenntlich. Denn er nennt auf der Westseite der großen Insel Skandia das Volk der Chädinen (Chaedini), auf der Ostseite die Phavonen (Phavonae) und Phiräsen (Phiraesi), auf der Südseite die Guten (Gutae) und Daukionen (Dauciones), und in dem Mittellande die Levonen (Levoni), von denen die meisten Namen uns jedoch dunkel bleiben [2]).

Indessen erkennt man nicht ohne Grund in den Phavonen einen Anklang an die finnische Bevölkerung jenes Landes, worauf dieser Name vermittelst der bei dem ältesten gothischen Geschichtschreiber genannten Finnäthen noch bestimmter hinweiset. Auch entsprechen jenem Namen die Angaben über die Finweden in den sogenannten Finnheiden oder Finnwäldern des südlichen Schwedens bei den ältern nordischen Geschichtschreibern [3]). Die Guten aber, welche bei den frühern Byzantinern auch Gauten genannt werden, bezeichnen denjenigen germanischen Stamm im süd-

1) Dahlmann, Forschungen auf dem Gebiete der Geschichte. I. S. 456.

2) Mannert, Germanien. S. 329.

3) Geijer, Geschichte von Schweden. I. S. 52.

lichen Skandinavien, dessen Name nachmals von weiterer Ausdehnung sich in dem dreifachen Göthalande erhalten hat, welches in Verbindung mit dem ihm nordwärts benachbarten Svealand das gesammte germanische Schweden (Swerige oder Sverike, entstanden aus Swea-Rike) im östlichen Skandinavien umfaßt [1]).

Hat nun auch der Name der Schweden den der Gothen in der neuern Zeit auf gewisse Weise in dem skandinavischen Halbinsellande verdrängt, so sind doch die Gothen, die dem südlichen früher bewohnten Theile der Halbinsel den Namen verliehen, nach der Ansicht der neuern schwedischen Geschichtschreiber das ältere Volk in Skandinavien. Daß das gothische Reich ein höheres Alter daselbst gehabt habe, wurde auch vor Zeiten in Schweden geglaubt, und in der Edda heißt es, der Name Gothland sei älter im Norden denn die Herrschaft der Dänen und der Schweden. Auch kennen die ältesten mythischen Gesänge jener nordischen Germanen nur eine einzige nationelle Benennung der Bewohner jener Gebiete, welcher Name zugleich das Volk der Götter und der Gothen bedeutet, es sind die Godthiod oder Gauthiod (die Gautigoth des gothischen Geschichtschreibers Jornandes), oder Gotar und Gotnar; dagegen findet sich in den spätern heroischen Gesängen die Aufbewahrung der Namen vielerlei Völker wie der Schweden, Gothen, Normannen, Dänen, Franken, Sachsen und anderer [2]).

Auch sind es nicht die Gothen, sondern vielmehr die Schweden, deren Auftreten in Skandinavien die Ynglingasaga beschreibt. Beide zwar nahe verwandt und jetzt mit einander verschmolzen, jedoch von Alters her keineswegs dasselbe Volk, wiewohl schon früh vereinigt durch dieselbe Götterverehrung. Denn die Ynglingasaga rechnet das Gothenland nicht zum Reiche der Ynglinger, obschon sie ein

---

1) Zeuß, die Deutschen. S. 158. 159.

2) Geijer, Geschichte von Schweden. I. S. 18.

unabhängiges gothisches Königsgeschlecht anerkennt, welches von Gaut (ein Name Odins) abstammen sollte, von welchem das Gothenland zuerst benannt worden sei. Nach jener Sage sind die Schweden unter der Leitung Odins und seiner Asen aus dem Osten erst in Skandinavien eingewandert, und haben, wie es scheint, durch die Gründung eines Reiches in dem mittlern Lande am Mälar-See, in dem nach ihnen sogenannten Suithiod, die Veranlassung zu einer gothischen Auswanderung gegeben. Denn auch nach der Vereinigung mit den südlichern Gothen blieb der Hauptsitz des Götterdienstes bei den Schweden, welches sie Odin und den von ihm in Upsala gestifteten großen Opfern zu verdanken hatten. Dieser Vorzug ist in den Zeiten des Tacitus bereits anerkannt, indem bei ihm die Suionen für das Ganze gelten. Doch hat sich die Verschiedenheit beider Völker in dem Svealande und Göthalande auch nach der Einführung des Christenthums erhalten, wie dies die Streitigkeiten beider Stämme um die Bestimmung der königlichen Obergewalt über beide in der Zeit des Mittelalters beurkunden, und der alte Unterschied ist noch jetzt in den verschiedenen Mundarten der Bewohner jener Gebiete erkennbar [1]).

Mit jener mythischen Einwanderung der ältesten Schweden in Skandinavien aus dem Osten hat man übrigens eine ganz andere Ableitung dieses Namens in Verbindung gebracht, wenn gleich auch diese darauf hinführt sie für ein suevisches Volk zu halten. Denn schon bei dem gothischen Geschichtschreiber finden wir die eigentlichen Schweden unter dem Namen der Suethans erwähnt, von welchen er rühmt, daß durch sie kostbares Pelzwerk nach Rom käme. Jenes Suethans ist aber der schwedische Name in altgothischer Form, woraus sich das Wurzelwort Sueth ergiebt, obschon die Isländer Sviar sagen und die Angelsachsen Sveon, wovon wieder der römische Name Suionen ent-

1) Geijer, a. a. O. I. S. 28 bis 30.

lehnt ist. Da jedoch die Angelsachsen den Namen Schwedens sowohl Sveo=land als Sveod=land schreiben, so scheint das angelsächsische Sveon aus Sveodan zusammengezogen zu sein. Der Name selbst möchte dann aus dem isländischen Worte Sveit oder aus dem angelsächsischen Sveot (Suit) herzuleiten sein, welches Kriegsschaar bedeutet, und Suitthiod oder Suithiod wäre demnach wörtlich das Heeresvolk oder die den Odin begleitende Kriegsgefolgschaft [1]). Vermuthlich hängen aber beide Ausdrücke Suit und Sueve, wie sie sich in Sveon vereinigt zeigen, selbst wieder mit einander zusammen.

Der Thallauf der Weichsel galt den Alten zwar im Allgemeinen als die Grenze des germanischen Landes, doch nennt uns Tacitus noch jenseit dieses Stromes außer den Gothonen einige Völker, von denen er ungewiß ist, ob er sie zu den Germanen oder Sarmaten zählen soll. Wir finden aber in den drei dort noch angeführten Völkernamen die ersten bestimmtern Hinweisungen auf die drei merkwürdigen Volksstämme des östlichen Europa, welche sich im Rücken der germanischen Völkerwelt an den Südostgestaden des baltischen Meeres berührten. Die Veneder erscheinen hier zwar als ein einzelnes Volk neben den Gothonen, welches Tacitus wegen seiner nomadischen, wilden Lebensart den Sarmaten zuzugesellen geneigt ist und doch wieder von denselben unterscheidet; dennoch ist es unläugbar, daß sich unter diesem Namen der große slavische Volksstamm birgt [2]), der hier als die eigentlichen Wenden sich seine Selbstständigkeit noch bewahrt hatte, während alle übrigen im Westen der Weichsel wohnenden Zweige dieses Stammes den Germanen hatten unterliegen müssen, aber ihnen in den Vandalen auch ihren Namen mitgetheilt hatten.

---

1) Geijer, a. a. O. I. S. 38. Anmerk. 2.

2) Schaffarik, über die Abkunft der Slawen. S. 28 bis 30. Voigt, Geschichte von Preußen. I. S. 65. 73. 112.

Nach eben diesem slavischen oder wendischen Volksstamm benannte Ptolemäus den südöstlichen Theil des baltischen Meeres den wendischen Golf, welcher bei Tacitus noch den Namen des suevischen Meeres führt. An dem Gestade dieses Meeres nennt der letztere als das zweite Volk die Aestyer, welche nach ihren Sitten und ihrer Lebensart sich von den Sueven in nichts verschieden zeigten, obschon ihre Sprache mit der brittischen oder kymrischen übereinstimmen sollte. Gleich den Sueven verehrten sie die Mutter Erde göttlich; ihre Waffen bestanden weniger aus Eisen als aus hölzernen Keulen, doch zeigte sich dies Volk im Feldbau emsiger als die Germanen. Diese Aestyer waren es, welche den Bernstein, das sogenannte Glas, an dem Meeresstrande sammelten und an die deutschen Völker verkauften. Der Name des Volkes ist deutsch und bezeichnet nichts als Ostländer [1]); daher erscheint er auch beim Pytheas in seinen Ostydern oder Ostionen [2]), und ist derselbe mit dem der Esthen am finnischen Golfe. Aber wenn beide Namen auch deutschen Ursprunges sind, so bezeichnen sie doch ganz verschiedenartige Völkerschaften. Denn die Esthen, welche sich selbst bekanntlich einen ganz andern Namen geben, sind Stammgenossen der finnischen Völker, jene Aestyer aber in dem heutigen Preußen verweisen auf den lettischen oder litthauischen Volksstamm, zu dem auch die alten Preußen gehörten, und welcher jetzt unter dem Namen der Aisten in die Ethnographie eingeführt ist [3]). Neben ihnen nennt Tacitus als das dritte Volk dieses Gebietes die Fennen, welche er als in der größten Dürftigkeit und Rohheit lebend schildert. Diese Fennen der ältern Deutschen bezeichnen den noch jetzt sogenannten finnischen

1) Voigt, Geschichte von Preußen. I. S. 25. 52. 53.

2) Adelung, älteste Geschichte der Deutschen. S. 91.

3) Zeuß, die Deutschen. S. 267.

Volksstamm [1]), der, wie er selbst diesen Namen nicht kennt und sich ganz anders benennt, so bei den slavischen Völkern unter den Namen der Tschuden oder Ugern vorkommt, und dessen weit zerstreute Glieder den gesammten Nordosten Europas von dem baltischen Meere bis zum Ural hin bevölkerten.

Aus diesem äussersten Osten, wo sich die letzten Spuren germanischen Lebens verlieren, kehren wir nun zurück zu dem Westen zu dem klassischen Boden Germaniens am Rhein und an der Donau, wo sich bald nach des Tacitus Zeit die größten Umwandlungen der Völkerverhältnisse zeigen.

Zweiter Abschnitt.

Die germanischen Völkervereine und die deutschen Stämme.

Vom Jahre 100 bis 500.

Dieser Zeitraum, in welchen der Untergang des römischen Reiches fällt, ist auch der entscheidende für die spätere ethnographische Gestaltung der germanisch-deutschen Völkerwelt, indem sich in ihm diejenigen Völkerverhältnisse ausbildeten, welche die Grundlage für das gesammte Mittelalter geworden sind. Denn es gestalteten sich in dieser vierhundertjährigen Zeit nicht nur diejenigen Völkervereine, welche erobernd in das römische Reich eindrangen und auf seinen Trümmern eigene neue Staaten begründeten, sondern auch die Stämme des deutschen Mutterlandes, deren Schicksale

1) Geijer, Geschichte von Schweden. I. S. 89. 90.

und politische Verhältnisse zu einander auf dem eigentlichen klassischen Boden von Germanien wir hier allein zu verfolgen haben. Das Ende des zweiten und der Anfang des dritten Jahrhunderts bezeichnen den Beginn dieser neuen Ordnung des Lebens unter den deutschen Völkern.

1) Das römische Germanien und das große Vertheidigungssystem der Römer in Germanien.

Der Name Germania, welcher anfangs bei den Römern nur die eroberten germanischen Gebiete an dem linken Rheinufer bezeichnete, war im Verlauf der ununterbrochenen Kämpfe mit den deutschen Völkern während des ersten Jahrhunderts unserer Zeitrechnung auch auf das gesammte innere Land übertragen worden, so weit germanische Völker wohnten bis zu den Gestaden des baltischen Meeres. Auch die suevischen Völker wurden fortan meistens blos Germanen genannt, und nur die römischen Alpen-Provinzen sind niemals zum germanischen Lande gerechnet worden, obgleich die Alten zuweilen, wie Pomponius Mela, nicht die Donau sondern die Ketten des Alpengebirges als die Grenzen Germaniens auf seiner Südseite angeben. Eine von Nordwest nach Südost gehende Linie, welche das heutige Deutschland quer durchschneidet, an den Ufern des Rheins und der Donau entlang, war die große Grenzmark, welche das damalige Europa in ein südwestliches römisches und in ein nordöstliches barbarisches oder germanisches schied [1]).

Schon im Laufe des ersten Jahrhunderts wurden die von germanischen Stämmen bewohnten Landschaften des belgischen Galliens auf dem linken Rheinufer Ober-Germanien (Germania superior oder nachmals prima) von

---

1) Pfister, Geschichte der Deutschen. I. S. 135.

dem Stromknie bei Basel bis nach Mainz und Nieder-Germanien (Germania inferior oder nachmals secunda) von Mainz am untern Rhein entlang bis zum batavischen Lande hin benannt. Die Grenzscheide zwischen beiden bildete zu des Ptolemäus Zeit im zweiten Jahrhundert der vielgesuchte Fluß Obringa, in welchem man wegen der Stellung der römischen Truppen am Rhein bald die Mosel [1]) und noch öfter die Ahr (Arch), etwas unterhalb der Mosel, zu erkennen geglaubt hat [2]), obschon es am wahrscheinlichsten ist, daß das bei dem Binger-Loch sich zum Rhein öffnende Thal der Nahe (die Nava des Tacitus) darunter verstanden werden müsse [3]). Denn wie an der Donau in den Provinzen von Noricum und Pannonien es der Fall war [4]), griff gewiß auch hier am Rhein die Stellung und Vertheilung der Truppen über die provinziellen Abtheilungen über. Die Städte Mainz und Köln, wo die Hauptstandquartiere der die Rhein-Grenze bewachenden acht sogenannten germanischen Legionen waren, galten schon damals als die vornehmsten römischen Orte an dieser Grenzlinie, und sie haben, durch ihre günstige Lage geschützt, trotz der vielfachen Verheerungen, welche sie in diesem Zeitraum zu erleiden hatten, sich ihre Bedeutung für immer bewahrt. Sie wurden dann später auch die Metropolen der beiden Provinzen Germania prima und secunda, als in Folge der constantinischen Verfassung bei der Auflösung aller frühern größern Provinzen in kleinere das belgische Gallien in fünf Provinzen getheilt wurde, und da der südlichste Theil des ehemaligen Belgiens zu beiden Seiten des Jura die Pro-

---

1) Zeuß, die Deutschen. S. 14.

2) Juncker, Anleitung zur Geographie des Mittelalters. S. 125. So auch bei den ältern deutschen Geographen Cluverius und Cellarius.

3) Mannert, alte Geographie II. 1. S. 221.

4) Muchar, das römische Noricum I. S. 78. 87. 92.

vinz Maxima Sequanorum (das Land der alten Sequaner und Helvetier) auch unter dem Namen von Germania tertia erscheint, so scheint dieselbe gleich den beiden andern germanischen Provinzen theilweise germanische Bevölkerung gehabt zu haben [1]).

Das alte Moguntiacum (Mainz) nimmt aber wegen seiner eigenthümlichen Lage am mittlern Rhein die erste Stelle unter allen den römischen Kriegsansiedlungen an jenem Strome ein; es bildete für die Römer den Hauptschlüssel zu dem Lande Germanien, und hat sich noch jetzt so manche merkwürdige Denkmale seines Alterthums bewahrt [2]). Am Rhein aufwärts bis nach Helvetien hin gab es während der Zeit des ersten Jahrhunderts mit Ausnahme der Kolonie Augusta Rauracorum, dessen prachtvolle Ueberreste noch jetzt bei dem Dorfe Augst etwas oberhalb Basel zu sehen sind [3]), keine bedeutende römische Ansiedlung und wenigstens keine Festung. Die germanischen Stämme auf der linken Seite des Stromes haben die Oberhoheit der Römer ruhig anerkannt. Auf der rechten Seite des Stromes aber von dem Main bis zum Bodensee wohnte kein deutsches Volk, obschon man vermuthen darf, daß die von dorther in Gallien eingewanderten Vangionen und Nemeten die fruchtbaren Gegenden am Fuße des Schwarzwaldes nicht durchaus verlassen und unbebaut gelassen haben werden [4]), und die übrige besonders im Osten des Schwarzwaldes sich vorfindende Bevölkerung konnte nur aus schwachen Ueberresten der früher dort herrschenden suevischen Kriegsschaaren bestehen. Erst

---

1) Eichhorn, deutsche Staats- und Rechtsgeschichte I. S. 97.

2) Minola, Uebersicht dessen, was sich unter den Römern merkwürdiges am Rhein-Strom ereignete. Köln 1833. 8. S. 132 bis 140.

3) Müller, Geschichte der schweizerischen Eidgenossenschaft I. S. 50.

4) Eichhorn, deutsche Staats- u. Rechtsgeschichte I. S. 101.

allmählig erwuchs hier eine neue Bevölkerung, die jedoch immer rein germanisch blieb. Somit waren in diesen Theilen des Rheins anfangs keine Bollwerke der römischen Macht nöthig; auch standen die obergermanischen Legionen nur erst von Mainz an abwärts und an der Mosel. In dem batavischen Freiheitskriege lernen wir aber die Stadt Vindonissa an der untern Aar in Helvetien als den ersten festen Punkt in den Rheinlanden oberhalb Mainz kennen [1]). Dagegen begann nun von Mainz abwärts am mittlern und untern Rhein entlang die lange Kette von Kastellen und Festungen, welche bis zum Meere hin reichend und auch das Land der Bataver in sich einschließend, den großen limes Rhenanus bildete, auf welchem in der That die Sicherheit der römischen Weltherrschaft im Abendlande beruhete.

Als die Hauptpunkte in dieser Linie erscheinen Bingium (Bingen), Bacharacum (Bacharach), Vasalia (Oberwesel), Bodobriga (Boppart), Confluentes (Coblenz) an der Mündung der Mosel, Antunnacum (Andernach), Sentiacum (Sinzig) an der Mündung der Ahr, Rigomagus (Remagen), Bonna (Bonn), Colonia Agrippina (Köln) die Metropole des zweiten Germaniens, Durnomagus (Dormagen), Buruncum (nicht, wie man oft gemeint hat Woringen, welches in dem römischen Zeitalter auf dem rechten Stromufer lag, sondern Bürgel, welches damals auf dem linken Ufer lag, und wo sich auch zahlreiche römische Alterthümer vorfinden [2]); damit stimmt auch die tab. Antonin., nach der es unterhalb Durnomagus gesetzt wird), Novesium (Neuß), Gelduba (das jetzige Dorf Geldub), Asciburgium (Asberg), Castra Vetera (bei Santen) der Mün-

1) Mannert, Germanien. S. 104. 105. Müller, Geschichte der schweizerischen Eidgenossenschaft I. S. 55.

2) Minola, Beiträge zur Uebersicht der römisch-deutschen Geschichte. Köln 1833. 8. 2. Aufl. S. 294 bis 300.

dung der Lippe gegenüber gelegen und jetzt nur noch in seinen Ueberresten erkennbar, Colonia Trajana (Kellen), und daran reiht sich noch das sonst unbekannte Quadriburgum, welches in der Gegend der Stromspaltung des Rhein bei Schenkenschanz gelegen haben muß [1]). Denn die in dem batavischen Deltalande an den Ufern des Rhein gelegenen Orte von Noviomagus (Nymwegen) an bis nach Lugdunum Batavorum (Leyden) traten durch ihre Lage zum Theil schon aus der Reihe der rheinischen Grenzfestungen heraus.

Nicht minder geschützt als die Grenzlinie des römischen Reiches am Rhein entlang war die an der obern Donau gegen die Germanen. Denn im Laufe des ersten Jahrhunderts faßten die Römer immermehr festen Fuß am Nordsaume der Alpen in dem Blachfelde gegen die obere Donau hin, wo die Prachtstadt Augusta Vindelicorum (Augsburg), die Hauptstadt von Rhätien, zugleich der Mittelpunkt der römischen Macht in jenen Gebieten ward [2]). Aber als Vorwerk für diese Metropole und als Schlüssel zu Germanien von dieser Seite her erhob sich bald an der so günstigen Stelle des großen Donau-Knies die Festung Regina Castra oder Ratisbona (Regensburg), an welche sich sodann in dem limes Danubianus die lange Kette von Festungen anschloß, deren erste Anlage wohl schon dem ersten Jahrhundert angehört [3]), wenn schon die völlige Ausbildung dieser festen Grenzlinie an dem südlichen oder rechten Ufer der Donau erst in das zweite Jahrhundert fällt.

Die Hauptpunkte dieser Linie von Regensburg abwärts bis durch die Donau-Pforte nach den ungarischen Ebenen

---

1) Minola, Uebersicht der Merkwürdigkeiten am Rhein-Strom unter den Römern. S. 154 bis 342.

2) Mannert, Germanien. S. 607.

3) Muchar, das römische Noricum I. S. 12 bis 42. Mannert, die älteste Geschichte Bajoariens. S. 25. 30.

hin waren folgende. Zunächst Serviodurum, auf dessen Trümmern sich das heutige Straubing erhoben haben soll. Dann Batava Castra und Bojodurum zu beiden Seiten der Mündung des Inn in die Donau, auf der Grenzmark von Rhätien und Noricum, wo sich nachmals die Stadt Passau erhob. Aber von der Mündung des Inn bis zur Mündung der Ens führte keine große Straße am Ufer des Stromes entlang, und daher folgt als erste Hauptstation Lauriacum, das spätere Lorch, dessen Ueberreste noch jetzt an der Mündung der Ens zu erkennen sind, einstmals die Hauptstadt von dem Ufer-Noricum (Noricum ripense), für dessen innere Gebiete der Ort Juvavum oder Juvavia (Salzburg) als Hauptstadt galt. Denn das alte Lentia (Linz) scheint erst weit spätern Ursprunges zu sein [1]). Sodann die norischen Festungen Arlape, Cetium und Comageni, deren Lage in den Gegenden von Pechlarn, Mautern und Tuln gesucht wird, an deren Ostseite der Kahlenberg (mons Cetius) die Provinzen Noricum und Pannonien von einander schied. Denn am Ostfuße desselben folgte als erster pannonischer Ort das berühmte Vindobona (Wien) und einige Meilen abwärts das mächtige Carnuntum, zur Zeit der markomannischen Kriege das Hauptbollwerk Roms an der Donau, jetzt kaum noch in seinen Ueberresten erkennbar, die man bei dem Orte Heimburg sieht [2]). Carnuntum liegt zugleich der südöstlichen Grenzmark Groß-Germaniens gegenüber.

Aber die Römer haben auch jenseit jener beiden Flußlinien noch mancherlei Vorplätze und Vorwerke zu ihrem Gebiete gezogen, um die Befestigungswerke an dem limes Rhenanus und Danubianus zu verstärken, und um den Uebergang ihrer Legionen auf den feindlichen Boden zu erleichtern. Unstreitig haben die vom Drusus am Taunus

1) Buchner, Geschichte von Baiern I. S. 50 bis 53.

2) Mannert, Germanien. S. 655. 657.

gegen die Chatten angelegten Befestigungen, welche sodann von seinem Sohne Germanicus erneuert wurden, den ersten Grund dazu gelegt. Auch von Tiberius heißt es ausdrücklich, daß er in dem Lande der von ihm unterworfenen deutschen Stämme zwischen dem Rhein und der Weser feste Linien oder Grenzwehren (limites) zur Umsäumung des unterworfenen Gebietes zu ziehen angefangen habe [1]). Aber grade am Taunus und in dem Gebiete an der Vereinigung des Main und Rhein läßt sich aus den zahlreichen noch vorhandenen Ueberresten des Alterthums am klarsten erkennen, wie die Römer bei dem erobernden Vorrücken ihrer Legionen zur Behauptung des eingenommenen Gebietes zu Werke gingen. Dort hat man auch die verschiedenen, der Natur des Bodens angemessenen Arten von Wehren zu unterscheiden angefangen [2]).

Nach der Uebersiedlung der Ubier und nach der Schwächung und Zersprengung einiger vordern germanischen Stämme wurde so ein schmaler Landstrich am rechten Ufer des Rheins in Zusammenhang gebracht, der als römisches Besitzthum zwar zuweilen von den Germanen durchbrochen, aber von den Römern immer wieder hergestellt wurde. Dasselbe zeigt sich auch auf dem linken Ufer der Donau. In diesen Grenzbezirken, deren Wiederbesetzung den benachbarten Germanen standhaft verweigert wurde, ließen sich allerlei Auswanderer aus den nahen Provinzen nieder, und so lange die Besatzungen vorgeschoben werden konnten, wurden sie als ein Vorplatz des Reiches, als ein Theil der Provinz betrachtet. Tacitus am Ende des ersten Jahrhunderts spricht von diesem in das Innere von Groß-Germanien vorgerückten limes als von einer schon längst bestehenden Sache. Diese so gewonnenen Landstriche, welche übrigens nicht blos

---

1) Ledebur, die Brukterer. S. 191.

2) Steiner, Geschichte und Topographie des Maingebietes und Spessart unter den Römern. Darmstadt 1834. 8. S. 80 bis 120.

auf der Ostseite des Nieder-Rheins, sondern auch am obern Rhein südwärts des Main so wie an dem linken Ufer der Donau lagen, führten den Namen der Dekumaten-Länder oder Zehntländer (agri decumates), so weit solche vom Staate an sich genommen und in Erbpacht ausgegeben wurden [1]).

Seit des Trajanus Zeit wurden diese Befestigungswerke an der Rhein- und Donau-Grenze vielfach verbessert und verstärkt. Es heißt von ihm, daß er die in dem batavischen Kriege zerstörten Städte und Kastelle jenseit des Rhein wiederhergestellt habe [2]), und am untern Main hat er in einem nach ihm benannten Kastelle, dem munimentum Trajani, bei dem Dorfe Hedernheim an der Mündung der Nidda, ein Andenken seines Namens sich erhalten [3]). Von Hadrianus aber heißt es, daß er durch alle Provinzen seines Reiches gereist sei und an verschiedenen Orten, wo die Barbaren nicht durch Flüsse, sondern durch Grenzwehren von dem römischen Gebiete geschieden waren, Pfahlhecken errichtet habe. Bekanntlich war es bei den Römern eine vermuthlich aus dem Oriente entlehnte Sitte auch größere Ländertheile durch mächtige Gräben und Wälle gegen das plötzliche Andringen der Feinde zu schirmen, und das großartigste Werk dieser Art ist unstreitig der dem Kaiser Hadrianus zugeschriebene Grenzwall, der nach den vorhandenen Spuren vom untern Main oder eigentlich vom untern Rhein bis an die Donau in der Nähe von Regensburg fortgeführt wurde [4]). Doch ist es wohl sicher, daß dieses schon lange

1) Eichhorn, deutsche Staats- u. Rechtsgeschichte. I. S. 104.

2) Mannert, Germanien. S. 109.

3) Habel, die römischen Ruinen bei Hedernheim, in den Annalen des Vereins für nassauische Alterthumskunde und Geschichtsforschung. Wiesbaden 1827. 8. Th. I. 1. S. 45 bis 86.

4) Minola, Beiträge zur Uebersicht der römisch-deutschen Geschichte. Köln 1833. 8. S. 187 bis 226.

vor seiner Zeit begonnene Befestigungssystem im Innern Germaniens nur seine Vollendung durch ihn erlangt haben kann [1]).

Es mußte den Römern bald ein Bedürfniß werden den Rhein und die Donau mit den an ihnen liegenden Festungslinien zwischen ihren beiden Ausgangspunkten Mainz und Regensburg in nähere Verbindung zu bringen, wie dies sowohl die militärischen Operationen als auch die Sicherheit der angrenzenden Provinzen erforderten. Denn da der Ober-Rhein einen großen Winkel um das Quellgebiet der Donau bildet, so bot sich leicht der Gedanke dar dort, wo die beiden Ströme in ihrem divergirenden Laufe nach Norden und Osten die stärkste Einbiegung gegen das innere Germanien machen, eine Verbindungslinie anzulegen, wodurch nicht nur die Grenzvertheidigung, sondern auch die Kommunikation der Rhein- und Donau-Provinzen ungemein erleichtert wurden. Durch diese Anlegung eines limes transrhenanus und transdanubianus mußte ein großer Theil des südwestlichen Germaniens oder ganz Schwaben und ein Theil des heutigen Franken zum römischen Gebiete geschlagen werden, und ward theils zur gallischen Provinz Germanien, theils zur Provinz Rhätien gerechnet. Nachrichten der Geschichtschreiber sind über diesen großartigen Bau nur wenig oder gar nicht vorhanden. Der Mangel daran ist aber durch die zahlreichen Lokaluntersuchungen in neuern Zeiten ersetzt worden, so daß uns dies Werk nach seinem Umfange vollkommen bekannt ist, so wie sich auch noch zahlreiche und beträchtliche Ueberreste davon bis jetzt erhalten haben [2]). Uebrigens erhellt aus der Verschiedenartigkeit

1) Eichhorn, deutsche Staats- u. Rechtsgesch. I. S. 102. 103.

2) Pfister, Geschichte der Deutschen I. S. 137. Eine ausführliche Uebersicht dieses großen Werkes findet sich bei Wilhelm, Germanien unter dem Abschnitt das römische Südwest-Germanien, S. 290 bis 317.

in der Ausführung derselben, daß dies Werk nicht zu einer und derselben Zeit unternommen wurde, sondern je nachdem die in dem neu gewonnenen Theile von Groß-Germanien statt findenden römischen Ansiedlungen durch Vorschiebung von festen Grenzlinien und Anlegung von Stationen für Truppenschaaren solche Maaßregeln der Sicherheit nothwendig machten, die dann durch ihre Verbindung den germanischen und illyrischen Legionen am Rhein und an der Donau zur gegenseitigen Hülfsleistung und Vereinigung ihrer Operationen dienten. Auch scheint sich aus den neuern Untersuchungen zu ergeben, daß dieser sogenannte Römer-Wall (vallum Romanum) im südwestlichen Deutschland keineswegs blos eine hohe Grenzmauer war, sondern vielmehr größtentheils eine erhabene Heerstraße (Hochstraße), doch so daß dieselbe an vielen Stellen nicht nur mit einem Graben sondern auch mit zahlreichen Vertheidigungswerken, in Wällen, Thürmen und festen Schlössern bestehend, versehen war [1].

An drei verschiedenen Stellen ist dies große Vertheidigungssystem der Römer in Deutschland in neuern Zeiten zuerst wieder entdeckt worden, obschon das Andenken daran sich im Munde des Volkes und in mancherlei Traditionen immer erhalten hat, und nicht mit Unrecht hat man auf einen Zusammenhang dieser noch jetzt erkennbaren Reste geschlossen, so sehr sie auch in ihrer Bauart zum Theil von einander abweichen [2]. Die Hauptlinie dieses Vertheidigungssystems von Regensburg bis zum Taunus bei Mainz macht bei ihrer Richtung von Osten nach Westen und dann von Süden nach Norden einen großen Winkel, der in

---

1) Paulus, über den nördlich der Donau ziehenden römischen Grenzwall bei Memminger, würtembergische Jahrbücher. Stuttgart. Jahrg. 1835. S. 153 bis 167. Vergl. Buchner, Geschichte von Baiern I. S. 66.

2) Mannert, Germanien. S. 259 bis 261.

die Gegend des obern Neckar fällt. Doch darf man selbst diese ausgedehnte Linie, welche man jetzt Schritt vor Schritt verfolgt hat, nicht für die äußerste in das Innere von Deutschland vorgeschobene Grenzmark des römischen Reiches halten, da man selbst noch außerhalb derselben Ueberreste von Vertheidigungslinien und Heerstraßen findet, über deren Verhältniß zu der jetzt im Zusammenhange bekannten Linie bei dem Mangel an den eigentlich historischen Nachrichten in dieser Sache wir zur Zeit noch im Dunkeln sind. Man sieht jedoch, daß wie die Römer von Anfang an bemüht waren, den großen nordischen Winkel ihres Reiches zwischen dem obern Rhein und der Donau durch römisches Gebiet auszufüllen, sie hier ununterbrochen gegen Nordosten zu eindrangen und durch Ziehung von Grenzlinien den Winkel daselbst immer kleiner machten, um dem System ihrer Heerstraßen gemäß eine vollkommen grade Kommunikationslinie von Nordwest nach Südost zwischen Mainz und Regensburg zu gewinnen. Die Anlegung jener äußersten Linien in Germanien wie bei Schwäbisch-Hall am Kocher mag man wohl der Zeit der markomannischen Kriege unter Marcus Aurelius zuschreiben, als das System der Grenzvertheidigung am meisten nach dem Innern Germaniens vorgeschoben werden mußte, aber von jener Zeit an bei der allmählig sinkenden Macht der Römer wieder Schritt vor Schritt rückwärts ging, so daß man nur noch mit Mühe auf geraume Zeit die jetzt bekannte große Linie, wie sie unter dem Hadrianus bestimmt worden sein mag, zu vertheidigen und zu behaupten im Stande war [1]).

Von ihr kannte man schon seit längerer Zeit die Verschanzungen, welche sich am Taunus in der Richtung von Südwest nach Nordost entlang ziehen und sodann in

---

1) Reichard, über den römischen limes transrhenanus und transdanubianus, in den Neuen allgemein. geograph. Ephemeriden. Weimar 1822. 8. Th. X. S. 347 bis 394.

südöstlicher Richtung durch die Wetterau sich bis zum Main erstrecken. Es war dies die Vertheidigungslinie, welche zuerst vom Drusus gegen die Chatten angelegt war und das Gebiet der Mattiaken einschloß. Dieses Werk, welches noch jetzt im Munde der Anwohner unter den Namen Pfahlgraben, Pfahlrain und Polgraben bekannt ist, besteht aus einem Grunde von Steinen, auf welchem gehäufte Erde und Rasen mit starken verbundenen Pfählen einen Wall bilden. Nach den Berichten der ältern Augenzeugen haben wir diese Linie durch Wenck im Zusammenhange kennen gelernt [1]). Dann aber fand man in Franken an dem untern Laufe der Flüsse Kocher und Jaxt und in dem Gebiet von Hohenlohe ansehnliche Ueberreste gemauerter Wälle, die zum Theil auch mit einer Rasendecke bekleidet waren und sich von Norden nach Süden hinzogen. Die zahlreichen andern Denkmale der verschiedensten Art aus dem Alterthum bewiesen, wie es Hanselmann zuerst in dieser Gegend erforschte, daß die Römer bis hierher ihre Herrschaft ausgebreitet hatten [2]). Der dritte Theil dieser großen Vertheidigungslinie wurde jedoch schon vor einem Jahrhundert im Norden der obern Donau in der Landschaft Eichstädt durch die Forschungen Döderlein's ans Licht gezogen, und seitdem spielt diese Mauerlinie, welche unter dem Namen der Teufelsmauer bei den Anwohnern bekannt ist, eine wichtige Rolle in der römisch-deutschen Geschichte [3]). Im Allgemeinen in der Richtung von Osten nach Westen streichend hat sich dieses Mauerwerk noch in mächtigen Ueberresten erhalten,

1) Wenck, hessische Landesgeschichte II. S. 30 bis 36.

2) Hanselmann, Beweis, wie weit der Römer Macht in Deutschland eingedrungen. Hall in Schw. 1768 und 1773. II. Fol.

3) Döderlein, schediasma historicum de Adriani et Probi vallo et muro. Norimb. 1723. 4. Vergl. Döderlein, antiquitates in Nordgavia Romanae oder Vorstellung des alten römischen vallum oder Landwehre, der Pfahl, die Pfahlhecke oder Teufelsmauer genannt. Nürnberg 1731. 4.

und zieht sich als ein ziemlich erhabener Steinwall bis nach Schwaben hinein. Durch die jüngsten Untersuchungen Buchner's über dieses gewaltige römische Werk wurde ein Hauptanstoß zu den weitern Forschungen gegeben, um den Zusammenhang der verschiedenen Theile desselben bis zum Rhein hin kennen zu lernen [1]). Aus dem jetzigen Zustande eben dieser Teufelsmauer geht übrigens mit Sicherheit hervor, daß sie zum Theil nur eine gemauerte Hochstraße (via militaris) bildete, während sie theilweise nach ihrer Lage und Construktion von der Art ist, daß sie in Verbindung mit den dazu gehörigen Thürmen und Kastellen als wirkliche Grenzmauer gedient haben muß.

Die Teufelsmauer beginnt an drei Meilen im Südwesten von Regensburg und eine Meile oberhalb Kellheim (an der Mündung der Altmühl) unmittelbar am Ufer der Donau, wo mancherlei Ueberreste alter römischer Kastelle einen Hauptübergangspunkt über die obere Donau beurkunden. Sie zieht sich von hier, fast immer sichtbar und mehrere Fuß hoch, in grader Linie nach Nordwesten an zwölf Meilen weit fort durch den baierschen Kelsgau und das Sualafeld in dem heutigen Eichstädt, indem sie die Altmühl zweimal überschreitet und bei dem Dorfe Klein-Löllenfeld, eine Meile hinter Gunzenhausen (an der obern Altmühl gelegen) den nordwestlichen Punkt erreicht. Dort wendet sie sich unter einem Winkel gegen Südwesten um, und zieht im Parallelismus mit der obern Donau durch das schwäbische Ries oder Riesgau, dessen Hauptstrom die Wernitz sie gleich unterhalb Dinkelsbühl überschreitet und dort aus dem heutigen Baiern in das Land Würtemberg eintritt. Auf eine Strecke von acht Meilen verfolgt nun die Teufelsmauer ihre südwestliche Richtung von der obern Altmühl bei Klein-Löllenfeld bis zum Quellgebiet

1) Buchner, Reisen auf der Teufelsmauer. Regensburg 1818 und 1821. 8. Heft 1 und 2 mit 2 Charten.

der Rems bei Möglingen. Sie führt hier im Nordwesten der Stadt Nördlingen über die Höhen der rauhen Alp, und überschreitet das Quellgebiet des Jaxt und Kocher in dem sogenannten Hertsfeld und Aalbuch, indem sie zwischen den Städten Ellwangen und Aalen hinburchgeht.

Sobald aber die Mauerlinie das Quellgebiet der zum Neckar fließenden Rems erreicht hat, geht sie in grader Richtung nach Westen auf dem rechten Ufer des Flusses entlang neben der Stadt Gemünd vorüber an drittehalb Meilen weit, bis sie das Kloster Lorch erreicht, welches selbst auf den Grundmauern eines römischen Kastelles, das vermuthlich Lauriacum hieß, erbaut ist. Es war dies Kloster eine Stiftung der Hohenstaufen, deren gleichnamige Stammburg sich auf dem Bergkegel an der Südseite der Rems erhob; dort war auch die Familiengruft dieses Kaisergeschlechtes. Grade hier macht die große Grenzmauer ihren Hauptwinkel, indem sie fortan das Rems-Thal verläßt und in einer nach Nord-Nordwest gewandten Richtung sich zum untern Kocher und Jaxt hinzieht. Von der Rems bis zum untern Main bei Miltenberg hat der Wall in grader Linie noch eine Strecke von funfzehn Meilen zu durchlaufen.

Von Lorch an geht der Wall, fast sieben bis acht Fuß hoch in Gestalt eines Dammes, nach dem Städtchen Welzheim an der Leine, einem Zustrom zum Kocher, und hat an jenem Flüßchen einen natürlichen Vorgraben. Ueber Thal und Berg steigt er weiter nordwärts zur Murr hinab, die westwärts zum Neckar fließt, nach der Stadt Murrhard im schwäbischen Murrgau. Ueberall finden sich hier römische Denkmale und Inschriften; beide Orte haben sich selbst auf römischen Standlagern erhoben. Uebrigens ist die Grenzlinie bei dem Volke hier unter dem Namen des Schweinegrabens bekannt. Weiter nordwärts lassen sich die Ueberreste des Walles verfolgen bei den Städten Mainhard und Oehringen; er überschritt sodann den Kocher und den

Jaxt bei Jaxthausen, wo noch bis jetzt ein bedeutendes Stück Mauerwerk erhalten ist [1]).

Weiter gegen Nordwest fehlt es bis jetzt an genauen Nachforschungen, doch sieht man so viel, daß sich die Befestigungslinien über Osterburken theils nordwärts nach Waldürn zum Main bei Miltenberg, theils nordwestwärts über Mudau durch das Gebiet von Erbach zum Odenwalde zogen, wo sie sich an die Vertheidigungswerke anschlossen, welche sich auf den rings um den untern Main herumgelagerten Gebirgshöhen vorfinden. Dagegen bemerkt man noch ansehnliche Befestigungslinien und Ueberreste von Heerstraßen, welche vor dem großen Winkel von Lorch vorgezogen waren. Denn von dem Punkte der Teufelsmauer, wo dieselbe die obere Wernitz überschreitet, erstreckt sich noch eine solche Linie grade westwärts zum Jaxt nach Jaxtzell unterhalb Ellwangen, und zieht sich sodann wiederum nordwärts bei Schwäbisch-Hall am Kocher entlang, wo sich bei dem Orte Döttingen die Spuren davon verlieren [2]).

Aber am untern Main beginnen wieder die sorgfältigsten Untersuchungen über jene große Grenzlinie, und was an der Donau die Forschungen Buchners sind, das sind hier die von Knapp, Steiner, v. Gerning und Habel, welche in der jüngsten Zeit an Ort und Stelle den Gang und die Construktion der römischen Bauwerke untersuchten. Hier scheinen es zugleich immer doppelte Vertheidigungslinien gewesen zu sein, indem sich nicht blos die Werke auf dem Odenwalde, dem Spessart und dem Taunus gegenseitig deckten und an der großen Festung Mainz ihren Rückhalt hatten, sondern weiter abwärts am Rhein mehrere Mauerlinien neben einander auf dem rechten Stromufer gefunden werden. Auf den Höhen des Odenwaldes ändert der Grenzwall seine Beschaffenheit gänzlich. Hier

---

1) Wilhelm, Germanien. S. 291 bis 297.

2) Wilhelm, Germanien. S. 293. 294.

findet man nur an einzelnen Stellen Spuren von Wällen und Gräben, welche des Terrains wegen auch nicht einmal in Verbindung mit einander gestanden haben können. Dagegen zeigt sich hier eine lange Linie von Kastellen in der Richtung von Südost nach Nordwest, welche blos durch Pfahlhecken mit einander verbunden gewesen zu sein scheinen, und zwischen denen sich eine ununterbrochene Reihe von römischen Grabmälern vorfindet [1]).

Auf gleiche Weise zieht sich auf dem Rücken des Spessart in der Richtung von Süden nach Norden eine Kette von römischen Kastellen entlang, welche nach den noch vorhandenen alten Denkmalen am Ufer des Main zu schließen sowohl mit der Kette im Odenwalde durch die Befestigungswerke bei Obernburg oberhalb Aschaffenburg als auch mit der großen von Süden her kommenden Mauerlinie durch die Werke bei Miltenberg und Waldürn im Zusammenhange gestanden haben muß. Bei dem Flecken Orb überschritt die Linie des Spessart die Kinzig, um in die Wetterau einzutreten [2]). Von der Kinzig an verfolgt man die sehr unbedeutenden Spuren der Grenzlinie in nordwestlicher Richtung durch die Gebiete von Hanau und Isenburg, wo der Pohl- oder Pfahlgraben ihr Andenken bis jetzt erhalten hat. Aber erst in der Grafschaft Nidda an der Nidda und Wetter zeigen sich wieder bestimmtere Spuren derselben, die sich über Hungen und Arnsburg verfolgen lassen, bis die Linie bei dem Orte Grüningen in der Grafschaft Solms in der Nähe von Giessen an der obern Lahn ihren nördlichsten Punkt erreicht hat, und sich von da wieder nach Südwest zum Taunus unter einem spitzen Winkel zurückwendet.

---

1) Knapp, römische Denkmale des Odenwaldes. Heidelberg 1813. 8. S. 6 bis 150.

2) Steiner, Geschichte und Topographie des Maingebietes u. Spessart unter den Römern. S. 261 bis 290.

Neben dem Orte Butzbach geht die Grenzlinie in fast südlicher Richtung vorbei, und führt zu den östlichen Vorhöhen des Taunus nach Homburg, wo die Trümmer der Saalburg (Arx Tauni, Arctannum) noch die letzten Ueberreste des von dem Drusus auf dem Taunus erbauten Kastelles zu enthalten scheinen [1]). Dann zieht sich der Grenzwall mehr westwärts an dem großen Feldberge hin über die sogenannte Polheide am Berge Zugmantel nach Georgenthal und Langen-Schwalbach zu den Quellen des Flüßchens Aar, das sich von den Höhen des Taunus nordwärts zur Lahn hinabergießt, die dasselbe bei Dietz erreicht. Dort biegt der Grenzwall wieder nach Norden oder Nordwesten um, und zieht sich auf dem Bergrücken zwischen der Aar und Rhein über Kemel und Holzhausen nach der Stadt Nassau zur Lahn. Dann sich etwas westwärts wendend zu der Berghöhe von Ober-Lahnstein geht der Pfahlgraben, wie die Grenzlinie hier wieder genannt wird, zum Thal der Lahn hinab, überschreitet diesen Fluß bei dem Bade Ems, und zieht sich gleich einer Himmelsleiter auf die jenseit gelegenen Berghöhen hinauf [2]). Nordwärts zeigt sich der Zug dieser Linie, welche hier bei dem Volke der Heidengraben genannt wird, in den waldreichen Höhen von Montabaur, und weiter nordwärts lassen sich die Spuren derselben am Ostufer des Rheins an der untern Wied verfolgen, bis sie in den Berghöhen des Siebengebirges, Bonn gegenüber, verschwinden. Aber hier an den Ufern des Rheins in der Gegend von Neuwied hat man durch die Aufgrabungen in neuern Zeiten kennen gelernt, daß sich zum Schutze des Stromes eine dreifache Linie entlang zog, welche mit ihren Standlagern und Kastellen in der Entfer-

---

1) Neuhof, Nachricht von den Alterthümern in der Gegend und auf dem Gebirge bei Homburg vor der Höhe. Homburg 1780.

2) v. Gerning, die Lahn- und Main-Gegenden von Ems bis Frankfurt. Wiesbaden 1821. 8. S. 1 bis 20.

nung von einigen Stunden hintereinander ein fast undurchdringliches Bollwerk bilden mußte [1]).

Wenn es auch nicht unwahrscheinlich ist, daß sich noch weiter abwärts am rechten Ufer des Rheins verschiedene Grenzwehren entlang zogen, so darf man doch vermuthen, daß jenes große Vertheidigungswerk in der Gegend von Köln oder bei dem Austritt des Stromes aus dem Gebirgslande seinen Endpunkt erreicht habe, und daß unterhalb die Ufer-Festungen selbst das schützende Bollwerk des Reiches bildeten [2]). Blickt man aber zurück auf dieses mächtige Werk, welches auf eine Strecke von mehr als 70 deutschen Meilen sich mitten durch Deutschland hindurchzieht, welches über hohe Bergrücken führt, durch Waldungen und über Flüsse und Sümpfe, so erhellt von selbst, daß dasselbe nur im Laufe mehrerer Decennien zu Stande kommen konnte, und daß, wenn es auch in der Zeit des Hadrianus im Allgemeinen schon vollendet war, an verschiedenen Stellen doch einige Jahrhunderte lang daran gebaut wurde. Denn gewiß beziehen sich die großen Bauwerke der spätern Imperatoren in Germanien am Ende des dritten Jahrhunderts zum Theil auch noch auf diese Mauerlinie. Auf jeden Fall beurkundet dieses Werk die Machtfülle der römischen Kaiser, den

1) Hoffmann, über die Zerstörung der Römer-Städte am Rhein zwischen der Lahn und Wied durch die Deutschen im dritten Jahrhundert. Neuwied 1819. 8.

2) Eichhorn, deutsche Staats- und Rechtsgeschichte I. S. 99. Denn schwerlich kann man die mehr im Innern von Westfalen liegenden und aus der Zeit des Tiberius herrührenden römischen Vertheidigungslinien und Grenzwehren als noch mit jenem großen Werke zusammenhängend betrachten, wie es geschehen ist von Leverkus, über den limes Tiberii und das vallum Westfalorum bei Wigand, Archiv für Geschichte und Alterthumskunde Westfalens. Lemgo. Th. VI. Heft 4. 1834. S. 324 bis 338. Vergl. dagegen Ledebur, Blicke auf die Litteratur zur Kenntniß Germaniens zwischen dem Rhein und der Weser. Berlin 1837. 8. S. 96 bis 102.

großartigen Geist des römischen Volkes und die Bedeutsamkeit der germanischen Kriege für die Römer.

An der ganzen Mauerlinie entlang befand sich in ununterbrochener Reihe eine Anzahl von Kastellen, Thürmen und Standlagern der Legionen, welche durch zahlreiche Heerstraßen mit Gallien und durch Rhätien mit Italien in Verbindung standen, uns aber, den Namen nach ganz unbekannt, nur in ihren Trümmern erkennbar sind. Die meisten Burgen und Schlösser des Mittelalters in jenen Gebieten so wie selbst viele Kirchen, Klöster und Abteien sind nicht blos auf den Grundmauern römischer Bauwerke, sondern auch aus den dazu gehörigen Quadern und Felsmassen aufgeführt worden. Die an vielen Stellen in gewaltigen Massen umherliegenden Trümmer jenes Riesenbaues verweisen nach der Aussage der Anwohner auf die Macht böser Geister, und mancherlei Volkssagen über die Entstehung dieses Werkes haben sich daran angeknüpft [1]). Innerhalb dieser Linie so wie zwischen dem obern Rhein und der obern Donau bemerkt man noch jetzt auf dem deutschen Boden in Franken und Schwaben eine überaus große Menge von Denkmalen der verschiedensten Art, welche die Thätigkeit der Römer in diesen Gebieten beurkunden. Ueberall zeigen sich die Ueberreste von römischen Ansiedlungen, von Heerstraßen und von Feldlagern der Legionen. Aber dies römische Germanien ist größtentheils erst in den letzten Decennien aus dem Schooß der Erde ans Licht hervorgetreten; und erst durch die Aufgrabung der Ueberreste von Bädern, Altären, Götterbildern und Votivsteinen [2]), so wie durch die Auffindung von römischen Münzen aus den verschiedensten Kaiserzeiten und von allerlei Schmucksa-

---

1) Döderlein, de Adriani et Probi muro et vallo. p. 29. 30.

2) Stälin, die im Königreich Würtemberg gefundenen römischen Steininschriften und Bildwerke bei Memminger, würtemberg. Jahrbücher. Jahrg. 1835. S. 1 bis 153.

chen von Gold und Silber in den zahlreichen Grabhügeln lernen wir die Hauptzüge der Geschichte des römischen Germaniens kennen, worüber alle alten Geschichtschreiber schweigen. Unläugbar ist, daß die gesammte Kultur jener Gebiete nur erst von den Römern ausgegangen ist, welche neben ihrer Gewaltherrschaft überallhin auch ihre Civilisation und ihre Gesetze verbreiteten, und was die obern Rhein-Gegenden ihnen in der Agrikultur und im Weinbau verdanken, ist noch jetzt überall daselbst zu erkennen [1]).

Die von den Römern in diesem südwestlichen Theile von Germanien vorgefundene Bevölkerung konnte nur gering sein, und hat sich ihnen sicher ohne Kämpfe unterworfen. Auf jeden Fall war sie aber germanisch und blieb es auch ferner. Zwar spricht Tacitus von neuen Einwanderungen aus Gallien, da aber die Einwanderer wohl größtentheils aus den germanischen Rheinprovinzen kamen, so kann dadurch an der Volksart nicht viel verändert worden sein. Hatte indessen die Bevölkerung zu des Tacitus Zeit so viele fremdartige Bestandtheile, daß es zweifelhaft wurde, ob sie als eigentlich germanisch angesprochen werden konnte, so wie man auch die vielen gallischen Namen in den obern Rheinlanden von jenen gallischen Kolonisten hat ableiten wollen [2]), so mußte sich dies wenigstens allmählig ändern, als durch das spätere römische Militärsystem die Ansiedlung der angrenzenden germanischen Völker hier in ganzen Schaaren erfolgte. Kann man nun auch im Allgemeinen alle die zwischen dem Rhein und der Donau innerhalb jener Grenzlinie liegenden Gebiete mit dem Namen der Zehntländer (agri decumates) bezeichnen, wie es von

1) Creuzer, zur Geschichte alt-römischer Kultur am Ober-Rhein und am Neckar. Leipzig 1833. 8. mit 1 Charte.

2) Leichtlen, über die römischen Alterthümer in dem Zehntlande zwischen dem Rhein, Main und Donau. Freiburg im Breisgau 1818. 8. S. 8.

Steiner und Leichtlen geschehen ist, so kommt dieser Name doch nur im engern Sinne den Staatsländereien zu.

Es hatten natürlich die Länder, welche sich auf dem rechten Ufer der Donau sowie auf dem linken Ufer des Rheins ausbreiten oder die Gebiete von Noricum [1]) und Rhätien [2]) und die beiden Germanien vollständige römische Provinzialeinrichtungen und römisch organisirte Städte. Doch wurde am Rhein dadurch, wenigstens bis in das zweite Jahrhundert, die germanische Volksverfassung gewiß nicht aufgehoben, sondern nur ein ähnliches Verhältniß wie bei den verbündeten Völkern des rechten Stromufers namentlich den Batavern und Mattiaken begründet. Auf dem rechten Rheinufer weist aber kein sicheres Denkmal in den zahlreichen römischen Ansiedlungen auf eine römische Gemeindeverfassung hin, und nur die wenigen Lokalitäten scheinen davon ausgenommen werden zu müssen, welche wie die Prachtstadt Aurelia Aquensis, der alte Badeort Baden, nahe am obern Rhein gelegen waren. Sonst blieben die Einrichtungen hier immer nur militärisch. Ein Theil des Bodens war als Staatsland (ager publicus) behandelt und gegen Naturalabgaben in Erbpacht gegeben, und nur so weit, als germanische Stämme das Land noch inne hatten, war der Boden freies Eigenthum. Solches, jedoch auf ähnliche Weise wie das Staatsland belastet, erhielten auch die Grenzbesatzungen, welche seit dem dritten Jahrhundert förmlich angesiedelt wurden und ihr Besitzthum unter der Verpflichtung zum Kriegsdienst auf ihre Nachkommen vererbten. Durch dieses System mußte auf allen Grenzen ein bedeutender Theil der Bevölkerung allmählig germanisch werden, auch wenn man sich die Grenzlegionen nur mit Germanen gemischt denkt. Da aber seit dem

---

1) Muchar, das römische Noricum. Grätz 1825. 8. Th. 1.

2) v. Raiser, der Ober-Donaukreis Baierns unter den Römern. Heft 3. Augsburg 1832. 4.

dritten Jahrhundert auch Schaaren aus nicht verbündeten Völkern als geschlossene Ganze in das römische Heer eintraten und diese Gefolgschaften auf ähnliche Weise wie die Grenzbesatzungen angesiedelt wurden, so mußte dadurch die Bevölkerung aller Grenzgebiete am Rhein und der Donau allmählig vollkommen germanisch werden [1]). Diese innerhalb des limes transrhenanus und transdanubianus angesiedelten Gefolgschaften zeigen schon auf die Entstehung des alemannischen Bundes hin.

Uebersehen wir das weite Gebiet des römischen Groß-Germaniens innerhalb jenes Grenzwalles und des obern Rhein- und Donau-Laufes, welches in seiner Dreiecksgestalt schon vom Tacitus ein Busen des Reiches genannt ward, so finden wir die dasselbe erfüllenden Landschaften des heutigen Baden und Würtemberg nebst dem angrenzenden Baiern zwischen den Alpen und der Donau von einem mächtigen Netz von Heerstraßen durchzogen, welche nach Art aller römischen Bauwerke den Zerstörungen von Jahrtausenden getrotzt haben und noch jetzt in ihren Ueberresten erkennbar sind. Ueber ihre Anlegung und über die zahlreichen Ortschaften, welche durch sie im römischen Germanien verbunden wurden, erfahren wir von den Geschichtschreibern nichts, und nur aus den Itinerarien der spätern Kaiserzeit lernen wir ihr Dasein und die an ihnen liegenden Städte, welche zum Theil barbarische oder latinisirte Namen führen, kennen. Die überall in diesen Gebieten noch jetzt vorkommenden Namen von Hochstraße, Hochgesträß, Steinstraße und Heidenstraße weisen auf diese alten römischen Bauwerke hin. Die Wiederentdeckung dieser Ueberreste in Verbindung mit manchen andern dazu gehörigen Denkmalen in der neuern Zeit bildet eins der wichtigsten Momente für die Geographie und Geschichte jener Theile unsers Vaterlandes

1) Eichhorn, deutsche Staats- und Rechtsgeschichte I. S. 101 bis 106.

in dem römischen Zeitalter. Natürlich wurden aber die Straßenzüge, welche sich in den alten römischen Provinzen von Nieder-Rhätien oder Vindelicien und von Ufer-Noricum oder überhaupt in dem baierschen Tafellande besser als die in dem Lande jenseit der Donau erhalten mußten oder doch leichter zu verfolgen waren, schon früher erforscht, und die Kunde der römischen Alterthümer zu Augsburg, der Metropole jener Gebiete, um welche sich v. Raiser in der jüngsten Zeit am meisten verdient machte [1]), hat der ältern Geschichte Süd-Deutschlands eine andere Gestalt gegeben.

Zwei große Heerstraßen waren es, welche von Italien aus über die rhätischen Alpen zu den Landschaften an der obern Donau führten, eine westliche und eine östliche, noch jetzt die beiden großen Handelsstraßen von Deutschland nach Lombardien. Die westliche führte vom Comer See aufwärts zum Quellgebiet des Rhein über den Splügen, und zog sich über Curia (das rhätische Chur, die Hauptstadt von Graubünden) zum Boden-See hinab nach Brigantium (Bregenz), um sich von dort nordostwärts nach Augsburg zu wenden [2]). Die östliche Straße führte mitten durch Tyrol, es ist die sogenannte Kaiserstraße des Mittelalters. Sie begann bei Verona und führte an der Etsch aufwärts über Tridentum (Trient) und Botzen (Pons Drusi), überstieg die Höhen des Brenner und führte zum Inn hinab nach Veldidena (Wilten bei Inspruck), von wo man über Parthanum (Parthenkirchen) in der Nähe der Engpässe von Scharnitz nach Augsburg gelangte [3]). Die

1) v. Raiser, die römischen Alterthümer zu Augsburg. Augsb. 1820. 4. Der Ober-Donaukreis des Königreichs Baiern unter den Römern. Augsb. 1830. 4. Heft 1 bis 3.

2) J. v. Müller, Geschichte der schweizerischen Eidgenossenschaft. I. S. 64. 65. 77.

3) Vinc. v. Pallhausen, Beschreibung der römischen Heerstraße von Verona nach Augsburg. München 1817. 8.

Stadt Augusta Vindelicorum war aber der Mittelpunkt der rhätischen und norischen Straßenzüge an der Donau, welche von da theils nach Regina Castra (Regensburg), theils nach Juvavum, Juvavia (Salzburg) oder nach Lauriacum (Lorch) und Vindobona (Wien) hinführten [1]). Jene Stadt spielte dort dieselbe Rolle, welche in etwas späterer Zeit der glanzvolle Kaisersitz Augusta Trevirorum, das heutige Trier, in den westlichen Rheinlandschaften, welche nicht minder von einem großartigen Netze von Heerstraßen durchzogen waren, die sich noch jetzt in den rheinisch-deutschen Gebieten von Trier aus nach allen Himmelsrichtungen, nach Rheims, nach Köln und Mainz wieder erkennen lassen [2]).

Auf gleiche Weise wie das heutige baiersche und westrheinische Land war auch das heutige Baden im Innern Germaniens wegen seiner Nähe an der gallischen Provinz angebaut. So wie sich im Laufe der Zeit am linken Rheinufer zwischen Moguntiacum und Augusta Rauracorum (Augst) eine Reihe blühender Ortschaften erhob wie Augusta Vangionum oder Borbetomagus (Worms), Augusta Nemetum (Speier), Noviomagus (Neustadt), Salectione (Selz), Brocomagus (Brumt), Argentorate (Straßburg) und andere [3]), so blüheten auch die römischen Ansiedlungen auf dem rechten Stromufer auf wie vornehmlich der schon den Römern bekannte Badeort Aurelia Aquensis (Baden) und Tarodunum, wo jetzt das Dorf Zarten bei Freiburg im Breisgau [4]), und treffliche Heerstraßen, de-

---

1) Mannert, die älteste Geschichte Bajoariens. S. 30 bis 62. Buchner, Geschichte von Baiern I. S. 47 bis 50. 70 bis 73.

2) Hetzrodt, notices sur les anciens Trévirois. Trèves. 1809. 8. p. 142 — 215.

3) Creuzer, zur Geschichte der alt-römischen Kultur am Ober-Rhein. S. 14.

4) Leichtlen, über die römischen Alterthümer im Zehntlande. S. 35 bis 98.

ren Ueberreste jetzt erst entdeckt sind, führten von ihnen ostwärts über die Höhen des Schwarzwaldes zum Neckar und zur obern Donau. So zog sich von Baden eine große Heerstraße über Pforzheim (Portae Hercyniae) durch den Schwarzwald, und führte auf den sogenannten Fildern von Stuttgart nach Canstatt am Neckar, über welchen Ort die berühmte Ober-Donaustraße gegangen zu sein scheint [1]).

Aber das schöne Land von Würtemberg ist darum ein klassischer Boden von diesem römischen Germanien, weil es außer seinen sonstigen vielfachen Ueberresten altrömischer Kultur von der großen Heerstraße durchschnitten wurde, welche eine der wichtigsten und großartigsten in dem Straßennetze im Norden der Alpen genannt werden muß. Auf sie scheint auch dasjenige bezogen werden zu müssen, was uns von der Anlegung und Erneuerung mächtiger Befestigungswerke durch den Kaiser Probus bei seinen Kämpfen mit den Alemannen berichtet wird, so daß sie mit der großen Vertheidigungslinie des Hadrianus als Heerstraße und Mauerwall zu vergleichen ist. Es ist die sogenannte Ober-Donaustraße, welche von Vindonissa (Windisch) an der Aar in Helvetien nach Reginum an der Donau führte und eine Hauptcommunikationslinie zwischen den gallischen und illyrischen Provinzen bildete. Darum hat sich in den letzten Zeiten die allgemeine Aufmerksamkeit auf sie gewandt, und ihre Erforschung und bestimmtere Lokalisirung nach Anleitung der römischen Itinerarien ist von vielen Alterthumskundigen unternommen worden. Lange Zeit suchte man den Zug dieser Straße am rechten Ufer der obern Donau abwärts, wo sich allerdings auch mancherlei römische Denkmale vorfinden. So geschah es noch von

1) Paulus bei Memminger, würtemberg. Jahrbücher. Jahrg. 1833. S. 193 bis 200. 351 bis 355. Jahrg. 1834. S. 383 bis 386.

Mannert [1]) und Pfister [2]). Indessen das Ungenügende und Unsichere in der Vertheilung der auf jener Straße genannten Stationen war doch so bedeutend, daß alle spätern Forscher auf diesem Gebiete wie Westenrieder, v. Stichaner, v. Reisach, v. Raiser, v. Wersebe, Buchner und Reichard sich genöthigt glaubten, die Straße über die Donau hinüberzuführen, und sie selbst durch das obere Neckar-Thal bis in die Nähe der großen Grenzmauer laufen zu lassen [3]).

Als die Hauptstationen dieser Straße erscheinen von Vindonissa an: Tenedo, Juliomagus, Brigobanne, Arae Flaviae, Samulocenae, Grinario, Clarenna, ad Lunam, Aquileja, Opie, Septemiacum, Losodica, Medianae, Iciniacum, Biricianae, Vetonianae, Germanicum, Celeusum, Abusina und Reginum [4]). Unstreitig hat sich Leichtlen in der jüngsten Zeit am meisten Verdienste um die Erläuterung und Erforschung dieses römischen Straßenzuges erworben, so daß man die dadurch gewonnenen Resultate mit wenigen Ausnahmen als gesichert für die Geographie des römischen Germaniens annehmen kann. Demnach führte diese Straße von Windisch über die heutigen Orte Zurzach (Tenedo), wo sie den Rhein überschritt, nach Stühlingen (Juliomagus) und über Hüfingen (Brigobanne) im Quellgebiet der Donau nach Rottweil (Arae Flaviae), einer der wichtigsten römischen Ansiedlungen jenseit des Rheins. Von dort zog sie sich

1) Mannert, Germanien. S. 614 bis 620.

2) Pfister, Geschichte von Schwaben. Heilbronn 1803. 8. Th. I. S. 42.

3) Leichtlen, Schwaben unter den Römern mit 2 Charten. Freiburg im Breisgau 1825. 8. S. 1 bis 80.

4) Wersebe, über die Völker und Völkerbündnisse des alten Deutschlands. S. 273. Anmerk. 382. Wersebe weicht aber darin von Leichtlen ab, daß er die Straße jenseit der Donau von Rottweil nach Ulm auf dem Rücken der rauhen Alp entlang zieht.

nordostwärts zum Thal des Neckar hinab nach dem berühmten Rottenburg (Samulocenae), das durch seine zahlreichen römischen Denkmale seit älterer Zeit bekannt ist [1]). Wenn dann aber Leichtlen diese Straße in dem obern Neckar-Thale weiter abwärts über Nürtingen (Grinario) und Köngen, in dessen Umgegend Clarenna gesucht wird, nach Osten zur rauhen Alp bis Lonsee (ad Lunam) verfolgt, so scheint ein anderer Erklärer mehr für sich zu haben, welcher jene Straße nordwärts über das sogenannte Schönbuch nach Canstatt verfolgt, und in diesem Orte, wo sich von verschiedenen Seiten her römische Heerstraßen vereinigten, und welches ganz in der Nähe des großen Mauerwinkels von Lorch an der Rems liegt, das römische Clarenna wiederfindet [2]). Weiter gegen Nordosten über Heidenheim an der Brenz, wo man das alte Aquileja sucht, zog sich die Straße nach dem schwäbischen Ries um Nördlingen herum über Bopfingen (Opie) nach Oettingen an der Wernitz, in welchem man das alte Losodica erkannte. Von dort wandte sich die Straße südwärts durch das Ries an der Wernitz hinab nach Medingen (Medianae), und dann in grader Linie ostwärts über Itzing (Iciniacum), Nassenfels (Vetonianae) und Kösching (Germanicum) in der Nähe der Donau entlang nach Oetling (Celeusum), wo sie die Donau erreichte und den Strom überschritt, um nach Abensberg (Abusina) zu gelangen, das am rechten Ufer des Stromes nur wenige Meilen oberhalb Regensburg gelegen ist [3]).

---

1) Jaumann bei Memminger, würtemberg. Jahrbücher. Jahrg. 1823. S. 25 bis 46. 1830. S. 119 bis 130. 1831. S. 94 bis 102. 1833. S. 341 bis 351. 1836. S. 202 bis 210.

2) Paulus bei Memminger, würtemberg. Jahrbücher. Jahrg. 1835. S. 376 bis 397.

3) Leichtlen, Schwaben unter den Römern. S. 83 bis 198.

2) Der große Markomannen-Krieg.

Die von den Kaisern Trajanus, Hadrianus und ihren Nachfolgern getroffenen Maaßregeln zur Sicherung der Reichsgrenzen am Rhein und an der Donau haben während der ersten Hälfte des zweiten Jahrhunderts ihren Zweck vollkommen erfüllt. An den Grenzbarrieren war es auf geraume Zeit ruhig, und erst in der zweiten Hälfte des zweiten Jahrhunderts finden wir eine allgemeine Gährung und Bewegung unter den Völkern der germanischen Welt, denen sich die Völker sarmatischen Stammes zum Theil anschlossen, so daß nun im Laufe des dritten Jahrhunderts die Vorwerke des römischen Vertheidigungssystems durchbrochen wurden, und im vierten Jahrhundert die Festungslinien an den Grenzströmen selbst kein Hinderniß für die germanischen Völker mehr darboten, um in das Innere des römischen Reiches einzudringen.

Die Kämpfe der Römer zur Zeit des Kaisers Domitianus mit den Daken und Geten von thracischem Stamme an der untern Donau waren nicht ohne Einfluß auf die politischen Verhältnisse der Römer zu den suevischen Völkern an der mittlern Donau, und die bald darauf folgenden Eroberungen Trajans, der noch die Provinz Dacien jenseit der untern Donau seinem weiten Reiche zufügte und dadurch den südöstlichen Sueven in den Rücken zu kommen drohete, müssen grade wie zur Zeit der frühern cimbrischen Kriege bedeutend auf die Völkerbewegungen eingewirkt haben, welche man gleich darauf im östlichen Germanien wahrnimmt [1]). Doch erhellt auch, daß die Ursachen des furchtbaren Markomannen-Krieges nicht allein an der Donau

1) Luden, Geschichte des deutschen Volkes. II. S. 12 bis 15. Kufahl, Geschichte der Deutschen. I. S. 329. 340.

zu suchen sind, sondern auch in der fortschreitenden politischen Entwickelung bei den gothisch-vandalischen Völkern in den weiten sarmatischen Ebenen bis zu den Gestaden des pontischen Meeres hin [1]). Denn dort sehen wir nun zum erstenmale die Vandalen in Verbindung mit den Alanen als ein für die Römer verhängnißvolles Volk auftreten, von denen die erstern gänzlich dem gothischen Stamme unter den Germanen angehören, die letztern aber nur zum Theil, indem ihr Name als Collektiv-Bezeichnung auch ganz andere Völkerschaften umfaßt, die selbst den Hunnen am Ural und den heutigen Awaren am Kaukasus verwandt sind.

Gleichzeitig mit der Thronbesteigung des Kaisers Marcus Aurelius ums Jahr 160 erhoben sich die germanischen Völker, und die Bewegung im Osten scheint auch auf die westlichen Germanen eingewirkt zu haben. Die damaligen Einbrüche mehrerer suevischen Schaaren, vermuthlich der Hermunduren, in das Dekumaten-Land an der obern Donau bis nach Rhätien hin [2]), sodann der Chatten in das römische Germanien am Rhein [3]), und nicht minder der Chauken am Nieder-Rhein in das belgische Gebiet [4]) lassen schon das Ansetzen der drei Völkerverbindungen der Alemannen, Franken und Sachsen erkennen, welche seitdem nicht mehr aufgehört haben, das römische Reich zu befehden, bis es in sich zusammenstürzte.

Aber ehe noch jene jüngern Namen gehört werden, tritt mit dem Jahre 164 ein furchtbares Waffenbündniß suevischer Völker an der mittlern Donau auf, um im Kampfe mit Rom nicht blos ihre politische Selbstständigkeit zu sichern, sondern auch die einstmals in den Donau-Ebe-

1) Mannert, Geschichte der alten Deutschen, besonders der Franken. Stuttgart 1829. 8. Th. 1. S. 25.

2) Pfister, Geschichte von Schwaben I. S. 45.

3) Schmidt, Geschichte von Hessen I. S. 24.

4) Wiarda, ostfriesische Geschichte I. S. 24.

nen verlorenen Gebiete wieder zu gewinnen. Doch zieht sich diese Bewegung der Völker noch ostwärts über Dacien hinaus bis zu den pontischen Gestaden fort, und so scheinen es hier zwei von einander gesonderte Vereine gewesen zu sein, welche, wenn auch in verschiedenem Sinne doch zu einem und demselben Hauptzwecke wirkten. Durch eine bunte Anhäufung von Völkernamen suchten die Römer die Größe der sie bedrohenden Gefahr auszudrücken [1]). Die Alten nennen uns im Westen an der mittlern Donau die Markomannen, Narisken, Hermunduren, Quaden, Sueven, Sarmaten, Latringen, Jazygen und Buren, und im Osten die Victovalen, Sosiben, Sikoboten, Rhoxolanen, Bastarnen, Alanen, Peucinen und Kostoboken, welche Vereine man im Allgemeinen den markomannischen und den vandalisch-sarmatischen Bund nennen kann. Denn die mehrsten der Völker des östlichen Vereins waren unstreitig sarmatischen Stammes, obschon es daran in dem westlichen Vereine keineswegs fehlte. Doch werden die meisten Namen der östlichen Völker, wie auch der der Latringen im westlichen Vereine, nachmals fast nie wieder genannt, und da sie mehr oder minder durch augenblickliche Interessen zusammengeführt waren und ihre Reiterschaaren mehr nur auf Raub und Plünderung in dem römischen Dacien als auf dauernden Besitz dachten, so wurde hier im Osten auch weniger vollbracht als im Westen, wo die Verbindung der angesehensten suevischen Völker im Verein mit einigen sarmatischen Stämmen den seit früherer Zeit berühmten Namen der Markomannen an dem alten limes Danubianus wieder in das politische Dasein rief und ihm aufs neue eine erweiterte Ausdehnung gab. Darum bezeichnen die Römer diesen merkwürdigen Kampf gewöhnlich mit dem Namen des Markomannen-Krieges, obwohl

---

1) Luden, Geschichte des deutschen Volkes II. S. 9. 10.

er auch von ihnen und zwar mit größerm Rechte der allgemeine deutsche Krieg genannt wird [1].

An den weit gegen Nordosten zu vorspringenden Grenzmarken Pannoniens, wo sich in Europa der Osten und Westen scheidet, wo den römischen Landschaften gegenüber das Land Germanien sich von den Gebieten der Sarmaten und Daken sonderte, und wo sich damals jene beiden Waffenvereine berührten, da zeigt sich von je an in der Völkergeschichte Europas ein Drängen und Ziehen der Stämme in den entgegengesetztesten Richtungen. So wie Pannonien jetzt der Hauptschauplatz des markomannischen Krieges wurde, so bildete dieses Gebiet seit alter Zeit den großen Kreuzweg und das Land der Passage bei den Wanderungen der Völker von Osten nach Westen und umgekehrt und von Norden nach Süden und wiederum umgekehrt, und war nicht minder das Land der Handelszüge vom baltischen zum adriatischen Meere und vom Pontus zum Rhein. Hier ist aber auch das große Schlachttheater im Konflikte der sich feindlich einander treffenden Völker, und die Bedeutung der eigenthümlichen Weltstellung dieses Gebietes für den Gang der europäischen Völkerentwickelung ist aus den Zeiten der Herrschaft der Hunnen so wie aus der Zeit der Awaren und Ungarn klar genug zu erkennen. Schon im Alterthum berührten und durchkreuzten sich hier fünf der bedeutendsten Volksstämme Europas, über welche alle noch die Römer den Sieg davon trugen. Denn von Westen und von Norden stießen hier die gallischen und germanischen Völker aufeinander, von Süden her breiteten sich die illyrischen und thracischen Völker aus oder die Paeonier (Pannonier) und die Daken und Geten, und von Osten zeigt sich hier seit uralter Zeit ein Vordringen sarmatischer oder slavischer Stämme, welche in

1) Kufahl, Geschichte der Deutschen I. S. 315 bis 318. Luden, Geschichte des deutschen Volkes II. S. 21 bis 23.

den pannonischen Gebirgslandschaften, in Karantanien, nachmals eine zweite Heimath gefunden haben. Schon im Zeitalter Herodots zeigen sich hier zuerst die Sigynnen als vermuthlich sarmatischen Stammes [1]), und als die Vorläufer der beiden zahlreichen Reitervölker der Jazygen und Rhoxolanen, welche anerkannt slavisch-sarmatischen Ursprunges sich hier schon seit den ersten Kaiserzeiten von den Karpathen her gegen die mittlere und untere Donau vordrängten und als Theilnehmer an den Kriegsthaten der Markomannen so wie später der Gothen und Vandalen sich den Römern furchtbar machten [2]).

Um dieselbe Zeit als im äußersten Osten und Westen die Grenzen des Reiches von den anwohnenden Barbaren angegriffen wurden, erhob sich auch an den Nordgrenzen der furchtbare Völkersturm, welcher den Vorboten für den seitdem beginnenden Verfall und den Untergang der mächtigen römischen Herrschaft bildet. Die Völker des markomannischen Bundes durchbrachen die Festungslinie an der Donau, drangen verheerend in die illyrischen Provinzen ein, und überschritten die Pässe der östlichen Alpenketten bis in die Nähe von Aquileja am adriatischen Meere. Die Gefahr für Rom war um so größer, als die meisten Legionen damals im Orient gegen die Parther standen, und nur mit Mühe vermochte Marcus Aurelius durch Zurücktreibung der Barbaren über die Alpen und die Donau das Reich aufrecht zu erhalten. Die beiden Festungen Vindobona und Carnuntum in dem Donau-Limes waren damals die Hauptbollwerke in der Vertheidigung und Sicherung des Reiches [3]). Aber es ward mit abwechselndem Glücke ge-

---

1) Barth, Deutschlands Urgeschichte I. S. 113.

2) Muchar, Geschichte der Einwanderung und Ansiedlung der Slaven in Inner-Oestreich, in der steiermärk. Zeitschrift. Grätz. Heft 6. 1825. S. 11 bis 18.

3) Muchar, das römische Noricum. I. S. 61.

stritten, und die in den illyrischen Provinzen wüthende Pest vermehrte das Unheil und die Gefahr für das Reich. Zwar überschritt Marcus Aurelius selbst den Grenzstrom und drang in das feindliche Gebiet ein, aber durch Geld und durch Unterhandlungen mit den einzelnen Stämmen vermochte der Kaiser mehr als mit den Waffen, und nur durch germanische Hülfsschaaren in römischen Diensten wurden die meisten Erfolge errungen [1]). Selbst zahlreiche Reiterschaaren der Jazygen traten in die Dienste des Kaisers [2]).

Jahrelang verweilte der Kaiser an den Ufern des Donaustromes, und er starb daselbst im Jahre 180 zu Vindobona, ehe er noch seinen Plan zur Sicherung des Reiches im Kampfe mit den Barbaren vollkommen durchgeführt hatte. Denn es mußten von seinem Nachfolger große Haufen der germanischen Völker theils in das Heer aufgenommen, theils in den illyrischen Provinzen angesiedelt werden, und von den übrigen Barbaren ward der Friede mit bedeutenden Opfern erkauft [3]). Mit dieser Uebersiedlung germanischer Schaaren auf römischen Boden hat man nicht selten die erste Germanisirung der Alpenlandschaften in Verbindung gebracht; sicherer scheint es aber wohl zu sein, daß damals die Ostalpen ihre ersten slavischen Kolonisationen, besonders durch jene Jazygen, erhalten haben.

---

1) Pfister, Geschichte der Deutschen I. S. 174 bis 177.

2) Muchar, Geschichte der Slaven in Inner-Oestreich, a. a. O. Heft 6. S. 43.

3) Kufahl, Geschichte der Deutschen I. S. 349 bis 366. Luden, Geschichte des deutschen Volkes II. S. 23 bis 37.

3) Die Völkerbündnisse und die Bildung und das Hervortreten der deutschen Stämme. Die Alemannen, Franken, Sachsen und Gothen.

Nach dem furchtbaren markomannischen Kriege, der sich an der ganzen Donau entlang erstreckte, trat eine kurze Ruhe ein, während welcher wir von den Alten wenig über die Germanen erfahren. Dennoch ist grade diese Zeit für den Entwickelungszustand der germanischen Völker von der größten Bedeutung, da wir gleich darauf die Germanen in ganz anderer Gestalt und unter Namen auftreten sehen, welche sich seitdem immer erhalten haben. Die Entstehung der Völkervereine oder der größern Waffengenossenschaften am Ende des zweiten Jahrhunderts, aus welchen mit einigen Umwandlungen die spätern deutschen Stämme des eigentlichen Mittelalters hervorgegangen sind, hat aber offenbar ihren Hauptgrund in drei Verhältnissen, und war eine nothwendige Folge von dem bisherigen Entwickelungsgange der germanischen Völkerwelt [1]). Jene Verhältnisse sind einmal die theilweise Lösung der frühern, beschränkten Stamm- und Gauverfassung dort am Rhein durch die Jahrhundertlang fortgesetzten Kämpfe mit den Römern, hier an der Donau besonders durch die Zersprengung und das Durcheinanderwerfen der ältern suevischen Stämme in diesem letzten markomannischen Kriege, weshalb sich hier auch nicht so früh bestimmte Völkervereine ausbilden konnten als wie dort, wo der Gährungsprozeß in dem Ansetzen neuer Gestaltungen schon mehr überstanden war. Dann die weitere Ausbildung und das Emporkommen des Gefolgewesens und des Heerkönigthumes, welches nachmals in dem Merowingen-Reiche seine Vollendung er-

1) Pfister, Geschichte der Deutschen I. S. 191.

hielt, und zuletzt die erobernde Ausbreitung der Sachsen und Dänen im Nordosten der germanischen Welt.

Im Westen, in dem rheinischen Germanien, traten zuerst die drei Völkervereine der Alemannen, Franken und Sachsen hervor, deren Namen schon diejenigen deutschen Stämme bezeichnen, welche durch alle Zeiten der Geschichte Deutschlands unter seinen Völkern die vorherrschende Rolle gespielt haben. Der zu gleicher Zeit im äußersten Osten mit großer Bedeutung auftretende Name der Gothen in Verbindung mit den Vandalen und Alanen gehört der Geschichte des Bodens von Deutschland nicht mehr an. Es bildet aber der gothische Völkerverein an der untern Donau und am Pontus das großartigste Seitenstück zu jenen drei rheinischen Vereinen, denen sich erst später zwei andere im Innern Deutschlands zugesellten.

Die bestimmtere Art und Weise, wie sich die neuern Völkervereine gebildet haben, die seit dem Anfange des dritten Jahrhunderts hervortretend die Grundlage für die spätere politische Entwickelung auf dem klassischen Boden Deutschlands abgeben, liegt zwar im Dunkeln, und es sind darüber die verschiedensten Auffassungen bis jetzt herrschend gewesen, doch muß man im Allgemeinen davon ausgehen, daß, was wenigstens die westgermanischen Völkervereine betrifft, hier nur an ein engeres Zusammentreten eben derselben Völker zu denken ist, welche in jenen rheinischen Gebieten schon seit Jahrhunderten mit den Römern in Kampf gelegen hatten. Grade an den Franken, welche bald den Mittelpunkt für die politische Entwickelung Deutschlands abgeben, läßt sich dies am bestimmtesten nachweisen, obschon die auf ein solches näheres Zusammentreten der ältern germanischen Stämme mitwirkenden Umstände, die dann auch auf die Umgestaltung der Waffenbündnisse einen wesentlichen Einfluß äußerten, wohl zu berücksichtigen sind. Der Name der Alemannen tritt aber unter den jüngern Bezeichnungen der deutschen Völker zuerst hervor, und der große

Markomannen-Krieg, welcher im Allgemeinen als die Periode des Scheidungsprocesses der ältern und neuern Entwickelung der Germanen zu bezeichnen ist, muß wie auf die Gestaltung aller jener jüngern Völkerbündnisse, so auch besonders auf die Entstehung des Vereines der Alemannen von Einfluß gewesen sein. Hatten die Römer bis auf die Zeit der Kaiser Tiberius und Claudius angriffsweise auf die germanische Völkerwelt verfahren, und war seitdem eine Art von Waffenstillstand zwischen Rom und Germanien eingetreten, wobei ersteres durch die Vorschiebung und Vollendung seiner Festungswerke im Innern des letztern doch noch Eroberungen machte, so kehrte sich nun das Verhältniß um. Seit dem Beginn des dritten Jahrhunderts ergriff die germanische Völkerwelt die Angriffspartie, und alle Kämpfe der römischen Imperatoren am Rhein und im Innern Germaniens hatten nur die Sicherung der alten Reichsgrenzen und der Grenzprovinzen zum Zweck.

Die Alemannen. Aus unansehnlichen Anfängen hervorgehend hat sich der Waffenverein der Alemannen, dessen Ursprung in den ersten Jahren des dritten Jahrhunderts zu erkennen ist, erst allmählig im Kampfe mit den Römern gebildet und erweitert, und auf dem Gebiete des römischen Germaniens zuletzt eine solche Ausdehnung erlangt, daß der sich daraus entwickelnde deutsche Stamm der Alemannen von dem Main an dem obern Rhein aufwärts sich bis in die Hochthäler der Alpen erstreckte. Die Ufer des Mains sind als das Heimathsland der Alemannen zu bezeichnen, und istävonische, hermionische und suevische Stämme müssen auf gleiche Weise zur ersten Bildung des alemannischen Waffenvereines beigetragen haben. Ist der Name desselben im Laufe der Zeit grade dort auch wieder verschwunden, so hat er sich doch mehr aufwärts am Rhein und an der obern Donau in dem alten Busen des römischen Reiches durch alle Zeiten erhalten, und hat jenem Gebiete fortan sein immer dauerndes Gepräge gegeben.

Der Name der Alemannen wird zuerst erwähnt bei einem Kampfe des Kaisers Caracalla mit den deutschen Stämmen am untern Main im Rücken der großen Vertheidigungslinie, und sie erscheinen sogleich als ein zahlreiches, sehr streitbares und durch seine Reiterei ausgezeichnetes Volk [1]). Neben ihnen wird bei eben dieser Gelegenheit des Stammes der Cennen erwähnt, welche sich durch ihre außerordentliche Wildheit den Römern furchtbar machten, und welche man, da sie später nicht wieder vorkommen, für eine von den Chatten oder Hermunduren ausgegangene Gefolgschaft betrachten muß [2]). Da sich die Alemannen gleich bei ihrem ersten Zusammentreffen mit den Römern als geübte Reiter kund gaben, so darf man wohl die rheingauischen Usipier und die Tenkterer, und zwar die südlichen Tenkterer oder Ingrionen im Engersgau, welche schon seit Cäsars Zeit als Reiter berühmt waren und die auch nachmals zum Bunde der Alemannen gehörten, als eine der ersten Hauptbestandtheile dieses Vereins ansehen, an welchen sich sodann die südlichen Stämme der Chatten und verschiedene Zweige der Hermunduren anschlossen. Wenigstens finden wir fortan in den Gebieten, welche sich vom mittlern Rhein ostwärts und südostwärts an dem Main im Rücken der römischen Grenzlinie entlang erstrecken, und wo wir früher die Völkernamen der Usipier, Tenkterer, Mattiaken, Karitnen, Vargionen, Intuergen, Marwingen, Turonen und andere genannt sehen, den Namen der Alemannen genannt, während jene ältern verschwinden, und ohne Zweifel gab grade die Vollendung der Bauten an der großen Reichsgrenze daselbst die Veranlassung, daß sich deutsche

1) Wersebe, über die Völker und Völkerbündnisse des alten Deutschlands. S. 139.

2) Rommel, Geschichte von Hessen I. S. 25. 26. Wersebe, über die Völkerbündnisse Deutschlands. S. 227.

Schaaren verschiedenartigen Stammes zu einer Wehr- und Angriffsverbindung vereinigten [1]).

Ueberdies waren durch den großen markomannischen Krieg die frühern Stammverhältnisse mehr gelöst, und das die germanischen Waffen in ihm begleitende Glück reizte zu neuen Unternehmungen, so daß es nicht befremden kann, wenn die Waffengenossenschaften der alten suevischen Hermunduren am Main sich als das anregende Element dazu hergaben, um ihre chattischen und rheinländischen Stammgenossen zu einem Bunde gegen Rom und zum Angriff auf die gefährlichen Grenzlinien zu bewegen. Die spätern Grenzmarken des rheinischen Frankens gegen das fränkische Ripuarien und gegen Hessen müssen im Norden des untern Main auch die Grenzen des ältesten Alemanniens im Gebiete der rheinländischen Germanen und der Chatten bezeichnen.

In der Richtung von Norden nach Süden zeigt sich die allmählige erobernde Ausbreitung der Alemannen, die zunächst weniger durch ganze Volksmassen als vielmehr nur durch einzelne Gefolgschaften besonderer Häuptlinge ohne gemeinsamen Plan erfolgte, wenn man auch im Allgemeinen die Durchbrechung der Grenzlinie im Auge hatte. Da man aber um dieselbe Zeit auch in andern Gegenden, wie an der Donau, findet, daß die Angriffe germanischer Gefolgschaften auf die römische Grenze mit ihrer Ansiedlung endigten, weil die zunehmende Schwäche des Reiches nicht mehr gestattete, ohne Hülfe verbündeter germanischer Völker jene zu vertheidigen, so scheint dies auch hier im Laufe des dritten Jahrhunderts erfolgt zu sein, und die Vermehrung einer den Alemannen verwandten und immer noch befreundeten Bevölkerung innerhalb der Grenzlinien des Reiches war die Folge davon. Daß die letztern damit zum Theil ihre Bedeutung verloren, erhellt von selbst, und bei

1) Zeuß, die Deutschen. S. 303 bis 305.

dem Andringen einer neuen feindlichen Gefolgschaft unter einem bedeutenden Häuptlinge konnte sich leicht die ganze Grenzbevölkerung dazu fortreißen lassen, sich ihm anzuschließen und sich mit ihm gegen ihre frühern Oberherren zu verbinden. So erscheinen nun die Alemannen in der zweiten Hälfte des dritten Jahrhunderts zur Zeit des Kaiser Probus als ein Inbegriff einzelner Völker unter mehrern Fürsten, welche zwischen den römischen festen Plätzen angesiedelt sind, und die Vortheile, welche die Römer über sie erhalten, bestehen in der Herstellung und Wiederbesetzung jener Plätze, der Anlegung neuer, und der Verpflichtung jener Völker zur Vertheidigung der Grenze, zu Lieferungen für die Grenzbesatzungen und zur Stellung von Mannschaften, welche dem römischen Heere einverleibt werden [1]).

Es erfuhr demnach der Bund der Alemannen im Laufe der Zeit durch die Vereinigung mit den im römischen Reiche angesiedelten germanischen Elementen eine große Umgestaltung, und aus dem frühern Zustande der germanischen Völkerwelt in jenen Gebieten muß man entnehmen, daß dieses Anwachsen des alemannischen Volkes auf Kosten des römischen Reiches der zahlreichen Aussendung hermundurischer Gefolgschaften zuzuschreiben sei [2]). Denn dieser so mächtige und ausgebreitete Kriegerstamm der Hermunduren verschwindet seit jener Zeit gänzlich, und der bald neben den Alemannen hervortretende Name der Sueven scheint noch bestimmter auf dieselben hinzuweisen, wenn schon es wohl nicht zu läugnen ist, daß noch manche andere suevische Stämme und Gefolgschaften sich ihnen angeschlossen haben [3]), so wie die Hermunduren wiederum auch zur Bil-

1) Eichhorn, deutsche Staats- und Rechtsgeschichte I. S. 107 bis 111.

2) Pfister, Geschichte von Schwaben I. S. 60.

3) Pfister, Geschichte der Deutschen I. S. 180.

dung anderer deutschen Stämme wie vornehmlich der Thüringer beigetragen haben.

Im vierten Jahrhundert führt den Namen der Alemannen schon die gesammte Bevölkerung vom Main am Rhein aufwärts bis an das südliche Ende des Schwarzwaldes. Aber so wenig wie von Anfang an eine feste und bestimmte Einheit der alemannischen Verbindung zum Grunde lag, so wenig zeigt sich auch später wie zur Zeit Julians die Spur von einem Bande, welches diese Völkerschaften zu einem politischen Ganzen verknüpfte. Vielmehr erkennt man da nur eine Reihe mehr oder minder mächtiger alemannischer Fürsten, welche mit ihren aus dem Verhältniß der Unterthänigkeit zu den Römern herausgetretenen Völkern ihre Selbstständigkeit wieder gewonnen haben, und durch die Verbindung mit ihren suevischen Stammgenossen im innern Deutschland sich den Römern auch jenseit des Rheins und der Donau furchtbar zu machen suchen [1]).

Aus dieser eigenthümlichen Entstehung des alemannischen Volkes, aus dem Zusammenwachsen der den Römern theils feindlichen, theils befreundeten germanischen Gefolgschaften außerhalb und innerhalb der Grenzlinien, erklärt sich auch die schon von den Alten angegebene Bedeutung des Namens der Alemannen, in so fern dies Volk aus einem Zusammenfluß verschiedenartiger kriegerischer Abenteurer und Stämme entstanden sein soll [2]). Wenigstens liegt in dieser Erklärung ein Beweis für die ursprüngliche Beschaffenheit jener politischen Gestaltung, wenn es auch höchst wahrscheinlich ist, daß dieser Name, der nie Allemannen sondern immer nur Alemannen oder Alamannen ge-

1) Eichhorn, deutsche Staats- und Rechtsgeschichte I. Seite 111. 112.

2) Mannert, Germanien. S. 241. Pfister, Geschichte der Deutschen I. S. 180.

nannt wird, auf einen andern Ursprung hinweiset. So dunkel auch die eigentliche Erklärung und Entstehung aller jener Namen der jüngern Völkerbündnisse Germaniens ist und daher immer auf die verschiedenartigste Weise versucht worden, so scheint es doch am sichersten zu sein sie von den Waffen abzuleiten, durch deren Gebrauch sie sich besonders bekannt machten, wobei man wohl voraussetzen darf, daß sie schon lange vorher in Germanien selbst üblich waren, ehe sie zur Kunde der Römer kamen [1]). Das Wort Al (eine Waffe, wovon auch Halebarde), nach welchem die Alemannen benannt zu sein scheinen, ist aber verwandt mit dem Worte Ar oder Ari, so daß der Name der Alemannen dasselbe mit dem der Arimannen (Kriegsmänner) bedeuten würde. Der Name der Arimannen ist aber wieder derselbe mit dem der Germanen der frühern Zeit bei den Nieder-Deutschen am untern Rhein, und merkwürdiger Weise werden grade diese Alemannen während der Zeit des dritten Jahrhunderts von den Römern vorzugsweise mit dem Namen der Germanen bezeichnet [2]). Demnach sind die Alemannen als die oberdeutschen Germanen im engern Sinne zu betrachten, und nach Sprache und Bildung treten sie auch während des ganzen Mittelalters als die eigentlichen Repräsentanten der Ober-Deutschen hervor. Wahrscheinlich hängen auch die Namen Algau und Almangau in dem alten Schwaben am Bodensee und an der obern Donau mit dem Namen dieses Volkes zusammen; wenigstens bezeichnen eben jene Gebiete durch das ganze Mittelalter die Hauptsitze der Schwaben oder Suev-Alemannen [3]).

Die Franken. Nur wenig später als der Name der Alemannen oder um die Mitte des dritten Jahrhunderts tritt der Name desjenigen Volkes oder Völkerbündnisses in der

1) Luden, Geschichte des deutschen Volkes II. S. 41.

2) Zeuß, die Deutschen. S. 306.

3) Pfister, Geschichte der Deutschen I. S. 181.

Geschichte am untern Rhein hervor, welches sich den Römern bald noch furchtbarer als jenes am obern Rhein machte. Wenn aber der Verein der Alemannen von geringen Anfängen ausgehend im Laufe der Zeit in seiner Fortbildung eine mächtige Erweiterung und Ausdehnung über einen Haupttheil des nachmaligen Deutschland erlangte, so zeigt sich dagegen bei dem Namen der Franken, daß derselbe, ursprünglich eine kriegerische Verbindung von fast allen Völkern und Stämmen des eigentlichen Germaniens bezeichnend, in Folge der Umgestaltungen dieses großen Völkerbündnisses zuletzt fast nur auf die Uferlandschaften des untern Rheins beschränkt worden ist, obschon dabei berücksichtigt werden muß, daß sich der Name der Franken nicht nur über die westrheinischen Landschaften oder über einen großen Theil des Landes Gallien, sondern auch über eben die Gebiete am mittlern Rhein und am Main entlang verbreitet hat, welche wir als die ursprüngliche Heimath des Bundes und Volkes der Alemannen kennen gelernt haben. Denn es treten die Franken zuerst in derselben Gegend hervor, wo die alten niederdeutschen Stämme oder die eigentlichen Germanen schon einen dreihundertjährigen Kampf mit Rom bestanden hatten.

Indem durch diese Franken die Vernichtung der römischen Herrschaft im Abendlande vollendet wurde, zeigt es sich, daß hier am Nieder-Rhein, in den jetzigen rheinpreußischen Landschaften, der Hauptsitz des germanischen Lebens in der ältern Zeit gewesen ist, bis dieser geistige Centralpunkt Deutschlands später in der Zeit der Hohenstaufen nach dem Ober-Rhein hin wanderte, und in der neuern Zeit seit der Reformation in den nordöstlichen Theilen des deutschen Landes an der Elbe seinen Sitz nahm.

Da die Franken durch die von ihnen ausgehende Herrschaft den Anfangspunkt und Mittelpunkt der neuern Geschichte seit dem Untergange der römischen Welt abgeben, so hat man vornehmlich bei ihnen das im Allgemeinen über der Entstehung dieser Völkerbündnisse ruhende Dunkel zu erforschen gesucht, und so entgegengesetzt auch die in dieser Beziehung vorgebrachten Auffassungen sind, so dienen sie doch dazu die Umgestaltung des allgemeinen politischen Lebens aller deutschen Völker in der Zeit des zweiten und dritten Jahrhunderts und besonders den Zustand vieler sogenannten Völker der Völkerwanderung genauer kennen zu lernen. Die Art der Entstehung des fränkischen Völkervereins erläutert bei aller Verschiedenheit der Verhältnisse auch die der Alemannen und der Sachsen, und das Hervorgehen eines fränkischen Volkes oder Stammes aus dem ursprünglichen fränkischen Verein zeigt sich auf ähnliche Weise bei den beiden Nachbarvölkern im Süden und Nordosten.

Ueber den Ursprung des Volkes und Bundes der Franken sind bis jetzt drei Auffassungen verbreitet gewesen, von welchen die zweite stets die meisten Anhänger gehabt hat, während die erste, die zugleich die älteste ist, auf gewisse Weise als antiquirt betrachtet werden muß. Denn der Ruhm der fränkischen Waffen in der Begründung einer mächtigen Herrschaft, an welche sich zunächst alle weitere Entwickelung des Mittelalters anschließt, schien dazu zu nöthigen den Ursprung dieses gewaltigen Herrschervolkes in weiter Ferne zu suchen, um durch das Anknüpfen an eine dunkle Vorzeit dasselbe um so mehr zu verherrlichen. Dazu kam noch der diese Ansicht begünstigende Umstand, daß die in Gallien so siegreich gegen die Römer auftretenden Franken sich durch eine solche Rohheit und Wildheit und, wie die Geschichte ihres dort begründeten Reiches lehrt, sich durch eine solche geistige Verderbtheit auszeichneten, daß sie den alten niederdeutschen Germanen, von welchen man sie sonst abzuleiten pflegte, durchaus unähnlich erschienen. Daher haben denn auch spätere Sagen und die poetische Behandlung der ältern deutschen Geschichte im Mittelalter die Franken aus dem fernen Osten, aus Asien hergeleitet, und wie häufig in jener Zeit wurden die alten fränkischen Helden mit den trojanischen Helden in einen historisch-genealogischen Zusammenhang gebracht [1]).

Diese erste und älteste Auffassung über den Ursprung des fränkischen Volkes ist in der neuesten Zeit wieder geltend gemacht von Mone [2]) und Türk [3]), denen sich auch Phillips [4]) anschließt. Denn nach ihnen sind die Franken eine von Anfang ihres historischen Auftretens an für sich bestehende Völkerschaft, welche entweder (nach Gregor von Tours) aus Pannonien oder (nach dem Geographen von Ravenna) aus dem nordöstlichen Deutschland, aus dem Lande Maurungania an der Elbe, in die Rhein-Gegenden eingewandert ist und durch Unterwerfung vieler einzelner Völker daselbst ihre Herrschaft begründet hat.

Die zweite Auffassung ist als von dem Geschichtsforscher Grupen um die Mitte des achtzehnten Jahrhunderts herrührend zu bezeichnen [5]), und mit einigen Modifikationen folgten derselben fast alle neuern deutschen Geschichtsforscher wie Möser [6]), Wenck [7]), Wilken [8]), Wer-

1) Löbell, Gregor von Tours und seine Zeit. Leipzig 1839. 8. Beil. 3. Ueber die Meinungen vom Ursprunge der Franken. S. 479 bis 501.

2) Mone, Geschichte des Heidenthums im nördlichen Europa. Leipzig 1822. 8. Th. II. S. 119 bis 122. So auch im Archiv der Gesellschaft für ältere deutsche Geschichtskunde herausg. von Büchler und Dümge. Frankf. a. M. Th. III. S. 243.

3) Türk, Forschungen auf dem Gebiete der Geschichte. Heft 3. Rostock 1830. 8.

4) Phillips, deutsche Staats- und Rechtsgeschichte. I. S. 290 bis 294. Vergl. J. J. Mascou, Geschichte der Deutschen bis zu Anfang der fränkischen Monarchie. Leipzig 1726. 4. Th. I. S. 164.

5) Grupen, observatio de primis Francorum sedibus originariis. Hanoverae 1758. 4.

6) Möser, Gesch. von Osnabrück. Berlin 1780. 8. Th. I. S. 167.

7) Wenck, hessische Landesgeschichte. II. S. 119. 120.

8) Wilken, Handbuch der deutschen Historie. Heidelberg 1810. 8. Th. I. S. 51.

sebe [1]), Pfister [2]), Luden [3]), Mannert [4]), Ledebur [5]) und Zeuß [6]). Danach werden die Franken auf Grund der Peutingerschen Tafel und einiger Stellen der alten Autoren, in welchen mehreren beim Tacitus in Nieder-Deutschland genannten Völkerschaften der Gesammtname Franken beigelegt wird, als ein Völkerverein betrachtet, welcher gemeinschaftliche Vertheidigung und gemeinschaftlichen Angriff gegen die Römer zum Zweck hatte.

Die dritte Auffassung stammt sodann von Eichhorn. Danach sind die Franken aus den Gefolgschaften verschiedener deutscher Stämme entstanden, welche sich unabhängig von den Volksgemeinden, denen sie ursprünglich angehörten, in dem eroberten Theile des römischen Reiches niederließen und durch Fortsetzung ihrer Eroberungen die Grundlage des fränkischen Reiches bildeten [7]):

Unstreitig hat die zweite Auffassung, daß unter Franken nichts als der Gesammtname mehrerer verbündeten Völkerschaften des nordwestlichen Deutschland zu verstehen sei, nach innern und äußern Gründen am meisten für sich. Denn in Nieder-Deutschland längs dem Rhein wird der Name der Franken zuerst gehört. Die Peutingersche Tafel verlegt das Land Francia an das rechte Ufer des Nieder-Rheins, und eben dort sind nach den bestimmtesten Angaben der Alten die Stammsitze der Franken-Völker zu

---

1) Wersebe, über die Völker und Völkerbündnisse des alten Deutschlands. S. 122.

2) Pfister, Geschichte der Deutschen. I. S. 181.

3) Luden, Geschichte des deutschen Volkes. II. S. 44. 45. 66.

4) Mannert, Germanien. S. 210. Geschichte der alten Deutschen, besonders der Franken. I. S. 83

5) Ledebur, das Land und Volk der Brukterer. S. 250.

6) Zeuß, die Deutschen und die Nachbarstämme. S. 326.

7) Eichhorn, deutsche Staats- und Rechtsgeschichte I. Seite 107. 131.

suchen. Es ergiebt sich aber auch aus den weitern Berichten der Alten, daß der diesen Völkerbund bezeichnende Name sich keineswegs auf jene Gegend allein beschränkte; vielmehr erscheint dieser Name gleich nach seinem ersten Hervortreten über den weiten Raum des eigentlichen Germaniens bis zur Elbe hin ausgedehnt, so daß er ohne Rücksicht auf die alte Stammverschiedenheit ursprünglich alle Völker umfaßte, welche zu der Klasse der Istävonen, Ingävonen und Hermionen gehörten [1]). Denn als Franken werden uns im dritten Jahrhundert ausdrücklich genannt die doppelten Sigambern, in Westfalen und an der Waal, die Chamaven, Tubanten, Brukterer, Chattuarier, Amsivarier, Chasuaren, Friesen, Chauken und die Stämme der Cherusken und Chatten.

Wenn nun aber auch der Zustand des fränkischen Völkerbundes im dritten Jahrhundert an der hier hervorgehobenen Auffassung von seinem Ursprunge nicht zweifeln läßt, so muß man doch nothwendig, um die eigentliche Veranlassung zu seiner Entstehung, und sodann um seine allmählige Umgestaltung in Deutschland und seine Thätigkeit auf dem römischen Gebiete kennen zu lernen und zu verstehen, auf die beiden andern Auffassungen Rücksicht nehmen, so daß sich erst aus ihrer gegenseitigen Bedingung ein richtiges Bild von der mächtigen Revolution ergiebt, welche das deutsche Völkerleben damals erfuhr, und welche bald so verhängnißvoll auf das römische Weltreich einwirkte. Mag man auch immerhin geneigt sein den Grund der Entstehung des fränkischen Völkervereins in dem gesammten eigentlichen Germanien nach Art des cheruskischen Vereins zu Armins Zeit aus dem Drängen des allgemeinen politischen Lebens bei den Germanen im Konflikt mit der römischen Welt zu erklären, da es wenigstens von der römischen Seite her damals an einer bestimmtern Veranlassung

1) Ledebur, die Brukterer. S. 251. 252.

dazu fehlte [1]), um eine neue Gestaltung des Lebens plötzlich hervortreten zu lassen, so wird man solche Veranlassungen doch in andern Umständen suchen müssen. Berücksichtigt man nun dabei, daß die Einrichtungen, welche man bei den Franken und allen übrigen neuen Völkern dieser Zeit findet, weit weniger auf ein bloßes Bündniß mit unveränderter früherer Verfassung hinweisen als darauf, daß die Ausbildung und die weitere Ausdehnung des Instituts der Gefolgschaften das bildende Prinzip der Vereinigung gewesen sein muß [2]), so wird man auf das eigenthümliche Leben der suevischen Völkerschaften hingeführt, deren großartige Gefolgschaften in dem markomannischen Kriege trotz aller Zerrüttung einen mächtigen Anstoß der Entwickelung erhalten hatten.

Die Ausbildung des Gefolgewesens und des damit zusammenhängenden Heerkönigthumes bei den Sueven in Ost-Germanien, wie dasselbe bald bei den Gothen so glanzvoll und mächtig hervortritt, wirkte bei der in jenen Zeiten unter allen germanischen Völkern statt findenden politischen Verbindung auch auf die westlichen Germanen ein. Das überall in der germanischen Völkerwelt erwachende höhere politische Leben offenbarte sich zunächst in der Erzeugung zahlreicher kleiner Kriegshelden und Könige, welche mit dem sich um sie sammelnden Gefolge als streitbare und wandernde Recken oder Rechen die Welt von dem Pontus und der untern Donau bis zum Deltalande des Rhein durchzogen, und je nachdem sich ihnen die Umstände mehr

1) Darum meint auch Mannert, daß der Zweck der Verbindung der Völker des fränkischen Vereins gewesen sei, sich gegen die erobernde Ausdehnung der Sachsen zu schützen und nicht sich gegen die Römer zu wenden, obschon er selbst gesteht, daß anfangs zwischen den Franken und Sachsen keine Kriege obgewaltet, sondern vielmehr daß sie beide gemeinsam das römische Reich angegriffen hätten. Mannert, Geschichte der alten Deutschen. I. S. 82.

2) Eichhorn, deutsche Staats- und Rechtsgeschichte I. S. 107.

oder minder günstig erwiesen entweder als vereinzelte Abenteurer oder als Führer mächtiger zu Völkern angewachsener Kriegsheere, aus den Genossen der verschiedensten germanischen Stämme bestehend, sich Ruhm erwarben und sich furchtbar machten [1]). Denn alle wandernden Völker der Völkerwanderung sind nichts als eben solche Kriegsheere, welche durchaus militärisch organisirt und auch nur als Heere (exercitus) bezeichnet [2]), sich nur in so fern an die ältern Völker- oder Gefolgschaftsnamen suevischen Stammes anschließen, als entweder der Heerkönig oder die Mehrzahl seines Gefolges ihnen angehörte.

Somit bilden grade diese suevischen Gefolgschaften Ost-Germaniens seit dem großen Markomannen-Kriege das gährende Element auch für die westlichen Germanen, um dieselben in die Kriegsverfassung zu bringen, die sie befähigte an dem großen Werke, dem Umsturze des römischen Weltreiches, welches hauptsächlich von ihnen bewirkt wurde, nach Kräften Theil zu nehmen, und ihrer Thätigkeit muß man einen Hauptantheil daran zuschreiben, daß sich die Völker des eigentlichen Germaniens näher mit einander unter dem Namen der Franken verbanden, sei es nun daß dieser Anstoß von Osten her von der Donau (von Pannonien) kam, oder daß er von der untern Elbe von dem Lande Maurungania ausging, wo wiederum die Heimath des dritten Völkervereins der Sachsen zu suchen ist. Auf jeden Fall muß die Völkerbewegung auf der cimbrischen Halbinsel, wo die alten Saxonen als im Konflikt mit den seitdem dort hervortretenden Jüten und Dänen erscheinen, die Vereinigung der fränkischen Völker beschleunigt haben [3]).

---

1) Phillips, deutsche Staats- und Rechtsgeschichte. I. S. 395. Leo, Geschichte von Italien. I. S. 65.

2) Phillips, a. a. O. I. S. 412.

3) Mannert, Geschichte der Franken. I. S. 82 bis 84. Germanien. S. 215.

Aus dem Umstande, daß das Gefolgewesen das bildende Prinzip für die Gestaltung des fränkischen Bundes geworden ist, und daß die Heerkönige fortan mit einer ganz andern Gewalt als früher auftreten, so daß mit ihnen allen das nachmals so berühmte Geschlecht der Merowingen schon in Zusammenhang gebracht wird, ergiebt es sich auch, daß die in Gallien erobernd oder plündernd eindringenden Kriegsschaaren nicht sowohl ganze Volksgemeinden bilden, als vielmehr nur einzelne Häuptlinge mit ihren Genossen sind, welche freilich an den im Osten des Rhein wohnenden deutschen Volksstämmen immer ihren Rückhalt und Unterstützung fanden [1]). Es gingen demnach solche Unternehmungen zwar nicht ausdrücklich von diesen Völkern aus, geschahen aber auch nicht ohne sie und ohne ihren Willen, und darum mußte nothwendig der Name der Franken, welcher anfangs nur jene den Römern feindlichen Kriegsschaaren am untern Rhein bezeichnen konnte, auch bald auf sie selbst übergehen [2]).

Ob übrigens der vielfach erklärte Name der Franken von der kriegerischen Lebensweise jener niederdeutschen Gefolgschaften zu entnehmen sei [3]), ist bis jetzt noch streitig, und wenn diese Erklärung auf der einen Seite auch zu billigen ist, so steht auf der andern Seite nicht minder fest, daß der von ihrer eigenthümlichen Waffe, der Franziska (Streitaxt), entlehnte Name bald zu ihrer bestimmten Bezeichnung bei den Römern und bei ihnen selbst werden mußte [4]). Aus den Berichten der Alten erhellt aber, daß unabhängig von dem umfassenden neuen Bundesnamen

---

1) Eichhorn, deutsche Staats- und Rechtsgeschichte. I. S. 131. 132.

2) Wersebe, über die Völkerbündnisse des alten Deutschlands. S. 122.

3) Türk, Geschichte der Franken S. 24 bis 26.

4) Pfister, Geschichte der Deutschen. I. S. 183.

alle Bestandtheile des Bundes auch unter ihren alten besondern Namen auftreten. Auch im östlichen, suevischen Germanien ziehen sich die alten besondern Stammnamen noch auf geraume Zeit zwischen den jüngern Bundesnamen hin, und erschweren dadurch oft eine bestimmte und sichere Auffassung der politischen Verhältnisse. Ueberhaupt erblicken wir die einzelnen Theile des fränkischen Vereins weder so eng mit einander verbunden, noch so scharf von den ähnlichen Verbindungen der Alemannen und Sachsen gesondert, daß man die ältern germanischen Völkerverhältnisse dadurch als gänzlich aufgelöst, und nun die Franken als Ein gemeinsames Volk betrachten könnte [1]).

Aus dieser Natur des Bundes der Franken in der Zeit des dritten Jahrhunderts erklärt es sich dann von selbst, daß er in Folge der historischen Entwickelung oder des Kampfes mit der römischen Welt sehr bedeutende Umgestaltungen erfuhr, die ihn schon im vierten Jahrhundert in einer ganz andern Gestalt erscheinen lassen. Denn da tritt zuerst der später so wichtige Unterschied zwischen Ober-Franken (Ripuariern) und Nieder-Franken (Saliern) hervor, und während die fränkischen Gefolgschaften sich siegreich über die nordöstlichen Theile von Gallien ausbreiteten und die rheinische Grenzlinie nicht ohne Glück durchbrachen, ging ein großer Theil der ursprünglich zu ihrem Bunde gehörigen Völker an der Nieder-Elbe und Weser für sie durch das Volk verloren, welches im Nordosten der Franken damals einen ähnlichen Verein zu Stande brachte. Das ist der Anfang des mächtigen Volkes der Sachsen.

Die Sachsen. Nur wenig später als die Franken oder gegen den Schluß des dritten Jahrhunderts tritt der dritte große Völkerverein in der Geschichte des westlichen Germaniens hervor, welcher, obschon anfangs den Römern nicht benachbart, sich bald nicht weniger als der der fränkischen

---

1) Ledebur, die Brukterer. S. 253.

Stammgenossen dem sinkenden Weltreiche furchtbar machte. Wenn aber die Franken durch ihre Einbrüche über den Rhein der Schrecken der Römer wurden, so geschah es von Seiten der Sachsen durch ihre Raubzüge zur See nach den belgischen und brittischen Küsten und zwar von dem Mündungslande der Elbe aus, wo die Chauken, die Nachbarn der alten Saxonen und bald ihre Bundesgenossen, frühzeitig an diesen Seezügen unter dem Namen der Sachsen Theil genommen haben müssen, wie vorher die Saxonen unter dem Namen der Chauken [1]). Denn die südlichen Theile der cimbrischen Halbinsel, wo wir beim Ptolemäus die ingävonischen Saxonen kennen gelernt haben, müssen wir als das eigentliche Heimathsland der spätern Sachsen betrachten, obschon auch hier wie bei den Franken die Tradition von einer Herkunft aus Asien berichtet, und wie dies Volk zu Schiffe die Donau aufwärts gekommen und so bis zur Elbe gelangt sei, wo sie den Alten zuerst als ein seefahrendes Volk bekannt wurden [2]).

Aber auch abgesehen von dieser Tradition ist der Ursprung des sächsischen Vereins und Volkes immer auf zwiefache Weise erklärt worden. Denn entweder nahm man an, daß sich die nordöstlichen Völker des fränkischen Bundes im Laufe des dritten und vierten Jahrhunderts, aus verschiedenen Ursachen bewogen, in Verbindung mit jenen Saxonen zu einem eigenen neuen Bunde unter dem Namen der Sachsen vereinigt hätten [3]), oder daß die Entstehung dieses Bundes rein auf dem Wege der Gewalt den von eben jenen alten Sachsen auf der cimbrischen Halbinsel ausgehenden Eroberungen in dem Lande jenseit der Elbe zuzuschreiben sei, wobei man auch den Gang dieser erobern-

1) Mannert, Germanien. S. 290.

2) Pfister, Geschichte der Deutschen. I. S. 184.

3) Ledebur, die Brukterer. S. 270 bis 273. Werseb e, über die Völkerbündnisse des alten Deutschlands. S. 128 bis 130.

den Ausbreitung jener Sachsen, wie er sich zuerst nach den westfälischen Gebieten erstreckte und mit der Unterwerfung des ostfälischen Landes auf der Ostseite des Harzes endigte, verfolgen zu können glaubt [1]). Sicher müssen aber beide Annahmen als zum Theil wahr wie bei der Entstehung und Gestaltung des fränkischen Bundes und Volkes vereinigt werden.

Die ursprünglichen Saxonen sind wie alle Bewohner des jütischen Halbinsellandes als ein Theil der **nordischen Germanen**, der später sogenannten Skandinavier oder **Normannen**, zu bezeichnen, zu welchen der gesammte friesische oder ingävonische Volksstamm von den eigentlichen Germanen aus schon den Uebergang bildet, und zwar stehen sie in der nächsten Beziehung zu den **Jüten** und **Dänen** [2]). Denn der Gegensatz zwischen den **südlichen** und **nordischen** Germanen ist nur erst im Verlauf der Geschichte und durch die historische Entwickelung selbst bestimmter hervorgetreten; auch der älteste Sachsen-Verein im dritten Jahrhundert war, wie noch die spätere **Gemeinschaft** zwischen den **Sachsen** und **Jüten** beweiset, noch wenig getrennt von jenen nordischen Germanen, und nur erst bei der größern Ausbreitung des Sachsen-Vereins über viele derjenigen Stämme, die ursprünglich zu den Franken gehörten, trat eine **schärfere Sonderung** zwischen den Sachsen auf der einen und zwischen den Jüten und Dänen auf der andern Seite ein. Und doch standen auch noch zu Karls des Großen Zeiten die Sachsen immer in **enger Verbindung** mit ihren ehemaligen Stammgenossen in Jütland und Dänemark. Demnach bilden die Sachsen in der ältern Zeit auf jeden

---

1) **Schaumann**, Geschichte des niedersächsischen Volkes. S. 11 bis 25.

2) **Eichhorn**, deutsche Staats- u. Rechtsgeschichte. I. S. 145. **Gaupp**, Recht und Verfassung der alten Sachsen. Breslau 1837. 8. S. 9.

Fall das vermittelnde Glied zwischen den deutschen Germanen und den skandinavisch = normannischen Germanen [1]).

Als ein eroberndes Volk treten die Sachsen ursprünglich an dem Gestade der Nordsee an der untern Elbe auf, oder vielmehr von dort sind diejenigen kriegerischen Gefolgschaften ausgegangen, welche anfangs zur Abschließung des großen fränkischen Bundes beitragend bald auf seine Kosten ein eigenes Völkerbündniß begründeten. Denn daß ihre erobernde Ausbreitung allein die Entstehung des fränkischen Völkervereins zum Schutze gegen sie hervorgerufen habe [2]), wird durch die Geschichte nicht bestätigt. Uns unbekannte Revolutionen im Innern der cimbrischen Halbinsel oder in Skandinavien überhaupt müssen auf diese plötzliche Erhebung und das gegenseitige Drängen der Völker eingewirkt haben, denn seitdem tritt der nachmals so berühmte Name der Dänen in Verbindung mit dem der Jüten daselbst dominirend hervor [3]). Schon frühzeitig finden wir in dem Bunde der Sachsen die Chauken und Friesen am Gestade der Nordsee, und dann auch die Angrivarier, welche in dem neuen Bunde bald eine sehr bedeutende Stelle einnahmen [4]), und wie sie im Norden mit den Jüten in Verbindung stehen, so erscheint in ihrem Rükken im Osten bald das Volk der Angeln in einer eigenthümlichen Beziehung zu ihnen.

Aber die allmählige Verbreitung des sächsischen Namens über das weite Gebiet von Norddeutschland, welches im achten Jahrhundert das Sachsenland genannt ward, war

1) Phillips, deutsche Staats- u. Rechtsgeschichte. I. S. 367.

2) Mannert, Geschichte der alten Deutschen. I. S. 81. 82.

3) Dahlmann, Forschungen auf dem Gebiete der Geschichte. I. S. 227. 233 bis 237. 254.

4) Ledebur, die Brukterer. S. 272. 273. Zeuß, die Deutschen und die Nachbarstämme. S. 380 bis 384.

unstreitig sowohl das Werk eingedrungener Gefolgschaften, welche die Ueberreste durch Auswanderungen geschwächter Stämme sich unterwarfen, als auch blos die Vereinigung der dort früher schon ansäßigen germanischen Völker mit sächsischen Abenteurern, die sich zwischen ihnen angesiedelt hatten, zu einer freiwilligen oder erzwungenen Rechts- und Bundesgenossenschaft [1]). Auch hier darf man so wenig wie bei der Bildung des fränkischen Bundes an eine völlige Verschiebung der Völkerverhältnisse auf dem Boden Germaniens denken, wie es in neuern Zeiten wohl geschehen ist [2]), wenn auch immer bedeutende Umgestaltungen in dem Verhältnisse der einzelnen Völker zu einander erfolgten. Uebrigens ist es am wahrscheinlichsten, daß die Sachsen von ihren eigenthümlichen Waffen, den kurzen Schwerdtern, den Namen empfangen haben [3]), und wenn dies auch erst von den jüngern Sachsen berichtet wird, so konnten die ältern Saxonen schon eben so gut danach benannt sein.

Daß die Verbindung der Sachsen zum Theil auf gewaltsamen Wege zu Stande gebracht sei, dafür scheint auch das zu sprechen, daß sich die Sachsen auf eine besondere Weise von den Franken und Alemannen dadurch unterscheiden, daß man bei ihnen ein eigenthümliches Verhältniß zwischen siegenden, herrschenden Stämmen und zwischen unterworfenen, besiegten deutschen Stämmen findet [4]). Darauf beruhen die merkwürdigen Standesverhältnisse bei den Sachsen, die sich auf so bestimmte und mit dem politischen Leben zusammenhängende Weise bei den andern

---

1) Eichhorn, deutsche Staats- u. Rechtsgeschichte. I. S. 145.

2) Mannert, Germanien. S. 215.

3) Phillips, deutsche Staats- und Rechtsgeschichte. I. S. 368. Gaupp, Recht und Verfassung der alten Sachsen. S. 9.

4) Leo, Geschichte von Italien I. S. 56. Schaumann, Geschichte des niedersächsischen Volkes. S. 78. 91.

deutschen Stämmen nicht ausgebildet haben [1]). Dieselben Verhältnisse wiederholen sich im skandinavischen Norden. Dann ist bei den Sachsen, Dänen und Normannen die Odins-Verehrung vorherrschend, und wenn sie sich auch bei allen übrigen deutschen Völkern wiederfindet [2]), so hat sie hier doch einen solchen Einfluß auf die Gestaltung des politischen Lebens gewonnen, daß dies nicht allein aus der längern Dauer des Heidenthumes zu erklären sein möchte. Von diesem Odin und seinen Asen oder Ansen, welche aus Asaheim in Asien am Kaukasus gekommen sein sollen, stammt ein alter Priesteradel ab, der den herrschenden Adelsstand bildet [3]). Dies sind die Ethelinge im Unterschiede von den gemeinen Freien, den Frilingen, und den beherrschten Stämmen der Lebjonen oder Lazzen, und diese zahlreichen sächsischen Ethelinge treten in der deutschen Geschichte des Mittelalters als die vielen herrschenden Geschlechter und Dynasten in dem Herzogthume Sachsen unter den Billungen und Welfen bedeutend genug hervor [4]).

Aber ganz dieselben Sagen über den Ursprung und dieselben innern politischen Verhältnisse zeigen sich bei den zahlreichen Stämmen der Gothen, deren Verwandtschaft oder doch Beziehung auf die Sachsen, Jüten, Dänen und Gothen in Skandinavien wohl nicht zu läugnen ist. Denn so wie bei den Gothen findet sich auch bei den Sachsen noch eine dreifache Stammeintheilung oder die Unterscheidung zwischen einem östlichen und westlichen

---

1) Mone, Geschichte des Heidenthums im nördlichen Europa. II. S. 45.

2) Grimm, deutsche Mythologie. S. 94. 108.

3) Mone, Geschichte des Heidenthums im nördlichen Europa. I. S. 230 bis 255. Leo, Geschichte von Italien. I. S. 57. 59.

4) Gaupp, Recht und Verfassung der alten Sachsen. S. 29. Leo, über die Odins Verehrung in Deutschland. S. 36 bis 64.

Stamme und einem andern Stamme daneben [1]). So wie man schon zur Zeit des dritten Jahrhunderts die östlichen und westlichen Gothen und die gothischen Gepiden unterscheidet, so nachmals die östlichen und westlichen Sachsen und die sächsischen Engern. Auch haben sich diese Sonderungen charakteristisch genug in Britannien bei den immer wieder unter sich dreifach getheilten Sachsen, Angeln und Jüten erhalten [2]).

Die drei großen Waffengenossenschaften der Alemannen, Franken und Sachsen in dem westlichen Germanien kommen für die geographischen Verhältnisse Deutschlands allein in Betracht. In den mehr östlichen Theilen haben sich noch keine bestimmten ethnographischen Verhältnisse, wie wir sie später dort finden, in der Zeit des dritten Jahrhunderts ausgebildet. Aber in dem äußersten Osten ward damals der Name Germaniens ausgebreitet über einen großen Theil der weiten sarmatischen Ebenen durch das Hervortreten und die erobernde Ausdehnung der Gefolgschaften der Gothen. Denn aus dem Stammlande der alten Gothonen an der untern Weichsel zeigt sich die Verbreitung gothischer Kriegsschaaren, an welche sich die meisten der dortigen suevischen Völker sowohl vandalischen als lygischen Stammes angeschlossen haben müssen, in der Richtung nach Süden und Südosten zur untern Donau und zum Pontus [3]), und zwar scheint diese Wanderung in Folge des markomannischen Krieges noch gegen das Ende des zweiten Jahrhunderts statt gefunden zu haben, da die gothischen Schaaren bei ihren Einbrüchen in die Provinz Dacien gleich beim Beginn des dritten Jahrhunderts oder gleichzeitig mit dem

---

1) Phillips, deutsche Staats- und Rechtsgeschichte. I. Seite 56. 57.

2) Leo, Geschichte von Italien. I. S. 57.

3) Mannert, Geschichte der alten Deutschen. I. S. 25. 26. Voigt, Geschichte von Preußen. I. S. 104.

ersten Hervortreten der Alemannen als mit dem Kaiser Caracalla im Kampfe erwähnt werden [1]). Wie im Westen so mußten auch hier im Osten kleinere Gefolgschaften von den Römern aufgenommen und in ihrem Gebiete angesiedelt werden, und somit wurde fortan Dacien ein unsicherer Besitz für die Römer. Die Gothen wurden bald die Herren in diesem Lande der alten Daken und Geten, so daß selbst in der Anschauung der spätern Zeit die Geten mit den Gothen zusammenfielen, und von dem ältesten gothischen Geschichtschreiber Jornandes die Thaten der letztern auf die erstern übertragen wurden [2]).

Das Anwachsen und die Zusammensetzung des gothischen Waffenvereins und des spätern großen gothischen Volksstammes aus zahlreichen und verschiedenartigen Gefolgschaften und Kriegsschaaren der ostgermanischen suevischen Völker läßt sich noch aus den vielfachen Namen erkennen, unter welchen die einzelnen gothischen Völker auftreten [3]). Die Greuthungen und Thervingen nehmen unter ihnen einen Hauptplatz ein, in so fern sie den Kern der nachmaligen Ostgothen und Westgothen bilden [4]), denen sich die Gepiden als das dritte gothische Hauptvolk anschließen. So bildete sich an der Grenze des Römer-Reiches in Dacien in der ersten Hälfte des dritten Jahrhunderts der gothische Waffenverein im engern Sinne, dem sich aber sogleich zwei andere im Westen und Osten zugesellten, indem dort nach der mittlern Donau hin, an den Grenzen von Pannonien, die Vandalen auftreten, hier aber an den Gestaden des Pontus die Alanen. Alle diese drei Völker-

---

1) Aschbach, Geschichte der Westgothen. S. 3. 4.

2) Zeuß, die Deutschen u. die Nachbarstämme. S. 401 bis 406.

3) Luden, Geschichte des deutschen Volkes. II. S. 53 bis 56.

4) Manso, Geschichte des ostgothischen Reiches in Italien. Breslau 1824. 8. S. 4. Aschbach, Geschichte der Westgothen. S. 20. 21.

bündnisse unterscheiden sich aber in vieler Beziehung von denen im westlichen Germanien am Rhein, da man sowohl die Elemente zu berücksichtigen hat, aus denen sie zusammengesetzt sind, als auch den eigentlich fremden Völkern angehörigen Boden, auf dem sie zuerst bekannt werden. Und dazu kommt, daß die Vandalen im weitern Sinne zu den gothischen Völkern zu rechnen sind und nicht minder die Alanen (so weit dieselben germanischen Ursprunges sind), so daß wir hier eine Dreitheilung der östlichen Germanen als Gothen, Vandalen und Alanen im größten Maaßstabe wiederfinden [1]).

Von diesen gothischen Völkern sind aber nur die Ostgothen für uns von Wichtigkeit, weil sie durch die Beherrschung Italiens und der mittlern Alpenländer auf die Bildung und Feststellung der Völkerverhältnisse an der Nordseite der Alpen nicht ohne Einfluß gewesen sind. Alle diese östlichen gothischen Germanen haben sich nachmals aus jenen Gebieten wieder verloren und sich nach dem äußersten Westen und Südwesten von Europa gewandt. Sie haben aber bei diesen großen Wanderungen den Boden Deutschlands mit wenigen Ausnahmen nicht berührt, sondern sind durch den Süden Europas dahin gelangt wie alle eigentlichen Gothen.

Daß alle diese großen Völkervereine oder Waffengenossenschaften, zwischen welchen sich übrigens noch lange Zeit viele ältere germanische Stammnamen unabhängig von ihnen hinziehen, wie besonders an der obern und mittlern Donau oder auf der Berührungslinie der westlichen Waffenvereine mit dem östlichen oder gothischen, von Anfang an in einem offensiven Verhältnisse zum römischen Reiche stehen, liegt in der Natur der Sache. Denn dies war der eigentliche Zweck dieser Verbindungen, oder vielmehr diese Verbindungen waren durch die gegenseitige politische

---

1) Pfister, Geschichte der Deutschen. I. S. 190.

Entwickelung römischer Politik und germanischen Lebens nothwendig hervorgerufen worden. So war in der That durch die theilweise Aufhebung der alten Stammverfassung vermittelst der weitern Ausbildung des Gefolgewesens ein bedeutender Schritt in der Weiterentwickelung des germanischen Völkerlebens geschehen, aber das Unbefriedigende und Mangelhafte an dieser neuen Gestaltung des äußern Lebens, das wir hier nur allein betrachten, ist nicht zu verkennen. Wenn auch jetzt größere Massen den Römern gegenüber erscheinen, so haben diese doch die Erbfehler der alten Stammverfassung, und an ein gemeinsames deutsches Volksleben ist noch lange nicht zu denken [1]). Denn die größern Vereine waren unter sich eben so wenig einig, als es früher die einzelnen Stämme gewesen waren. Wenn auch manchmal gemeinsame Unternehmungen die Alemannen und Franken im südlichen Germanien oder die Franken und Sachsen im nördlichen Germanien vereinigten, so standen sie sich eben so oft feindselig einander im Wege. So wie zwischen den erstern eine große Abneigung herrschte, so waltete Feindschaft und der größte Haß zwischen den Franken und Sachsen, was nur historisch zu erklären ist durch die Bildung und Ausbreitung ihrer Vereine, obschon die uralten Stammgegensätze zwischen den Ingävonen, Istävonen und Hermionen mit darauf eingewirkt haben mögen [2]). Der Haß zwischen den Franken und Sachsen ist ein Erbtheil der eigentlich deutschen Geschichte geworden, und bildet den Schlüssel für viele historische Verhältnisse bis zum Ende des Mittelalters hin.

Das sich immer mehr ausbreitende Gefolgewesen, das die Grundlage des germanischen Lehnsystems geworden ist, erklärt sodann auch die Erscheinung, daß die Anzahl der germanischen Söldner im römischen Reiche stets zu-

---

1) Pfister, Geschichte der Deutschen. I. S. 192.

2) Phillips, deutsche Staats- und Rechtsgeschichte. I. S. 35.

nahm. Bei dem Mangel an einer gemeinsamen höhern Einheit war es den Germanen ganz gleichgültig, für wen sie kämpften; sie kämpften blos aus Kriegsbegier oder für das, was sie nicht hatten, für Geld und Land, nicht für ihre Freiheit, denn die blieb ihnen unverkümmert. Und grade jene in römischen Diensten stehenden Germanen sind es, welche allmählig das Schicksal ganzer römischer Provinzen in ihre Gewalt erhielten und die Kaiser beherrschten, und sie haben eigentlich den Ruhm das Römer-Reich von innen heraus zersprengt zu haben, was die von außen her ihnen feindlich gegenüberstehenden Germanen nur äußerlich zur Erscheinung brachten oder vollendet haben [1]).

4) Die weitere Ausbildung der Völkerbündnisse und der deutschen Stämme im Kampfe mit der römischen Welt bis zur Gewinnung der Rhein-Barriere.

Noch an zwei Jahrhunderte lang seit dem ersten Hervortreten der jüngern Völkervereine in dem Bunde der Alemannen haben die Germanen gegen die römische Welt angekämpft, ehe es ihnen gelang nach der Zertrümmerung des großen Vertheidigungssystemes der Römer in Germanien sich auch der Barriere des Rhein-Stromes zu bemächtigen und sich erobernd über die gallischen Gebiete auszubreiten. Denn wenn auch die westgermanischen Völkervereine mit wenigen Ausnahmen nicht als die eigentlichen Eroberer der abendländisch-römischen Provinzen zu bezeichnen sind, so gebührt ihnen doch der Ruhm durch ihre unverdrossenen Anstrengungen das große Bollwerk der römischen Macht im Westen zertrümmert zu haben, so daß es dadurch erst ihren östlichen Stammgenossen suevischer Abkunft gelingen konnte,

---

1) Pfister, Geschichte der Deutschen. I. S. 193.

siegreich in die wohl angebauten römischen Besitzungen einzudringen und daselbst neue Herrschaften zu gründen.

Noch das ganze dritte Jahrhundert verstrich, ehe es den Alemannen gelang den großen Busen des Reiches zu überwältigen und das Land zwischen dem obern Rhein und der obern Donau wieder vollständig zu germanisiren, bis sie erst zur Zeit des Kaiserhauses der Constantier in dem obern Rheinthale festen Fuß faßten, wo nun erst die Reihe von römischen Kastellen und Festungen aus den frühern mehr friedlichen Ansiedlungen von Windisch und Augst bei Basel an bis nach Mainz erwuchs. Leichter ward es ihren Stammgenossen, den Franken, am untern Rhein, welche dort nur den eigentlichen limes Rhenanus zu durchbrechen hatten, um ihre verheerenden Schaaren über das Innere von Gallien sogleich auszuschütten, während ihre nordöstlichen Nachbarn, die Sachsen, als Feinde der Franken und Römer ihre Kriegszüge zu Lande bis zu dem batavischen Deltalande hin ausdehnten, oder aber vornehmlich ihre Raubzüge zur See über das deutsche Meer nach den gallischen und britischen Küsten hinwandten, die ihren unvermutheten Ueberfällen fast wehrlos preis gegeben waren.

Die Reihe der unzähligen Kämpfe dieser neuen Völkervereine mit den Römern seit dem Anfange des dritten Jahrhunderts bis zum Schlusse des vierten Jahrhunderts ist hier aber nur in so weit zu berühren, als sie auf den Zustand des Landes Germanien und auf die weitere Entwickelung und Umgestaltung seiner Völkerverhältnisse eingewirkt haben. Auch ist dabei vornehmlich nur der Kampf an dem rheinländischen Bollwerke der Römer in Germanien zu berücksichtigen, da sein Bestehen oder sein Untergang im wesentlichen den Kampf zwischen beiden Welten entschied und den fernern Zustand Deutschlands mit seinen Völkern bestimmte, während das römische Vertheidigungssystem an der Donau entlang, zumal an der pannonischen und mösischen Grenze, die Gebiete des spätern Deutschland weit überschreitet, und in seiner Westhälfte oder auf dem eigentlich deutschen Boden weit länger als jenes oder fast bis zur gänzlichen Auflösung des römischen Reiches im Abendlande sich aufrecht erhalten hat.

Nachdem der Imperator Caracalla zuerst gegen die Alemannen gestritten hatte, sodann Alexander Severus und nach ihm Maximinus, welcher selbst gothischen Stammes gewesen sein soll, gegen das mächtige Andringen germanischer Schaaren (Alemannen) zum Theil nicht ohne Glück gerungen hatten [1]), wird auch zuerst unter dem Imperator Gordianus gegen die Mitte des dritten Jahrhunderts der Name der Franken genannt, indem Aurelianus, der nachmalige tapfere Imperator, von Mainz aus gegen sie angekämpft haben soll. Beide Völker, die Alemannen und Franken, machten sich seitdem durch ihre jährlich wiederholten Einbrüche in das römische Gebiet ihren Gegnern furchtbar, und die letztern drangen dabei mit großer Kühnheit bis in das Innere von Gallien ein. Die Zeit des Kaisers Gallienus gleich nach der Mitte des dritten Jahrhunderts war eine der gefährlichsten für Rom, und das Reich möchte schon damals das Schicksal erlitten haben, welches erst zwei Jahrhunderte später eintrat, wenn nicht in der Weltherrschaft die Reihe der sogenannten illyrischen Kaiser gefolgt wäre, durch welche das Reich vorläufig wiederhergestellt wurde. Posthumius, ein Gallier von Geburt, führte damals die Vertheidigungsanstalten am Rhein so gut, daß er zum Statthalter von Gallien und zum Befehlshaber der überrheinischen Grenzlinien ernannt wurde; ließ sich aber bei der gänzlichen Auflösung des Reiches unter des Gallienus Herrschaft selbst zum Kaiser ausrufen, und bis auf des Aurelianus Zeit blieb Gallien zum Wohle seiner Bevölkerung ein selbstständiges Reich. Posthumius gab zuerst das Beispiel, was alle Gegenkaiser nach ihm gegeben haben, in-

1) Luden, Geschichte des deutschen Volkes. II. S. 75 bis 84.

dem er durch das Gewinnen eines Theiles der feindlichen Germanen sich seine Herrschaft sowohl gegen den Kaiser als gegen die übrigen Germanen sicherte. Denn von den am meisten gefährlichen Franken nahm er eine große Anzahl in seine Dienste, und hielt dadurch die übrigen Germanen, besonders die Alemannen, im Zaum und von den Reichsgrenzen ab. An sieben Jahre war er mit der Erneuerung und Vollendung der überrheinischen Vertheidigungslinien beschäftigt, aber als er im Jahre 268 von seinen Soldaten ermordet ward, durchbrachen die Alemannen schnell diese Linien und zerstörten die Lagerplätze der Legionen. Vergeblich suchte sie sein Nachfolger Lollianus mit gleichem Glücke aufzuhalten; wie westwärts zum Rhein, so drangen sie fortan südwärts vor zur obern Donau, und verbreiteten sich verheerend bis in das rhätische Flachland [1]). Ja selbst über die Alpen bis nach Italien hinein brachen im Jahre 268 Schaaren von Sueven (Alemannen) ein, wo ihnen aber des Gallienus Nachfolger, der Kaiser Claudius, siegreich begegnete [2]). Schon schienen damals die Alpenketten der Welthauptstadt keine Sicherheit mehr zu gewähren. Dies zeigte die nächstfolgende Zeit.

Denn besonders furchtbar war der Sturm, welcher sich seit dem Jahre 270 von der obern Donau her über die Alpen nach Italien zum Schrecken seiner Bewohner entladete. Es war ein neuer Markomannen-Krieg, in welchem in Verbindung mit den Markomannen und Quaden, die dort an der Donau-Grenze noch immer genannt werden, außer den Alemannen an ihrer rechten und den Vandalen an ihrer linken Seite auch die Juthungen als Feinde des Reiches auftraten, und in Rhätien und Noricum einbrechend ihren Weg über die Alpen nahmen. Diese Juthungen spielen fortan auf geraume Zeit an der obern Donau

---

1) Pfister, Geschichte der Deutschen. I. S. 194. 195.

2) Luden, Geschichte des deutschen Volkes. II. S. 106.

eine wichtige Rolle durch ihre unausgesetzten Raubeinbrüche in das Reich, obschon es eigentlich unbekannt ist, wo sie herkommen und wo sie bleiben. Ihre Sitze erscheinen in den Grenzgebieten der heutigen Länder Schwaben und Franken zwischen den Alemannen im Westen und den Markomannen im Osten, und mit den letztern werden sie auf lange Zeit immer zusammengenannt. Selbst ihre Namen scheinen von den Alten häufig mit einander verwechselt zu sein [1]). Doch rühmten sie sich einer alten Verbindung mit den Römern, und erinnern dadurch an die dort ehemals genannten Hermunduren. Sie sollen eine furchtbare Reiterei gehabt haben. Der Name dieses Volkes scheint mit dem der Gothen gleichen Ursprunges zu sein. Denn die Juthungen werden auch Vithungen genannt, und die im germanischen Norden vorkommenden Volksnamen der Jüten, Euten, Euthionen und Withen (Viten) bezeichnen als Appellative dasselbe, was der der Gothen d. h. Männer ausdrückt [2]). Wahrscheinlich sind diese Juthungen aus verschiedenen Gefolgschaften der suevischen Hermunduren, Narisken und Markomannen hervorgegangen, und sie scheinen eben dasselbe Volk zu bilden, welches nachmals seine Stelle einnehmend unter dem Namen der Sueven (Schwaben) die östlichen Bundesgenossen der Alemannen darstellt [3]).

Des Claudius Nachfolger, der gewaltige Kaiser Aurelianus, trieb aber jene Schwärme der Barbaren wieder über die Alpen und die Donau zurück, nachdem man in Rom schon die Erneuerung der cimbrischen Schrecken gefürchtet hatte. Das Vertheidigungssystem an der Donau, das von der rhätischen bis zur pannonischen Grenze hin durchbrochen

---

1) Mannert, Germanien. S. 386 bis 388.

2) Thunmann, Untersuchungen über die Geschichte einiger nordischen Völker. S. 38. 39. Voigt, Geschichte von Preußen. I. S. 109. 115.

3) Zeuß, die Deutschen. S. 315.

war, ward wiederhergestellt, die Feinde aber nur durch vortheilhafte Friedensschlüsse beschwichtigt und Schaaren von ihnen in römische Dienste genommen [1]). Vermuthlich hängt mit diesem gefährlichen Kampfe für Rom auch das Schicksal der Provinz Dacien zusammen, welche bei der Uebermacht der gothischen Völker und der Vandalen an der untern Donau nicht mehr sicher gestellt und behauptet werden konnte.

Denn seit Caracallas Zeit hatte der gothische Name an der dacischen Grenze des Reiches immer mehr an Ausdehnung und das gothische Volk immer mehr an Macht gewonnen, so daß die Römer ihre Einbrüche in jene Provinz kaum abzuwehren vermochten, und die ihnen schon damals ertheilten Jahrgelder waren für sie ein um so größerer Anreiz, das feindliche Gebiet mit neuen Ueberfällen heimzusuchen [2]). Schon werden uns in jener Zeit mächtige gothische Könige an der Spitze ausgedehnter Gefolgschaften genannt, obschon es noch lange dauerte, ehe auch nur die größern Theile der gothischen Volksmassen unter besondern Herrschaften vereinigt wurden. Wie in ihrer ältesten Heimath herrschten die Gothen auch hier über die bis hierher schon damals verbreiteten slavischen Völker, zu welchen offenbar Stämme wie die Boranen und Karpen gehörten [3]), und welche in ihrem Gefolge sich aus dem Raube der römischen Provinzen bereicherten [4]). Weder der mächtige Donau-Strom in seinem untern Laufe, noch auch die Linie von Grenzfestungen in dem dortigen Reichs-Limes vermochte die Gothen abzuhalten, daß sie nicht verheerend bis nach Mösien und Thracien vordrangen. Verlor doch

1) Luden, Geschichte des deutschen Volkes. II. S. 109 bis 115.

2) Aschbach, Geschichte der Westgothen. S. 5.

3) Zeuß, die Deutschen. S. 694. 697.

4) Muchar, Geschichte der Einwanderung der Slaven in Inner-Oestreich a. a. O. Heft 6. S. 49 bis 53.

selbst der Kaiser Decius daselbst in einer blutigen Schlacht im Jahre 251 sein Heer und sein Leben [1]).

Bald aber machten sich die Gothen noch furchtbarer. Denn bei ihrer östlichen Ausdehnung bis zum Pontus legten sie sich auf das Seewesen und übertrafen auf ihren Seezügen an Kühnheit sogar ihre sächsischen Stammgenossen am entgegengesetzten Ende der römischen Welt. Mit ihren zahlreichen Flotten kleiner Fahrzeuge bedeckten sie den Pontus, und erschienen zum Schrecken der Römer zur Zeit des Kaisers Gallienus an den asiatischen Küsten, deren reiche und blühende Handelsstädte eine leichte Beute ihrer Kühnheit wurden [2]). Bei diesen Seeunternehmungen wird in ihrer Gesellschaft zum erstenmale der Name der Heruler genannt, der nun auf einige Jahrhunderte in den verschiedensten Gegenden des römischen Reiches wiederhallt. Vergeblich hat man sich bemüht diese Heruler von einem der ältern suevischen Völker am baltischen Meere abzuleiten [3]), denn sie sind in der That kein Volk zu nennen, und charakterisiren im wesentlichen den ursprünglichen Zustand aller sogenannten suevischen Völker und auch die jüngern großen Waffenvereine. Die Heruler sind vielmehr bloße Kriegerschaaren, welche darum fast überall erscheinen und durch ihre Wildheit verrufen waren. Nur hier und da sind sie zu wirklichen kleinen Völkern erwachsen, und kommen so besonders am Schlusse des fünften und am Anfange des sechsten Jahrhunderts vor [4]). Von dem Pontus aus verbreiteten sich die Gothen weiter nach dem griechischen Inselmeere hin, durchzogen verheerend ganz Griechenland, und

---

1) Luden, deutsche Geschichte. II. S. 88 bis 95. Aschbach, Geschichte der Westgothen. S 6. 7.

2) Aschbach, Geschichte der Westgothen. S. 9 bis 12.

3) Zeuß, die Deutschen. S. 476.

4) Wilhelm bei Ersch und Gruber, allgem. Encyklopädie. Abth. II. Th. VII. S. 68 bis 71.

bahnten sich, mit dem Raube ganzer Provinzen beladen, zu Lande über die Gebirgsketten des Hämus einen Weg zur Donau und ihrer Heimath. Zwar wußte Kaiser Claudius, mit dem die Reihe der illyrischen Kaiser beginnt, blutige Rache an ihnen zu nehmen, aber dies war nur ein vorübergehender Gewinn für Rom, und sein Nachfolger der Kaiser Aurelianus erkannte die Unmöglichkeit das jenseit der Donau liegende Land länger zu behaupten. So erfolgte nach Abschließung eines Friedens mit den Gothen die Räumung der Provinz Dacien im Jahre 270, und der große Donau-Limes von Regensburg an bis zur Ausmündung des Stromes in den Pontus ward fortan die Grenzmark des Reiches gegen die germanische Welt [1]).

Aber am Rhein waren durch die Bildung eines eigenen Kaiserthumes in Gallien unter den Nachfolgern des Posthumius wieder fränkische Schaaren in das Reich hineingezogen, und wenn auch Aurelianus diese gallische Herrschaft endlich vernichtete und mit dem Reiche wieder vereinigte, auch die Barriere am Rhein-Strom nach der Vertreibung der deutschen Kriegsschaaren wiederherstellte, so war dies doch nur von kurzer Dauer. Denn kaum erscholl aus dem Oriente die Nachricht von seinem Tode im Jahre 275, so war von den rheinischen Germanen, den Franken und Allemannen, die Barriere wieder durchbrochen; an sechzig bis siebzig Städte in Gallien sollen damals von ihnen eingenommen und verheert worden sein, und in ihrem Rücken werden nun damals schon Burgunden und Vandalen genannt [2]).

Hat man auch geglaubt das nachmals so berühmte Volk der Burgunden, das auch für die eigentlich deutsche Geschichte von Wichtigkeit bleibt, an die alten suevischen

1) Luden, deutsche Geschichte. II. Seite 99 bis 108 und 115. Aschbach, Geschichte der Westgothen. S. 13 bis 15.

2) Pfister, Geschichte der Deutschen. I. S. 198.

Burgundionen am baltischen Meere anknüpfen und von ihnen herleiten zu können [1]), so ist es doch sicher, daß diese an den Grenzen des römischen Reiches erscheinenden Burgunden aus einem Gemisch verschiedenartiger Gefolgschaften entstanden sind, wie selbst die von Alten darüber erhaltene Tradition darauf hinweiset. Nur der Name dieses Volkes kann aus den baltischen Gegenden entlehnt sein, und gewiß würden sie bestimmter, als es aus den Angaben der Alten zu entnehmen ist, mit zu der Reihe der gothischen Völker gerechnet worden sein [2]), wenn sie sich nicht frühzeitig aus ihrer Mitte sondernd mehr nach Westen gezogen hätten. Denn von einer Verbindung der baltischen Burgundionen mit den Burgunden, welche uns zuerst an den Grenzen Daciens und sodann am Rhein genannt werden, weiß die Geschichte nichts [3]). Unglückliche Kämpfe mit den gothischen Gepiden, welche entweder an den dacischen Grenzen oder noch in der alten Heimath der Burgundionen schon in der ersten Hälfte des dritten Jahrhunderts vorgefallen sind, sollen die Burgunden bewogen haben sich westwärts nach dem Main hinzuziehen, und Schaaren von Vandalen oder der westlichsten gothischen Stämme müssen ihnen bis dahin nachgedrungen sein [4]).

Nach der Tradition der Alten sollten die Burgunden römischen Ursprunges sein oder wenigstens von der germanischen Bevölkerung zwischen den Kastellen und Burgen an den Grenzlinien von Rhätien abstammen, wovon man selbst ihren Namen herleitete, und daher hat man in neuern Zeiten das Flachland von Rhätien (das alte Vindelicien) für ihr Stammland ausgegeben, und auch den Namen der

---

1) Zeuß, die Deutschen. S. 465.

2) Gaupp, das alte Gesetz der Thüringer. S. 3.

3) Türk, Forschungen auf dem Gebiete der Geschichte. Heft 2. Die Burgunder. Rostock 1829. 8. S. 1 bis 3.

4) Luden, deutsche Geschichte. II. S. 91. 124.

Landschaft Burgau mit ihnen in Verbindung gebracht [1]). Will man nun der römischen Tradition zugeben, daß die Burgunden kein erst kürzlich dort eingewandertes Volk sind, sondern die Gegenden, welche sie damals inne hatten, schon längst unter römischer Herrschaft bewohnt haben, so muß man annehmen, daß sie wie die Alemannen durch die Verbindung eingewanderter Abenteurer mit der ältern germanischen Bevölkerung an den römischen Linien ein neues und selbstständiges Volk geworden sind [2]), und diese dort eindringenden Kriegsschaaren gehörten dann wohl den burgundischen Gefolgschaften an, welche sich bei ihrem Zuge von Osten her durch die Gebiete der suevischen Markomannen sowohl durch Schaaren von diesen als auch von den Hermunduren vergrößern mochten, in deren Heimathslande am obern Main sie zuerst von der Rheinseite aus wieder bekannt wurden.

Gegen diese Feinde zog der neue Kaiser Aurelius Probus, von illyrischem Stamme, der sich schon unter seinen Vorgängern als einen tüchtigen Feldherrn gezeigt hatte, und kämpfte nicht unglücklich gegen sie. Gallien wurde wieder befreit, die Rheingrenze hergestellt und die zurückgetriebenen Völkerschaaren in ihrer eigenen Heimath gezüchtigt. Dort stritt der Kaiser auch gegen die Logionen, worunter entweder fränkisch-chattische Bewohner des Lahngaues oder Gefolgschaften von den suevischen Lygiern aus Ost-Germanien zu verstehen sind [3]). Am wichtigsten aber sind seine Kämpfe mit den Alemannen und ihren zahlreichen kleinen Königen in dem Gebiete zwischen dem Schwarzwalde und der obern Donau. Sie wurden zur Anerkennung der römischen Oberhoheit gezwungen und die Herrschaft des Reiches in dem

1) Wersebe, über die Völkerbündnisse des alten Deutschlands. S. 276.

2) Eichhorn, deutsche Staats- und Rechtsgeschichte. I. S. 113.

3) Pfister, Geschichte der Deutschen. I. S. 198.

alten Zehntlande wiederhergestellt. Bis über die rauhe Alp und bis zum Neckar ward alles Land wiedergewonnen, und dem großen Vertheidigungssystem daselbst gab der Kaiser neuen Nachdruck in der Erbauung und Erneuerung der Linien und Kastelle. Aus jener Zeit, ums Jahr 280, schreiben sich wohl die Werke an der obern Donau her, deren Gebiet seitdem aus der Geschichte verschwindet. Doch wurde mit den Barbaren am Rhein kein Friede abgeschlossen, ohne daß nicht den Bedingungen desselben gemäß große Schaaren der streitbarsten Jugend von den Alemannen, Franken und Burgunden zum römischen Kriegsdienst ausgehoben wurden, und als Probus von dort nach der Donau zog, wurden dort nicht minder Bastarnen, Gothen, Gepiden und Wandalen in gewaltigen Massen in das Reich aufgenommen zur Bevölkerung der dortigen Provinzen [1]).

Durch solche Uebersiedelungen germanischer Schaaren in das Reich wurde dasselbe im Innern um so mehr geschwächt, als es äußerlich noch den Schein der Macht behielt. Durch die eigene Thätigkeit der Kaiser starb das Reich in seinen äußersten Gliedern ab, während es noch unversehrt da zu stehen schien. Aber das seitdem beginnende System der Theilungen im Reiche offenbarte auch die zunehmende Noth im Kampfe mit der germanischen Welt und den allmähligen Fall des Reiches und seinen bevorstehenden Untergang. Denn Diocletianus, welcher nach der kurzen Regierung des Aurelius Carus die Herrschaft erlangte, sah kein anderes Mittel, um den von allen Seiten andringenden Feinden Widerstand zu leisten, als den Maximianus zum Reichsgehülfen aufzunehmen, welcher in den transalpinischen Provinzen die Herrschaft führen sollte, und da nahm das im Innern durch den Aufstand der Provinzialen (der Bagauden) und von außen durch das Andringen der rheinischen Germanen verheerte Gallien vornehmlich seine

---

1) Luden, deutsche Geschichte. II. S. 124 bis 129.

Thätigkeit in Anspruch. Schon seit des Aurelianus Zeit scheint die batavische Insel bis zur Waal für das Reich verloren und in die Hände der Franken gekommen zu sein [1]), und gleich nach des Kaisers Probus Tode im Jahre 282 drangen die Franken und Alemannen wieder vor, während die Sachsen sich an den belgischen Küsten namhaft machten [2]).

Blutige Kämpfe hatte der neue Cäsar Maximianus am Rhein zu führen, und doch ist durch dieselben nichts gewonnen worden. Auch dort ist jetzt von Herulern die Rede; Schaaren besiegter Franken wurden in die verödeten Gebiete von Ober- und Nieder-Belgien oder in die Landschaften der Treviren und Nervier verpflanzt. Aber alle die von des Cäsars Lobrednern gepriesenen Siege haben die großen Verluste nicht verbergen können, welche die Römer daselbst im Innern Germaniens erlitten haben müssen. Denn nach des Probus Zeit verschwindet plötzlich das große Vertheidigungssystem daselbst in der Geschichte, ohne daß man die nähern Umstände darüber erfährt, und die Angaben, daß der Rhein das eigentliche Bollwerk des Reiches und dieser Strom von den Römern nie überschritten worden sei, beweisen zur Genüge, daß zu jener Zeit das Land auf dem rechten Ufer des Stromes mit seinen Befestigungswerken schon gänzlich verloren war. Auch kann dies um so weniger befremden, als damals das ganze nördliche Gallien von Franken und Sachsen durchzogen und verheert wurde, und der Menapier Carausius, welcher an der belgischen Küste ihren Raubzügen zur See Einhalt thun sollte, sich mit ihnen selbst verband, als er zum Aufruhr gezwungen sich zum Herrscher in Britannien aufwarf, und durch seine Flotte sich an sieben Jahre zu behaupten wußte [3]).

---

1) Luden, a. a. O. II. S. 121.

2) Pfister, Geschichte der Deutschen. I. S. 200.

3) Luden, deutsche Geschichte. II. S. 134 bis 139.

Erst als die beiden Augusten Diocletianus und Maximianus sich zwei neue Reichsgehülfen zulegten, trat unter dem edlen Cäsar Constantius Chlorus seit 292 in den transalpinischen Provinzen eine Aenderung der Dinge ein. Nach manchen harten Kämpfen ward Gallien wieder befreit. Es heißt, das Land der Alemannen von der Brücke über den Rhein (bei Mainz) bis zum Uebergange über die Donau (transitus Guntiensis bei Günz) wurde verwüstet [1]), die Grenzen Rhätiens wieder bis zur Quelle der Donau erweitert, und das batavische Insellànd zwischen der Waal und dem Rhein den Franken entrissen. Und doch brachen die Alemannen selbst wieder über den Rhein in Gallien ein, besiegten den Cäsar bei der Stadt der Lingonen (Langres), und wurden nur mit Mühe zurückgetrieben [2]). Auch bei Windisch in Helvetien stritt er mit den Alemannen, und die Stadt Constanz scheint sogar in ihrem Namen die Thätigkeit dieses Fürsten an den Ufern des Boden-Sees zu beurkunden [3]).

So war zwar im Westen die Barriere am Rhein-Strom wieder hergestellt, wie weiter im Osten die an der Donau unter wechselnden Kämpfen mit den Völkern gothischen Stammes behauptet wurde, indem auch hier nach den angeblichen Siegen des Diocletianus und Maximianus große Schaaren von Bastarnen, Karpen und Sarmaten in die illyrischen Provinzen aufgenommen werden mußten [4]); aber daß troß aller dieser Anstrengungen auf die Dauer

---

1) Raiser, der Ober-Donau-Kreis Baierns unter den Römern. Augsburg 1831. 4. Heft 2. S. 19 bis 24.

2) Pfister, Geschichte der Deutschen. I. S. 205. Luden, deutsche Geschichte. II. S. 140. 141.

3) J. v. Müller, Geschichte der schweizerischen Eidgenossenschaft. I. S. 74.

4) Muchar, Geschichte der Ansiedlung der Slaven in Inner-Oestreich, a. a. O. Heft 6. S. 55. 56.

gegen das unablässige Andringen der germanischen Schaaren nichts gewonnen werden konnte, lag klar vor Augen. So oft man auch germanische Gefolgschaften in römische Kriegsdienste nahm, und diese nicht mehr blos als Hülfstruppen dienten, sondern schon damals den eigentlichen Kern der Legionen bildeten, eben so oft traten neue feindliche Gefolgschaften auf, welche sich theils durch den Raub der Provinzen bereichern wollten, theils mit gewaffneter Hand eine Ansiedlung in dem wohlangebauten römischen Reiche suchten. Derselben alemannischen Gefolgschaft, die dem Constantius zur Wiedergewinnung von Britannien verhalf, verdankte auch sein Sohn Constantinus im Jahre 306 die Erhebung auf den Thron [1]).

Die erneuten Einbrüche der Alemannen und Franken über den Rhein riefen den jungen Fürsten bald nach Gallien, und zu seiner großen Unternehmung gegen Germanien ward zu Köln eine steinerne Brücke über den Strom erbaut [2]). Die Barriere am Rhein wurde zwar behauptet, aber darüber hinaus scheint sich des Kaisers Wirksamkeit nicht erstreckt zu haben, und das jenseitige Land muß man als für die Römer verloren betrachten. Auch vermochte der Kaiser nur durch die wildeste Grausamkeit gegen die Feinde des Reiches die Ruhe am Rhein aufrecht zu erhalten. Die gefangenen deutschen Fürsten wurden zu Trier, dem damaligen glanzvollen Herrschersitze in den transalpinischen Provinzen, im Circus den wilden Thieren vorgeworfen, und die Anordnung der fränkischen Spiele sollte die Siege des Kaisers am Rhein verherrlichen [3]).

Zu gleicher Zeit aber waren germanische Kriegsschaaren aus den Alemannen, Franken und Gothen die tüchtigsten Krieger in den Heeren des Constantinus; sie halfen ihm

1) Luden, deutsche Geschichte. II. S. 144.

2) Ledebur, die Brukterer. S. 258. 259.

3) Luden, deutsche Geschichte. II. S. 146. 147.

nicht blos seine wichtigsten Siege erfechten, sondern sie halfen ihm im Kampfe mit den übrigen Kaisern, wie einst die Germanen dem Julius Cäsar, die Weltherrschaft erringen, die er auch seinen Söhnen hinterlassen konnte [1]).

Durch denselben Kaiser Constantinus erhielt das römische Reich eine neue Organisation in seiner Civil- und Militärverfassung, und da an dieselbe sich wiederum die kirchlichen Verfassungsformen in ihrer hierarchischen Gliederung und Diöcesan-Eintheilung anschlossen, die letztern aber das alte Weltreich überlebten und in ihrem frühern Zustande auch in den neugegründeten germanisch-deutschen Reichen fortdauerten, so ist jene constantinische Organisation auch für das Mittelalter von Bedeutung geworden. Doch betrifft dies mehr die damals unter römischer Herrschaft stehenden rheinischen Gebiete des spätern Deutschlands als die an der Donau liegenden rhätischen und norischen Landschaften, weil in den letztern die christliche Religion und somit auch die kirchliche Verfassung in Folge der Stürme der Völkerwanderung größtentheils vernichtet wurden und bei der spätern Erneuerung daselbst eine andere Einrichtung erhielten. Indem Constantinus die Provinz Gallien in siebzehn kleinere Provinzen zertheilte, wurden nun aus dem frühern belgischen Gallien von der Seine und Marne bis zum Rhein an seinem ganzen Laufe entlang fünf besondere Provinzen gemacht, deren Gebiete mit den Diöcesansprengeln der damals vom Staate förmlich anerkannten kirchlichen Hierarchie eben so zusammenfielen, wie ihre Hauptstädte zugleich die kirchlichen Metropolitanstädte wurden [2]). Diese fünf Provinzen waren das erste und zweite Germanien an den Ufern des Rheinstromes entlang mit den Metropolen Mainz und Köln, und das dritte Germanien oder Maxima Sequanorum (das alte Land der Sequaner und

1) Pfister, Geschichte der Deutschen. I. S. 208.

2) Mannert, alte Geographie. II. 1. S. 40. 41.

Helvetier am Jura und am Doubs) mit der Metropole Besançon (Vesontio); sodann das erste Belgien oder die Landschaften an der Mosel entlang mit der Metropole Trier (Augusta Trevirorum), welche Stadt wegen ihrer günstigen Lage bei den Kriegen der Imperatoren mit den Germanen von der Zeit der Constantier an durch das ganze vierte Jahrhundert bis auf die Zeit der Theodosier ein glanzvoller Herrschersitz wurde, und unter dem Namen des gallischen Rom nicht nur die Hauptstadt von ganz Gallien, sondern auch aller transalpinischen Provinzen ward, und mit dem italischen Rom an Pracht und Herrlichkeit wetteiferte [1]); und zuletzt das zweite Belgien mit der Metropole Rheims (civitas Remorum oder Durocortorum), deren Gebiet sich über die Ardennen nordwärts hinaus bis zur Mündung der Schelde erstreckte, während das untere Maas-Land der Metropole von Köln angehörte. Daraus erklärt sich bei den spätern Grenzmarken Deutschlands im Mittelalter das Verhältniß der Metropoliten von Rheims und Besançon zum deutschen Reiche, da ihre Metropolen selbst theils zum westfränkischen, theils zum burgundischen Reiche gehörten.

Uebersehen wir nun den Zustand der westgermanischen oder rheinischen Völkervereine und Stämme, so hatten die Alemannen nach einem hundertjährigen Bestehen ihres Bundes das große römische Vertheidigungssystem im Innern Germaniens, den limes transrhenanus und transdanubianus, zertrümmert und das Land innerhalb des großen Rheinwinkels am Schwarzwalde eingenommen, so daß jetzt die Stromrinne des Rhein von seiner Nordwendung an bis nach Mainz hinab und noch weiter bis zur Mündung der Lahn

1) Hetzrodt, notices sur les anciens Trévirois. p. 92—123. Vergl. Quednow, Beschreibung der Alterthümer in Trier und dessen Umgebungen. Trier 1820. 8. Wyttenbach, Forschungen über die römischen architektonischen Alterthümer im Moselthale von Trier. Trier 1835. 8.

die Grenzmark des römischen Reiches gegen das alemannische Germanien bildete. Denn nach der Angabe der Panegyristen der damaligen Zeit erstreckte sich die Alemannia von der Rheinbrücke bei Mainz, wo die römischen Feldherrn gewöhnlich in das Innere Germaniens einzudringen pflegten, rückwärts bis zur obern Donau in der Gegend von Ulm, wo sie die Iller in sich aufnimmt, und erfüllte somit den Busen des römischen Reiches [1]). Der Neckar, einst ganz innerhalb des römischen Gebietes fließend, wird nun schon ein barbarischer Fluß (barbarus Nicer) genannt [2]). Die Gebiete zu beiden Seiten des untern Main, wo der Bund der Alemannen zuerst entstanden, waren bis zur Lahn abwärts noch von alemannischen Stämmen bevölkert, nur in seinem obern Laufe erscheinen jetzt als seine Bewohner die Burgunden, durch welche auch der Anstoß gekommen zu sein scheint, daß die Alemannen sich fortan mehr südwärts zum Bodensee hin auszubreiten suchten [3]).

Noch bestanden damals die Alemannen aus einer ziemlich lose verknüpften Masse von größern und kleinern Gefolgschaften, die nur erst allmählig zu den Völkerschaften erwuchsen, wie wir sie in der nächstfolgenden Zeit kennen lernen. Vornehmlich standen sich aber noch einander fremd gegenüber die Alemannen im Westen und die Juthungen im Osten an der Nordseite der obern Donau, welche letztern sich auch noch ferner durch ihre Raubeinbrüche in das Flachland von Rhätien den Römern furchtbar machten, obschon gegen sie der limes Danubianus von den Quellen der Donau bis gegen Regensburg hin noch eben so aufrecht erhalten wurde, wie der limes Rhenanus gegen die Alemannen. Doch unternahmen beide Völker auch häufig

1) Zeuß, die Deutschen. S. 309.

2) Pfister, Geschichte der Deutschen. I. S. 204.

3) Zeuß, die Deutschen. S. 309.

gemeinsame Züge über die Alpen bis nach Italien, und wurden daher von den Alten nicht selten verwechselt. Auch nennt der nur wenig spätere Ammianus die Juthungen, die Anwohner Rhätiens, geradezu einen Theil der Alemannen [1]). Die Burgunden, in dem Rücken dieser beiden Völker am obern Main hausend, hatten bis dahin weniger Gelegenheit feindlich gegen die Römer aufzutreten, wovon sie zum Theil auch durch ihre Stellung gegen die Nachbarvölker abgehalten wurden. Die Burgunden standen dort so recht auf der Grenzmark zwischen dem östlichen und westlichen Germanien [2]), und so wie sie mit den gothischen Völkern im Osten in Feindschaft lagen, was mit ihrer Austreibung aus jener Gegend zusammenhängt, so auch mit den oberrheinischen Germanen, den Alemannen im Westen. Und diese Stellung suchte später die römische Politik zum Verderben der germanischen Völker zu benutzen.

Auch der Bund der Franken, welcher sich am untern Rhein von der Lahn bis zum batavischen Insellande erstreckte, hatte nach einem halbhundertjährigen Bestehen noch keine bedeutende Festigkeit gewonnen. Zwar waren die mehrfachen Festungslinien auf der Ostseite des Rhein vom Taunus bis zum Siebengebirge hinab gebrochen, wie man aus den erst jetzt wieder entdeckten römischen Denkmalen in der Gegend von Wied kennen gelernt hat [3]), aber trotzdem daß alljährlich die kriegerische Jugend der niederrheinischen Völker Ruhm und Beute suchend in die gallischen Gebiete eindrang, blieb die Mauerlinie am Rhein entlang noch immer unversehrt und ließ eine siegreiche Ausbreitung der fränkischen Gefolgschaften in Gallien sobald nicht hoffen.

---

1) Zeuß, die Deutschen. S. 312. 313.

2) Pfister, Geschichte der Deutschen. I. S. 203.

3) Hoffmann, über die Zerstörung der Römer-Städte am Rhein zwischen der Lahn und Wied durch die Deutschen im dritten Jahrhundert. Neuwied 1819. 8

Der geringe Zusammenhang der fränkischen Völker unter einander in der Zeit des dritten Jahrhunderts erhellt auch daraus, daß die einzelnen Völker, so wie sie ihre besondern Interessen verfolgten, so auch von den Alten noch immer unter ihren besondern Namen angeführt werden [1]). Erst die Drangsale der spätern Zeit durch Römer und Hunnen und die größere Ausbreitung und Befestigung des sächsischen Bundes müssen auf die Erzeugung einer größern innern Einheit bei dem fränkischen Vereine eingewirkt haben. Darum bemerkt man aber auch noch keine Spur von einer Sonderung der fränkischen Stämme in die spätern Hauptgruppen.

Der Bund der Sachsen war am Schlusse des dritten Jahrhunderts noch zu sehr in seiner Kindheit, als daß er nach innen und nach außen schon die Gestaltung der spätern Verhältnisse hätte können erkennen lassen. Denn erst zur Zeit des Carausius erfahren wir von den Sachsen, daß sie zugleich mit den Franken, aber von der Seeseite her, Angriffe auf die belgischen Provinzen unternahmen [2]), und damals mögen die Friesen zuerst angefangen haben sich näher an ihre mehr ostwärts wohnenden Stammgenossen anzuschließen, während man über die binnenländischen Völker erst weit später erfährt, daß sie von dem fränkischen Verein zurücktretend in die Verbindung der Sachsen aufgenommen sind. Auch die ersten Ansiedlungsversuche der Sachsen an den gallischen und brittischen Küsten gehören nur dem vierten Jahrhundert an.

---

1) Wersebe, über die Völkerbündnisse des alten Deutschlands. S. 126.

2) Zeuß, die Deutschen. S. 380. 381.

5) Die weitere Ausbildung der Völkerbündnisse und der deutschen Stämme im Kampfe mit der römischen Welt bis zur Vernichtung der Barrieren am Rheinstrom.

Der Rhein-Strom war nach langen Kämpfen bei dem allmähligen Verfall des Weltreiches wieder seine Grenzmark gegen Germanien wie zu des Drusus Zeit vor drei Jahrhunderten geworden. Aber das siegreich vorschreitende germanische Element blieb nun dabei nicht stehen. Es kam jetzt, nachdem man in dem langen Streite mit Rom zu einem größern politischen Bewußtsein erwacht und mit römischer Kriegskunst vertraut geworden war, darauf an, das gesammte Rheinthal dem Boden Germaniens wieder zu gewinnen und Roms Herrschaft an seinen Ufern zu vernichten, um nicht blos die Freiheit des germanischen Vaterlandes dadurch zu sichern, sondern auch um die Herrschaft über die anliegenden westrheinischen Gebiete Galliens als Kampfpreis davon zu tragen.

So erhob sich ein neuer hundertjähriger blutiger Kampf zwischen der römischen und germanischen Welt an den Ufern des Rheins, welcher das ganze vierte Jahrhundert erfüllt, und dessen endlicher Ausgang trotz mancher Unfälle, welche die Germanen bei ihrer Zersplitterung und bei der geistigen Ueberlegenheit der Römer traf, nicht zweifelhaft sein konnte. Er entschied zugleich das Schicksal der römischen Welt. Wie Constantinus durch Hülfe tapferer Kriegsschaaren aus den rheinischen Germanen sich seine Herrschaft erhalten hatte, so waren sie auch die Hauptstütze seiner drei gleichnamigen Söhne. Zur Zeit der Bürgerkriege nach Constantins Tode im Jahre 337 spielen die in römischen Diensten stehenden Alemannen und Franken eine wichtige Rolle im Reiche; schon damals waren die bedeutendsten Hof- und

Staatsämter mit Deutschen besetzt, und die sich bekämpfenden Imperatoren waren zum Theil mehr bemüht, die Germanen in das Reich hineinzuziehen und ihnen die Grenzlandschaften zur Unterstützung im Kriege als Lehen anzuweisen, als sie zurückzutreiben. So ging schon in der ersten Hälfte des vierten Jahrhunderts ein großer Theil des westlichen Rheinlandes für das Reich verloren, und die Bewegungen an der Rhein-Grenze wirkten wieder auf die Verhältnisse an der Donau-Grenze zum Nachtheil des Reiches ein.

Denn der Kaiser Constantinus hatte zwar nicht minder an der Donau wie dort im Westen die Ruhe des Reiches gegen die Völker gothischen Stammes aufrecht erhalten, aber auch hier hatte er zahlreiche Schaaren von Gothen in seine Dienste nehmen müssen, denen er sich bei seinen Kämpfen mit den übrigen Kaisern nur zu bald zum Danke verpflichtet sahe, und die Kämpfe, welche noch in den letzten Jahren seiner Herrschaft unter den gothischen Völkern selbst jenseit der Donau auf dem alten dacischen Gebiete ausbrachen, trugen wieder dazu bei, das germanische Element in den illyrischen Provinzen zu vermehren. Geberich, ein König der Gothen, und Visumar, ein König der Vandalen, geriethen in einen blutigen Streit, in den auch die dort hausenden und ihnen untergebenen, slavischen Völker hineingezogen sein müssen [1]). Der Kampf entschied sich zum Vortheil der Gothen, und ein großer Theil des besiegten Volkes der Vandalen suchte innerhalb des Reichslimes eine Zuflucht, die ihnen der Kaiser auch gewährte, und sie in Pannonien ansiedelte [2]). Schon waren seit dem großen Markomannen-Kriege in verschiedenen Zeiten große Haufen von Barbaren in die illyrischen Provinzen aufgenommen worden. Damals erfolgte nun auch die Uebersiedlung von einigen hunderttausend Sarmaten oder derjeni-

1) Aschbach, Geschichte der Westgothen. S. 17. 18.

2) Luden, deutsche Geschichte. II. S. 161. 162.

gen slavischen Stämme, durch welche die Ostalpen den Grundstock ihrer slavischen Bevölkerung erhalten haben [1]).

Kaum erscholl aber die Nachricht von des Kaisers Tode nach dem Abendlande, als sich die Franken wieder zur Ueberschreitung des Rheins rüsteten. Denn ums Jahr 340 müssen die Franken den nördlichen Theil von Gallien oder die batavische Insel und die angrenzenden Gebiete von Belgien besetzt haben, wenn sie auch zum Theil die Oberhoheit des abendländischen Kaisers Constans daselbst anerkannten [2]). Sein nur ein Decennium später im Jahre 350 erfolgter Sturz und Tod bezeichnet aber den Anfangspunkt wichtiger Begebenheiten an beiden großen Reichsgrenzen. Denn Magnentius, der Oberst seiner Leibwache, selbst deutschen und vermuthlich fränkischen Stammes, suchte als der jetzige Beherrscher des Abendlandes seine Herrschaft durch Verbindungen und Friedensschlüsse mit den rheinischen Germanen zu sichern, und als er gleich darauf gegen den morgenländischen Kaiser Constantius zum Kampfe ausziehen mußte, folgten ihm zahlreiche Schaaren seiner Verbündeten und Stammgenossen. Aber das Anschließen der illyrischen Legionen, auf welche Magnentius gerechnet hatte, an des Constantin Sohn gab seiner Sache zuerst eine nachtheilige Wendung, und die blutige Schlacht bei Mursa in Nieder-Pannonien im Jahre 351, welche durch den Uebertritt des fränkischen Befehlshabers Sylvanus auf die Seite des Constantius entschieden ward, gewährte diesem die Alleinherrschaft im römischen Reiche [3]). Diese Schlacht ist das Grab der alten furchtbaren Römer-Legionen zu nennen, das Blutbad unter den illyrischen Truppen durch die rheinischen

---

1) Muchar, das römische Noricum. I. S. 335. 336. Linhart, Versuch einer Geschichte von Krain und der übrigen südlichen Slaven Oestreichs. Nürnberg 1796. 8. Th. I. S. 413.

2) Luden, deutsche Geschichte. II. S. 165 bis 167.

3) Luden, a. a. O. II. S. 168 bis 171.

Germanen war ein tödtlicher Stoß für die Reichsgrenze am limes Danubianus, wie dies nur drei Decennien später zum Schrecken der Römer erkannt wurde [1]).

Des Magnentius Fall erzeugte neue Bewegungen am Rhein, und zwar um so mehr als die deutschen Völker daselbst vom Kaiser selbst zu Einfällen in Gallien bewogen worden sein sollen. So verbreiteten sich die Franken über die Gebiete an der Mosel und Maas, während sie ihre verheerenden Streifzüge bis tief in das Innere von Gallien ausdehnten, und die Alemannen drangen am Ober-Rhein bis zu den Vogesen vor. Aber nach seinem Siege war Constantius um so weniger Willens den Feinden des Reiches seine wichtigsten Bollwerke preiszugeben. Darum zog er zunächst gegen die Alemannen aus, welche unter drei ziemlich bedeutenden Königen, dem Chnodemar, Gundomad und Vadomar, dem Sitze des Reiches am nächsten und gefährlichsten waren. Constantius gelangte bis zum Rhein an dem Knie, wo erst später Basel sich erhob, aber einen entscheidenden Kampf mit den furchtbaren Alemannen scheuend schloß er mit ihnen im Jahre 354 Frieden und Bündniß ab. Das ganze römische Ober-Germanien zwischen dem Rhein und den Vogesen von Basel bis nach Mainz ward an jene drei alemannischen Könige verliehen, und so erhielt dies Gebiet unter römischer Oberhoheit eine alemannische Bevölkerung, welche dem Kaiser in der Vertheidigung des übrigen Landes gegen die überrheinischen Germanen behülflich sein sollte [2]).

Häufig wurden aber solche Assignationen des einen Kaisers von dem andern nicht anerkannt oder an andere germanische Gefolgschaften und ihre Heerkönige verliehen, und dadurch immer die furchtbarsten Kriege in den Grenzgebieten veranlaßt. Dies zeigte sich sogleich nach des Kai-

1) Muchar, das römische Noricum. I. S. 93.

2) Luden, deutsche Geschichte. II. S. 171 bis 176.

sers Rückkehr nach Italien. Gegen die Franken, welche noch das ganze nordöstliche Gallien beherrschten, sandte Constantius den zu ihm übergetretenen Sylvanus, einen in römischer Kriegskunst und Bildung wohl erfahrnen Mann, dessen Vater der Franke Bonitus schon in die Dienste des ältern Constantinus getreten war. Aber die geringen Fortschritte in der Beruhigung der niederrheinischen Gebiete machten diesen Franken am kaiserlichen Hofe verdächtig, und durch die Intriguen daselbst sahe er sich zu seiner eigenen Sicherheit genöthigt zu Köln sich zum Kaiser aufzuwerfen. Zwar fiel er bald als ein Opfer der Hinterlist, aber sein Tod war von großen Folgen für den Zustand der rheinischen Gebiete [1]).

Denn nun brach ein allgemeiner Grenzkrieg zwischen den dem kaiserlichen Interesse ergebenen und den ihm feindlichen Alemannen und Franken aus. Fast alle Städte am Rhein wurden gebrochen und zerstört, unter ihnen Straßburg und Mainz durch die Alemannen, und Köln durch die Franken; ganz Gallien gerieth in Gefahr eine Beute der eroberungslustigen Germanen zu werden, denen nun kein weiteres Bollwerk mehr entgegenstand. Dieser Umstand war es aber auch, der den Kaiser Constantius bewog seinen Vetter, den Cäsar Julianus, im Jahre 356 zur Wiederherstellung der römischen Herrschaft an den Rhein zu senden [2]). An fünf Jahre kämpfte hier Julianus nicht ohne Ruhm gegen die Deutschen und erreichte mehr, als bei seinen geringen Mitteln, bei dem Hasse und Neide des Kaisers gegen ihn zu erwarten war, obschon alle seine Wirksamkeit keine dauernden Folgen hinterlassen hat. Auch stritt er gegen sie nicht minder mit Arglist als mit dem Schwerdte in der Hand.

---

1) Pfister, Geschichte der Deutschen. I. S. 207.

2) Luden, deutsche Geschichte. II. S. 182 bis 186.

Nachdem Julianus zunächst die in dem Innern Galliens streifenden Alemannen zum Rückzuge nach dem Rhein genöthigt hatte, wandte er sich sogleich nach dem Nieder-Rhein gegen die Franken, und wußte auch diese zur Rückkehr zu bewegen. Ohne Kampf kam er nach dem mit ihnen abgeschlossenen Frieden wieder in den Besitz der Stadt Köln. Die Alemannen unterließen indessen nicht ihre Streifzüge nach Gallien hinein fortzusetzen, und waren noch weniger geneigt, die ihnen von dem Kaiser Constantius eingeräumten Gebiete auf dem linken Ufer des Stromes wieder abzutreten. Darum wandte sich Julianus mit aller Macht gegen sie, und traf ihre Schaaren, die unter sieben Königen und zehn Fürsten standen, in der Ebene von Straßburg. Der kühne Chnodemar war aber das Haupt dieser verbündeten Alemannen. Die blutige Schlacht bei Straßburg im Jahre 357, in welcher Chnodemar selbst seinem Gegner in die Hände fiel, entschied sich zwar bei der Ueberlegenheit der Römer zu deren Vortheil, aber wohl mit Recht können sich noch die spätern Schwaben dieses Heldenkampfes ihrer Vorfahren rühmen. Die Alemannen wurden wieder über den Rhein zurückgetrieben, und der Strom von Basel bis nach Mainz als Grenzmark des Reiches gegen sie wiederhergestellt. So stand jetzt der Cäsar Julianus hier auf dieselbe Weise wie einst Julius Cäsar vor vier Jahrhunderten. Aber Roms Geschick hatte während jener Zeit schon eine andere Wendung genommen [1]).

Zweimal drang Julianus darauf von Mainz aus über den Rhein am Main aufwärts in Germanien ein, um die Alemannen zu strafen; er erneuerte dort das alte Befestigungswerk des Trajanus an der Mündung der Nidda in den Main, und gelangte bis zu den dunkeln Waldungen des Spessart und Odenwaldes ohne etwas anderes zu erreichen, als daß die zu beiden Seiten des untern Main

---

1) Luden, deutsche Geschichte. II. S. 185 bis 199.

wohnenden Alemannen, welche dort am Taunus unter dem Könige Suomar, hier am Odenwalde unter dem Könige Hortar standen, geschreckt und ihre Fürsten durch List und Bestechung in das römische Interesse gezogen wurden. Wie Julianus nicht im offenen Kampfe, sondern nur durch Hinterlist seine Feinde zu überwältigen suchte, zeigt sein Benehmen gegen die alemannischen Fürsten, als er im Jahre 359 zum drittenmale etwas oberhalb Mainz den Rhein überschritt, und das feindliche Gebiet verheerend über den Schwarzwald und den untern Neckar ostwärts vordrang und bis dahin gelangte, wo an einem Orte, Palas oder Capellatium genannt (vermuthlich das Gepfähl oder Pfahlwerk [1]) von frühern Anlagen der Römer), damals die Grenzsteine zwischen den Gebieten der Alemannen und Burgunden standen [2]). Dort sollen die Könige der Alemannen, um der Verwüstung ihres Gebietes Einhalt zu thun, dem siegreichen Cäsar Unterwerfung gelobt haben. Und trotz seiner Siege glaubte Julianus das streitbare Volk der Alemannen nicht anders bändigen zu können, als indem er sich durch Verrath des mächtigen Königs Vadomar bemächtigte, welcher ein geheimer Freund des Kaisers Constantius sein Gebiet, den Raurachern gegenüber, am Südrande des Schwarzwaldes hatte [3]).

Auf gleiche Weise ward am Nieder-Rhein gegen die Franken angekämpft, und hier wird nun zum erstenmale der Name der Salier genannt, der nachmals für das Schicksal der Römer-Herrschaft im Abendlande so entscheidend geworden ist. Schon oben haben wir die Salier als einen der istävonischen Stämme Nieder-Deutschlands in dem Sal-

1) Minola, Beiträge zur römisch-deutschen Geschichte. Seite 176 bis 186.

2) Creuzer, zur Geschichte alt-römischer Kultur am Ober-Rhein und am Neckar. S. 25.

3) Pfister, Geschichte der Deutschen. I. S. 211. 212.

lande an der Yssel kennen gelernt. Aus diesem ihrem alten Heimathslande sollen sie durch die Sachsen zunächst nach der batavischen Insel gedrängt, und dann weiter zur Einwanderung in das anliegende Belgien genöthigt sein. Sie bewohnten dort das sogenannte Toxandrien oder das Land zwischen der Maas und Schelde (im nördlichen Brabant), was ihnen von Julianus selbst früher abgetreten worden zu sein scheint. Dort überfiel der Cäsar im Jahre 358 die Salier und die fränkischen Chamaven, welche sich in ihrer Nähe angebaut hatten. Doch behielten sie ihre Sitze unter Anerkennung der römischen Oberhoheit; ihre streitbare Jugend ward unter die Legionen aufgenommen. Diese Salier in Toxandrien verwuchsen nun bald mit den ihnen ostwärts benachbarten Sigambern an der Maas und Waal, und aus ihnen sind die Eroberer Galliens hervorgegangen [1]).

Zugleich wurden die zerstörten römischen Festungen am untern Rhein wiederhergestellt, und noch ehe Julianus das beruhigte und wiedergewonnene Gallien verließ, unternahm er auch einen Zug über den Nieder-Rhein gegen die fränkischen Völker, und suchte hier wie gegen die Alemannen seinem Willen, den Rhein als Grenzmark des Reiches aufrecht zu erhalten, Nachdruck zu geben [2]). Aber daß die beiden großen rheinischen Völker nur scheinbar geschreckt und noch weniger ihre Macht gebrochen war, zeigte die nächste Zukunft am besten, und mit Recht bemerkt Ammianus, der Geschichtschreiber dieser Zeit, daß die Alemannen ein unverwüstliches Geschlecht seien, welches nach allen Niederlagen nur immer um so furchtbarer auftrete.

Denn gleich nach des Julianus Abgang nach dem Oriente zur Uebernahme der Herrschaft des Reiches im Jahre 361 und nach seinem bald darauf erfolgten Tode im Kampfe gegen die Perser, wurde die römische Grenze am Ober-Rhein

---

1) Ledebur, die Brukterer. S. 79 bis 82.

2) Luden, deutsche Geschichte. II. S. 202. 210.

von den Alemannen wieder überschritten und Gallien mit neuen Verheerungen heimgesucht. Der kräftige Kaiser Valentinianus, welcher nach dem Ausgange des Kaiserhauses der Constantier den Thron bestieg, mußte alsbald nach Gallien eilen, wo er nach Zurücktreibung der Feinde durch seinen Feldherrn Jovinus durch die Errichtung und Erneuerung von Schlössern und Grenzfestungen am Ober-Rhein für die Sicherheit der transalpinischen Provinzen zu sorgen suchte. Sodann brach er über den Rhein in das Innere Germaniens ein bis zu den Höhen des Schwarzwaldes, und kämpfte mit den Alemannen bei Solicinium, das Einige am obern Neckar, Andere im Rheingau an der Bergstraße suchen [1]). Vergeblich bemühete er sich die alten Vertheidigungswerke und Festungslinien am Odenwalde bei Heidelberg wiederherzustellen, mit Hinterlist bekämpfte er wie Julian den mächtigen alemannischen Fürsten Makrian, dessen Gebiet am Taunus und in der Wetterau lag und den Stamm der Bucinobanten umfaßte, und selbst mit den Burgunden am obern Main soll er ums Jahr 370 Verbindungen abgeschlossen haben, um die Alemannen, mit welchen sie in Grenzstreitigkeiten lebten und sich auch wegen Salzquellen, vermuthlich zu Schwäbisch-Hall, stritten, im Rücken anzugreifen [2]).

Indessen der Erfolg aller dieser Bemühungen und Anstrengungen war nichtig. Denn während der Kaiser die Alemannen gedemüthigt glaubte, fielen sie nach einer andern Seite über die obere Donau in das rhätische Flachland ein; zugleich ward das ganze nördliche Gallien von zahlreichen Schaaren von Sachsen, welche überall unvermuthet an den Küsten mit ihren Raubgeschwadern erschienen, plün-

---

1) Creuzer, zur Geschichte der alt-römischen Kultur am Ober-Rhein und Neckar. S. 28 bis 34. Pfister, Geschichte von Schwaben. I. S. 83. 84.

2) Pfister, Geschichte der Deutschen. I. S. 213. 214.

dernd durchzogen, und die Einbrüche der mehr östlichen Germanen an der Donau in die illyrischen Provinzen nöthigten ihn dazu, sich so gut wie möglich mit den rheinischen Germanen abzufinden. So erfolgte ein Frieden mit den Alemannen, nach welchem den letztern höchst wahrscheinlich das seit zwei Decennien streitige Gebiet zwischen dem Rhein und den Vogesen bis nach Mainz abwärts abgetreten wurde, wenn gleich der Rhein mit seinen Festungslinien noch immer als Grenzmark des Reiches galt, und die auf dem linken Stromufer sich ansiedelnden Alemannen eben so die römische Oberhoheit anerkannten wie die in dem belgischen Niederlande wohnenden Franken an der Maas [1]). Aber wie nach allen solchen Friedensschlüssen mit den Germanen wurden auch jetzt wieder die streitbarsten Schaaren der Gegner in die römischen Heere aufgenommen, deren Legionen damals schon größtentheils germanisirt waren. Dieser Valentinianus war der letzte römische Kaiser, der das Innere Germaniens heimsuchte. Es war 425 Jahre nach der Zeit, daß Julius Cäsar als der erste Römer den Rheinstrom überschritten hatte.

Sein Sohn und Nachfolger im Abendlande, der Kaiser Gratianus, mußte sogleich wieder an den Rhein eilen, wo die sogenannten Lenzer Alemannen in das Reich eingebrochen waren. Diese lenzischen Alemannen (Alemanni Lentienses) waren die südlichsten Stämme jenes Volkes, denn sie hatten ihre Sitze an der nördlichen und nordöstlichen Seite des Boden-Sees, wo wir während des ganzen Mittelalters den Linzgau nach ihnen benannt finden [2]). Wegen ihrer bis in das Bergland von Rhätien an den Quellen des Rhein sich erstreckenden Einbrüche machten sie sich schon zur Zeit des jüngern Constantius den Römern furchtbar, als derselbe nach der Besiegung des Mag-

---

1) Luden, deutsche Geschichte. II. S. 221 bis 240.

2) Mannert, Germanien. S. 249.

nentius nach dem Abendlande kam [1]). Zugleich lernen wir aber aus jener Zeit unter den römischen Hülfstruppen auch die Brisigaven kennen, welche durch ihren Namen darauf hinweisen, daß sie aus dem alemannischen Breisgau in dem Rheinwinkel am Schwarzwalde stammen [2]).

Jetzt, ums Jahr 378, ward Helvetien aufs neue von den lenzischen Alemannen bedrängt. Mit Mühe wurden sie über den Rhein zurückgedrängt und die Grenzlinie vom Boden-See bis Basel wieder gesichert. Ueber den Strom selbst kam der Kaiser nicht; der Friede ward wie gewöhnlich von den Barbaren erkauft, und ein Theil der streitbaren Mannschaft in die Dienste des Reiches genommen [3]). Gratianus war aber der letzte römische Imperator, der den Rheinstrom gesehen hat. Denn um jene Zeit traten schon die gewaltigen Bewegungen im Osten an der untern Donau ein, welche die volle Aufmerksamkeit der Beherrscher des römischen Reiches in Anspruch nahmen und seinen Untergang beschleunigten.

So bestanden zwar nach einem halbtausendjährigen Kampfe zwischen der römischen und germanischen Welt noch die großen Barrieren am ganzen Rhein und an der Donau entlang, aber sie waren nur schwache und unsichere Bollwerke, da zu jener Zeit die Franken schon in den nördlichen Niederlanden herrschten wie die Alemannen am Boden-See und im Elsaß und dadurch jene Vertheidigungswerke schon durchbrochen oder umgangen hatten. Daß beide Völker aber noch nicht weiter gekommen waren, und daß sie das freie Germanien noch nicht bis zu seinen ursprünglichen und spätern Grenzen hatten erweitern können, lag in der innern

1) Pfister, Geschichte von Schwaben. I. S. 66. 67. Luden, deutsche Geschichte. II. S. 179.

2) Zeuß, die Deutschen. S. 310.

3) Luden, deutsche Geschichte. II. S. 287. Pfister, Geschichte von Schwaben. I. S. 89.

Zwietracht unter den einzelnen Völkervereinen und unter den einzelnen Stämmen in jenen Vereinen, und dann in dem Interesse der für Rom kämpfenden deutschen Schaaren. Indessen trotz aller von den Römern häufig berichteten Vernichtungskriege rücksichtlich der beiden großen rheinischen Völker haben sich diese Völkervereine doch immer weiter ausgedehnt, und scheinen in Folge mancher Drangsale durch die Römer auch ihre innere Verfassung immer fester gestellt haben. Doch verloren beide Vereine noch lange nicht den Charakter von freiwilligen Verbindungen benachbarter und durch ein gemeinsames Interesse zusammengehaltener Stämme.

Der Verein der Alemannen war gegen das Ende des vierten Jahrhunderts ausgedehnt von der Wetterau im Norden am Rhein aufwärts bis zum Südende des Schwarzwaldes und bis zum Bodensee. Denn dort im Norden saß der Stamm der Bucinobanten in dem Gebiete der südlichen chattischen Stämme, aus denen sie wahrscheinlich hervorgegangen sind. Ihr bald darauf wieder verschwindender Name scheint sich aber in dem Buchonien (Buohunna) des Mittelalters an der Fulda erhalten zu haben [1]). Im Süden lernen wir an der Südwestecke des Schwarzwaldes den alemannischen Stamm der Brisigaven kennen, deren Namen sich in dem ausgedehnten Breisgau des Mittelalters bewahrt hat, während die Lenzen den südöstlichsten alemannischen Stamm am Bodensee bildeten. Alles dazwischen liegende Gebiet war von Alemannen zahlreich bevölkert, obschon uns die Namen der einzelnen Stämme, woraus manche der spätern Gaunamen zu erklären sein mögen, nicht aufbewahrt sind. Denn das ganze Neckar-Land und das Gebiet am untern Main war noch alemannischer Boden, und vielleicht bildete schon damals der Spessart die Grenzmark desselben gegen die Burgunden, wie sich später dort das

1) Zeuß, die Deutschen. S. 311.

rheinische Franken und Frankonien von einander schieden. Westwärts muß aber damals schon das obere Rheinthal bis zu den Vogesen, wenn auch unter römischer Hoheit, alemannische Bevölkerung gehabt haben.

Als östliche Nachbarn der Alemannen erscheinen noch an der rauhen Alp von dem obern Neckar an gegen Nordosten, jenseit des Donau-Limes, die Juthungen, die durch das ganze vierte Jahrhundert hindurch eine arge Geißel für Rhätien blieben. Doch wurden die römischen Besitzungen in dem rhätischen Flachlande nebst dem Reichslimes an der obern Donau entlang bis nach Regensburg hin weit länger behauptet, und fast bis zum Untergange des römischen Reiches, als die jenseit der Donau an der Teufelsmauer und am Pfahlgraben, wie dies auch aus den dort aufgefundenen Münzen erhellt [1]). Zwar treten die Juthungen als ein durchaus selbstständiges Volk auf, aber so wie sie zur Zeit ihres Einbruches in Rhätien unter dem jüngern Constantius ausdrücklich schon ein Theil der Alemannen genannt werden, so scheinen beide gemeinsam an der Zertrümmerung des obern Donau-Limes gearbeitet zu haben, so daß auch bei spätern Angriffen auf jene Gegend, wo von den Alten bald der eine, bald der andere Volksname angegeben wird, gewiß immer beide zu verstehen sind [2]). Erhalten hat sich aber der Name der Juthungen durch das ganze vierte Jahrhundert, und erst im fünften Jahrhundert verschwindet derselbe, um einem andern bekanntern Namen zu weichen [3]).

Von den Franken ist schon oben bemerkt, daß sie jenseit des Rheins außer der batavischen Insel einen großen Theil von Nieder-Belgien an der Maas und Schelde, aber

---

1) Wersebe, über die Völkerbündnisse des alten Deutschlands. S. 275.

2) Luden, deutsche Geschichte. II. S. 209. 233.

3) Zeuß, die Deutschen. S. 312 bis 314.

unter römischer Hoheit, bevölkert haben, und der Name der Salier, mit dem der der Sigambern fortan ganz zusammenfällt, ward allmählig die allgemeine Bezeichnung dieser auf dem belgisch-römischen Gebiete sich ansiedelnden Franken. Immer neue Schaaren aus den überrheinischen Gauen schlossen sich an sie an, und erleichterten ihnen nachmals ihre kühnen Eroberungszüge in Gallien, obschon diese Schaaren immer nur in einzelnen Gefolgschaften bestanden. Nur die streitbare Jugend war es, welche auf Raub und Kampf auszog und den aus der Heimath mitgebrachten Namen auch in der Fremde behielt, während die Masse der Bevölkerung der überrheinischen Gaue und Landschaften weder freiwillig auswanderte, noch auch durch Gewalt von außen dazu bewogen werden konnte und die alten angestammten Sitze immer behauptet hat. Daraus erklärt sich auch das Vorkommen gleicher Volksnamen in verschiedenen Gegenden des Niederrheins wie bei den Chattuariern im Osten und Westen des Stromes, und selbst die Gaugeographie des Mittelalters findet darin ihre Erläuterung.

Mochte auch der fränkische Verein im Laufe des vierten Jahrhunderts nach Osten und Nordosten schon mehr als ehemals der Ausdehnung nach beschränkt sein, so befestigte er sich dafür desto mehr in sich selbst, und das Hervortreten mehrerer nicht unbedeutender Könige bei ihnen gegen das Ende dieses Zeitraumes, ähnlich wie bei den Alemannen, scheint darauf hinzuweisen, daß die größere Durchbildung des Gefolgwesens auch eine größere innere Einheit vorbereitet habe. Doch macht sich die damit zusammenhängende Sonderung von Ober-Franken und Nieder-Franken noch nicht bemerkbar. Noch werden uns alle die ältern einzelnen Völkernamen, aus denen der fränkische Verein bestand, genannt, wie in den Feldzügen des Julianus außer den Saliern die Chamaven und Chattuarier, und bei andern Gelegenheiten die Brukterer, Amsivarier und

Chatten [1]). Doch hat der Umstand, daß die drei Völkerschaften der Chattuarier, der Chasuaren und der Chatten nicht blos von den Alten, sondern auch von den neuern Geschichtschreibern vielfach mit einander verwechselt und ihre Namen mit einander vertauscht worden sind, die ältere fränkische Geschichte in große Verwirrung gebracht [2]), die um so weniger zu vermeiden war, als man von Anfang an über die eigentlichen Sitze jener Stämme im Dunkeln war. Die eigentlichen oder nördlichen Chatten an der Fulda und obern Lahn blieben aber wie früher das südöstliche Grenzvolk des fränkischen Vereins [3]).

Was den Bund der Sachsen anbelangt, so hat sich derselbe unstreitig während dieser Zeit auf der Nordostseite oder im Rücken der Franken immer weiter ausgebreitet, obschon die genauern Angaben darüber in dieser Zeit fehlen. Da die Küstenvölker der Chauken und Friesen die vornehmste Grundlage desselben bildeten [4]), so haben auch wohl die Völker des ältern chaukischen Vereins sich frühzeitig ihm angeschlossen, und außer einem Theile der Amsivarier können, nach den spätern Verhältnissen zu schließen, die Chasuaren oder Hasegauer nicht gesäumt haben mit den Sachsen gemeinsame Sache zu machen, wenn beide auch noch am Ende des vierten Jahrhunderts als fränkische Völker genannt werden [5]). Indessen dieses Schwanken bei den niederdeutschen Stämmen zwischen dem Rhein und der Nordsee in den Angaben der Alten, ob dieselben zu den Franken oder

1) Zeuß, die Deutschen. S. 340. 341.

2) So vornehmlich bei den hessischen Geschichtschreibern, vergl. Wenck, hessische Landesgeschichte. II. S. 45 bis 91, ferner Rommel, Geschichte von Hessen. I. S. 33. 34. Zeuß, die Deutschen. S. 341. 342.

3) Rommel, Geschichte von Hessen. I. S. 45.

4) Wiarda, ostfriesische Geschichte. I. S. 31. 36 bis 38.

5) Ledebur, die Brukterer. S. 94. 104.

Sachsen zu zählen seien, erklärt sich aus dem Verhältniß der von jenen Stämmen ausgehenden Gefolgschaften zu jenen größern Vereinen, so daß bei dem damals noch wenig fest ausgebildeten Zustande der Völkervereine ein Stamm zu gleicher Zeit beiden Vereinen angehören konnte.

Auch über das Verhältniß der alten Angrivarier (Angern) und Cherusken, welche nicht lange darauf unter den sächsischen Völkern genannt werden und sich seltsamer Weise grade durch ihre Theilnahme an den Seeunternehmungen mit jenen Küstenvölkern als Sachsen zu erkennen gaben, zu dem sächsischen Vereine in jener Zeit des vierten Jahrhunderts ist nichts bekannt. Daß übrigens die Sachsen durch ihre Raubzüge zur See nach den belgischen, brittischen und gallischen Küsten sich den Römern wie zur Zeit ihres ersten Auftretens durch diesen ganzen Zeitraum furchtbar machten und zur Zeit Valentinians das ganze nördliche Gallien verheerten, ist schon oben erwähnt. Doch scheinen die Sachsen in dieser Zeit noch keine festen Ansiedlungen in jenen Küstengebieten zur bequemern Ausführung ihrer Züge vorgenommen zu haben, wie es für das folgende Jahrhundert sich bestimmter nachweisen läßt [1]).

Minder gefährlich als am Rhein waren die politischen Verhältnisse zwischen der römischen und germanischen Welt an der Donau, und doch kam grade von dieser Seite der Hauptstoß, welcher zur Auflösung des Reiches beitrug. Dies geschah vornehmlich durch die Gothen, und kaum war es zu erwarten, daß nur ein halbes Jahrhundert nach des Julianus Kämpfen am Rhein die Gothen in der Welthauptstadt selbst die Herrschaft führen würden. Die Rückwirkung davon auf die Gestaltung der Völkerbündnisse und der Stämme im Innern Germaniens oder auf dem eigentlich deutschen Boden ergiebt sich leicht von selbst, und die

1) Wersebe, über die Völkerbündnisse des alten Deutschlands. S. 131.

Entwickelung der dortigen Verhältnisse nähert sich schon allmählig dem später bestehenden und durch das ganze Mittelalter dauernden Zustande.

An der mittlern Donau tritt im Laufe des vierten Jahrhunderts der Name der Quaden noch einmal mit Bedeutsamkeit hervor. Denn es heißt von den Quaden, daß sie zur Zeit des jüngern Constantius verheerende Einfälle in die illyrischen Alpen-Provinzen gemacht hätten, welche den Kaiser sogar bewogen in der pannonischen Stadt Syrmium seinen Sitz zu nehmen, von wo er sie mit dem Schwerdte oder wohl vielmehr durch Jahrgelder zur Ruhe brachte [1]). Als Theilnehmer an diesen Einbrüchen in das Reich werden aber stets Sarmaten genannt, deren leichte Reiterei den mehr im Fußkampfe streitenden germanischen Schaaren willkommen sein mußte [2]). Doch dauerte die von Constantius bewirkte Ruhe nicht lange. Denn die vom Valentinianus dort an der mittlern Donau befohlenen Festungsbauten riefen das Unglück der Verheerung aufs neue über jene Landschaften, während der Kaiser selbst im Kampfe mit den Alemannen vollauf beschäftigt war, und die Arglist der Römer gegen die Häupter der Germanen hier wie am Rhein entflammte um so mehr die Wuth der Feinde. Diese Gefahr der illyrischen Provinzen war es, welche den Valentinianus zur Abschließung eines Friedens mit den Alemannen zwang, worauf er sogleich nach Carnuntum eilte, die Quaden zurücktrieb und die Reichsgrenze noch einmal sicherte. Sein plötzlicher Tod im Jahre 375 setzte dem weitern Kampfe ein Ende [3]).

Seitdem tritt das Volk der Quaden nicht mehr in der Geschichte hervor, und wenn ihr Name auch ferner noch in

1) Luden, deutsche Geschichte. II. S. 187. 209.

2) Linhart, Geschichte von Krain und der südlichen Slaven Oestreichs. II. S. 13 bis 19.

3) Luden, deutsche Geschichte. II. S. 235. 240 bis 242.

Verbindung mit andern Völkernamen genannt wird, so ist dies mehr nur eine alte Erinnerung, als daß es das Fortbestehen desselben bewiese. Ohne Zweifel ging dies Volk bald darauf auch in den gothischen Völkerverein auf, der von der untern Donau aus in seinen verschiedenen Zweigen sich westwärts bis zum baierschen Tafellande hinaufzog, während der Name der Gothen zu gleicher Zeit ostwärts über einen großen Theil der sarmatischen Ebenen am Pontus und bis zur Wolga hin eine Ausdehnung erhielt, wie sie nie einem andern deutschen Völkernamen zu Theil geworden ist. Doch dauerte dies auch nicht lange, und die mit der Zurückdrängung des gothischen Namens aus den Gebieten von Ost-Europa verknüpfte Katastrophe war es, welche den großen Kampf zwischen den Römern und Gothen hervorrief, der mit der Zertrümmerung des untern Donau-Limes auch die Brechung der letzten römischen Barrieren am Rhein zur Folge hatte.

6) Die Zertrümmerung des Rhein- und Donau-Limes in Folge der Wanderungen der Gothen und die Umgestaltung der Völkerverhältnisse in Deutschland.

Die jenseit der untern Donau in dem dacischen Lande wohnenden Gothen, ehemals das Schrecken der Römer, lebten den größten Theil des vierten Jahrhunderts hindurch mit dem Reiche in einem friedlichen Vernehmen, was gewiß weniger die kriegerischen Maaßregeln des Kaisers Constantinus verursacht haben, als weil von seinen Nachfolgern die den Gothen versprochenen Jahrgelder, womit man am Rhein wie an der Donau schon längst den Frieden von den Barbaren zu erkaufen gewohnt war, regelmäßig entrichtet wurden. Anstatt mit den Waffen und mit Raubzügen jetzt mit dem Ackerbau beschäftigt, verlieren sich die

Gothen fast gänzlich aus der nur in Kriegen bestehenden römischen Geschichte zu jener Zeit [1]), und auch über die Vandalen an ihrer Westseite nach der mittlern Donau beobachten die Alten während der Zeit der Constantier und Valentier ein tiefes Schweigen [2]). Diese zunehmende Gesittung der gothischen Völker in Dacien mußte aber um so mehr befördert werden durch die schon um die Mitte des vierten Jahrhunderts bei ihnen stattfindende Verbreitung des Christenthums. Schon bekamen die Gothen in einem ihrer Stammgenossen, in dem Wulfila (Ulfilas), einen Apostel, und die Gothen haben den Ruhm das erste germanische Volk zu sein, welches zur Religion der neuern Zeit übertrat, wenn sie dieselbe auch in der arianischen Form empfingen und behielten [3]).

Verschieden von diesen dacischen Stämmen der Gothen im Südwesten sind aber diejenigen Stämme, welche im Nordosten das alte Kriegerleben fortsetzend mit ihrem Ruhme bald wieder die Welt erfüllten. Denn in zahlreichen Kriegsgefolgschaften sich über die sarmatischen Ebenen verbreitend gründeten sie hier ein Reich, welches ein Seitenstück zu dem römischen hätte abgeben können, wenn es an Bildung und Ordnung der Verwaltung das gehabt hätte, was dem römischen an jugendlichen Kräften seiner Bevölkerung abging. Hermanrich, aus dem alten fürstlichen Stamme der Amaler, war das Oberhaupt dieser nordöstlichen oder sarmatischen Gothen, welcher, wie es heißt, von dem pontischen bis zum baltischen Meere herrschend nicht nur über alle slavischen Stämme jener Gebiete sondern, nach den von dem gothischen Geschichtschreiber aufbewahrten Völkernamen, auch über einen großen Theil der Völker finnisch-ugri-

1) Aschbach, Geschichte der Westgothen. S. 19.

2) Zeuß, die Deutschen. S. 448.

3) Luden, deutsche Geschichte. II. S. 275. Aschbach, Geschichte der Westgothen. S. 29 bis 31.

schen Stammes an der Wolga seine Gewalt begründet haben muß [1]). Die östlichsten Stämme dieses Reiches waren die Alanen, welche nach den Angaben der Alten dem gothischen Stamme zugezählt werden müssen. Dennoch bezeichnet dieser Name im weitern Sinne auch Völker ganz andern Ursprunges, die zum Theil selbst dem ugrischen Volksstamme angehören. Gleich den übrigen Germanen traten einzelne Schaaren derselben häufig in römische Dienste, und fast überall verrathen die Namen ihrer Fürsten ein dem deutschen Sprachstamme fremdartiges Gepräge [2]).

Aber jene mächtige gothische Herrschaft des Hermanrich ward nach kurzem Bestehen gänzlich vernichtet durch das Andringen der den Gothen und Römern gleich furchtbaren Hunnen, eines andern Volkes von ugrischem Stamme, welches aus seinen Stammsitzen jenseit der Wolga am Ural in den letzten Zeiten des Kaisers Valentinianus aufbrechend mit seinen Reiterschaaren in die fruchtbaren Gefilde und Weideebenen von Ost-Europa einbrach. Die Zertrümmerung des gothischen Reiches und das darauf folgende Durcheinanderwerfen aller gothischen Stämme vom Don und Dnepr bis zur Donau brachte die letztern zunächst wieder in Berührung mit dem römischen Reiche, indem ein Theil derselben um Aufnahme bei dem Kaiser Valens im Morgenlande, des Valentinianus Bruder, bat, ein anderer Theil aber entweder in den alten Sitzen in Dacien zurückblieb, oder sich westwärts und nordwärts in das Bergland von Siebenbürgen und der Karpathen, in das von den Alten sogenannte Kaukaland, zurückzog [3]). Mögen nun auch die unterscheidenden Namen der östlichen und westlichen Gothen schon früher üblich gewesen sein, so mußten sie doch

---

1) Luden, deutsche Geschichte. II. S. 253 bis 256. Aschbach, Geschichte der Westgothen. S. 22.

2) Adelung, älteste Geschichte der Deutschen. S. 280.

3) Aschbach, Geschichte der Westgothen. S. 42 bis 44.

jetzt bei dem Zusammenfallen der Stämme ihre Bedeutung verlieren, und nur das scheint sicher zu sein, daß die in das Reich aufgenommenen Stämme, obschon größtentheils den sarmatischen Gothen angehörig, fortan unter dem Namen der Westgothen (Visigothi) erscheinen, während die jenseit der Donau zurückgebliebenen dacischen Gothen nachmals als die Ostgothen (Austrogothi, Ostrogothi) sich wieder einen Namen erworben haben [1]).

Aber die in das Reich übergesiedelten gothischen Völker mußten aus manchen Gründen mit den Römern bald in Zwist gerathen. So kam es zwischen beiden zum offenen Kriege, und die furchtbare Gothen-Schlacht bei Adrianopolis im Jahre 378 entschied nun für immer die Ueberlegenheit der germanischen Völker über die Römer [2]). Der Kaiser mit seinem ganzen Heere ging zu Grunde, und der große Donau-Limes von Pannonien bis zum Pontus hin war fortan zertrümmert [3]). Es blieb dort für immer das offene Thor für die von dem Pontus kommenden Barbarenhorden, um in das Reich einzufallen und dasselbe zu brandschatzen. Zwar ward durch den Theodosius, den des Gratianus freie Wahl auf den gefährdeten Thron erhob, das oströmische Reich noch einmal wieder hergestellt, und wohl weniger durch die Waffen als durch Unterhandlungen und Verträge wurden die Gothen beruhigt, aber sie blieben als eigenes Volk in Mösien an der Donau angeblich in römischen Diensten sitzen. Sie bildeten damals die eigentliche Kriegsmacht des oströmischen Reiches, und die germanisirten Legionen verwandelten sich in vollständige germanische Heerhaufen, ohne deren Willen im Reiche nichts mehr geschehen konnte [4]).

---

1) Luden, deutsche Geschichte. II. S. 261 bis 276.

2) Luden, a. a. O. II. S. 292 bis 295.

3) Muchar, das römische Noricum. I. S. 36.

4) Pfister, deutsche Geschichte. I. S. 224.

Eben diese Gothen haben dem Theodosius die Alleinherrschaft im Reiche erwerben müssen wie ihre rheinischen Stammgenossen einst dem Constantinus und dem Julius Cäsar. Aber auch im Abendlande spielen die germanischen Schaaren in römischen Diensten schon eine Hauptrolle. Ja die zu große Vorliebe des Gratianus für die Alemannen und Franken wird als die Ursache seines Sturzes angegeben, als er von dem Feldherrn Maximus aus Britannien, einem alten Waffengefährten des Theodosius, im Jahre 383 der Herrschaft und des Lebens beraubt wurde. Doch nur vier Jahre später erfolgte auch der Fall des Maximus durch den morgenländischen Kaiser, welcher des Gratianus Bruder, den jüngern Valentinianus, zum Herrscher im Abendlande einsetzte. So wie aber demselben von dem Theodosius der Franke Arbogast als Vormund und als eigentlicher Gewalthaber im Reiche zur Seite gesetzt wurde, so standen viele andere deutsche Fürsten an der Spitze der Militär- und Civilverwaltung in den Provinzen, und die sie begleitenden und umgebenden deutschen Stämme scheinen nicht ohne Einfluß auf die Veränderungen im Reiche zu jener Zeit gewesen zu sein [1]). Durch eben diese Verhältnisse im Reiche standen sich aber damals auch die abendländischen Germanen und die morgenländischen Germanen feindselig gegenüber, und die folgenden Kämpfe der Imperatoren unter einander waren meist bedingt durch das Interesse der einen oder der andern deutschen Parthei im Reiche.

Gegen diese romanischen Germanen standen aber die jenseit der Reichsgrenzen wohnenden Stämme nicht minder feindlich als wie gegen die Römer selbst, und ihre Fürsten erstrebten eine ähnliche vortheilhafte Stellung im Reiche. Daher dauerten die Fehden am Rhein von den Alemannen und Franken immer fort, und an der Spitze der letztern erscheinen drei nicht unbedeutende Könige Genobald,

1) Luden, deutsche Geschichte. II. S. 313 bis 315.

Markomer und Sunno, gegen welche Arbogast von Köln aus im Jahre 391 selbst einen Feldzug unternahm, die Brukterer und Chamaven züchtigte und bis zum Gebiet der Amsivarier und Chasuaren vordrang [1]).

Doch wurde der Krieg bald durch einen Frieden beendigt, und durch Verträge mit den Alemannen und Franken sicherte und stärkte sich Arbogast, da er nach der Ermordung seines jungen Kaisers nothwendig mit dem morgenländischen Kaiser in Kampf zu gerathen befürchten mußte, indem Theodosius nicht blos den Fall des Hauses der Valentier an jenem übermächtigen Franken zu rächen hatte, sondern auch die von ihm unter dem Namen des Schattenkaisers Eugenius geführte Herrschaft im Abendlande über das alte Heimathsland des römischen Staates nicht anerkennen konnte. Die Entscheidung des Kampfes zwischen beiden erfolgte im Jahre 394 zu Aquileja am Fuße der julischen Alpen. Nicht Römer, sondern Franken und Alemannen kämpften dort gegen Gothen, welche von dem Glücke und der Einsicht des Theodosius geleitet ihm die Weltherrschaft erwarben [2]).

Unbestritten waren damals die Germanen schon das vorherrschende Element im römischen Reiche. Roms Zeit war damals erfüllt, und selbst wenn dem Theodosius eine längere Waltung im Reiche vergönnt gewesen wäre, er würde den Zustand desselben, wie er nur das naturgemäße Resultat der halbtausendjährigen Entwickelung in dem Konflikt der römischen und germanischen Welt seit des Julius Cäsars Zeit war, nicht haben umgestalten können. Um so weniger aber vermochten seine Söhne und Enkel, welche als Kinder den Thron bestiegen haben und immer Kinder geblieben sind, die folgende Entwickelung zum Vortheile des römischen Kaiserthumes zu bedingen, vor dessen geistiger Ueberle-

1) Ledebur, die Brukterer. S. 261. 262.

2) Luden, deutsche Geschichte. II. S. 317 bis 319.

genheit und Hoheit sich jedoch noch alle Germanen beugten, und dadurch schon damals das Ansetzen eines romanischen Charakters bei ihnen, so viele derselben im Reiche lebten, bewirkten. Den dadurch unter den Germanen selbst hervorgerufenen Konflikt zeigte die nächste Folgezeit.

Noch bestanden damals die beiden Barrieren des limes Rhenanus und des obern limes Danubianus, aber ihr nahe bevorstehendes Schicksal ließ sich bei dem damaligen Zustande der Welt nicht mehr verkennen, und ihr Fall zu Anfange des fünften Jahrhunderts gleich nach dem Tode des letzten römischen Imperators Theodosius, wie ihn der englische Geschichtschreiber Gibbon mit Recht bezeichnet [1]), entschied auch den Untergang der römischen Weltherrschaft und damit das Ende der alten Welt. Die Veranlassung zu dieser Entscheidung kam wieder durch die Wanderungen der Gothen und zwar innerhalb des Reiches. Ueberhaupt wurde damals der Zustand der Weltverhältnisse und somit auch Germaniens durch drei Gothen bestimmt durch Stilicho, Alarich und Radagais, von denen jeder auf besondere Weise zur Umgestaltung der Welt beigetragen hat. Denn Stilicho von vandalisch-gothischem Stamme, Vormund für den jungen Kaiser Honorius und Oberfeldherr im abendländischen Reiche, strebte als der erste Hauptrepräsentant des romanischen Lebens danach das wankende Reich durch germanische Kraft aufrecht zu erhalten, und stand darum nicht minder dem Radagais als dem Alarich feindlich gegenüber. Alarich, aus dem edlen Fürstenstamm der Balthen, Heerkönig der Westgothen und in der Kriegskunst wohl gebildet in der Schule des Theodosius [2]), stand mit seinem Volke zwar innerhalb des Reiches aber an den Grenzen, und während er als Feind Roms auftrat

1) Edw. Gibbon, the history of the decline and fall of the Roman empire. Basil. 1788. 8. Vol. V. Chap. 29. p. 114.

2) Aschbach, Geschichte der Westgothen. S. 66.

und mit dem Stilicho in Italien einen Kampf begann über die Begründung entweder romanischen oder germanischen Lebens im Reiche, vollführte sein Bundesgenosse der Gothe Radagais, aus dem Innern Germaniens hervorbrechend, das Zerstörungswerk der äußern Vertheidigungslinien des Reiches, um sich ungehindert mit ihm in Italien zu vereinigen.

Noch hatte Stilicho gleich nach des Theodosius Tode die Linien am Rhein und an der obern Donau besucht und durch Verträge mit den dortigen Völkern seiner Herrschaft einige Sicherheit gegeben [1]), als Alarich, welcher die Verwirrung im oströmischen Reiche benutzend sich die Verwaltung des östlichen Illyriens erzwungen hatte, im Jahre 400 die julischen Alpen mit seinem kriegslustigen und aus den römischen Waffenlagern bewaffneten Volke überstieg und in Italien eindrang. Zwar gelang es damals noch nicht gegen Stilicho durchzudringen, aber die Ueberlassung des westlichen Illyriens an die Gothen nebst der Entrichtung bedeutender Jahrgelder gaben dem Alarich eine für beide römischen Reiche sehr wichtige Stellung, indem er als Beherrscher aller illyrischen Länder im Süden der Donau, wenn auch unter der angeblichen Oberhoheit beider Kaiserreiche, sich nach Willkühr auf das eine oder andere werfen konnte [2]). Die Germanisirung jener Gebiete war die nothwendige Folge davon.

Aber kaum hatte sich Italien von dem gothischen Schrekken erholt, als eine neue Fluth von Norden hereinbrach. Denn ein mächtiges Conglomerat germanischer Gefolgschaften der verschiedenartigsten Stämme, unter denen aber gothische Vandalen die vornehmste Rolle gespielt haben mögen, drang nach der Zertrümmerung des Donau-Limes unter der Anführung des Heerkönigs Radagais, eines Gothen, im Jahre 405 über die Alpen in das Heimathsland

---

1) Pfister, Geschichte der Deutschen. I. S. 226.

2) Aschbach, Geschichte der Westgothen. S. 72 bis 78.

des römischen Reiches ein [1]). Auch diese Gefahr wußte Stilicho abzuwenden. Doch bleibt es dunkel, auf welche Weise die Feinde aufgerieben oder über die Alpen zurückgetrieben wurden, und die gefährlichen Folgen dieses furchtbaren Angriffes hatten die jenseit der Alpen liegenden Provinzen zu erfahren. Denn der pannonische Limes war nun ganz aufgelöst, und der mehr oberhalb an der Donau in Noricum und Rhätien so gebrochen, daß er sich nur noch in Trümmern durch die erste Hälfte des fünften Jahrhunderts erhalten hat [2]).

Radagais selbst verschwand unter diesen Kämpfen, aber seine Völker suchten sich nach einer andern Seite hin Bahn zu brechen, und die Abberufung der römischen Kriegsschaaren am Rhein durch Stilicho zur Beschirmung Italiens gegen die nächsten Feinde an den Alpen eröffnete nun den stürmenden Barbaren einen Weg nach den reichen gallischen Landschaften, da Stilicho nicht ohne Grund hoffen durfte, nach der Behauptung Italiens auch in den transalpinischen Gebieten bei den stets unter sich feindlichen Germanen Roms Oberhoheit bei günstiger Gelegenheit wieder herzustellen. So erfolgte im Jahre 406 der große Einbruch der Germanen in Gallien, wodurch dieses Land im weitern Umfange als bisher durch die rheinischen Stämme zum erstenmale germanisirt worden ist. Unstreitig bildeten die hier eindringenden Schaaren die aus Italien zurückgetriebenen Gefolgschaften, welche durch zahlreiche neue Abenteurer verstärkt als Heere oder Volksmassen sich jenseit des Rheins eine neue Heimath suchten. Die römischen Städte am Rhein, vornehmlich die in seinem obern Laufe wie Straßburg, Speier, Worms, sind wahrscheinlich damals in Trümmer gesunken, und wenn Mainz die erste der von den Barbaren zerstörten Städte war, so scheint der Uebergang

1) Luden, deutsche Geschichte II. S. 346.

2) Muchar, das römische Noricum. I. S. 37. 38.

derselben über den Rhein in seinem mittlern Laufe oder an der Ausmündung des Main statt gefunden zu haben [1]).

Die Namen der über den Rhein wandernden Völker sind bei den verworrenen Nachrichten der Alten über diese Begebenheit zwar willkührlich gehäuft worden, doch werden Vandalen, Sueven und Alanen vorzugsweise genannt, und sie lernen wir auch fortan in den gallischen Landschaften kennen. Sicher ist zugleich, daß ihnen die Burgunden alsbald gefolgt sein müssen. Was nun zunächst die Vandalen anbetrifft, so muß der bei weitem größte Theil dieses Volkes den alten heimischen Boden Germaniens für immer verlassen haben. Denn wenn es sich auch bestätigt, daß eine Schaar von ihnen an der Donau in Pannonien zurückgeblieben ist, so verloren sich diese doch bald unter andern verwandten Stämmen [2]). Der Name der Sueven aber ist trotz seiner Allgemeinheit und Unbestimmtheit darum besonders zu beachten, weil unter diesem Namen von germanischen Schaaren in Hispanien ein geraume Zeit dauerndes Reich gegründet worden ist. Kann man auch der Angabe des fränkischen Geschichtschreibers Gregor von Tours nicht unbedingt beipflichten, daß diese Sueven von den östlichen Alemannen oder den Juthungen herzuleiten sind [3]), welche bald darauf unter dem Namen der Sueven vorkommen, so ist noch weniger die neuere Hypothese zu rechtfertigen, daß unter ihnen das alte Volk der Semnonen an der Elbe zu verstehen sei, welches damals seiner alten Heimath für immer entsagt, und in demselben Zustande, wie es einst in Germanien wohnte, ein neues Vaterland in Hispanien gefunden habe [4]). Gewiß ist es ganz irrig unter den in ver-

---

1) Luden, deutsche Geschichte. II. S. 350.

2) Zeuß, die Deutschen. S. 449. 454.

3) Luden, deutsche Geschichte. II. S. 350. Pfister, Geschichte von Schwaben. I. S. 91.

4) Zeuß, die Deutschen. S. 455 bis 457.

schiedenen Gegenden der damaligen römisch = germanischen Welt vorkommenden Sueven und Herulern irgend ein bestimmtes suevisches Volk (oder Gefolgschaft) der ältern Zeit wieder erkennen zu wollen, und so mögen unter den damals über den Rhein setzenden Sueven sehr verschiedenartige Gefolgschaften ostgermanischer Stämme gemeint sein, welche erst auf ihrem gemeinsamen Zuge durch Gallien zu einem bestimmten Volke erwuchsen. Unmöglich konnten die Alten genaue Auskunft über diese Verbindungen der sich vielfach durchkreuzenden Gefolgschaften der wandernden Heerkönige und Recken haben, und da der heilige Hieronymus unter jenen in Gallien eindringenden Völkern die Sueven gar nicht, wohl aber die Quaden nennt, so mag dies suevische Volk, welches seit der Zeit des ältern Valentinianus eigentlich verschwindet, einen Hauptbestandtheil jenes neuern suevischen Vereins abgegeben haben, indem er außer den andern bekannten Völkern noch Heruler und Gepiden und selbst auch Sachsen hinzufügt [1]).

Auch von den Alanen, die wir als fernere Begleiter der Vandalen und Sueven wiederfinden, ist es sicher, daß eine Abtheilung derselben über den Rhein gegangen, obschon bei der gleichen Allgemeinheit und Unbestimmtheit dieses Namens in ethnographischer Beziehung schwer zu sagen ist, ob sie germanischen und nicht vielmehr slavischen oder selbst ugrischen Stammes waren, da Hieronymus ihnen nicht nur Sarmaten an die Seite setzt, sondern auch ihre Fürstennamen in Gallien nicht auf deutsche Abstammung hinweisen [2]). So wenig übrigens die Alanen vor dieser Zeit als auf dem eigentlichen Boden Deutschlands hausend vorkommen, eben so wenig finden sie sich daselbst auch später. Nur im Westen wie im äußersten Osten am Kaukasus hat sich ihr Andenken länger erhalten.

---

1) Zeuß, die Deutschen. S. 450. 464.

2) Zeuß, die Deutschen. S. 704. 705.

Während nun jene drei Völkerschaaren sich im Jahre 406 schnell über die innern Theile Galliens ausbreiteten, und nicht lange darauf Gelegenheit fanden selbst bis nach Hispanien vorzudringen, hielten sich die Burgunden, welche ihrem Zuge folgten und damit auch gänzlich das innere Deutschland verlassen haben, noch eine Zeitlang in der Nähe von Mainz auf [1]), bis sie sich erst später auf der Westseite des Stromes nach Süden hinauf ausdehnten. Die eigentlich rheinischen Germanen scheinen mit diesen Auswanderern zwar nicht gemeinsame Sache gemacht zu haben, doch werden unter den letztern auch Alemannen mit aufgeführt. Um so auffallender aber ist es, daß die Auswanderer nicht mit den Alemannen in Zwist geriethen, da deren nördliche Gebiete am Main offenbar von dem durchdringenden Zuge berührt werden mußten, während doch von einem Kampfe gegen die Franken berichtet wird, durch deren Gebiet, das sich nur bis zur Lahn und Mosel am Rhein aufwärts erstreckte, der Zug nicht gegangen sein kann. Die Veranlassung des Kampfes zwischen den Franken und Vandalen, bei welchem die letztern nach dem Verluste ihres Königs Godegisel in große Noth geriethen, und nur durch die Hülfe der Alanen unter ihrem Fürsten Respendial gerettet wurden, ist daher unbekannt [2]).

Uebrigens lehrt die Folgezeit, daß auch diese alten rheinischen Germanen oder die Alemannen und Franken die damals günstige Gelegenheit zu größerer Ausbreitung auf dem römischen Gebiete nicht verabsäumt haben. Für die Rhein-Lande selbst scheint aber zu eben jener Zeit in der

---

1) Türk, Forschungen auf dem Gebiete der Geschichte. Heft 2. Die Burgunder. S. 8. 9. Vergl. Wersebe, über die Völkerbündnisse des alten Deutschlands. S. 278.

2) Luden, deutsche Geschichte. II. S. 350. Papencordt, Geschichte der vandalischen Herrschaft in Afrika. Berlin 1837. 8. S. 10.

Stellung jener beiden Völker zu einander eine wichtige Veränderung eingetreten zu sein, welche noch immer zu den dunkelsten Verhältnissen der rheinischen Geschichte gehört. Denn die Burgunden blieben noch einige Zeit in der Umgebung von Mainz stehen, und haben sich wahrscheinlich zu beiden Seiten des Rheins so wie um den untern Main im Norden und Süden des Stromes in dem bisherigen alemannischen Lande gelagert. Die Stadt Worms mag damals nach den Sagen im Liede der Niebelungen einer der Hauptpunkte ihrer Herrschaft am Rhein gewesen sein [1]). Zu Mainz wurde auch im Jahre 412 durch ihren König Gunthikar und durch den Alanen Goar, welcher mit seiner Schaar in römische Kriegsdienste getreten und am Rhein zurückgeblieben war, ein gewisser Jovinus als Kaiser aufgestellt, dessen Kriegsmacht aus den in der Nähe wohnenden Völkern oder außer den Burgunden und Alanen aus Alemannen und Franken bestand. Eben hier war es auch, wo die Burgunden frühzeitig mit dem Christenthum bekannt wurden, und bald zur katholischen Form desselben übertraten [2]).

Eine Folge des Aufenthaltes der Burgunden am mittlern Rhein in den ersten Zeiten des fünften Jahrhunderts scheint nun aber gewesen zu sein, daß die Alemannen durch sie des nördlichsten Theiles von ihrem Gebiete an dem Rhein und Main so verlustig gingen, wie sie früher die obern Main-Gebiete verloren hatten. Sie wurden ohne Zweifel durch die über den Rhein gehende Völkerbewegung nach Süden gedrängt, oder die nördlichen Stämme trennten sich von ihnen, und haben sich auch nach dem Abzuge der Burgunden nicht wieder mit ihnen vereinigt. Denn später werden hier Franken genannt, und der Ursprung des nachmals sogenannten rheinischen Frankens (Francia Rhenana)

1) Gaupp, das alte Gesetz der Thüringer. S. 41.

2) Zeuß, die Deutschen. S. 468. 469.

scheint schon bis in diese Zeit zurückverlegt werden zu müssen. Die Waldungen an der Lauter und Sur oder der Hagenauer Forst auf der Westseite des Rheins, die nachmalige Grenzmark des alemannischen Elsaß gegen das rheinische Franken, mochten schon zu jener Zeit die Alemannen von den Burgunden scheiden und die Grenze bezeichnen, bis wie weit von Mainz aufwärts die Uebergangsstraße über den Rhein sich ausdehnte, während die Mündung der Murg auf der Ostseite des Stromes dieselbe Grenze andeutete [1]).

Aber der Zertrümmerung der furchtbaren Rhein-Barriere, welche im Innern Germaniens seinen eigenen Bewohnern so lange Trotz geboten hatte, und der Einnahme der transalpinischen Provinzen durch die Germanen folgte alsbald auch der Fall der alten Welthauptstadt durch die Gothen. Denn Stilicho, von dessen Tüchtigkeit der schwache Honorius allein noch die Erhaltung seines Reiches erwarten konnte, fiel schon im Jahre 408 als ein Opfer der Kabalen am kaiserlichen Hofe, und da man bei aller Armseligkeit selbst noch dem gewaltigen Alarich trotzen zu können glaubte, so mußte, während der Hof in dem sichern Ravenna an der Meeresküste thronte, im Jahre 410 Rom dafür büßen, welches seit der gallischen Verheerung oder seit acht vollen Jahrhunderten keinen Feind in seinen Mauern gesehen hatte [2]). Grade das erste christlich-deutsche Volk war auch zur ersten Züchtigung jener Stadt für die von ihr an der Menschheit geübten Frevel von der Vorsehung berufen.

Indessen den Alarich verhinderte ein plötzlicher Tod an der weitern Ausführung seiner Plane, und sein Schwager Athaulf, der nach ihm die Führung der Westgothen übernahm, war milder gegen Rom gesinnt. Er wünschte die

---

1) Zeuß, die Deutschen. S. 319. 346. Vergl. Rommel, Geschichte von Hessen. I. S. 37. Anmerk. 16.

2) Luden, deutsche Geschichte. II. S. 354 bis 367. Aschbach, Geschichte der Westgothen. S. 81 bis 92.

Erhaltung der alten Weltherrschaft durch deutsche Kraft gleich wie Stilicho, er suchte sich mit dem Hofe zu befreunden, und zog bald mit seinem Volke über die Alpen nach Gallien, um sich in diesem durch Römer und Germanen auf gleiche Weise zerrütteten Lande Verdienste um den kaiserlichen Hof zu erwerben [1]). Drohend standen hier Alemannen, Burgunden und Franken am obern, mittlern und untern Rhein. Trier, die große belgische Metropole und die Hauptstadt aller transalpinischen Provinzen, ward am Anfange des fünften Jahrhunderts so oft von den Franken verheert [2]), daß Constantinus, welcher von Britannien aus als Kaiser sich der Herrschaft jener Provinzen bemächtigte und sich durch Verbindung mit den Alemannen und Franken zu behaupten suchte, den Sitz seiner Herrschaft nach Arles im südlichen Gallien zu verlegen genöthigt war. Dieser Aufstand des Constantinus führte wiederum die Vandalen und Sueven schon im Jahre 409 über die Pyrenäen nach Hispanien [3]), und wenn das innere Gallien dadurch auch von ihnen befreit wurde, und der Gegenkaiser bald durch den kaiserlichen Feldherrn Constantius vernichtet ward, so ließ die Zwietracht zwischen ihm und dem Gothen Athaulf und die Eifersucht jener drei rheinischen Völker auf das Eindringen der Westgothen in Gallien, das sie als ein ihnen zukommendes Gebiet betrachteten, keine Ruhe daselbst wieder eintreten, und noch weniger dasselbe unter die römische Herrschaft zurückkehren [4]).

Zwar folgten die Gothen bald darauf den Vandalen nach Spanien, aber sie behaupteten sich zugleich im Besitze des von ihnen eroberten südlichen Galliens, wo

---

1) Aschbach, Geschichte der Westgothen. S. 93 bis 100.

2) Minola, Merkwürdigkeiten am Rhein-Strom. S. 91.

3) Papencordt, Geschichte der vandalischen Herrschaft in Africa. S. 11. 12.

4) Luden, deutsche Geschichte. II. S. 368 bis 376.

Athaulfs Nachfolger Wallia zu Toulouse seinen festen Herrschersitz aufschlug und den ersten Grund zu dem mächtigen gothischen Reiche legte [1]), welches sich unter seinen nächsten Nachfolgern über das gesammte südwestliche Gallien bis zur Rhone und Loire ausdehnte, und welches erst später auf die jenseit der Pyrenäen liegenden hispanischen Lande beschränkt wurde. An der Loire wurden die Gothen aber schon am Ende des fünften Jahrhunderts Nachbarn der Franken, durch welche sie dann nicht lange darauf ihrer meisten gallischen Besitzungen beraubt wurden [2]). Auf der andern Seite aber, an der Rhone, wurden die Gothen Nachbarn der Burgunden, welche sich während der ersten Hälfte des fünften Jahrhunderts noch immer in der Nähe des mittlern Rheins gehalten zu haben scheinen, bis die neuen durch die Hunnen veranlaßten Völkerbewegungen sie auch ihrer spätern Heimath zuführten [3]). Denn es ist nicht wahrscheinlich, daß, wie man wohl angenommen hat [4]), die Burgunden durch die Verträge mit dem kaiserlichen Feldherrn Constantius schon im zweiten Decennium des fünften Jahrhunderts die Gebiete auf der Westseite der Vogesen und und des Jura erhalten haben, da es noch ums Jahr 435 heißt, daß der Feldherr Aetius sie bei ihrem Einfall in Ober-Belgien an der Mosel zurückgetrieben habe. Sicher lagen daher jene Gebiete wohl in der nachmaligen Rheinpfalz [5]). Doch berichten die Chronisten aus jener Zeit, daß den Burgunden nur acht Jahre später, also noch vor Attilas Zeit, schon von dem Aetius das Land Savoyen (Sabaudia)

---

1) Aschbach, Geschichte der Westgothen. S. 110.

2) Aschbach, Geschichte der Westgothen. S. 141. 151. 161.

3) Türk, Forschungen auf dem Gebiete der Geschichte. Heft 2. Die Burgunder. S. 9.

4) Luden, deutsche Geschichte. II. S. 379. Pfister, Geschichte von Schwaben. I. S. 92.

5) Türk, die Burgunder. S. 10.

am Jura und an den Alpen theilweise als Wohnsitz eingeräumt worden sei [1]).

Somit hatte in Folge dieser Bewegungen im Abendlande Germanien im Westen seine Naturgrenzen wiedergewonnen, der Rhein war wieder ein echt germanischer Strom geworden wie vor einem halben Jahrtausend vor Julius Cäsars Auftreten in Gallien. Ja der Name Germanien war selbst über diese Grenze weit hinaus erweitert worden, obschon jene nach Gallien gänzlich ausgewanderten Stämme doch mehr oder minder nachmals wieder die römische Oberhoheit anerkannt haben, was bei den beiden ältern rheinisch-germanischen Stämmen nicht der Fall war. Diese beiden Stämme der Alemannen und Franken blieben immer in Germanien wurzeln, und haben sich nur zum Theil über römisches Gebiet verbreitet. Sie blieben daher immer echte Deutsche, sie wurden nicht in Romanen umgewandelt, und blieben auch fortan zwei Hauptelemente des Völkerlebens in Deutschland. Die beiden ersten Decennien des fünften Jahrhunderts sind aber in so fern äußerst wichtig, als sie den Grund zu der neuen Gestaltung der europäischen Staaten gelegt haben, welcher auch durch den furchtbaren Völkersturm, der bald darauf von Osten her durch die Hunnen unter Attila kam, nicht mehr zerstört werden konnte [2]).

Um die Zeit als nach dem Tode des Honorius im Jahre 423 sein Neffe Valentinianus III. auf dem Throne der verfallenden Weltherrschaft saß, Aetius aber von gothischem Stamme und ein Mann von großer Kraft und Einsicht als kaiserlicher Oberfeldherr gleich wie einst Arbogast und Stilicho die eigentliche Herrschaft im Reiche führte, war der Zustand und die Stellung der beiden rheinisch-germanischen Völker folgender. Die Alemannen

---

1) Gaupp, das alte Gesetz der Thüringer. S. 41.

2) Pfister, Geschichte der Deutschen. I. S. 231.

herrschten am Schwarzwalde und am ganzen obern Rhein entlang, wenigstens von der Mündung der Murg aufwärts bis zu dem alten helvetischen Lande, das zum Theil zu jener Zeit auch schon ihre Beute geworden sein muß. Denn damals sanken jene helvetischen Prachtstädte wie das Augusta der Rauracher und Vindonissa nebst Aventicum in Trümmer. Und ohne Zweifel sind es die lenzischen Alemannen, welche von dem Bodensee her sich über die Hochebenen an der Aar und Reuß bis zu den Alpen hin ausbreiteten, deren Andenken noch die spätere Zeit in der berühmten Lenzburg an der Aar erhalten zu haben scheint [1]). In den rhätischen Alpen dagegen an den Quellen des Rhein, wo nachmals die romanischen Rhätier hervortreten, müssen sich die Römer länger behauptet haben, indem die Anfälle der Alemannen daselbst von ihnen noch um die Mitte des fünften Jahrhunderts zurückgewiesen wurden [2]).

Nach Westen hin werden damals noch die Vogesen die Grenzmark der Ausbreitung der Alemannen gebildet haben, und erst nach dem Abzuge der Burgunden aus den mittlern Rheingegenden können sie sich über die nördlichen Theile der Vogesen hinaus über einen Theil der lothringischen Hochebene an der obern Mosel, die später eine durchaus germanische Bevölkerung zeigt, ausgebreitet haben. Ostwärts reichten sie bis an den Neckar, wo sie an das ihnen verbündete Volk der Juthungen stießen, welche von ihren Sitzen aus an der rauhen Alp noch bis auf des Aetius Zeit sich durch ihre Raubeinbrüche in das rhätische Flachland furchtbar machten, da der obere Donau-Limes, wenn auch vielfach durchbrochen und zertrümmert, bis dahin noch immer dort die Grenzmark des Reiches bezeichnete. Aber ums Jahr 430 werden die Juthungen zum letztenmale genannt, und statt ihrer erscheinen fortan die Sueven oder

1) Pfister, Geschichte von Schwaben. I. S. 67. Anmerk. 76.
2) Zeuß, die Deutschen. S. 319.

Suaven, welche, wie aus den Angaben des gothischen Geschichtschreibers Jornandes erhellt, eben nur jene frühern Juthungen sind [1]). Auf der Peutingerschen Tafel erstreckt sich diese Suevia oder das Land der im engern Sinne genannten suevischen Völker neben der Alamannia von der Mündung des Main bis gegen den Schwarzwald hin [2]). Dieser neuere, wenn auch ganz allgemeine Name der Sueven, hat sich nun aber nicht blos als ein besonderer hier für alle Zeit erhalten, sondern ist bei der engen Verbindung, in welcher wir fortan die Alemannen im Westen uud die Sueven im Osten erblicken, später sogar der vorherrschende für das allmählig unter sich verwachsene Volk bei den Deutschen geworden.

Während so am obern Rhein die ursprünglich geschiedenen Stämme im Laufe der Zeit sich mehr und mehr einten und schon jetzt die Bildung des nachmaligen schwäbischen Volksstammes erkennen lassen, zeigt sich am untern Rhein die entgegengesetzte Erscheinung, daß der mächtige und weit ausgebreitete fränkische Verein sich in zwei oder eigentlich drei Gruppen gliedert, wie dies mit der Entwickelung seiner ursprünglichen Bestandtheile in ihrer Stellung zum römischen Reiche zusammenhängt, und dann auch durch das Verhältniß zu dem in ihrem Rücken sich ausbildenden sächsischen Verein bedingt ward. Gleich den Alemannen strebten die Franken seit dem Beginn des fünften Jahrhunderts immer mehr danach eine sichere Eroberung an den gallischen Gebieten zu machen, welche sie bisher nur auf Raub und Plünderung durchzogen hatten, und vornehmlich waren die Salier von ihrer neuen Heimath Toxandrien aus unter den fränkischen Stämmen thätig das Gebiet ihrer Ansiedlungen zu erweitern, so daß bald alle fränkischen Gefolgschaften, die mit ihnen gemeinsame Sache machten, unter

1) Zeuß, die Deutschen. S. 315.

2) Mannert, Germanien. S. 241.

ihrem Namen begriffen wurden, und daß seit jener Zeit die Salier die Gruppe der Nieder=Franken bezeichnen [1]).

Denn schon in der Zeit des Honorius muß der größte Theil von dem römischen Nieder=Germanien und von Nieder=Belgien oder das Land am untern Rhein und an der Maas durch die Franken für das Reich verloren gegangen sein. Nach der Verlegung des Regierungssitzes aus dem vielfach verheerten Trier nach Arles in der Nähe des Mittelmeeres verschwinden jene Gebiete nebst Köln ganz aus der Geschichte, und selbst der Rhein wird nur selten erwähnt. Während aber die Salier bis zu den Ardennen und bis zur Somme hin sich ausbreiteten, müssen die eigentlich rheinischen Franken oder Ober=Franken ihre Eroberungszüge über die Landschaften von Köln und von Trier an der untern Mosel ausgedehnt haben, und wenn es auch vom Aetius heißt, daß er siegreich gegen die Franken gestritten habe, aufs neue bis zum Rhein vorgedrungen sei, und selbst noch einmal Köln eingenommen habe, so war dies doch für das sinkende Reich ohne Nutzen und ohne dauernde Folgen. Bestimmte Nachrichten über den Zustand des fränkischen Vereins in seinem Innern fehlen, und seltsamer Weise werden nicht einmal bedeutende Heerkönige dieses Volkes am Anfange des fünften Jahrhunderts genannt. Denn die nebelhafte Gestalt eines Königs Faramund zu jener Zeit, mit dessen Namen man selbst das salische Gesetz in Verbindung gebracht hat, ist für die Geschichte ohne alle Bedeutung [2]), und sein Name ist höchst wahrscheinlich nichts als die allgemeine Bezeichnung eines Vormundes d. h. Vorstehers und Beschützers der Franken [3]).

---

1) Zeuß, die Deutschen. S. 328. 332.

2) Luden, deutsche Geschichte. II. S. 381. 382. Vergl. Türk, Geschichte der Franken. S. 60 bis 69.

3) So erscheint schon das uralte deutsche Wort Vormund als foramunto oder muntporo d. h. protector, defensor. Phillips,

Noch kommen zu jener Zeit alle die ältern Volksnamen vor, aus denen der fränkische Verein bestand; namentlich finden wir in den römischen Heeren erwähnt die Salier, Chamaven, Tubanten, Brukterer, Amsivarier und auch Bataver [1]). Aber gegen die Mitte des fünften Jahrhunderts zeigt sich schon die Sonderung der Stämme in jenem Verein, und schon treten bei den Saliern die Vorgänger von dem Herrschergeschlechte hervor, durch welches der gesammte Zustand Galliens und Germaniens umgestaltet werden sollte. Denn dort in dem Lande der Tungern auf der belgisch-germanischen Grenzmark an der untern Maas erscheint nun der fränkische Heerkönig Chlodio oder Chlogio, mit welchem auch Aetius gekämpft haben soll. Nach dem fränkischen Geschichtschreiber Gregor von Tours, war es dieser Chlodio, der sich ums Jahr 430 der Stadt Cambray an den Quellen der Schelde bemächtigte, und durch die Erweiterung seiner Eroberungen bis zur Somme jenseit der Ardennen den Grund zu dem Reiche der Merowingen legte [2]). Wie überall in den römischen Provinzen erleichterte auch hier die Abneigung der Bewohner Belgiens gegen die römische Herrschaft und die Begünstigung der Barbaren, unter deren Herrschaft sie glücklicher als unter der römischen lebten, die Fortschritte der deutschen Völker.

Indem auf solche Weise die salischen Nieder-Franken ihre Herrschaft von dem rheinischen Deltalande bis über die Ardennen hinaus begründet hatten, scheinen sich auch die Ober-Franken näher an einander angeschlossen zu haben. Denn seit jener Zeit findet man die an den Ufern des Rhein

---

deutsche Staats- und Rechtsgeschichte. I. S. 185. Nicht minder scharfsinnig hat man jenen Namen verglichen mit dem englischen Lord Paramount. Gaupp, das alte Gesetz der Thüringer. Seite 114. 115.

1) Ledebur, die Brukterer. S. 263.

2) Luden, deutsche Geschichte. II. S. 385. 386.

wohnenden fränkischen Stämme unter dem Namen der Riparier (Ripariolen) oder Ripuarier erwähnt, welcher vermuthlich lateinischer Abstammung als die Anwohner des Stromes bezeichnend zuerst, ähnlich wie der Name der Franken überhaupt, von den am gallischen Stromufer als Grenzbesatzungen (milites riparienses oder limitanei) angesiedelten fränkischen Schaaren ausgegangen sein mag, jedoch nicht bei dem fränkischen, sondern vielmehr bei dem gothischen Geschichtschreiber Jornandes zuerst vorkommt [1]). Aber wenn auch im Gegensatze gegen die westlichen Franken oder gegen die niederfränkischen Salier gebraucht, scheint der Name der Ripuarier von Anfang an kaum alle östlichen oder obern Franken bezeichnet zu haben. Wenigstens beschränkte er sich bald auf das Gebiet, welches im Mittelalter das fränkische Ripuarien genannt das Land zu beiden Seiten des untern Rhein von der Mosel und Lahn abwärts bis zur Waal umfaßte, und westwärts bis zur Maas reichte, so daß es auf der rechten Seite die Gebiete der Tenkterer, Chattuarier und untern Usipeter und auf der linken Seite die der Ubier und Gugernen in sich schloß. Köln, die römische Metropole von Nieder-Germanien ward schon damals der Mittelpunkt des ripuarischen Landes und der Sitz ripuarischer Fürsten.

Durch besondere Gesetze erhielten die Ripuarier eine Abgeschlossenheit von den übrigen Franken, und der Umfang ihrer Provinz entsprach den Grenzen des nachmaligen fränkisch-kölnischen Kirchsprengels. Dagegen bildete der nordwestliche Theil des römischen Nieder-Germaniens oder

---

1) Zeuß, die Deutschen. S. 343. Vergl. dagegen Eichhorn, deutsche Staats- u. Rechtsgeschichte. I. S. 133. 134. Ganz mißlungen ist aber offenbar die Erklärung der beiden fränkischen Volksnamen der Salier und Ripuarier als einen Unterschied zwischen Meer-Franken und Fluß- oder Ufer-Franken bezeichnend, nach Luden, deutsche Geschichte. II. S. 69.

die Gebiete der Tungern, Sigambern und Bataver, so wie das angrenzende Hamaland und Salland oder die nachmaligen Sprengel von Lüttich und Utrecht, letzterer jedoch mit Ausnahme von Friesland, das eigentliche Heimathsland der salischen Franken und des salischen Rechtes, dessen Ursprung schon in den Anfang des fünften Jahrhunderts zurückverlegt wird [1]).

Da aber der Name der Ripuarier nicht alle obern oder binnenländischen Franken umfaßte, so erhellt, daß die weiter ostwärts wohnenden Stämme sich auch von den Ripuariern mehr sonderten, und dieser Gegensatz mußte um so schärfer werden, je mehr der zwischen den christlichen und heidnischen Germanen sich am Rhein zu entwickeln begann. Die Ausbreitung des Christenthums unter den Franken führte selbst einen Theil ihrer alten Stämme dem sächsischen Vereine zu. So gestaltete sich hier unter den obern Franken der Gegensatz zwischen den Ripuariern am Rhein und den eigentlichen Ost-Franken, wie wir ihn schon in der Zeit der hunnischen Herrschaft Attilas wahrnehmen, und unter ihnen spielten wegen ihrer geographischen Stellung und wegen der Größe ihres Gebietes die Brukterer und die Chatten offenbar die Hauptrolle [2]). Aber auch mit den Brukterern gingen noch Veränderungen vor sich, durch welche sie dem fränkischen Namen entfremdet wurden, und somit blieben allein die Chatten als das ostfränkische Hauptvolk im Unterschiede von den Ripuariern und Saliern übrig, und standen fortan, wenn auch stets zum fränkischen Stamme gerechnet, doch immer in einer eigenthümlichen und etwas abgesonderten Stellung zu den Franken. Durch diese chattischen Franken scheinen übrigens auch die ältern alemannischen Gebiete am untern Main und Neckar für den fränkischen Namen gewonnen zu sein, wie durch sie vornehmlich

---

1) Ledebur, die Brukterer. S. 265.

2) Ledebur, die Brukterer. S. 266. 267.

die Landschaften an der untern Mosel bis über Trier hinauf ihr fränkisch-germanisches Gepräge bekommen haben mögen [1]).

Gleichen Schritt mit der Ausbreitung und Ausbildung des fränkischen Vereins und Volkes hielt aber der der Sachsen, welche dadurch schon jetzt den Grund zu der Feindschaft legten, wodurch diese beiden Hauptvölker der spätern deutschen Geschichte so bekannt und wichtig geworden sind. Nach zwei Seiten hin waren aber die Sachsen thätig, einmal zur Erweiterung ihres Bundes auf dem Festlande, was nur auf Kosten der Franken geschehen konnte, und dann zur See in der Befehdung des römischen Gebietes an den brittischen, belgischen und gallischen Küsten, und auch da mußten sie nach der Begründung der fränkischen Herrschaft in dem Lande jenseit des Rheins wieder mit den Franken in feindliche Berührung kommen.

Die transalbingischen Saxonen, die Chauken und Friesen nebst den Amsivariern und Chasuaren bildeten bis dahin noch immer den Stamm der jüngern Sachsen, an welche sich aber im Laufe des fünften Jahrhunderts auch die Angrivarier und zwar nach der weitern Ausdehnung ihres Gebietes über die Landschaften zu beiden Seiten der mittlern Weser nebst den Cherusken angeschlossen haben müssen, so daß das Land der Brukterer nun schon das Grenzland zwischen den Franken und Sachsen geworden war, und daß das Volk der Sachsen sich südwärts schon bis zu den Gauen der Chatten erstreckte. Sicher ist es wenigstens, daß das nachmalige sächsische Land eher nach Südwesten als nach Südosten hin seine bleibende Ausdehnung erhielt [2]). Mangeln nun auch die bestimmten Zeugnisse,

1) Zeuß, die Deutschen. S. 345. 346.

2) Schaumann, Geschichte des niedersächsischen Volkes. S. 19 bis 24.

daß die Angrivarier schon im fünften Jahrhundert dem sächsischen Verein angehört haben, so muß man dies doch nothwendig aus demjenigen entnehmen, was uns über das Verhältniß derselben zu den sächsischen Angeln in Britannien bekannt ist; und aus der Erwähnung der Cherusken unter den sächsischen Raubgeschwadern an den gallischen Küsten aus der zweiten Hälfte des fünften Jahrhunderts ist zu schließen, daß nun jenes alte Hauptvolk des innern Germaniens auch in den Verein der Sachsen aufgenommen worden sei [1]). Aber jenseit der fränkischen Chatten und der sächsischen Cherusken liegt um die Mitte des fünften Jahrhunderts im Innern Deutschlands noch alles im Dunkeln.

Die Züge zur See wurden von den Sachsen nach gewohnter Weise fortgesetzt, und wenn man anfangs blos auf Raub ausging, wogegen die römischen Küstengebiete in Gallien und Britannien unter dem Namen der sächsischen Gestade (littora Saxonica) durch die Obhut eigener Beamten Schutz gewähren sollten [2]), so dachten die Sachsen, gleich wie die Franken zu jener Zeit, auch schon an feste Ansiedlungen in den durch ihr Schwerdt gewonnenen Gebieten, und merkwürdiger Weise gelang es ihnen zu gleicher Zeit mit jenen eine Herrschaft in einer römischen Provinz zu errichten, wodurch der sächsische Name zu hohem Ruhme im Abendlande gelangte. Diese Doppelheit in der Verbreitung über ein erobertes Gebiet neben der Behauptung der ältern Stammsitze theilt das Volk der Sachsen mit den Franken obschon unter sehr verschiedenen Verhältnissen.

Auf ihren kleinen mit Leder überzogenen Fahrzeugen, den Myoparonen, und auf größern Schiffen den Kyulen (Kielen) trotzten die Sachsen allen Gefahren der stür-

---

1) Ledebur, die Brukterer. S. 273.

2) Zeuß, die Deutschen. S. 385. Phillips, deutsche Staats- und Rechtsgeschichte. I. S. 47.

nischen Nordmeere [1]), und blieben Jahrhunderte lang der Schrecken der Römer und nachmals der Franken. Ihre Raubzüge erstreckten sich an den gallischen Küsten entlang südwärts bis nach Bordeaux hin. Aber so wie sich die Sachsen auf den Inseln an der Mündung der Loire festsetzten und ansiedelten, so finden wir eine solche Niederlassung derselben auch an der gallischen Nordküste in dem Gebiet von Armorica, der spätern Normandie, wo sie jedoch die römische Oberhoheit anerkannten. Dort werden uns die bajocassinischen Sachsen (Saxones Bajocassini) genannt, und in dem karolingischen Zeitalter finden wir eben dort an der Mündung der Seine den sächsischen Gau Otlingua (pagus Otlingua Saxonicus). In der ältern fränkischen Geschichte der Merowingen-Zeit geschieht dieser gallischen Sachsen häufig Erwähnung [2]).

Die glanzvollste Unternehmung der Sachsen war jedoch die Eroberung der Provinz Britannien, welche letztere von dem römischen Kaiserthume längst aufgegeben in einem Zustande der innern Auflösung sich nicht der feindlichen Angriffe der gallischen Bevölkerung des schottischen Hochlandes erwehren konnte, die sich stets von der römischen Herrschaft frei erhalten hatte, und ehemals unter dem Namen der Caledonier, jetzt unter den neuern Namen der Picten und Scoten gleich den germanischen Stämmen das wohl angebaute römische Gebiet mit ihren Raubzügen unausgesetzt heimsuchte. Es waren aber die Sachsen bei den brittischen Romanen eben so als tapfere Krieger schon lange bekannt, wie die Alemannen und Franken bei den belgischen und gallischen Romanen, und die Veranlassung zur Ansiedlung der Sachsen daselbst so wie zur allmähligen Eroberung Britanniens ward durch die brittischen Provinzialen selbst gegeben,

1) Wiarda, ostfriesische Geschichte. I. S. 38. 39.

2) Wersebe, über die Völkerbündnisse des alten Deutschlands. S. 131 bis 133.

welche die Hülfe der Sachsen gegen ihre nähern Feinde nachsuchten [1]).

Die um die Mitte des fünften Jahrhunderts beginnende erobernde Kolonisirung Britanniens durch die Sachsen ist nach langwierigen Kämpfen mit den Britten erst nach anderthalb Jahrhunderten vollendet worden, indem erst am Schlusse des sechsten Jahrhunderts die Sachsen den Theil der brittischen Insel sich völlig unterworfen hatten, der nachmals das sächsische England gebildet hat. Uebrigens erhellt aus dem Gange dieser Begebenheit von selbst, daß die Eroberung nicht das Werk der sächsischen Volksgemeinden des Festlandes, sondern nur verschiedener von ihnen ausgehender Gefolgschaften gewesen ist, an welche sich die verschiedensten Stämme des nördlichen Germaniens von dem Rhein bis zur Elbe hin anschlossen [2]). Darum entstanden auch die vielen kleinen sächsischen Reiche daselbst, welche erst später zu einer Heptarchie umgebildet, und noch später zu einem gemeinsamen Staate vereinigt wurden. Da die Mehrzahl der Völker des sächsischen Vereins zu jener Zeit aus den friesischen Stämmen bestand, zu deren Geschlecht die gesammte Küstenbevölkerung des deutschen Meeres gehörte, so darf es nicht befremden auch den Namen der Friesen neben dem der Sachsen unter den Eroberern jenes Insellandes genannt zu sehen [3]), obschon es nicht unwahrscheinlich ist, daß mit demselben, trotzdem daß er damals in den der

1) Phillips, deutsche Staats- und Rechtsgeschichte. I. S. 52.

2) Die in der neuesten Zeit aufgestellte Behauptung, daß die sächsischen Eroberer Britanniens nicht von dem jetzigen Deutschland, sondern vielmehr von den unmittelbar aus Holstein und Schleswig an den belgisch-gallischen Küsten angesiedelten Sachsen und Angeln ausgegangen sei, hängt mit der ganzen Auffassung von dem Wanderungssystem der Völker aus der cimbrischen Halbinsel nach der Elbe hin zusammen. S. Schaumann, Geschichte des niedersächsischen Volkes. S. 25 bis 30.

3) Wiarda, ostfriesische Geschichte. I. S. 43. 44.

Sachsen aufgegangen war, auf die Bewohner des ältern friesischen Gebietes zwischen Rhein und Ems hingewiesen ist.

Als die drei Hauptstämme unter jenen Eroberern nennt jedoch der sächsische Geschichtschreiber Beda die Sachsen, Angeln und Jüten. Da nun jene brittischen Sachsen schon in älterer Zeit unter dem Namen der Angelsachsen bekannt sind [1]), (welche sonst aber auf dem Festlande nicht vorkommen), und da der Name der Angeln auf der brittischen Insel in der That eine Hauptrolle spielt, so daß unstreitig der Name Englands (Angelland) von ihnen entlehnt ist [2]), so hat man sich viele Mühe gegeben, diese in dem sächsischen Verein erscheinenden oder wenigstens mit den Sachsen irgend wie verbündeten Angeln in Germanien aufzufinden. Denn daß das kleine Ländchen Angeln in Schleswig, wenn auch neben der Urheimath der Saxonen gelegen, nicht das Land sein kann, aus welchem jene zahlreichen anglischen Schaaren hervorgegangen sind, ist schon öfters bemerkt worden [3]).

Nun haben wir allerdings schon den alten suevischen Stamm der Angeln an der mittlern Elbe in der heutigen Altmark kennen gelernt, und daß sie auch zu jener Zeit noch vorhanden waren, erhellt daraus, daß sie einen nicht unbedeutenden Bestandtheil des gleich darauf hervortretenden Volksstammes der Thüringer bildeten. Aber gegen die Verbindung dieser suevischen Angeln im Binnenlande mit den friesischen und sächsischen Völkern an der Nordsee spricht der Gang der Geschichte, und wenn auch einzelne Schaaren dieser Angeln mit jenen Stämmen gemeinsame Sache gemacht haben mögen, da, wie weiter unten zu bemerken sein wird, auch einige Schaaren von Warnen in der Nähe des untern Rheinlandes

---

1) Phillips, deutsche Staats- u. Rechtsgeschichte. 1. S. 377.

2) Zeuß, die Deutschen. S. 494.

3) Wersebe, über die Völker und Völkerbündnisse des alten Deutschlands. S. 218.

vorzukommen scheinen, so stehen doch die Angeln und Sachsen in Germanien ursprünglich in einem so geringen Zusammenhange, daß auf solche Weise der Name der Angelsachsen nicht zu erklären ist. Auch hilft es dabei nichts, daß man diese Angeln von der mittlern Elbe nach Jütland ziehen läßt [1]), um von dort aus in der Mitte zwischen Jüten und Sachsen nach Britannien zu gelangen, denn jenes eben nicht sehr zahlreiche Volk an der Elbe ist dort auch ferner geblieben. Daß auch sie in noch späterer Zeit zu Sachsen geworden sind, beweiset natürlich für die frühere Zeit nichts. Man hat sich zwar dadurch zu helfen gesucht, daß man nach Anleitung der alten dänischen Sagengeschichte die Angeln und Jüten als uralte Bewohner der cimbrischen Halbinsel betrachtete, welche von echt deutschem Stamme erst durch die von Osten von den Inseln herüber kommenden normannischen Dänen theils versprengt, theils unterjocht sein sollten, so daß sich das Andenken von den Angeln hier nur in dem Ländchen Angeln erhalten habe, während der jüngere Name der Jüten eine Vermischung der ältern deutschen Bevölkerung mit jenen eindringenden Normannen bezeichne [2]); doch hat man sich nicht darüber ausgesprochen, in wie fern diese Annahme nach dem ältesten dänischen Geschichtschreiber Saxo, bei welchem übrigens jene ältern Jüten und Angeln auch unter dem Namen der Sachsen vorkommen, mit den Autoren des Alterthums in Uebereinstimmung stehe.

Nun werden aber in der Tradition die beiden sächsischen Gefolgsherren Hengist und Horsa ausdrücklich Angrivarier genannt [3]), und aus der in jenen ältern Zeiten vorkommen-

---

1) Dahlmann, Geschichte von Dänemark. I. S. 15. Zeuß, die Deutschen. S. 495.

2) Dahlmann, Forschungen auf dem Gebiete der Geschichte. I. S. 254. 431.

3) Ledebur, die Brukterer. S. 273. Anmerk. 885.

den Vertauschung der Namen der Angeln und Angern ist man nicht ohne Grund zu entnehmen berechtigt, daß jene Angeln in Britannien von eben den Angrivariern abstammen, welche nicht nur als ein sächsisches Bundesvolk bekannt sind, sondern auch nachmals unter dem Namen der Engern einen Haupttheil des sächsischen Volksstammes in Deutschland gebildet haben [1]).

Vier Hauptvölker sind es eigentlich, von welchen die germanische Bevölkerung Britanniens ausgegangen ist, obschon sämmtlich friesischen oder sächsischen Stammes, die Sachsen, Angeln, Friesen und Jüten, welchen der sächsische Geschichtschreiber auch noch Brukterer und Rugier zufügt und an einer andern Stelle anstatt der Jüten die Dänen nennt. Grade hier wiederholt sich die bei den germanischen Völkern vielfach vorkommende Dreitheilung, welche von der militärischen Verfassung der Gefolgschaften später auch auf die Völker und ihre politischen Eintheilungen übergegangen ist. Darum treten immer nur die Namen der Sachsen, Angeln und Jüten hervor, welche in den von ihnen auf jenem Insellande gegründeten Herrschaften die Dreitheilung immer wieder erkennen lassen. Doch ging der Name der Jüten, welchen wir später noch in Verbindung mit dem der Dänen in seinem Heimathslande in der cimbrischen Halbinsel werden kennen lernen, bald in den der Sachsen auf, und nur die Insel Wight hat das Andenken an dieses Volk, welches von Beda auch unter dem Namen der Viten genannt wird, bis jetzt erhalten [2]). Noch mehr ist aber gleich am Anfange der Name der Friesen dort von dem der Sachsen verschlungen worden, obgleich nicht nur alle sächsischen Annalen die Friesen als einen Hauptbestandtheil der germanischen Bevölkerung jenes Landes angeben, sondern auch von

1) Phillips, deutsche Staats- und Rechtsgeschichte. I. S. 378. Gaupp, Recht und Verfassung der alten Sachsen. S. 4. Anmerk. 3.

2) Zeuß, die Deutschen. S. 497. 499.

den alten Autoren der letzten Zeit neben den Britten die Angeln und Friesen als die Hauptstämme desselben, und von den spätern Annalisten die Engländer Abkömmlinge der Sachsen und Friesen genannt werden. Ja selbst der Meerbusen bei Edinburg in Schottland hieß ehemals das friesische Meer [1]).

War nun auch dieses jüngere brittische Sachsen-Land von dem Lande Alt-Sachsen (Eald-Seaxum) des Festlandes durch das Meer geschieden, so blieben doch beide immer in Verbindung mit einander, wenn gleich diese nicht von der Art war, wie zwischen den nach Gallien auswandernden und sich über jenes Land verbreitenden salischen Franken und den auf deutschem Boden zurückbleibenden ripuarischen Franken und fränkischen Chatten. Beiderlei Sachsen haben einen sehr verschiedenen Entwickelungsgang genommen, und indem die Angelsachsen sich frühzeitig zum Christenthum wandten [2]), und jenes Inselland grade einer der wichtigsten Sitze für die Ausbildung der christlichen Religion in der germanischen Völkerwelt beim Beginn des Mittelalters wurde, konnte von da aus diese Lehre auch am besten wieder zu den Stammgenossen des Festlandes verbreitet werden. Die Wirksamkeit der angelsächsischen Missionäre nicht nur bei den friesisch-sächsischen Völkern Deutschlands, sondern auch bei den andern Stämmen dieses Landes in dem karolingischen Zeitalter beweiset am besten die fortdauernde Verbindung und Verwandtschaft der beiden sächsischen Völker in Britannien und Deutschland. Und trotz der verschiedenen und selbstständigen Entwickelung beider mußten sie im Gegensatze gegen die doppelten Franken, welche doch in politischer und religiös-kirchlicher Beziehung immer vereinigt blieben, sich um so mehr denselben nationellen Charakter bewahren, als jene brittischen Sachsen

---

1) Wiarda, ostfriesische Geschichte. I. S. 43 44.

2) Phillips, deutsche Staats- und Rechtsgeschichte. I. S. 380.

durch die Verdrängung und Vernichtung des brittisch-römischen Elementes auf ihrem Gebiete ein durchaus germanisches Leben zu führen im Stande waren, während die westlichen oder salischen Franken in der Verbindung und Vermischung mit den römischen Provinzialen in Gallien im Unterschiede von ihren östlichen oder ripuarisch-chattischen Stammgenossen, die auf deutschem Boden dem deutschen Leben treu blieben, bald einen ganz andern Charakter annahmen.

7) Das Eingreifen der Hunnen in die Angelegenheiten der abendländischen Welt und die dadurch bewirkte Umgestaltung in dem Zustande der germanisch-deutschen Völkerwelt. Die Thüringer und Baiern.

Schon ein halbes Jahrtausend dauerte der großartige Kampf zwischen der römischen und germanischen Welt, und wenn auch seit dem Beginne des fünften Jahrhunderts schneller als bisher seiner Entscheidung entgegeneilend, stand die alte Weltherrschaft doch noch immer da und drohete, selbst besiegt, die Sieger durch ihre Bildung und durch die Scheu vor der alten Hoheit ihres Namens zu besiegen, und das abgestorbene Leben der alten Welt noch einmal wieder geltend zu machen. Ein Theil der gothischen Völker oder ein Theil der Abkömmlinge der alten Sueven Ost-Germaniens hatte schon innerhalb des römischen Reiches neue Sitze gefunden, und erkannte dort mehr oder weniger die Oberhoheit des Kaiserthumes an. In West-Germanien am Rhein und an der Nordsee hatte sich aus den alten Stammvölkern Germaniens in Verbindung mit einigen suevischen Stämmen schon ein festerer Zustand ausgebildet, und wir finden hier schon die bestimmteren Verhältnisse der Völker zu einander, wie sie sich durch das Mittelalter in ihren Grundzügen erhalten haben. Aber weiter ostwärts auf der

Grenzmark des Ostens und Westens des alten Germaniens oder in dem Stromgebiet der Elbe und zumal in den vielfach verheerten Gebieten an der mittlern Donau bis in die Alpen hinein waren die Verhältnisse der deutschen Völker noch wenig bestimmt und sicher ausgebildet.

Es bedurfte noch eines großen Sturmes, welcher über die römisch-germanische Welt dahin wehend und die Völker des Abendlandes durcheinander werfend die Entscheidung aller dieser Verhältnisse herbeiführte. Dieser Sturm trieb die letzten ostgermanischen oder suevischen Völker von der Elbe nach Süden zur Donau, und ließ dort eine ganze Reihe neuer germanischer Staaten entstehen, während er den Untergang der römischen Welt in dem Konflikt mit der germanischen Welt beschleunigte. Nachdem aber der Sturm ausgetobt hatte und die Atmosphäre wieder gereinigt war, gewahrt man an der innern Grenzmark Groß-Germaniens das Volk der Thüringer, und an der Donau in dem rhätisch-norischen Blachfelde treten die Baiern hervor, zwei Völker, welche nicht nur zu den Hauptstämmen der Bewohner des spätern Deutschlands gehören, sondern auch durch einen großen Theil des Mittelalters hindurch die östlichen Grenzvölker Deutschlands gegen die slavische Völkerwelt gebildet haben. So dunkel auch ihr Ursprung ist, so sicher ist doch ihre Abstammung von den suevischen Völkern Ost-Germaniens. Jener Sturm aber kam durch das erneuete Auftreten der Hunnen.

Die Begründung eines großen hunnischen Reiches gegen die Mitte des fünften Jahrhunderts, welchem ein großer Theil der germanischen Völkerwelt dienstbar ward, konnte bei der Rohheit jenes Volkes, dem alle die sittlichen Lebenselemente abgingen, welche den Germanen die große Ueberlegenheit selbst über die Römer gaben, nur durch einen außerordentlichen Mann zu Stande gebracht werden, welcher hoch über seinem Volke stehend in der Benutzung der germanischen Schaaren zu seiner eigenen Größe und zu dem

Verderben Roms eine Kraft des ihm inwohnenden politischen Geistes beurkundet, wie man sie unter Barbaren zu finden sonst nicht gewohnt ist. Dieser großartige Mann war Attila, des Mundzuk oder Mundiuch Sohn, welcher nach der Vereinigung der Stämme seines Volkes bei dem ihm wohl bekannten zerrütteten Zustande des doppelten Weltreiches im Osten und Westen und bei der Getheiltheit und der Zwietracht der germanischen Völker nicht ohne Glück nach der Weltherrschaft strebte, um die er nur mit dem ihm sonst befreundeten Aetius in Verbindung mit den westlichen Gothen zu kämpfen hatte.

Die Abtretung der Provinz Pannonien, dieses Absteigequartiers der wandernden Völker zu jener Zeit, an die Hunnen von dem oströmischen Hofe auf Veranlassung jenes Aetius gewährte dem Attila diejenige Stellung an der mittlern Donau, von wo aus er nach Belieben seine Waffen gegen den Osten und Westen des römischen Reiches wenden konnte [1]). Wie Attila sein großes Reich begründet hat, ist unbekannt; doch ist es sicher, daß er das ganze innere oder barbarische Europa von dem Rhein und der Donau an bis zur Wolga beherrschte, und daß alle dort wohnenden Völker von germanischem, slavischem und finnisch-ugrischem Stamme ihm unterthänig waren. Aber wie sehr er der deutschen Kraft und Tüchtigkeit vertraute, erhellt daraus, daß Ardarich, der König der Gepiden, und Walamir, einer der ostgothischen Könige, die mit ihren Völkern in der Nähe des Mittelpunktes seiner Macht in den dacischen Gebieten saßen, als seine vornehmsten Stützen und Feldherrn galten. Diese furchtbare hunnisch-germanische Macht konnte aber dem abendländischen Reiche um so weniger gleichgültig sein, als dort ein Mann wie Aetius waltete, der schon aus eigenem Interesse für die Erhaltung der römischen Herrschaft ankämpfen mußte. So wurden durch ihn politische Verbin-

1) Mannert, Germanien. S. 582.

dungen mit den innerhalb des Reiches wohnenden germanischen Völkern angeknüpft, und diese waren es gewiß, welche in Vereinigung mit manchen andern Umständen den Attila bewogen, nachdem er lange das östliche Reich an der untern Donau geängstigt hatte, sich mit aller seiner Macht nach Westen gegen den Rhein zu wenden, um in den transalpinischen Ländern Roms das im Abendlande gegen seine Macht errichtete Gegenbündniß zu zersprengen und die Anerkennung seiner Herrschaft zu erzwingen [1]). Die Aufreizungen des Vandalen-Königs Geiserich, welcher der Feindschaft mit den Westgothen in Hispanien ausweichend mit seinem Volke selbst nach Afrika übergegangen war, dort im Laufe des vierten Decenniums des fünften Jahrhunderts eine germanische Herrschaft begründet hatte und damals in noch größerem Zwiespalt mit den Gothen stand, mögen nicht ohne Einfluß darauf gewesen sein den Heereszug des Attila nach Gallien zu beschleunigen [2]).

Die damalige Welt theilte sich in eine hunnisch-germanische und römisch-germanische Parthei, und bei der großen Frage, ob Hunnen oder Römer in der Welt herrschen sollten, waren die Germanen gleichsam die Mittel, deren sich beide Partheien im gegenseitigen Kampfe bedienten. Die Kraft der Germanen hat auch hier für die Freiheit der Welt kämpfen und dieselbe retten müssen. Des Aetius vornehmste Bundesgenossen waren die Westgothen unter ihrem heldenmüthigen Könige Dietrich; neben ihnen die Burgunden unter ihrem Könige Gunthikar und außerdem Schaaren von andern in Gallien angesiedelten germanischen Stämmen wie von Sachsen und auch von den Alanen [3]). Nicht minder wußte er die Fran-

1) Luden, deutsche Geschichte. II. S. 396 bis 413.

2) Papencordt, Geschichte der vandalischen Herrschaft in Africa. S. 61 bis 81.

3) Aschbach, Geschichte der Westgothen. S. 121.

ken für sich zu gewinnen, aber bei diesem Volke durchkreuzte sich die römische und hunnische Politik, und damit hängt der Streit zweier königlichen Brüder bei den Franken um die Herrschaft zusammen, von denen der eine beim Aetius, der andere beim Attila Unterstützung fand. Eben bei dieser Gelegenheit lernen wir die dreifache Gruppe der fränkischen Stämme zu jener Zeit kennen [1]), obschon man bei den unbestimmten Nachrichten über jene streitenden Könige sie eben so wenig für die Söhne jenes Chlodio und als Oberhäupter aller Salier, als für die beiden alleinigen Oberhäupter der Ripuarier halten darf [2]), da ein solcher reichsähnlicher Zustand sich weder bei den einen noch den andern damals schon ausgebildet haben kann. Wie dem aber auch sei, die Salier und Ripuarier folgten der römisch-germanischen Parthei, während die Ost-Franken oder die Brukterer, Chatten und die fränkischen Stämme bis zum Neckar hin den Fahnen Attilas sich anschlossen.

Unter den Völkern germanischen Stammes, welche unter dem mächtigen hunnischen Heerkönige nach Westen zogen, um an der Mündung des Main den Rheinstrom zu überschreiten, erscheinen außer den Ostgothen und Gepiden nun auch zuerst die suevischen Stämme der Rugier und Turcilingen nebst den Herulern und Scyren (Sciren) [3]); dann wird hier zum erstenmale der Toringer gedacht [4]), und unter den in seinem Gefolge genannten Sueven sind wohl kaum andere als die an der rauhen Alp zu verstehen. Denn sicher ist es, daß auf diesem Verheerungszuge durch die Mitte Germaniens die letzten Ueberreste

---

1) Ledebur, die Brukterer. S. 266. 276.

2) Mannert, Germanien. S. 220. Ganz irrig wird daher schon Faramund ums Jahr 420 ein gemeinsamer König aller Franken genannt, bei Mannert, Geschichte der Franken. I. S. 94.

3) Zeuß, die Deutschen. S. 484. 489.

4) Zeuß, die Deutschen. S. 354.

des obern Donau-Limes in Rhätien und Noricum ihren Untergang gefunden haben [1]). Auf die eigentlichen Alemannen hat diese Völkerbewegung wohl keinen großen Einfluß ausgeübt, und im Norden Germaniens scheinen die Sachsen von ihr ganz unberührt geblieben zu sein [2]).

Aber gleich beim Eintritt dieser Völkerfluth in das gallische Land fand sie an den am mittlern Rhein wohnenden Burgunden Widerstand, und erst die Besiegung derselben nach dem Falle ihres Königs bahnte den vereinten Schaaren einen Weg in das Innere Galliens. Dies siegreiche Vordringen der Hunnen scheint zugleich die Folge gehabt zu haben, daß sich die Burgunden seitdem mehr nach Süden zogen, und sich allmählig über die Landschaften an den Westgehängen des Jura und der Alpen ausbreiteten [3]). Während sich sodann ein Theil des Heeres nordwärts gegen die Franken wandte und siegreich bis nach Tongern vorgedrungen sein soll, richtete sich die Hauptmasse grade westwärts, und gelangte nach der Verheerung aller noch bestehenden Städte wie besonders von Trier und Metz bis nach Orleans an der Loire [4]). Die ehemals so blühenden rheinischen Gebiete waren weit und breit nur mit Trümmerhaufen erfüllt, und durch die Jahrhunderte lang fortgesetzten Angriffe der Alemannen und Franken mögen die zahlreichen Denkmale alter Bildung daselbst weniger gelitten haben als durch diese neu eindringenden Schaaren germanischen und hunnischen Stammes. Vor dem Anrücken des römisch-gothischen Heeres unter Aetius und dem Könige Dietrich zog sich Attila nach den weiten catalaunischen Ebenen an der Marne in dem gallischen Campanien (Champagne) zurück, und die furchtbare Schlacht, welche hier im Jahre 451

---

1) Muchar, das römische Noricum. I. S. 39.

2) Luden, deutsche Geschichte. II. S. 406.

3) Zeuß, die Deutschen. S. 470.

4) Minola, Merkwürdigkeiten am Rhein-Strom. S. 97. 98.

geliefert ward, und in welcher sich das doppelte Gothenvolk feindlich gegenüber stand, entschied gegen der Hunnen Herrschaft in der Welt. König Dietrich starb den Heldentod, die Westgothen haben jedoch das Abendland vor hunnischer Barbarei gerettet [1]).

Attila kehrte über den Rhein zurück. Aber sein im folgenden Jahre über die Alpen nach Italien unternommener Zug bedrohete selbst die alte Welthauptstadt mit dem Verderben, wenn nicht der König der Hunnen aus mancherlei Ursachen zur Heimkehr nach Pannonien bewogen worden wäre; und ein plötzlicher Tod im Jahre 453 hemmte die weitern Plane jenes großartigen Mannes. Attilas Tod war von wichtigen Folgen begleitet. Denn gleich wie die ganze barbarische Welt in Bewegung gerieth, so sahe auch das abendländische damals nur noch auf Italien beschränkte Reich die furchtbarsten Katastrophen, die seine bevorstehende Auflösung bezeichneten. Aetius, der gewaltige Patricius des Reiches und dessen letzte Stütze fiel durch des Valentinianus eigene Hand, weil er wie Stilicho in der Verwirrung der Zeit nicht das zu leisten schien, was Roms alter Hochmuth forderte [2]). Aber der gleich darauf folgende gewaltsame Tod des Valentinianus gab wieder die Veranlassung dazu, daß die Welthauptstadt im Jahre 455 von Geiserichs Vandalen aus Afrika eingenommen und verheert ward, und Roms Fall war schimpflicher als der der alten karthagischen Hauptstadt, deren Untergang an Roms Enkeln nach sechs Jahrhunderten gerächt ward. Dennoch erhielt sich das Reich an zwei Decennien, während welcher Zeit der Sueve Richimer als Befehlshaber der deutschen Söldner in Italien unter dem Namen der von ihm erhobenen und wieder entsetzten Imperatoren dort die Herrschaft führte.

---

1) Luden, deutsche Geschichte. II. S. 413 bis 420. Aschbach, Geschichte der Westgothen S. 123 bis 126.

2) Luden, a. a. O. II. S. 422 bis 429.

Noch gewaltigere Umwandlungen erfolgten aber in der barbarischen Welt. Als eine Folge der Herrschaft Attilas daselbst muß man es betrachten, daß aus den weiten Flachebenen jenseits der Karpathen bis zum baltischen Meere hin alle suevischen Stämme, so viele derselben noch bis dahin an der Weichsel und Oder bis zur Elbe hin gewohnt hatten, nach den südlichen Gegenden an der Donau gezogen waren, so daß in jenen Gebieten das bis jetzt mehr unterdrückte Leben der slavischen Völkerwelt freier und selbstständiger hervortreten konnte. So finden wir nun fortan bis zur Elbe hin slavische Völkerschaften ausgebreitet, die dort nicht erst ganz neu eingewandert sein können, sondern deren Stammväter schon in früherer Zeit daselbst gehauset haben müssen. Dagegen lassen sich die kolonisirenden Einwanderungen der Slaven über die Karpathen in die Donau-Gebiete bis in die Alpen und bis zum Adria-Meere seit den Zeiten der Gothen bestimmter verfolgen [1]), weshalb aber auch diesen Slaven das Schicksal zu Theil geworden ist, fast immer unter fremder Herrschaft anfangs der germanischen Völker und später der Völker von finnisch-ugrischem Stamme zu stehen.

Aus den letzten in der alten Heimath zurückgebliebenen und, wie es scheint, nach Westen etwas zusammengedrängten suevischen Stämmen ist das Volk der Thüringer, wenigstens theilweise, hervorgegangen, welches grade in dem Herzen des alten Groß-Germaniens wohnend zuerst zu Attilas Zeit in der Geschichte genannt wird und in seinen später bekannten Sitzen auf der Westseite der mittlern Elbe (und vermuthlich auch der Saale) auf der Grenzmark Mittel-Deutschlands gegen das weite Slavenland erscheint.

Mehr als bei irgend einem andern deutschen Stamme ruht auf dem Ursprunge und den frühesten Schicksalen des

1) Linhart, Geschichte von Krain und der südlichen Slaven Oestreichs. II. S. 58. 65.

Volkes der Thüringer ein fast undurchdringliches Dunkel, und selbst die Frage, innerhalb welcher Grenzen man das alte Thüringen eigentlich zu suchen habe, wird sich kaum jemals ganz genügend beantworten lassen [1]). So vielfach die Ableitung dieses Volkes von den ältesten Stämmen Germaniens versucht worden ist, eben so mannigfaltig ist auch bis jetzt die Erklärung seines Namens gewesen. Als ein mächtiges Volk treten die Thüringer gleich bei ihrem ersten Bekanntwerden in der Geschichte auf, und zeigen sich von dem Harz im Norden bis zum Thüringerwalde im Süden und bis über denselben hinaus verbreitet, aber auch über die Zeit der Entstehung dieses Volkes fehlen durchaus alle Nachrichten, da der Blick der Alten in dieses Innere Germaniens, wo die Thüringer ohne Berührung mit der römischen Welt die Tage ihrer Kindheit verlebt haben müssen, nicht hineinreichte. Doch ist es sicher, daß sie schon lange ein ansehnliches Volk waren, ehe sie uns in der Geschichte entgegentreten, und die Bildung dieses Vereins mag vielleicht schon dem Ende des dritten Jahrhunderts angehören, als die Umgestaltungen des germanischen Völkerlebens sowohl im Westen am Rhein als im Osten bei den gothischen Völkern erfolgten. Auch scheint selbst die alte sächsische Volkssage auf das Bestehen des thüringischen Volkes zu jener Zeit hinzuweisen. Erwähnt wird der Name dieses Volkes zum erstenmale schon am Anfange des fünften Jahrhunderts vom Vegetius Renatus, welcher die Thüringer neben den Burgunden nennt und sie, ähnlich wie bald darauf Jornandes, wegen ihrer trefflichen Pferde rühmt [2]). Sie erscheinen hier gleichsam als ein schon längst bekanntes Volk, und auf dieselbe Weise gedenken ihrer die spätern Autoren wie Sidonius Apollinaris, der Byzantiner Procopius und der go-

1) Gaupp, das alte Gesetz der Thüringer. S 263.

2) Zeuß, die Deutschen und die Nachbarstämme. S. 354.

thische wie der fränkische Geschichtschreiber, Jornandes und Gregorius, ohne etwas näheres über sie hinzuzufügen [1]).

Wenn es nun auch unläugbar ist, daß die Thüringer aus einer Verbindung verschiedenartiger suevischer Stämme hervorgegangen sind, wie dies schon die Bezeichnung ihres alten Gesetzbuches deutlich beurkundet, so scheint dies Volk doch auch zugleich in einer nähern Beziehung zu den eigentlichen Stammvölkern Germaniens zu stehen, wie dies gleichfalls aus dem Inhalte jenes Gesetzbuches geschlossen worden ist. Hat man sich aber aus dem spätern Gange der historischen Entwickelung dieses Volkes verleiten lassen, dasselbe in ein verwandtschaftliches Verhältniß mit den Sachsen und Friesen zu setzen [2]), da Thüringen bekanntlich mehrere Jahrhunderte hindurch mit dem sächsischen Lande in genauer Verbindung stand, so scheint es bei weitem richtiger zu sein die Beziehung der Thüringer auf die Franken festzuhalten, und beide Volksnamen greifen in einigen Gebieten des innern Deutschland so durcheinander, daß eine Sonderung derselben auf dem historischen Wege kaum möglich erscheint. Denn so wie nach dem früher Bemerkten die westgermanischen und die ostgermanischen oder suevischen Völker sich in ihrem ganzen geselligen und politischen Leben bedeutend von einander unterschieden, und so wie diese Unterschiede natürlich auch auf die aus ihnen hervorgegangenen Völkervereine der spätern Zeit übergegangen sein müssen, so hat man dieselben auch in dem Charakter der ältern deutschen Volksrechte wieder zu erkennen gesucht, und hat wohl nicht ohne Grund aus eben diesen Volksrechten auf eine größere oder geringere Verwandtschaft der verschiedenen deutschen Völker zurückschließen zu können geglaubt.

Nach der sich daraus ergebenden Gruppirung der deutschen Völker während und nach der Zeit der Völkerwanderung

---

1) Luden, deutsche Geschichte. II. S. 394. 395.

2) Eichhorn, deutsche Staats- u. Rechtsgeschichte. I. S. 617.

schließen sich aber die Thüringer nicht sowohl an die sächsischen Völker als vielmehr an die doppelten Franken an [1]). Denn das alte thüringische Gesetzbuch zeigt die deutlichsten Spuren einer nahen Verwandtschaft mit dem salischen und ripuarischen Gesetzbuche, obschon auch ein anderes Element sich darin befindet, welches andeutet, daß die Thüringer nicht ganz und gar aus einer und derselben Wurzel mit den Franken hervorgegangen sind, und welches auf eine theilweise Abstammung derselben von den Sueven hinweiset, wie man es schon aus äußern historischen Gründen annehmen muß [2]). Darum stehen aber die Thüringer so eigenthümlich unter den deutschen Völkern da, weil ihr Ursprung an ein doppeltes Element in volksthümlicher Beziehung geknüpft sein muß, und nur noch die Langobarden stehen ihnen hierin zur Seite, indem dieselben ursprünglich suevischen Stammes vermuthlich in Folge einer langen Verbindung mit den sächsischen Völkern sich an die zweite Gruppe der aus den Stammvölkern Germaniens hervorgegangenen jüngern deutschen Völker, wozu die Sachsen, Friesen und Angelsachsen gehören, anschließen [3]). Aber auch bei diesen ist das ursprüngliche Element und der ursprüngliche Charakter nicht ganz verwischt, wie sich dies aus ihrer vielfachen Beziehung zu den aus den Sueven hervorgegangenen Baiern ergiebt.

Wenn man nun zugeben muß, daß der Kern des Landes der Thüringer zwischen dem Harz und dem nach ihnen benannten Waldgebirge gelegen war und ostwärts bis zur Saale und Elbe reichte, nordostwärts aber sich über das Gebiet der Diöcese von Halberstadt bis zu der sich in die Elbe ergießenden Ohra erstreckte [4]), und wenn man die

1) Gaupp, das alte Gesetz der Thüringer. S. 24.

2) Gaupp, a. a. O. S. 62 bis 65. 241 bis 263.

3) Gaupp, a. a. O. S. 19 bis 23. 66 bis 70.

4) Eichhorn, deutsche Staats- und Rechtsgeschichte. I. S. 147.

Beziehung dieses Volkes zu den Stammvölkern Germaniens anerkennt, so ist man auch gezwungen zuzugeben, daß die alten Cherusken, deren Gebiet sich im Harzgau über die östlichen und südlichen Gehänge des Harzgebirges ausdehnte, einen nicht unbedeutenden Bestandtheil dieses thüringischen Volkes gebildet haben, während ein anderer Theil der Cherusken in den Verein der Sachsen aufgegangen ist [1]). Dagegen ist es nun eine schon seit älterer Zeit gewissermaßen fest gewordene und auch in neuern Zeiten wieder vertheidigte Annahme gewesen, den Ursprung der Thüringer von den suevischen Hermunduren herzuleiten, woraus man zugleich den jüngern Volksnamen entnehmen zu können glaubte, in so fern der Name der Duringen nur eine Abkürzung für Irmenduren (Hermunduren) sein sollte [2]).

Da es nicht geläugnet werden kann, daß die Hermunduren zum Theil in eben jenen Gebieten ihre Sitze hatten, wo wir nachmals die Thüringer finden, so scheint jene Annahme der Abstammung der letztern von den Hermunduren wohl begründet zu sein [3]), wenn man auch immerhin zugeben mag, daß dieselben nicht minder auf die Bildung der Völkerstämme der Alemannen und Sueven am Schwarzwalde und an der obern Donau von großem Einflusse gewesen sind. Denn die Annahme möchte sich schwerlich rechtfertigen lassen, daß der mächtige und weit ausgebreitete suevische Verein der Hermunduren nur allein zur Bildung des jüngern thüringischen Volkes beigetragen und sich in dasselbe umgewandelt habe [4]). Sicher gehörten zu dem Vereine der

---

1) Gaupp, das alte Gesetz der Thüringer. S. 74 bis 80. Luden, deutsche Geschichte. II. Seite 394. Wilhelm, Germanien. S. 197.

2) Grimm, deutsche Mythologie. S. 216.

3) Mannert, Germanien. Seite 203. Phillips, deutsche Staats- und Rechtsgeschichte. I. S. 48.

4) Zeuß, die Deutschen und die Nachbarstämme. S. 353. 354.

Hermunduren auch die vom Ptolemäus an dem Main und am Fichtelgebirge genannten kleinern Stämme der Turonen und Teuriochämen, mit welchen man den Namen der Thüringer vielfach in Verbindung gebracht hat [1]), während derselbe nach Andern, nach Analogie dessen der Lothringer, von einem alten Fürsten oder Helden entlehnt sein müßte [2]).

Indessen das suevische Element des thüringischen Volkes wird ganz bestimmt bezeichnet durch die Ueberschrift des alten thüringischen Gesetzbuches, welches genannt wird „das Gesetz der Angeln und Warnen das heißt der Thüringer" (lex Angliorum et Werinorum hoc est Thuringorum), obschon dadurch nach einer andern Seite hin die Schwierigkeiten in der Bestimmung des Ursprunges und der Ausbreitung der ältesten Thüringer auf gewisse Weise wieder vermehrt werden. Anerkannt ist es übrigens jetzt ganz allgemein, daß jenes Gesetzbuch wirklich das der Thüringer sei [3]), wenn man auch noch über die Zeit der Abfassung desselben streitet, da Einige dieselbe in die Zeit Karls des Großen verlegen, Andere dagegen den Hauptbestandtheil desselben schon dem sechsten oder siebenten Jahrhundert zuschreiben [4]). Die hier als Thüringer bezeichneten Angeln und Warnen erinnern aber an den von Tacitus an der untern Elbe und am baltischen Meere genannten Verein von sieben suevischen Völkern, die sich dort im Laufe der Zeit spurlos verloren haben, und von denen nur jene beiden sich erhalten und zur Bildung des neuen thüringischen Volkes

1) Grotefend bei Ersch und Gruber, allgem. Encyklopädie. Abth. II. Th. VI. S. 365.

2) Luden, deutsche Geschichte. II. S. 395.

3) Kraut, über das Gesetz der Angeln und Warnen bei Falck, Eranien zum deutschen Recht. Heft 3. Heidelberg 1828. 8. S. 122 bis 148.

4) Gaupp, das alte Gesetz der Thüringer. S. 234 bis 241.

mit beigetragen haben [1]). Denn schwerlich liegt es in dem Sinne jener Ueberschrift, daß durch sie allein jenes Volk gebildet worden sei, indem man vielmehr annehmen muß, daß sie entweder den wichtigsten Bestandtheil desselben abgegeben haben, oder daß sie durch ihre besondern Sitze den weitesten Umfang des thüringischen Volkes und Gebietes haben bezeichnen können [2]).

Demnach haben nun Einige aus der Verbindung dieser suevischen Angeln und Warnen mit den angeblich cheruskischen Turonen und Teuriochämen die Thüringer hervorgehen lassen [3]). Andere dagegen, welche wie Wersebe das Gebiet jener sieben suevischen Stämme nicht an die Ufer der Ostsee, sondern in das Stromgebiet der Saale von dem Harz bis zum thüringischen Waldgebirge verlegten, haben eben dieselben zu Stammvätern der Thüringer gemacht [4]). Und damit hängt dann wieder die Annahme zusammen, daß sich das älteste Thüringen nicht über das nach ihm benannte Waldgebirge südwärts hinaus erstreckt habe, obschon die jüngern hessischen und fränkischen Geschichtschreiber nicht ohne Grund eine solche Ausdehnung Thüringens bis zum obern Main hin vertheidigt haben [5]). Auch mag dabei noch erwähnt werden, daß zwei der angesehensten Forscher in der ältesten deutschen Geschichte wie Philipp Clu-

1) Zwar hat Luden in der neuesten Zeit die Beziehung dieser Angeln und Warnen zu jenen Stämmen beim Tacitus durchaus verworfen, aber seine Erklärung jener beiden Völkernamen ist eben so willkührlich als unstatthaft. Luden, deutsche Geschichte. III. Seite 621. 657.

2) Ledebur, allgem. Archiv für die Geschichtskunde des preußischen Staates. 1834. Th. XIII. S. 85 bis 89.

3) Wilhelm, Germanien. S. 276. 280.

4) Wersebe, über die Völkerbündnisse des alten Deutschlands. S. 220.

5) Wenck, hessische Landesgeschichte. II. S. 146. Kremer, Geschichte des rheinischen Franziens. Manheim 1778. 4. S. 184.

ver und Leibnitz früher den thüringischen Volksnamen von einem jener sieben Stämme von den Reudignen, in Deuringen verwandelt, abgeleitet haben [1]), wenn schon dies eben so wenig zu rechtfertigen sein wird, als wenn man in neuern Zeiten bei jenem Namen der Thüringer an die gothischen Thervingen und Turcilingen gedacht hat.

Wie sich diese verschiedenen Elemente des thüringischen Volkes zusammengefunden und mit einander vereinigt haben, darüber ruht ein tiefes Dunkel, und selbst wo dieselben nachmals ihre Sitze in dem thüringischen Lande gehabt haben, gehört zu den streitigsten Punkten der ältern Geschichte dieses Volkes, indem dieselben nach den mannigfachen sich noch jetzt in jenem Gebiete vorfindenden Anklängen in den Namen der Lokalitäten, vornehmlich an die Namen jener beiden suevischen Stämme, von der Elbe bis zur Werra bald hierhin, bald dorthin von den neuern Geschichtsforschern verlegt werden. Noch später werden wir auf diese Verhältnisse zurückzukommen haben. Doch erhellt wenigstens, daß die verschiedenen thüringischen Stämme schon am Ende des fünften Jahrhunderts ein gemeinsames Reich bildeten, und daß sich bei ihnen ein ausgebildetes Königthum vorfand, welches wir, wenn vielleicht auch noch nicht zu eben jener Zeit, doch mit Bestimmtheit im Anfange des sechsten Jahrhunderts wahrnehmen, als die Thüringer mit den Franken in nähere Berührung traten und dadurch auch alsbald ihre Selbstständigkeit einbüßten.

Der Angeln im innern Deutschland geschieht, wenn man von den mit den Sachsen verbundenen Angeln absieht, später keiner besondern Erwähnung, dagegen werden die Warnen und zwar, wie es scheint, in sehr verschiedenen Sitzen noch öfters genannt. Der Byzantiner Procopius erwähnt ihrer am meisten. So berichtet er von dem Longobarden Risiulf, daß er sich aus den südlichen Gegenden, ver-

1) Gaupp, das alte Gesetz der Thüringer. S. 72.

muthlich von der Donau, zu den Warnen geflüchtet habe. Auch erhellt aus seinen Angaben, daß am Anfange des sechsten Jahrhunderts eine Abtheilung des Volkes der Warnen noch an den Ufern des baltischen Meeres in der Nähe der Elbe und zwar in der Nachbarschaft der bei dieser Gelegenheit zuerst genannten Dänen gesessen habe, indem er erzählt, daß eine Schaar von Herulern bei ihrer Rückwanderung aus den Gebieten an der Donau nach Durchschreitung eines weiten wüsten Raumes zu den Warnen und sodann zu ihren Nachbarn, den Stämmen der Dänen, gekommen sei [1]).

Bestätigt wird übrigens diese Angabe des Byzantiners durch den merkwürdigen Brief des ostgothischen Königs Dietrich an die Könige der Heruler, Warnen (Guarni) und Thüringer zu eben jener Zeit, um sie zu bewegen mit ihm und den Burgunden gemeinsam Gesandte an den fränkischen König Chlodwig zu schicken, damit er von seinem Grimme gegen die Westgothen ablasse. Denn es erhellt daraus, daß die Warnen, seien es nun die an der Ostsee oder die in dem thüringischen Lande oder auch beide zusammen, als ein besonderes Volk neben den Thüringern damals noch unter einem eigenen Könige standen. Zweifelhaft bleibt nur dabei, ob die Angeln damals unter den Thüringern schon mitbegriffen waren oder nicht. Wenn aber die alten Landeseinwohner den Namen der Thüringer bereits früher führten, so mag seine Fortdauer in der nachfolgenden Geschichte und sein späterer Sieg über die beiden andern Namen damit zusammenhängen, daß die Masse des Volkes diesem Stamme angehörte. Auch scheint die besondere Verwandtschaft des thüringischen Rechts mit dem der Franken für ein Uebergewicht des nichtsuevischen oder altgermanischen Bestandtheiles im Volke zu sprechen, wenn gleich

1) Zeuß, die Deutschen. S. 361.

dadurch eine temporäre politische Herrschaft der suevischen Elemente noch keineswegs ausgeschlossen wird [1]).

Noch bis zum Schlusse des sechsten Jahrhunderts kommen die Warnen als ein eigenes Volk in der deutschen Geschichte vor, obschon auch hierbei nicht alles ganz klar ist. Denn Procopius berichtet, daß eine Schaar von Warnen auch am Nieder-Rhein ihre Sitze gehabt habe, und er bringt diese Warnen in eine politische Verbindung mit den damaligen sächsischen Bewohnern der brittischen Inseln. Wenn nun aber Einige diesen ganzen Bericht als mit Fabeln und Entstellungen durchwebt und als auf einer Verwechselung der Warnen mit den deutschen Sachsen beruhend verworfen haben [2]), so haben dagegen die neuern niederländischen Geschichtschreiber die Spuren der alten Warnen in dem Deltalande des Rhein noch jetzt wieder zu erkennen geglaubt [3]). Auch läßt sich wohl nicht gut läugnen, daß schon die Alten die deutschen Völkerschaften vielfach mit einander verwechselt haben, worin ihnen die ältesten deutschen Geschichtschreiber häufig um so mehr gefolgt sind, als sie zugleich den Ursprung und die ältesten Schicksale ihrer Stammgenossen an die Völker und Helden des Alterthumes anzuknüpfen suchten. Grade in der Urgeschichte der Thüringer ist dieser Umstand von dem nachtheiligsten Einfluß gewesen, und die Verwechselung derselben mit den westrheinischen Tungern ist selbst für die Erläuterung der ältesten fränkischen Geschichte bis auf den heutigen Tag von der größten Bedeutung geblieben.

Aber auch noch in ganz andern Gegenden finden wir das Volk der Warnen zu jenen Zeiten erwähnt. So lebte am Hofe des westgothischen Königs Dietrich, zu Attilas Zeit, ein vornehmer Warne Achiulf, welchen er über die von ihm abhängigen Sueven in Hispanien setzte, und eben so

1) Gaupp, das alte Gesetz der Thüringer. S. 83.

2) Zeuß, die Deutschen. S. 362.

3) van Kampen, Geschichte der Niederlande. I. S. 57. 58.

stand ein Jahrhundert später eine Schaar von Warnen unter einem gewissen Wakkar und seinem Sohne Dietbald in Italien in byzantinischen Diensten unter dem Feldherrn Narses bei dessen Kampf mit den Ostgothen [1]). Zum letztenmale finden wir die Warnen in Deutschland erwähnt bei ihrem Unterjochungskriege durch die Franken unter dem austrasischen Könige Childebert am Schlusse des sechsten Jahrhunderts, obgleich es auch hier wieder bestritten ist, ob man dabei an die rheinischen Warnen [2]) in dem nachmaligen Gebiete der Friesen oder, was doch immer am wahrscheinlichsten ist, an die thüringischen Warnen an der Werra [3]) denken soll.

An der ganzen Donau entlang erfolgte indessen mit der Auflösung des großen hunnischen Reiches die Bildung einer Reihe von Staaten durch deutsche Völker, welche theils zuerst unter seinen Kriegsschaaren bekannt geworden sind, theils auch als ganz neu in der Geschichte hervortreten. Denn die Zwietracht unter Attilas Söhnen und ihr Streit um die Herrschaft veranlaßte die germanischen Völker ihre alte Selbstständigkeit wiederherzustellen, und die Gepiden unter ihrem Könige Ardarich, denen sich die Ostgothen unter ihrem Fürsten Walamir anschlossen, haben den Ruhm ihren Stammgenossen zu beiden Seiten der mittlern und untern Donau das Zeichen zur Erhebung gegeben und durch ihre Tapferkeit am meisten zur Befreiung der germanischen Völkerwelt von der hunnischen Oberhoheit beigetragen zu haben. Die große Schlacht an dem sonst ganz unbekannten Flusse Netad, welcher nach dem Jornandes auf der pannonischen Seite der Donau zu suchen ist, wahrscheinlicher aber wohl nach der dacischen Seite derselben verlegt werden muß, entschied das Schicksal jenes hunnischen Reiches. Ein

1) Zeuß, die Deutschen. S. 361. 362.

2) van Kampen, Geschichte der Niederlande. I. S. 67. 68.

3) Gaupp, das alte Gesetz der Thüringer. S. 84.

großer Theil des hunnischen Volkes unter Attilas ältestem Sohne Ellak fiel im Kampfe, der Ueberrest desselben rettete sich nach der untern Donau an die Gestade des Pontus, wo er, noch eine Zeit lang den oströmischen Kaisern furchtbar, bald verschwand und in seine von der Wolga aufs neue vordringenden Stammgenossen, die Bulgaren, aufgegangen sein muß [1]).

In den bisherigen Sitzen der Hunnen im Osten und Westen der mittlern Donau gründeten nun die beiden Völker, welche an der Spitze der deutschen Stämme gestanden hatten, zwei neue ansehnliche Reiche. Die Gepiden unter Ardarich behielten ihre frühere Heimath in dem dacischen Gebiete, das sie von den Karpathen bis zur Donau hinab beherrschten, und wo die schon seit älterer Zeit hier einheimischen slavischen Stämme ihre Oberhoheit anerkennen mußten [2]). Die Ostgothen dagegen nahmen ihre Sitze in dem pannonischen Gebiete westwärts bis in die Alpen hinein, und standen damals unter den drei fürstlichen Brüdern Walamir, Widemir und Dietemir, welche die getheilte Verwaltung des Landes übernahmen, aber zu Rath und Vertheidigung vereinigt blieben, da sie nicht minder sich noch einiger Angriffe der aufgelösten hunnischen Schaaren zu erwehren hatten, wie sie gegen ihre germanischen Stammgenossen an der obern Donau gerüstet sein mußten [3]). Gleich den ältesten gothischen Königen waren sie aus dem Geschlechte der Amaler, dessen Name sich auch bei mehrern Mitgliedern des spätern ostgothischen Königshauses wiederholt. Beide Völker aber, Gepiden und Ostgothen, traten sogleich mit dem byzantinischen Hofe in Verbindung, und

1) Luden, deutsche Geschichte. II. S. 432 bis 434.

2) Muchar, Geschichte der Ansiedlung der Slaven in Inner-Oestreich, in der steiermärk. Zeitschrift. Heft 8. 1827. S. 72 bis 80.

3) Manso, Geschichte des ostgothischen Reiches in Italien. S. 11 bis 13.

wußten sich durch Gewinnung von Jahrgeldern einen Einfluß auf die spätern Verhältnisse zwischen den germanischen Völkern an der Donau und dem oströmischen Reiche zu sichern [1]).

Im Nordwesten von ihnen erscheinen sodann die fünf Völker der Langobarden, Heruler, Rugier, Turcilingen und Sciren, welche zu jener Zeit an Macht und Volksmenge ihnen wohl nicht zu vergleichen waren, aber durch ihre Beziehung zu den spätern Bewohnern der deutschen und italischen Seite der Alpen von dem Po bis zur Donau hin von der größten Bedeutung sind. Denn grade aus ihnen müssen, wenn auch mit manchen Umgestaltungen die beiden merkwürdigen und mächtigen Völker hervorgegangen sein, welche nicht lange nachher die östlichsten Stämme der germanischen Völkerwelt in den alpinischen Gebieten bildeten, während jene beiden Hauptvölker Germaniens der ältern Zeit spurlos verschwanden. Dies führt aber auf die dunkle und schwierige Urgeschichte der italischen Longobarden und der Baiern, deren Geschicke in den spätern Jahrhunderten nicht minder vielfach mit einander verknüpft waren, wie sie schon bei ihrer Wanderung aus den nordischen Gebieten bis zur Donau gleiche Schicksale getheilt haben werden [2]).

Der Name des Volkes der Langobarden, welches wir unter den suevischen Stämmen an der untern Elbe kennen gelernt haben, verschwindet dort nach des Ptolemäus Zeit gegen das Ende des zweiten Jahrhunderts, und bei den alten Autoren wird derselbe nicht eher wieder genannt, als

---

1) Luden, deutsche Geschichte. II. S. 436. 437.

2) Vergl. J. E. v. Koch-Sternfeld, das Reich der Longobarden in Italien nach seiner Bluts- und Wahlverwandtschaft zu Bajoarien. München 1839. 4. Doch giebt dies, übrigens sehr unkritische Werk, in dieser Beziehung weniger für die älteste als für die spätere Zeit.

bis der Byzantiner Procopius den Untergang des Reiches der Heruler an der Donau durch die Langobarden zur Zeit des Kaisers Anastasius ums Jahr 500 berichtet [1]). Denn nur fragmentarisch steht noch eine andere gleichzeitige Nachricht da, nach welcher eine an der Donau auftretende Schaar von Langobarden in Verbindung mit den ganz unbekannten Obiern an dem großen Markomannen-Kriege Antheil genommen haben soll [2]). Dennoch ist nicht zu bezweifeln, daß die Langobarden schon um die Mitte des fünften Jahrhunderts als ein ansehnliches Volk an dem Nordufer der Donau, dem pannonischen Gebiete gegenüber um die Flüsse Gran und Waag, aufgetreten seien, da sie gleich darauf mit solcher Bedeutung unter ihren Stammgenossen daselbst erscheinen [3]).

Es fragt sich aber, in welchem Verhältnisse diese an der Donau vorkommenden Langobarden zu jenen ältern suevischen Langobarden an der Elbe stehen, und bei den verschiedenen Angaben über beide Völker rücksichtlich ihrer ältern Heimath, bei den alten Autoren und bei den spätern einheimischen Geschichtschreibern, glaubte man entweder gar keine Beziehung zwischen beiden annehmen zu dürfen, oder aber die spätern einheimischen Berichte durchaus verwerfen zu müssen [4]). Nichts desto weniger scheint doch auch hier wie bei den Burgunden, Gothen und andern deutschen Völkern eine gewisse Beziehung zwischen den ältern und jüngern deutschen Stämmen gleiches Namens statt zu finden, wenn man auch die jüngern Völker als aus ganz andern Elementen erwachsen und zusammengesetzt betrachten muß,

1) Türk, Forschungen auf dem Gebiete der Geschichte. Heft 4. Die Langobarden und ihr Volksrecht. S. 26.

2) Zeuß, die Deutschen. S. 471.

3) Luden, deutsche Geschichte. II. S. 437.

4) Leo, Geschichte von Italien. Hamburg 1829. 8. Th. I. S. 62. 63. Zeuß, die Deutschen. S. 472.

so wie man in dem mächtigen Volke der Langobarden an der Donau um so weniger ein im Laufe der Zeit und durch die Völkerbewegungen daselbst ganz anders gestaltetes Volk wird verkennen können, als jene Langobarden an der Elbe immer nur ein wenig zahlreiches, wenn auch sehr streitbares Volk waren. Und dazu kommt noch, daß jene nördlichen Langobarden, wenn auch zum Theil, doch niemals gänzlich ihre altväterlichen Sitze verlassen haben. Denn während uns bei den alten Autoren die Nachrichten über die Langobarden während des dritten und vierten Jahrhunderts durchaus verlassen, haben wir eine reiche Quelle über ihre ältesten Schicksale bei dem spätern einheimischen Geschichtschreiber Paul Warnefried, und da wiederholt sich die bei allen gothischen und vandalischen Völkern vorkommende Stammsage von einer Auswanderung ihrer Ahnen aus dem Norden. Skandinavien ist auch hier das Stammland der Langobarden, und es wird ausführlich berichtet, wie die Langobarden unter den Fürsten und Königen, welche sie seitdem über sich erhoben, von einem Lande bis zum andern vorgedrungen sind, und zuletzt die Donau erreicht haben. Unter diesen Ländernamen erscheint dann auch Mauringa, welches an das fränkische Stammland Maurunganien bei dem Geographen von Ravenna erinnert [1]).

Noch hat es bis jetzt nicht gelingen wollen jene geographischen Namen zu enträthseln, und wenn man sieht, daß die Langobarden bei ihrem Zuge vom Norden her schon damals mit den Bulgaren Kämpfe bestanden haben, so erhellt leicht, daß sich in das Andenken von den ältern Wanderungen des Volkes bei seinen spätern Abkömmlingen in Italien mancherlei einmischte, was erst zu den spätern Begebenheiten seit seiner Ansiedlung in jenem Lande gehörte. Muß man demnach die skandinavische Abstammung der Lan-

1) Türk, Forschungen auf dem Gebiete der Geschichte. Heft 4. S. 6 bis 16.

gobarden auch dem später ausgebildeten Sagenkreise der deutschen Völkerwelt überlassen, da die Aussagen der viel jüngern nordischen Geschichtschreiber [1]) hier gar nicht in Betracht kommen können, und man zunächst doch immer auf jene suevischen Langobarden an der Elbe für das gleichnamige Volk an der Donau Rücksicht zu nehmen hat, so läßt sich doch sehr wohl der Grund von der Entstehung einer solchen Sage nachweisen. Derselbe scheint in eben dem Umstande zu liegen, aus welchem man selbst die Langobarden von den Sueven ausscheiden und zu den eigentlichen Germanen vom Stamme der Ingävonen rechnen zu müssen glaubte [2]).

Denn die spätern italischen Longobarden zeigen in ihrer Verfassung und Sprache so wie in ihren Sitten die merkwürdigste Uebereinstimmung mit den Stämmen der Sachsen auf dem Gebiete der ingävonischen Völker in Germanien so wie mit den Angelsachsen in Britannien, so daß man immer geneigt war auf einen ursprünglichen Zusammenhang dieser drei Völker zurückzuschließen. Alle Verhältnisse des Lebens bei diesen Völkern erläutern sich gegenseitig, und sind daher auch von ihren neuern Geschichtschreibern zur genauern Charakterisirung derselben immer mit einander verglichen worden [3]). Wie bei allen von den nordischen Germanen abstammenden oder mit ihnen doch in Verbindung stehenden Völkern, bei welchen die Verehrung des Odin auf eine eigenthümliche und ihr ganzes Leben gestaltende Weise hervortritt, findet sich auch bei ihnen ein priesterlicher Adelstand, die Ethelinge der Sachsen und die Ada-

1) Dahlmann, Forschungen auf dem Gebiete der Geschichte. I. S. 321.

2) Phillips, deutsche Staats- und Rechtsgeschichte I. S. 33.

3) Leo, Geschichte von Italien. I. S. 55 bis 60. Phillips, deutsche Staats- und Rechtsgeschichte I. S. 382. Vergl. Phillips, angelsächsische Staats- und Rechtsgeschichte. Götting. 1825. 8.

linge der Langobarden, und eine strenge Standestheilung derer, die nicht leibeigen waren, in Edle, Freie und Hörige.

Aber die Sachsen, welche seit der Zeit des dritten und vierten Jahrhunderts als das herrschende Volk in dem nördlichen Deutschland erscheinen, stehen, wie schon oben bemerkt ist, durch die Jüten in der cimbrischen Halbinsel mit den nordischen Germanen in genauem Zusammenhange, und durch die Verbindung mit ihnen konnte sich bei den italischen Longobarden die Sage von der Abstammung aus Skandinavien bilden und erhalten, da die Sachsen selbst theilweise als Eroberer sich von der cimbrischen Halbinsel her über die Gebiete der ingävonischen Völker ausgebreitet haben müssen. Weil man aber nicht geneigt war in den Langobarden des Tacitus und des Warnefried durchaus verschiedene Völker anzunehmen und man doch fand, daß die Langobarden des Tacitus einen Landstrich bewohnten, welcher nachmals von sächsischen Stämmen besetzt war, so stellte man die scharfsinnige Ansicht auf, jene Langobarden hätten sich den Sachsen unterworfen, wie später die Nord-Thüringer, und hätten auf solche Weise einen sächsischen Herrenstand und sächsische Verfassung und Religion bekommen, aber den alten Nationalnamen behalten wie jene Thüringer. Die Nachricht des Tacitus beziehe sich demnach auf das unterworfene langobardische Volk, die des Warnefried auf die langobardischen Herren, deren Geschlechter eben so wie die der nordthüringischen Herren Traditionen über ihre Abkunft bewahrt haben möchten [1]).

Indessen hat man nicht mit Unrecht bemerkt, daß diese Annahme durch des Tacitus Angabe von der Tapferkeit jenes Volkes wenig begünstigt werde, indem er ausdrücklich hinzufügt, daß es seine Freiheit unter Kämpfen und Ge-

1) Leo, Geschichte von Italien, I. S. 62. 63.

fahren aufrecht zu erhalten wisse [1]). Einfacher scheint demnach die Annahme zu sein, daß jenes langobardische Volk an der Elbe schon frühzeitig gleich mehrern andern ingävonischen Völkern, von denen sie wahrscheinlich selbst ursprünglich ausgegangen waren, sich freiwillig an den dort an den Gestaden der Nordsee sich bildenden Bund der Sachsen angeschlossen, und daß es während der langen Zeit seiner Theilnahme an dieser Verbindung ungefähr von dem Anfange des dritten bis in die Mitte des fünften Jahrhunderts das volksthümliche Gepräge empfangen habe, welches die mit einer kräftigen Eigenthümlichkeit ausgestatteten Sachsen allen jenen ingävonischen und selbst auch den sich ihnen anschließenden istävonischen Völkern Germaniens aufgedrückt haben müssen [2]). Die Langobarden wurden damit selbst ein sächsisches Volk und nahmen auch die bei den Sachsen begründete Tradition von einer Abstammung aus dem Norden bei sich auf, und als dann später ein Theil jener Langobarden durch uns unbekannte Ereignisse, jedoch gewiß nicht auf feindselige Weise sich von dem sächsischen Bunde trennte, und sich südwärts zur Donau wandte, mußte bei den hier zusammenströmenden Schaaren, aus welchen das jüngere langobardische Volk erwuchs, jene Sage um so mehr Wurzel schlagen und sich zugleich durch die Sagen bereichern und erweitern, welche von den sich ihnen anschließenden Schaaren ausgingen.

Denn der in der Heimath an der Elbe zurückgebliebene Theil des Volkes erscheint dort auch noch in der spätern Zeit durch das ganze Mittelalter unter dem Namen der Barden in der Landschaft Bardengowe, wo die gleichnamige Stadt Bardonwik (Bardewik bei Lüneburg) als eine der vornehm-

---

1) Türk, Forschungen auf dem Gebiet der Geschichte. Heft 4. S. 11.

2) Gaupp, Recht und Verfassung der alten Sachsen. S. 2. Das alte Gesetz der Thüringer. S. 68.

sten Handelsstädte in dem karolingischen und sächsischen Zeitalter der deutschen Geschichte bekannt ist [1]). Aber die von jenem Gebiete ausgezogenen langobardischen Gefolgschaften, die an sich nur eine sehr geringe Schaar bilden konnten, müssen durch die Vereinigung mit verschiedenen andern Gefolgschaften und durch die Aufnahme der von allen Seiten zusammenströmenden Kriegerschaaren erst das mächtige Volk geworden sein, als welches wir sie gegen das Ende des fünften Jahrhunderts an der Donau wahrnehmen, und welches bei allem ursprünglichen Zusammenhange mit jenen suevischen Langobarden doch als durchaus verschieden von demselben zu betrachten ist.

Die bei diesen jüngern Langobarden selbst bis in späte Zeit hin herrschende Heerverfassung, wie sie sich auch bei den in Britannien erobernd auftretenden Angelsachsen vorfindet, läßt die Bildung und Entstehung dieses wandernden und nur auf kriegerische Unternehmungen ausgehenden Volkes am besten erkennen [2]). Auch muß man aus dem Umstande auf eine friedliche Trennung von dem sächsischen Bunde und auf einen friedlichen Auszug der ursprünglichen Gefolgschaften dieses jüngern langobardischen Volkes aus jenem alten Heimathslande schließen, weil nicht nur die italischen Longobarden mit den Sachsen unter den deutschen Völkern immer in einem besondern Verkehre standen, sondern auch zahlreiche Schaaren des eigentlichen sächsischen Volkes sich bei den Langobarden an der Donau vorfinden, und bekanntlich selbst einen Hauptantheil an der Eroberung Italiens durch dieselben hatten [3]).

Als westliche oder südwestliche Nachbarn der Langobarden an der Donau erscheinen zu jener Zeit nach dem Falle des hunnischen Reiches zunächst die beiden Stämme der

---

1) Zeuß, die Deutschen. S. 110.

2) Leo, Geschichte von Italien. 1. S. 68 bis 70.

3) Gaupp, das alte Gesetz der Thüringer. S. 69. 70.

Heruler und Rugier, deren Name noch auf einige Zeit den der Langobarden an Ruhm überstrahlte. Beide Völker führen uns aber in die norischen und rhätischen Gebiete zurück, so weit sich dieselben in der Ebene am Nordsaume der Alpen ausbreiteten. Noch auf geraume Zeit bildeten dieselben blos ein Durchzugsland für die wandernden Schaaren germanischer Krieger [1]), und aus den unsichern, zum Theil auf Mißverständnissen beruhenden Nachrichten der byzantinischen Geschichtschreiber so wie des Jornandes läßt sich kaum ein klares Bild ihres politischen Zustandes gewinnen. Doch sieht man aus der Lebensbeschreibung des heiligen Severinus, welcher gegen das Ende des fünften Jahrhunderts als ein Mann von großem Einfluß auf die germanischen Schaaren und ihre Häuptlinge erscheint, daß sich noch immer Ueberreste der alten römischen Grenzlinie in einigen festen Plätzen mit Besatzungen erhalten hatten, daß aber auch die Landschaften auf der Südseite der Donau den fortwährenden Einfällen der Völker auf dem jenseitigen Ufer preisgegeben waren, und daß die letztern schon begannen sich in Ufer-Noricum und in dem rhätischen Flachlande festzusetzen. Diese Völker bestanden aber nur aus den früher in gothischer und hunnischer Dienstherrschaft gewesenen Gefolgschaften, welche noch ohne feste Sitze von der Beute ihrer Kriegszüge lebten, oder sich von der unterworfenen ansäßigen Bevölkerung der ehemaligen römischen Provinzen an der Donau ihren Unterhalt verschafften. Daher entstanden auch Verbindungen unter ihnen unter der gemeinschaftlichen Dienstherrschaft eines Fürsten eben so leicht als sie sich lösten; ein fester Zustand der Ansiedlung scheint sich nur allmählig und eine geordnete Verfassung bei denselben schwerlich vor der Mitte des sechsten Jahrhunderts gebildet zu haben [2]).

---

1) Muchar, das römische Noricum. I. S. 40.

2) Eichhorn, deutsche Staats- u. Rechtsgesch. I. S. 120. 121.

So treten hier die Heruler als eine der bedeutendsten Gefolgschaften auf, welche gleich der der Langobarden in dem Laufe ihrer Wanderungen zu einem ansehnlichen Volke erwachsen sein muß. Da, wie schon oben bemerkt, Schaaren von Herulern in den verschiedensten Gegenden an den Grenzen des römischen Reiches von der Mündung der Donau bis zur Mündung des Rhein genannt werden, und da aus des Jornandes Angaben hervorgeht, daß die Heruler ein als leichte Krieger besonders ausgezeichnetes Volk waren, dessen Dienste von allen Völkern bei ihren Fehden gesucht wurden und dessen Schaaren auch unter den römischen Hülfsvölkern erscheinen, so wird man um so weniger daran denken können, sie für einen der ältern Stämme der germanischen Völkerwelt zu halten, und sie von den Suardonen des Tacitus oder den Pharodenen des Ptolemäus an der Ostsee abzuleiten [1]). Vielmehr erscheinen sie eigentlich als gar kein Volk sondern nur als Kriegerstämme und Gefolgschaften, von welchen die an der Donau auftretende, die sich zuerst bei einem Angriff auf die norische Hauptstadt Juvavia ums Jahr 480 bekannt machte, hier erst den Charakter eines Volkes gewonnen hatte, und als solches sich auch bis zum Anfange des folgenden Jahrhunderts erhielt.

Lassen sich auch die Sitze dieser Heruler wie der ihrer andern Stammgenossen an der Donau bei ihrem unstäten Zustande nicht sicher bezeichnen, so scheint es doch, daß der Mittelpunkt ihrer Macht an der Nordseite der Donau in dem alten Lande der Quaden an der March gewesen sei [2]). Der Natur ihres politischen Zustandes entspricht es vollkommen, wenn Procopius sie ein sehr böses und wildes Volk nennt, und aus seinen Angaben erhellt zugleich, daß sie sich viele ihrer umwohnenden Stammgenossen und darunter selbst die Langobarden unterworfen hatten. Darum rühmt er sie

---

1) Zeuß, die Deutschen. S. 476.

2) Luden, deutsche Geschichte. II. S. 437.

auch wegen ihrer Volksmenge, und nennt sie das mächtigste Volk an der Donau zu jener Zeit, dessen Fall und Vernichtung durch seinen kriegerischen Uebermuth hervorgerufen wurde [1]).

Die Rugen oder Rugier, welche uns zuerst unter den Kriegsschaaren des Attila genannt werden und sodann nach der Auflösung seines Reiches an den Ufern der Donau neben den Herulern vorkommen, stehen schwerlich mit den Rugiern des Tacitus am baltischen Meere in einem andern Zusammenhange als die jüngern Langobarden mit den ältern. Doch kennt jene baltischen Rugen noch die gothische Wanderungssage, nach welcher sie den Gothen weichen mußten. Jornandes bezeichnet sie als die Holmrugen (Ulmerugi), was man durch Insel-Rugen erklärt mit Beziehung auf die Inseln an der Mündung der Oder, im Unterschiede von den von ihm noch in Skandinavien genannten Ethelrugen, die sonst gar nicht bekannt sind. Auch spricht er von diesen jüngern Rugen an der Donau, und erwähnt ihrer bei den Kämpfen zwischen den Sueven und den Ostgothen. Genauer lernen wir sie aber kennen aus der Lebensbeschreibung des heiligen Severinus, woraus man sieht, daß sie das Uferland der Donau in dem heutigen Unter-Oestreich zu beiden Seiten des Stromes bewohnten, eine Gegend, welche in jenen Zeiten unter dem Namen Rugiland erscheint und bis in die Gegend der Ens sich erstreckt haben muß [2]). Die Rugen standen damals in einem feindseligen Verhältnisse mit ihren östlichen Nachbarn den Ostgothen, und es wird uns bei der Gelegenheit ihr König Flacitheus genannt, dessen Geschlecht sich auch bis zum Untergange ihres Reiches in Rugiland erhielt [3]).

---

1) Zeuß, die Deutschen. S. 479. 480.

2) Luden, deutsche Geschichte. II. S. 437.

3) Zeuß, die Deutschen. S. 484. 485.

In Verbindung mit diesen Herulern und Rugiern an der mittlern Donau werden stets die Sciren und Turcilingen genannt, obschon man über ihre Sitze und sonstigen Verhältnisse kaum etwas sicheres angeben kann, und es nur eine Vermuthung bleibt, daß sie im Süden jener beiden andern Völkern oder im Mittel-Noricum oder Ober-Pannonien gewohnt haben [1]). Gleich dem Namen der Heruler erscheint der der Sciren, Scyren oder Schiren auch in weiter Verbreitung, und findet sich besonders in Verbindung genannt mit denen der Hunnen und Alanen. Denn eben dort an der untern Donau und an den Gestaden des Pontus, wo uns dieser Name schon in der germanischen Urzeit entgegentritt, finden wir sie von den alten Autoren und vom Jornandes als Bundesgenossen der Hunnen und dann der Alanen in Verbindung mit mehrern andern barbarischen Völkern ungefähr am Ende des vierten Jahrhunderts zuerst wieder angegeben, so daß es fast als zweifelhaft erscheinen kann, ob unter diesem Namen immer, wenn auch nicht ein deutsches Volk als solches, doch deutsche Kriegerschaaren oder Gefolgschaften verstanden werden dürften [2]).

Bestimmter finden wir dann die Schiren in Verbindung mit den Rugen und Turcilingen in den Heeren Attilas um die Mitte des fünften Jahrhunderts wieder genannt, und nicht lange darauf bildeten sie einen Hauptbestandtheil der Kriegerschaaren, welche unter der Führung des Odoacher zum erstenmale eine selbstständige germanische Herrschaft in Italien begründeten. Daher hat man auch gemeint, daß die Schiren von den dacischen Gebieten aus, wo sie zuerst in diesen Zeiten erwähnt werden, mit jenen andern Völkern über die julischen und karnischen Alpen nach jenem Lande gezogen seien und sich erst nach der Vernichtung der Herrschaft des Odoacher daselbst über die Alpen nach der mitt-

---

1) Luden, deutsche Geschichte. II. S. 437.

2) Zeuß, die Deutschen. S. 486. 487.

lern und obern Donau zurückgewandt hätten, wo man in den sich zu beiden Seiten jenes Stromes um Regensburg ausbreitenden Gebieten noch in zahlreichen Ortsnamen das Andenken an dieses Volk wiederzufinden glaubte. Auf jeden Fall steht dieses schirische Volk in einer bestimmten Beziehung zu dem eben dort gleich darauf erscheinenden Volke der Baiern, wenn es auch kaum mehr als eine Vermuthung genannt werden kann, daß das alte baiersche Fürstengeschlecht der Scheiern (das Haus Wittelsbach) von ihm seinen Ursprung und seinen Namen herleite [1]). Noch dürftiger ist unsere Kenntniß von dem Volke der Turcilingen, welches immer nur wenig zahlreich gewesen sein kann, und welches wir allein in Verbindung mit den beiden vorher genannten Völkern zuerst in dem Heere des Attila und dann unter den Kriegsschaaren Odoachers erwähnt finden [2]).

Folgen wir dem Donau-Laufe durch die Gebirgspforte des Stromes in dem alten Rugenlande westwärts hinauf nach den baierschen Tafelflächen, so kommen wir in ein Gebiet, welches zu jener Zeit, nach dem Sturze der hunnischen Herrschaft Attilas, von tiefer Nacht bedeckt wird. Nur so viel sieht man bei dem ungewissen Lichte der dürftigen Nachrichten, welche nur gleich Blitzen das dichte Dunkel daselbst zuweilen erhellen, daß sich in der zweiten Hälfte des fünften Jahrhunderts dort noch keine bestimmte politische Gestaltung gebildet hatte, und daß dies Gebiet, wo sich manche Trümmer des alten Donau-Limes noch immer erhalten hatten, der Tummelplatz der Verheerungszüge der benachbarten germanischen Völker, der Sueven im Westen, der Thüringer im Norden und der oben genannten gothischen Völker im Osten war [3]). Schon wurden damals

---

1) Huschberg, älteste Geschichte des Hauses Scheiern-Wittelsbach. München 1834. 8. S. 36. 40. 60.

2) Zeuß, die Deutschen. S. 489.

3) Luden, deutsche Geschichte. II. S. 438.

diese Gebiete des rhätischen Flachlandes unter dem Namen des benachbarten Noricum mitumfaßt[1]), und dieses norische Land im weitern Sinne ist das Heimathsland des baierschen Volksstammes geworden.

Der Ursprung und die Herstammung des Volkes der Bajoaren oder Baiern liegt zwar ganz im Dunkeln, und kaum weichen die Ansichten der ältern und neuern Autoren darüber bei irgend einem deutschen Volke mehr von einander ab als bei diesem, da man selbst über seine deutsche Herkunft immer in Zweifel gewesen ist, doch steht es heut zu Tage wohl durchaus fest, daß die Baiern von Anfang an ein echt deutsches Volk sind, aus wie verschiedenen Elementen der altgermanischen Völkerwelt man seine Entstehung auch immer erklären mag. Denn grade die einheimischen Geschichtschreiber, sowohl älterer als neuerer Zeit, haben sich am meisten bemüht den fremdartigen Ursprung des erst im Laufe der Zeit deutsch gewordenen Volkes nachzuweisen, welches zwar nachmals im Mittelalter immer ein Hauptbestandtheil des eigentlich deutschen Volksstammes gewesen ist, aber sich niemals an die Spitze der geistigen Entwickelung der deutschen Volksthümlichkeit zu stellen vermocht hat. Und die auffallende Sonderung der jüngern Baiern von den politischen und religiösen Interessen aller übrigen deutschen Völker in den neuern Zeiten möchte fast zu der Vermuthung führen, daß jener Annahme von einer wenigstens fremdartigen Beimischung dieses deutschen Volkes eine gewisse Wahrheit zum Grunde läge, die sich somit auf eine ganz naive Weise in der Geschichtsforschung ausspreche, wenn die Nachweisung davon nicht zu wenig durch die Geschichte und durch die historischen Zeugnisse gerechtfertigt erschiene.

Genannt wird das Volk der Baiern zwar erst um die Mitte des sechsten Jahrhunderts von dem gothischen Geschichtschreiber Jornandes, doch muß man den ersten Anfang

---

1) Mannert, Germanien. S. 574.

zur Bildung dieses Volkes nothwendig schon in jene Zeit bald nach dem Untergange des hunnischen Reiches setzen, und bei Gelegenheit der Angabe der Stellung der Völker zu einander an der obern Donau ist es, daß derselbe der Bajoaren (Bajobari, Bajoarii) erwähnt. Gleich nach ihm nennt auch der Dichter Venantius Fortunatus dies Volk unter eben demselben Namen, und um so auffallender ist es daher, daß es bei den beiden Geschichtschreibern aus der zweiten Hälfte des sechsten Jahrhunderts, bei dem Byzantiner Procopius und dem Franken Gregor, von denen sich wenigstens Angaben über die Stellung der Völker an der Nordseite der Alpen erwarten ließen, nicht erwähnt wird [1]). Daß der Name der Bajoaren an den der alten Bojen erinnert, welche in eben jenen Gebieten an der obern Donau und im Alterthum zuerst bekannt werden, lag zu nahe um übersehen zu werden, und dieser Umstand veranlaßte zuerst den ältern baierschen Geschichtschreiber Aventin zu der Annahme, daß die Baiern von jenem gallischen Volke herzuleiten seien [2]).

So mißlich nun auch solches blos etymologisches Verfahren in ethnographischen und historischen Verhältnissen sein mußte, so fehlte es doch nicht an Nachfolgern auf dieser Bahn, und man suchte dann diese Annahme zu modificiren, bis man sich zur Ableitung der Baiern von den ältern germanischen Stämmen wandte. Sobald man aber einmal die Abstammung der Baiern von den gallischen Bojen zum Grunde legte, so hielt man auch an der Schreibart Bojoarier fest, obwohl dieses Volk immer nur unter dem Namen der Bajoarier vorkommt, woraus das spätere Bavaren und das heutige Baiern geworden ist [3]). In der neuern Zeit war es zuerst V. v. Pallhausen, welcher die schon

1) Zeuß, die Deutschen. S. 368.

2) Mannert, Geschichte von Baiern. Leipzig 1826. 8. Th. 1. S. 13.

3) Mannert, Geschichte von Baiern. I. S. 20.

früher viel verhandelte Streitfrage über die ursprüngliche Nationalität seiner Landsleute wieder aufnahm und zu beweisen suchte, wie diese Bajoaren aus den gallischen Bojen hervorgegangen wären, und wie sie nach der Zeit der Völkerwanderung ihr gallisches Idiom allmählig mit der deutschen Sprache vertauscht hätten [1]). Ihm folgte sodann Buchner, welcher im Widerspruch mit aller Geschichte zu beweisen glaubte, daß die gallischen Bojen nach ihrer Vertreibung durch die Markomannen aus Bojohemum das Flachland von Rhätien und Noricum in Besitz genommen hätten, daß sie sich dort als ein eigenes und selbstständiges Volk, obschon unter der Oberhoheit der Römer, durch die gesammte Kaiserzeit erhalten und sich sodann bei der Auflösung des römischen Reiches im fünften und sechsten Jahrhundert in das Volk der Bojoaren oder Bajoaren mitten in der Reihe der damaligen deutschen Völker an der obern Donau umgewandelt hätten [2]). Damit stimmt auch Wersebe überein, welcher meint, daß die alten gallischen und romanisirten Bojen in dem rhätischen Flachlande nach des Attila Zeit ihre Selbstständigkeit und Unabhängigkeit von den Römern wiedergewonnen haben, und nach ihrer Vereinigung mit den beiden Nachbarvölkern, den rhätischen Breonen oder Brennen im Süden, im heutigen Tyrol, und den Norikern in den Ostalpen das neue Volk der Bajoaren gebildet haben, das sich, angeblich nur wenig verschieden von den Völkern der Alemannen und Franken, diesen in der Reihe der Gegner der Römer zugesellt habe. Doch sollten die Bajoaren des Jornandes grade nicht diese Baiern an der

1) Vinc. v. Pallhausen, Garibald, erster König Bojoariens oder die Urgeschichte der Baiern. München 1810. 4. Anmerk. 38. S. 92 bis 114. Anm. 84. S. 170 bis 173. Anm. 86. S. 175 bis 178. Anm. 131. S. 223 bis 227. Anm. 138. S. 229 bis 241.

2) Buchner, Geschichte von Baiern. I. S. 44. 75 bis 78. 109 bis 111.

Donau, sondern vielmehr die alten bojischen Bewohner Bojohemums sein, die sich auch dort neben den Markomannen noch immer erhalten hätten [1]).

Dagegen nöthigte nun aber schon die Sprache der ältern Baiern, die durchaus nicht auf ein fremdartiges Element hinweiset und, wie es leicht erklärlich ist, nur in mancherlei Ortsnamen jener Gebiete Spuren fremden Ursprunges zu erkennen sind, auf das germanische Element in der Abstammung Rücksicht zu nehmen. Demnach nahm man in der jüngsten Zeit an, daß die Bajoaren des Mittelalters zwar aus den romanisch gewordenen gallischen Urbewohnern von Rhätien, Vindelicien und Noricum größtentheils hervorgegangen seien, daß aber auch der deutsche Stamm der Schiren, denen man noch das illyrische Volk der Osen zugesellte, einen Hauptantheil an der Bildung und Gestaltung derselben gehabt habe [2]). So willkührlich nun auch diese Verschmelzung so ganz heterogener Elemente in volksthümlicher Beziehung zu einem deutschen Volke des klassischen Bodens unsers Vaterlandes im Mittelalter ist, so zeigt sich doch darin eine Hinweisung auf diejenigen germanischen Stammelemente, auf welche man, wie es scheint, bei der Erklärung der ursprünglichen Bildung dieses Volkes am meisten Rücksicht zu nehmen hat.

Denn die Baiern sind ohne allen Zweifel rein deutscher Abkunft und deutschen Stammes. Die ganze Lage der Dinge machte es damals völlig unmöglich, daß ein anderes als ein deutsches Volk in dieser Gegend, mitten unter siegreichen deutschen Völkern, zur Selbstständigkeit gelangte; die Gesetze der Baiern, in späterer Zeit gesammelt, zeugen auch durchaus für deutsche Art und Sitte, und in der

1) Wersebe, über die Völkerbündnisse des alten Deutschlands. S. 270 bis 272. 287. Anmerk. 419.

2) Huschberg, älteste Geschichte des Hauses Scheiern-Wittelsbach. S. 34 bis 42.

Geschichte zeigt sich nicht das Geringste, was bei besonnener Prüfung eine andere Annahme rechtfertigen könnte [1]). Nur über das ältere deutsche Stammvolk dieses jüngern deutschen Volkes war man bisher noch uneinig, obschon es sich hier wie bei den Thüringern fast mit Nothwendigkeit ergiebt, daß die Baiern nicht von einem einzelnen ältern germanischen und zwar suevischen Volke, sondern aus verschiedenen Stämmen erwachsen sind, wie sie durch die Umwälzungen in jenen Gebieten zusammengeführt worden sind. In dieser Beziehung hat sich nun Mannert's Annahme bis jetzt noch immer am meisten empfohlen, nach welcher jene vier gothischen Völker der Heruler, Rugier, Schiren und Turcillingen in dem Lande Noricum an der Donau durch ihre Vereinigung den Grund zu dem baierschen Volke gelegt haben [2]).

Denn der Versuch derselben dort eigene kleine Staaten zu gründen, wie wir es besonders bei den Rugiern an den Ufern der Donau wahrnehmen, mißlang durch die innere Zwietracht bei diesem Stamme und durch das Eingreifen des italischen Heerkönigs Odoacher, welcher ein ihm zugefügtes Unrecht zu rächen hatte. In dem geschwächten Zustande aber, in welchem sich alle diese Stämme nach seinem Rückzuge nach Italien befanden, war ein engeres Zusammenschließen um so nothwendiger, wenn sie nicht aufs neue jedem Andringen der Nachbarn unterliegen wollten. Aber als vereinigtes Volk wählten sie oder empfingen von ihren Nachbarn den Namen der Bajoaren, der von dem Lande der Bojen, dessen Bewohner sie waren, auf jeden Fall entlehnt sein muß, wie man auch immer die Umbildung der ersten Sylbe des Namens erklären mag. Denn in dem Donau-Lande wie in dem Quellgebiet der Elbe scheint sich

---

1) Luden, deutsche Geschichte. II. S. 439.

2) Mannert, älteste Geschichte Bajoariens und seiner Bewohner. S. 101 bis 115.

der Name der ältesten gallischen Bevölkerung durch alle Jahrhunderte erhalten zu haben. Von jenen gothischen Völkern aber ist mit wenigen Ausnahmen dort nicht wieder die Rede, sie verschwinden fortan, und statt ihrer kennt man an derselben Stelle nur die Bajoaren, welche bei den Bewohnern Italiens zu jener Zeit jedoch nur unter dem Namen der Noriker erscheinen, so wie ihr Gebiet das alte Noricum war. Auch ist es nicht unwahrscheinlich, daß sich der Name Noricum, welcher sich seitdem für das Flachland von Rhätien üblich zeigt, durch dies neue Volk dorthin verbreitet habe, als die Bajoaren, dem Völkergedränge im Osten ausweichend, sich mehr westwärts zu den weiten und verwüsteten Ebenen an der obern Donau von dem Inn bis zum Lech hinaufzogen. Wenigstens kennt schon der langobardische Geschichtschreiber Paul Warnefried das Land der Noriker (provincia Noricorum) als die Heimath des Volkes der Bajoaren, und Noricum bleibt in allen spätern Zeiten die Benennung des Baierlandes bei den Schriftstellern des Mittelalters [1]).

Diese historische Ableitung des Volkes der Bajoaren verstärkt sich noch durch eine auffallende Erscheinung in den durch die Franken gegebenen bajoarischen Gesetzen. Denn an fünf Familien werden in denselben genannt, welche sich, wie aus der Bestimmung ihres Wehrgeldes zu entnehmen ist, durch einen besondern Adel der Geburt auszeichneten, und dies schien nur dadurch zu erklären zu sein, daß ihre Vorfahren schon als erbliche Stammhäupter an der Spitze derjenigen Völker gestanden hatten, welche sich gegen das Ende des fünften Jahrhunderts zu dem neuen gemeinsamen Volke vereinigten. Da nun aber fünf Adelsfamilien bei den spätern Baiern vorkommen, neben denen noch das fürstliche oder königliche Geschlecht der Agilolfingen erscheint, so glaubte man noch einige andere germanische

---

1) Mannert, Geschichte von Baiern. I. S. 12. 13. 22.

Stämme als an der neuen Verbindung theilnehmend hinzuziehen zu müssen, und man dachte dabei einmal an die Schaar von Gepiden, von welcher es heißt, daß sie den Schiren bei einem Kampfe mit den Ostgothen in Pannonien Hülfe geleistet habe, und auch an das fast ganz verschollene Volk der Quaden, dessen Ueberreste sich noch in dem Marchfelde, also in der Nachbarschaft der Rugier an der Donau, erhalten haben sollten [1]).

Gegen diese Annahme der Abstammung der Bajoaren glaubte man sich aber wieder aus sprachlichen und historischen Gründen erklären zu müssen, und dazu schien die erste Sylbe dieses neuen Namens auf ein anderes Heimathsland dieses Volkes hinzuweisen, wenn gleich auch dabei anerkannt werden mußte, daß der Name der Bojen immer das eigentliche Stammwort des jüngern Namens abgab. Eben so wenig ließ sich verkennen, daß der Name der Bajoaren oder Bojoarier eine durchaus germanische Form hat, und in seiner Endung „arier oder varier" auf viele entsprechende Volksnamen hinweiset, wie wir sie bei den istävonischen und ingävonischen Stämmen Germaniens kennen gelernt haben. Nur ist man über die Auslegung und Deutung dieser Endsylbe bei jenen Völkern und bei den Bajoaren bis jetzt eben so wenig einig geworden, als wie über die Herleitung des bajoarischen Volkes selbst. Doch scheint es fast sicher zu sein, daß man hier eine andere Deutung annehmen müsse als bei vielen der andern entsprechenden Völkernamen. Wenigstens scheint man bei der Umbildung des Wortes Bojen in Bojoarier oder Bajoarier, wenn auch nicht an Abkömmlinge der erstern, doch an solche Stämme denken zu müssen, welche durch die Bewohnung oder Besitznahme des bojischen Landes mit den alten Urbewohnern desselben fortan in einen gewissen Zusammenhang traten, so daß diese Umbildung des ältern Namens ein Analogon

1) Mannert, Geschichte von Baiern. I. S. 13. 14.

in den Namen der Brukterer und Boruktuarier oder der Angern und Angrivarier finden könnte. Demnach hat nun der nordische Sprachforscher Rask jenen jüngern deutschen Volksnamen aus dem altnordischen Worte „veriar," im Angelsächsischen „vare" d. h. wohnen, erläutert und als die Bewohner des bojischen Landes erklärt [1]), während Andere darin eine kriegerische Wehrverbindung haben erkennen wollen, welche entweder von den dort einwandernden deutschen Stämmen zum Schutze gegen ihre Nachbarn oder schon von Attila bei seinem Zuge über den Rhein errichtet worden sei [2]).

Wie es sich aber auch mit der Erklärung dieses Namens verhalten mag, so glaubte man doch, auch bei der Annahme der echt deutschen Abstammung der Baiern, darum an jene oben genannten gothischen Völker hier nicht denken zu dürfen, weil diese dem niederdeutschen Sprachstamme angehörten, die Sprache der alten Bajoaren aber, welche übrigens nach der Aussage des Paul Warnefried mit der der Langobarden ganz übereinstimmte, dem oberdeutschen Sprachstamme, wie bei den Alemannen, Franken, Thüringern und andern angehören sollte [3]). Da nun aber dieser Dialekt bei der Reihe der süddeutschen Sueven, wie bei den Markomannen, Hermunduren und Quaden, angenommen wurde, so war dies ein Hauptgrund, dieses jüngere deutsche Volk von jenen suevischen Stämmen herzuleiten, und auf die Markomannen hat man in dieser Beziehung von verschiedenen Seiten her seine Aufmerksamkeit gerichtet.

---

1) Dahlmann, Forschungen auf dem Gebiet der Geschichte. I. S. 219.

2) Luden, deutsche Geschichte. II. S. 441.

3) Zeuß, die Deutschen. S. 379. Das Willkührliche dieser Annahme, wie es sich aber in dem ganzen ethnographischen Systeme dieses Verfassers ausspricht, ergiebt sich leicht, wenn man die unläugbare Verwandtschaft zwischen den Bajoaren und Langobarden, welche letztern doch den Niederdeutschen angehören müssen, beachtet.

So erklärte nun Luden die Annahme am natürlichsten und dem Zustande dieser Zeit am meisten angemessen, daß die Bajoaren von den suevischen Völkern auf der linken Seite der Donau, von den Markomannen und ihren Nachbarn ausgehend, das gegenüberliegende Land in Besitz genommen haben, nicht als wanderndes Volk sondern als Kriegsheer, und daß ihnen das Land als Entschädigung oder Gewinn bei der allgemeinen Ausgleichung der Völker nach dem Sturze der hunnischen Herrschaft geblieben sei [1]. Der Name der Markomannen wird zwar während der Zeit des vierten Jahrhunderts nur noch wenig genannt und verliert sich allmählig, doch wird derselbe noch auf der Peutingerschen Tafel an dem Nordufer der Donau erwähnt und kommt sodann in den Kriegsheeren Attilas wieder zum Vorschein. Dagegen nennt uns der Geograph von Ravenna das alte Heimathsland der Markomannen oder den Bergkessel der Elbe in dem alten Bojenheim unter dem Namen des Landes Bajas, welches aus dem Worte Bajohaim (die deutsche Umwandlung des Wortes Bojenheim) abgekürzt sein soll, und aus diesem Lande leitete man die markomannischen Bajoaren oder Bajovaren über die Donau in ihr nachmaliges Heimathsland [2]. Unmöglich aber können diese Markomannen allein die Grundlage zu dem bajoarischen Volke abgegeben haben, und wenn man sie wegen der oben bemerkten Angaben auch nicht ganz unberücksichtigt lassen dürfte, so könnte man sich nur zu der in der jüngsten Zeit ausgesprochenen Annahme verstehen, daß die Bajoaren aus einer Verbindung der von Norden und Osten kommenden und am Nordsaume der Alpen zusammentreffenden Stämme der Markomannen und jener kleinern gothischen Völker entstanden seien [3].

---

1) Luden, deutsche Geschichte. II. S. 440.

2) Zeuß, die Deutschen. S. 364 bis 367.

3) Gaupp, das alte Gesetz der Thüringer. S. 17. 18.

Uebrigens giebt Jornandes seinen Bajoaren ohne genauere Grenzbestimmung im Westen die Sueven zu Nachbarn. Doch erhellt aus der nächstfolgenden Zeit, daß sie sich sogleich über das ganze rhätische Flachland von den Alpen bis zur Donau und westwärts bis zum Lech hin ausgebreitet haben, während ihre Einwanderung und Ansiedlung im rhätischen Alpenlande von Tyrol nur erst einer spätern Zeit angehören kann. Streitiger aber ist es, ob sich die Bajoaren auch schon ursprünglich nordwärts über die Donau hinaus, über die spätern Gebiete des Nordgaues, ausgedehnt haben, wo wir am Schlusse des fünften Jahrhunderts noch Schaaren von Sueven und Thüringern umherschwärmend genannt finden. Diese Frage ist eben so verschieden beantwortet worden, wie man die Einwanderung der Bajoaren in das mittelaltrige Noricum (das rhätische Flachland) entweder von Osten oder von Norden her bestimmte. Doch auch selbst bei der Ableitung der Baiern von den Schiren nahm man jene im Norden von Regensburg sich ausbreitenden Gebiete noch für das alte Bajoarien in Anspruch [1]).

Als das westlichste Volk in dem Donau-Lande von Süddeutschland erscheinen sodann die Sueven, deren Name wie schon oft im Allgemeinen, so auch hier im Besondern bei ältern und neuern Autoren vielfache Verwechselungen und Irrthümer veranlaßt hat. Nach des Jornandes Angabe wohnten die Sueven, mit welchen damals die Alemannen vereinigt waren, im Westen der Bajoaren, und von den Alemannen bemerkt er, daß sie sich südwärts bis in das Hochgebirge erstreckt hätten, von wo die alpinischen Gewässer sich zur Donau hinabergössen. Schon ist oben erwähnt worden, daß diese Sueven oder Suaven, die Stammväter der nachmaligen Schwaben, eben dasselbe Volk seien, welches

---

1) Huschberg, älteste Geschichte des Hauses Scheiern-Wittelsbach. S. 41.

während der Zeit des vierten Jahrhunderts und bis auf die Zeit des Aetius hin unter dem Namen der Juthungen oder Vithungen erscheint, und daß ihre Sitze im Osten der Alemannen, mit welchen sie fortan immer in enger Verbindung vorkommen, an dem linken Ufer der obern Donau westwärts bis zum Neckar gewesen sein müssen [1]). Aber die gänzliche Auflösung des obern Donau-Limes in dem rhätischen Flachlande in Folge des Heereszuges des Attila über den Rhein muß auch zur größern Ausbreitung dieser Sueven nach Süden hin in dem schon oft von ihnen durchschwärmten und ausgeplünderten Gebiete Veranlassung gegeben haben. Denn damals erfolgte sicher die Verbreitung und Ansiedlung in dem westlichen Theile des rhätischen Flachlandes zwischen der Donau und dem Lech südwärts bis zum Bodensee hin oder über die nachmals zur Diöcese des schwäbischen Bisthumes Augsburg gehörigen Landstriche, die fortan immer ein Theil des alten Landes Schwaben im Mittelalter geblieben sind [2]).

Die Lage des Landes der Sueven (regio Suevorum) beschreibt zwar der gothische Geschichtschreiber Jornandes ausführlich, aber die Erklärung seiner Nachrichten über ihre Stellung unterliegt, wie man mit Recht bemerkt hat [3]), unauflöslichen Schwierigkeiten, und aus seiner Erzählung geht mit Sicherheit hervor, daß er die ihm vorliegenden ältern Quellen mißverstand, oder doch ganz verschiedene Zeiten und Länder mit einander verwechselte. Denn er sagt, das Land der Sueven (Suaven) werde im Osten von den Bajoaren begrenzt, im Westen von den Franken, im Süden von den Burgunden und im Norden von den Thüringern, und fügt dann unmittelbar hinzu, daß sie damals

---

1) Zeuß, die Deutschen. S. 315. 316.

2) Pfister, Geschichte von Schwaben. I. S. 95. Buchner, Geschichte von Baiern. I. S. 113.

3) Eichhorn, deutsche Staats- u. Rechtsgeschichte. I. S. 122.

auch mit den Alemannen verbunden gewesen wären, die sich bis in die Alpen hinauferstreckt hätten [1]).

Was nun zunächst die Ausdehnung der Grenzen Sueviens gegen Norden an das thüringische Land betrifft, so hat man dies gewöhnlich dadurch erklärt, daß Thüringen vor der Unterwerfung unter die Franken (was nur erst der ersten Hälfte des sechsten Jahrhunderts angehören kann) südwärts bis an die Donau gereicht habe. Freilich scheint mit Ausnahme dieser Stelle beim Jornandes kein sicheres Zeugniß darüber vorhanden zu sein, und die südliche Verbreitung des thüringischen Volkes und Landes über den Thüringer-Wald und über den Main hinaus gehört zu den streitigsten Punkten der ältern deutschen Geschichte. Die bekannten Thatsachen der spätern Zeit scheinen gegen eine solche Annahme zu sprechen. So wie einiges Licht der Geschichte auf die Gegenden zwischen der Donau und dem Thüringer-Walde fällt, erscheint alles Land ostwärts der Rednitz als Besitzthum slavischer Völker und wird allmählig von Ostfranken und Baiern aus germanisirt [2]). Eine Ausbreitung der Slaven in diese Gegenden nach der Unterwerfung Thüringens durch die Franken, hat man gemeint, sei gegen alle Analogie der Geschichte, und jene erkläre sich vielmehr nur dadurch, daß seit dem Anfange des fünften Jahrhunderts diese Gegenden durch die Unternehmungen der Donauvölker den größten Theil ihrer Bewohner verloren. Denn grade hier ist das alte Suevien nach der Peutingerschen Tafel (im Nordosten der Alemannen von dem obern Main bis zur

---

1) Jornandes, de rebus Get. c. 55. Nam regio illa Suevorum ab oriente Bajobaros habet, ab occidente Francos, a meridie Burgundiones, a septemtrione Thuringos. Quibus Suevis tunc juncti Alemanni etiam aderant, ipsique Alpes erectas omnino regentes, unde nonnulla fluenta Danubio influunt, nimio cum sono vergentia.

2) K. H. v. Lang, Baierns Gaue nach seinen drei Völkerstämmen. Nürnberg 1830. 8. S. 99 bis 105. 122 bis 128.

Donau hin) zu suchen, und eben hier müßte nach den Hauptbeweisen, welche man außer dem Jornandes für die Ausdehnung Thüringens bis zur Donau anführt, das thüringische Land die Donau erreicht haben [1]).

Nun scheinen aber wirklich nach den Angaben des Eugippius in dem Leben des heiligen Severin die Thüringer in der zweiten Hälfte des fünften Jahrhunderts die ehemaligen Gebiete der Narisken westwärts vom Böhmerwalde, wenn auch nur eine Zeitlang, besetzt zu haben, da die verheerenden Einbrüche derselben in die Uferlandschaften an der Donau bis nach Passau abwärts darauf hindeuten, daß jenes Volk nicht aus weiter Ferne kam, sondern in der Nähe, der Stadt Regensburg gegenüber, seine Sitze hatte [2]). Und damit scheinen auch die Nachrichten bei dem Geographen von Ravenna übereinzustimmen, nach welchem die beiden Flüsse Bak und Regan, in denen man nicht ohne Grund die beiden oberpfälzischen Flüsse Nab und Regen wiederzuerkennen meinte, das Land der Thüringer durchströmen sollten [3]). Nichts desto weniger hat man diese Zeugnisse jenes Geographen und auch des Eugippius als ungenügend und als unsicher verwerfen zu müssen geglaubt, indem man selbst anstatt der Thüringer den Namen der Turcilingen bei dem letztern Autoren vorzuziehen geneigt war. Zwar auch die Stelle des Venantius Fortunatus über den Sieg des austrasischen Königs Siegbert, Chlotar's I. Sohn, über zwei Völker, von welchen nach dem Zusammenhange das eine die Thüringer, das andere die Awaren zu sein scheinen, verlegt

---

1) Eichhorn, deutsche Staats- und Rechtsgeschichte. I. S. 114. 128.

2) Zeuß, die Deutschen. S. 355.

3) Anonymus Ravennas, geographia ed. Porcheron. Paris 1688. 8. p. 185. Per quam Turingorum patriam transeunt plurima flumina, inter cetera quae dicuntur Bac et Reganum, quae in Danubio merguntur.

jenen an die Nab (Nabis), aber nach der Angabe des Paul Warnefried wurde er in Thüringen in der Nähe der Elbe erfochten, und statt des Flusses Nab glaubte man an die Saale (Salis anstatt der unsichern Leseart Nabis) denken zu müssen [1]).

Westwärts sollen die Sueven sodann an die Franken grenzen, was man früher durch die Annahme zu erklären suchte, daß dies von den Alemannen zu verstehen sei, die nach Jornandes mit den Sueven (Schwaben) verbunden waren. Indessen dann müßte man sich den Elsaß als fränkisches Land denken, also die Stelle auf das sechste oder auf die letzten Jahre des fünften Jahrhunderts beziehen, und unter dieser Bedingung allein würde Suevien (in Verbindung mit Allemannien), aber auch nur erst seit jener Zeit, südwärts an das Land der Burgunden, das sich von der Saone ostwärts über den Jura hinauserstreckte, grenzen. Nimmt man aber die Zeit des sechsten Jahrhunderts an, so glaubte man die Worte des Jornandes noch angemessener erklären zu können, daß man das fränkische Land für die ostrheinischen Gebiete hielt, welche durch Chlodwig fränkisch wurden. Denn bekanntlich fließen die südöstlichen Gaue des nachmaligen rheinischen Frankens an die Gaue der Diöcese von Augsburg, welche wie das Ries, der Brenzgau, Albgau und der schwäbische Virngrund zu dem eigentlichen Schwabenland gehörten [2]). Indessen abgesehen von der noch unerwiesenen Annahme, daß Chlodwig wirklich auf der östlichen Rheinseite Germaniens die fränkische Herrschaft begründet habe, führten die Gebiete am untern Neckar, soweit sie zu den Diöcesen von Speier, Worms und Mainz gehörten, seit dem Abzuge der Burgunden daselbst gewiß schon lange vor Chlodwigs Zeit den fränkischen

1) Luden, deutsche Geschichte. II. S. 438. 597. III. S. 676. 677 und 767.

2) Lang, Baierns Gaue. S. 77 bis 83.

Namen; nur würde dann dieses ostschwäbische Land, das eigentliche Suevien, südwärts nicht an Burgund, sondern an das Land Rhätien und zwar damals schon an Hohenrhätien jenseit des Bodensees grenzen [1]).

Die Erwähnung der Bajoaren als der östlichen Nachbarn der Sueven würde allerdings mit der Lage des letztern Volks an der obern Donau und am Lech stimmen, doch ist es nicht wahrscheinlich, daß die erstern schon zu jener Zeit diesen Namen führten, und da man voraussetzen muß, daß der Name vom Jornandes hier anticipirend gebraucht wird, so erscheint es auffallend, daß jener Geschichtschreiber nicht vielmehr die Stämme genannt hat, aus denen das bajoarische Volk erst seitdem erwachsen sein muß. Auch ist es nicht zu läugnen, daß alle weitern Nachrichten, welche derselbe von der Lage und den Thaten jener Sueven in der gleich darauf folgenden Zeit mittheilt, wenig mit der von ihm genau bezeichneten Lage derselben übereinstimmen, so daß man deshalb auch anzunehmen geneigt war, daß seine Sueven durchaus nicht in dem bezeichneten Gebiete an der Donau und am Lech, sondern vielmehr im östlichen Franken am obern Main zu suchen seien, und daß man unter den von ihm genannten Bajoaren nicht die Bewohner des heutigen baierschen Landes im Süden der Donau, sondern die Bewohner des alten Bojohemums, die denselben bojischen oder bajoarischen Namen führen mochten, zu verstehen habe [2]).

Auf jeden Fall kann die Erzählung des Jornandes nur für die spätere Zeit einigen Werth haben, und giebt über die Stellung und Verhältnisse der Donau-Völker im fünften Jahrhundert keinen Aufschluß. Am wenigsten darf man, wie aus den seinen Nachrichten sichtbar beigemischten Miß-

---

1) **Eichhorn**, deutsche Staats- u. Rechtsgeschichte. I. S. 129.

2) **Wersebe**, über die Völkerbündnisse des alten Deutschlands. S. 288.

verständnissen erhellt, aus seiner Beschreibung folgern, daß derselbe Zustand hier in dem Gebiete der obern Donau schon um die Mitte des fünften Jahrhunderts vorhanden gewesen sei. Merkwürdig ist es nun aber, daß seine Beschreibung vom Suevenlande, wenn man sie mit ältern Nachrichten zusammenhält, auf die Verhältnisse im vierten Jahrhundert passen würde. Denkt man sich das Suevien der Peutingerschen Charte vom Thüringer-Walde in südwestlicher Richtung bis in die Gegenden zwischen dem Neckar und der Donau gezogen, so würde es südlich an die damaligen Wohnsitze der Burgunden angrenzen, westlich wären die Gegenden des fränkischen Landes gelegen in dem Gebiete der Chatten an der obern Fulda, nördlich stieße Suevien an Thüringen in den Grenzen, in welche es mit Sicherheit gesetzt werden kann, und ostwärts an die Bajoaren, wenn man diesen Namen für eine allgemeine Bezeichnung der Bewohner des bojohemischen Landes nehmen dürfte. Ohne Zweifel beruhen die Angaben des Jornandes auf Mißverständnissen der ältern ihm bei seinem historischen Werke zum Grunde liegenden Quellen, wie sich dies bald noch weiter unten ergeben wird [1]).

8) Der Untergang des abendländischen Kaiserthumes und die letzten Wanderungen der germanischen Völker.

Nach einem mehr als halbtausendjährigen Kampfe zwischen der römischen und germanischen Welt entschied sich endlich das Schicksal der Weltherrschaft des Alterthums, und ließ mit der Begründung germanischer Reiche auf ihren Trümmern auch alsbald den Zustand Deutschlands nach seinen Völkerverhältnissen eintreten, wie er die Grundlage

1) Eichhorn, deutsche Staats- u. Rechtsgeschichte. I. S. 130.

der deutschen Geschichte des Mittelalters geworden ist. Denn an der Westseite, am Rhein, hatte Deutschland schon seine spätern Naturgrenzen erreicht, aber im Süden und Südosten, an der ganzen Donau entlang, hatten weder die ethnographischen Verhältnisse in der zweiten Hälfte des fünften Jahrhunderts sich schon ganz bestimmt durchgebildet, noch auch hatte Deutschland hier seine nachmaligen Grenzen gefunden, da Germanien hier noch immer weit über die deutschen Gebiete hinausreichte.

Werfen wir zunächst einen Blick auf den Zustand der Völker im rheinischen Germanien, so waren an beiden Ufern des Rheinstromes entlang von seinem Austritte aus dem Alpenlande, wo uns erst nachmals die Romanen von Hohenrhätien bekannt werden, bis zum batavischen Deltalande die Alemannen und Franken ausgebreitet, und als die südwestlichen Nachbarn der erstern nach dem Innern von Gallien hinein erscheinen die Burgunden, während sich im Rücken der letztern fast bis zum Rhein hin wiederum die Sachsen ausdehnten. Die schon oben angegebenen Grenzmarken zwischen den Alemannen und Franken am obern Rhein, wie sie durch seine beiden kleinen Zuflüsse Sur und Murg bezeichnet werden, müssen wir nach dem daselbst Bemerkten schon seit der Mitte des fünften Jahrhunderts annehmen, wenn auch die Bevölkerung in dem Vereinigungslande des Main und Rhein bis zur Lahn abwärts noch schwankend einen alemannischen und fränkischen Charakter tragen mochte [1]). Südwärts erstreckte sich das Gebiet der Alemannen über einen großen Theil der helvetischen Tafelfläche bis zum Fuße des Hochgebirges, in dessen Vorthäler sie nur erst in weit spätern Zeiten eingedrungen sind, und westwärts verbreiteten sich die Alemannen über die elsassische Thalebene bis zu den Berghöhen der Voge-

1) Zeuß, die Deutschen. S. 321. 322.

sen [1]), doch so daß sie in den nördlichen Theilen derselben noch über sie hinausreichten und einen Theil der lothringischen Tafelflächen an der obern Mosel bevölkerten. Hier aber trat ihnen auch schon der Einfluß der fränkischen Nationalität entgegen.

Nach Osten zu grenzten die Alemannen an die Sueven (Suaven), und beide scheinen sich immer mehr aneinander angeschlossen zu haben, weil schon zu jener Zeit ihre Namen als gleichbedeutend gebraucht wurden, so wie sie später ganz in einander aufgingen [2]). Wenn man aber bei den Sueven gegen das Ende des fünften Jahrhunderts findet, daß bei ihnen mächtige Gefolgsherren oder Könige hervortreten, so muß es um so auffallender sein, daß bei den Alemannen während der ganzen Zeit des fünften Jahrhunderts dergleichen fast gar nicht erwähnt werden. Um so ansehnlicher erscheinen diese dagegen um dieselbe Zeit bei ihren südwestlichen Nachbarn, den Burgunden. Denn bei diesem Volke wurde, nachdem sein König Gunthikar im Kampfe mit den über den Rhein dringenden Hunnen seinen Tod gefunden hatte, durch den Gundioch, welcher von westgothischer Abstammung gewesen zu sein scheint, so wie die Burgunden überhaupt immer in vielfacher Verbindung mit den Gothen im südlichen Gallien geblieben sind, und in ihren Rechtsgewohnheiten eine merkwürdige Uebereinstimmung mit denselben zeigen [3]), ein neuer Herrscherstamm begründet, der sich auch bis zum Untergange der Selbstständigkeit dieses Volkes durch die Franken behauptet hat. Gundioch und sein Sohn, der nachmals so berühmte König Gundebald, erkannten beide auf dem von ihnen besetzten römischen Gebiete die römische Oberhoheit an und verschmäheten auch römische Staatswürden nicht, wenn gleich auch sie nicht die

---

1) Pfister, Geschichte von Schwaben. I. S. 98.

2) Zeuß, die Deutschen. S. 316.

3) Gaupp, das alte Gesetz der Thüringer. S. 5.

Gelegenheit versäumt haben sich bei der Verwirrung in Gallien auf Kosten des Reiches auszudehnen.

So erfolgte noch in der zweiten Hälfte des fünften Jahrhunderts die Ausbreitung des burgundischen Volkes über die Gebiete an den Westgehängen des Jura und der Alpen, so weit sich nachmals in der fränkischen Zeit das burgundische Land südwärts bis gegen die untere Rhone hin, westwärts bis zur Loire, wo es an die Westgothen stieß, und nordwärts bis über die Tafelhöhen von Langres hinaus bis zum Quellgebiet der Mosel und Maas erstreckte [1]). Innerhalb dieses Gebietes haben sich die Namen Burgund in der verschiedensten Bedeutung durch das ganze Mittelalter und bis jetzt erhalten. Ostwärts aber verbreiteten sich die Burgunden auch über die Bergketten des Jura hinaus über einen Theil der helvetischen Hochebene an der Neuenburger-Seegruppe bis zur Aar, und wenn ihnen an den Südgehängen der Vogesen auch der Einfluß der Alemannen hemmend entgegentrat, indem alle dort genannten Ortschaften bei dem Geographen von Ravenna bald als burgundische, bald als alemannische vorkommen [2]), so scheinen die Burgunden hier doch zuletzt die Oberhand behalten und sich durch die Hochebene zwischen dem Südende der Vogesen und dem Jura bis zur Thalniederung des Rhein ausgedehnt zu haben. Denn die Stadt Basel erscheint später als eine burgundische Stadt, und die gesammte Diöcese von Basel, die übrigens immer unter dem Metropoliten von Besançon nach der ältern politischen und kirchlichen Verfassung in dem römischen Zeitalter stand, muß noch als ein Theil des Landes Burgund betrachtet werden [3]).

---

1) Luden, deutsche Geschichte. II. S. 443.

2) Zeuß, die Deutschen. S. 318. 470.

3) Wersebe, über die Völkerbündnisse des alten Deutschlands. S. 185. Anmerk. 232.

An dem ganzen mittlern und untern Rhein entlang breitete sich das Gebiet der fränkischen Völker in ihren drei Hauptzweigen der Ripuarier, Salier und der sogenannten Ost-Franken aus, unter welchen letztern bald nur noch die chattischen Franken oder Hessen zu verstehen sind. Bemerkt ist, daß schon nach der Mitte des fünften Jahrhunderts das Land an der Vereinigung des Main und Rhein als fränkisches Gebiet erscheint, und so wie die ganze untere Hälfte des Mosellandes bis zu den lothringischen Flächen hin von fränkischen Schaaren besetzt war [1]), so hatten sich dieselben auch über das belgische Niederland bis zu den Ardennen ausgebreitet. Denn über die Somme hinaus, die schon vor Attilas Heereszuge von ihnen erreicht war, scheinen sich die Franken auch in den nächsten Decennien nach Attilas Zeit nicht verbreitet zu haben [2]).

Doch ruht während eben dieser Zeit ein tiefes Dunkel auf der Geschichte der Franken, welches sich nicht eher wieder erhellt, als bis der König Childerich den Namen seines Volkes bei den Römern wieder berühmt machte [3]). Von Unternehmungen der Franken und von fränkischen Heerkönigen nach jenem Chlodio, der ums Jahr 448 oder 451 gestorben sein soll, erfahren wir nichts, indem auch von jenen sich um die Herrschaft streitenden Fürsten, die sich darum an die römische und an die hunnische Parthei anschlossen, nicht weiter die Rede ist. Nur das weiß der fränkische Geschichtschreiber Gregor zu berichten, daß jener Chlodio einen Sohn Meroveus (Merwig) hinterlassen haben soll, der uns sonst eben so unbekannt bleibt wie jener Faramund, und nur durch die an ihn geknüpfte Genealogie des altfränkischen Königsgeschlechtes von Bedeutung erscheint. Denn der Name des Geschlechtes der Merowingen, dem die Begründung

1) Zeuß, die Deutschen. S. 345.

2) Luden, deutsche Geschichte. II. S. 444.

3) Türk, Geschichte der Franken. S. 76 bis 80.

des Hauptreiches der neuern christlich-germanischen Welt gelang, scheint auf einen Fürsten Merwig hinzuweisen, und die ältern fränkischen Autoren nennen jenen Childerich, welcher um die Zeit, als das abendländische Kaiserthum in Rom zu Grunde ging, bei den salischen Franken als König bekannt ist, einen Sohn des Meroveus und einen Enkel jenes Chlodio. Wenn sie aber bemerken, daß er über alle Franken geherrscht habe, so wird dies durch die Geschichte seines Sohnes, des berühmten Chlodwig, zur Genüge widerlegt, indem man sieht, daß er selbst nur einer der Heerkönige der salischen Franken war, und daß neben ihm noch mehrere andere mit eben so großer oder geringer Macht herrschten. Noch war bei diesen Königen nicht an eine reichsähnliche Herrschaft zu denken, wie man sie früher ihnen wohl zugeschrieben hat [1]). Zwar werden uns bei den chattischen Franken auch nachmals keine Könige genannt, aber über sie konnte sich die Macht jener salischen Heerkönige um so weniger erstrecken, als die ripuarischen Franken noch ihre eigenen Fürsten hatten, von welchen wenigstens der bedeutendste später zu Köln, dem politischen Mittelpunkte dieser Franken, bekannt wird.

Im Innern Deutschlands treten gegen das Ende des fünften Jahrhunderts nun schon als zwei Hauptvölker die Sachsen und Thüringer hervor, obschon wir über ihre Ausbreitung zu jener Zeit und über ihre sonstigen politischen Verhältnisse zu den Nachbarvölkern noch sehr im Dunkeln sind. Nur kann man die untere Elbe und weiter aufwärts die Saale als ihre östliche Grenzmark gegen die Welt der slavischen Völker und als die Grenzen Deutschlands für die nächsten Jahrhunderte schon damals bezeichnen. Unzweifelhaft ist es, daß die Begründung einer bestimmtern Herrschaft über alle fränkischen Stämme durch Chlodwig und seine Söhne und die Verbreitung des Chri-

1) Luden, deutsche Geschichte. II. S. 444. 445.

stenthumes bei denselben einen wichtigen Einfluß auf das Verhältniß der in dem heutigen Westfalen wohnenden Völker sowohl zum Bunde der Franken als zu dem der Sachsen ausgeübt habe, und daß ein Hauptgrund der alten Kämpfe der fränkischen Merowingen gegen die Sachsen darin zu suchen ist, daß sie die Oberherrschaft über alle fränkischen Völker fest zu halten suchten, welche sich entweder schon an die Sachsen angeschlossen hatten oder noch anschließen wollten. Dies betrifft nun vornehmlich den Stamm der sogenannten Boruktuarier an der Lippe, deren Gebiet damals auf jeden Fall das Grenzland zwischen den Ländern der Franken und der Sachsen bildete [1]). Je nachdem aber die Merowingen eine politische Macht entwickelten oder das Christenthum im Osten des untern Rhein Fortschritte in der Ausbreitung machte, demgemäß wechselten auch wohl auf geraume Zeit die Grenzen zwischen beiden volksthümlichen Gebieten und erhielten erst später ihre Feststellung. Darum möchte man aber wohl eher geneigt sein, das Anschließen jener fränkischen Boruktuarier an die Sachsen spätestens in dem sechsten Jahrhundert anzunehmen als es, wie es in der neuesten Zeit geschehen ist [2]), bis in das siebente und achte Jahrhundert hinauszuschieben.

An dem ganzen Gestade der Nordsee entlang von der Mündung der Elbe bis zum Deltalande des Rhein zeigt sich bei den dort hausenden alten friesischen Völkern schon seit dem Anfange des vierten Jahrhunderts eine allmählige Umwandlung des Namens der Franken in den der Sachsen ohne den Namen der Friesen selbst zu seinem Rechte kommen zu lassen. Daß damit Veränderungen in dem innern Zustande der friesisch-ingdvonischen Völker verknüpft waren, erhellt aus dem spätern Zustande der dortigen Bevölkerung. Doch scheint der sächsische Name in dem Gebiete der

1) Ledebur, die Brukterer. S. 275 bis 277.

2) Schaumann, Geschichte des niedersächsischen Volkes. S. 19.

eigentlichen Friesen niemals feste Wurzel geschlagen zu haben, und das oben berührte Verhältniß zwischen den Franken und Sachsen macht sich auch hier in so fern geltend, als der friesische Name, der sich auf Kosten des fränkischen schon früher (obschon ungewiß wie und zu welcher Zeit) über das batavische Deltaland ausgedehnt hatte [1]), sich mehr und mehr von dem sächsischen trennte, und allmählig wieder eine selbstständige Gestalt annahm.

Noch dunkler ist das damalige Verhältniß zwischen den Sachsen und Thüringern, von welchen die letztern von Anfang an als ein so bedeutender deutscher Stamm in der Geschichte hervortreten und doch, gleich den Friesen, vielfach das Schicksal haben erleiden müssen, daß ihr Name von dem der Sachsen und selbst auch von dem der Franken verschlungen worden ist. Auch nehmen bekanntlich die Thüringer unter den Stämmen Deutschlands im Mittelalter durchaus nicht eine solche politische Stellung ein, wie man es nach ihrer Ausbreitung und nach der geographischen Stellung ihres Landes in dem Herzen Deutschlands erwarten sollte. Daß Thüringer und Sachsen von Anfang an in feindlichem Verhältnisse zu einander standen, erhellt schon aus der Tradition über das erste Auftreten der Sachsen an der untern Elbe. Zu den dunkelsten Punkten der deutschen Geschichte gehört aber die politische Bildung und Gestaltung des ostfälischen Landes im Osten des Harz, von welcher dort die thüringischen Angeln nicht unberührt gelassen sein können. Uebrigens dringt sich dabei die Vermuthung auf, daß die Kämpfe der Sachsen zur Ausbreitung ihrer Herrschaft im Osten des Harzes bis zur Elbe, welche gewiß schon dem fünften Jahrhundert angehören, mit den bald darauf in Verbindung mit den Franken unternommenen Kämpfen gegen die Thüringer, wobei das Land von dem Harz bis zur Unstrut gewonnen worden sein soll, später

1) van Kampen, Geschichte der Niederlande. I. S. 68.

mit einander verwechselt worden sind. Doch werden wir hierauf weiter unten, in dem folgenden Zeitraum, zurück zu kommen haben.

Aber während die nordwestlichen Völker an der rheinischen Seite Germaniens und an den Gestaden der Nordsee bis zur Elbe sich den Blicken der Forscher jener Zeiten ganz entzogen, herrschte die unruhige Bewegung unter den südöstlichen Völkern Germaniens an der ganzen Donau entlang fort, und ließ hier erst ein volles Jahrhundert nach Attilas Zug durch die deutschen Gebiete einen mehr geordneten Zustand hervorgehen, wie er noch durch den Abzug und den Untergang so mancher Stämme daselbst erkauft wurde, und dann für die ersten Zeiten des Mittelalters geblieben ist. Ward nun auch hier das gesammte obere Donau-Land und das Gebiet der Centralalpen für die dauernde Heimath der deutschen Völker gewonnen, so ging doch ein großer Theil des alten Germaniens, nach seinem damaligen Umfange, an der mittlern und untern Donau obschon gewiß nicht zum Nachtheil der freien Entwickelung der eigentlich deutschen Stämme für Deutschland verloren.

Während an der Donau die Händel der deutschen Völker mit dem byzantinischen Hofe auf die alte Weise fortdauerten, lagen sie auch in stetem Zwist unter einander selbst, wenn gleich aus den ungenügenden Nachrichten des Jornandes darüber sich nur mit Mühe etwas sicheres über die Stellung und Verhältnisse der Völker zu einander gewinnen läßt. Die Ostgothen scheinen noch aus der Zeit der hunnischen Herrschaft in einem besondern Ansehn unter diesen Völkern gestanden zu haben, und erregten dadurch und durch ihre Stellung zum byzantinischen Reiche, die ihnen besonders Gelegenheit zu Erwerbungen darbot, den Neid und die Eifersucht der Nachbarstämme, die von ihnen auch nicht ohne Stolz und Uebermuth behandelt worden sein mögen. Darum verbanden sich diese Völker gegen die Gothen; selbst Sarmaten nahmen Antheil, und der byzantinische Hof versäumte nicht seinem Vortheile gemäß diese Zwietracht zu schüren. Aber das Glück blieb den Gothen hold und brachte sie zu größerer Einheit und Macht [1]).

Merkwürdig ist es dabei, daß diese Händel zunächst von dem Volke der Sueven an der obern Donau ausgegangen zu sein scheinen, welche durch ihre an jenem Strome hinab ausgedehnten Raubzüge mit den in Pannonien sitzenden Ostgothen in Feindschaft gerathen waren. Ueber dies Drängen und Treiben der deutschen Völkerschaaren in den rhätischen und norischen Gebieten am Nordsaume der Alpen entlang belehrt uns aber vornehmlich Eugippius, der Lebensbeschreiber des heiligen Severinus, welcher letztere eben zu jener Zeit in Noricum lebte, die Macht des Christenthumes durch seine Wirksamkeit bei den barbarischen Völkern geltend machte, und die allgemeine Noth unter den Bewohnern der Provinz in diesen Tagen des Unglücks zu mildern suchte [2]). Auch fällt grade in den Schluß des fünften Jahrhunderts erst die vollständige Ausbildung der kirchlichen Hierarchie in den illyrischen Provinzen unter der Oberleitung der römischen Bischöfe. Denn erst hier ist der Anfang der nachmals so berühmten Metropole Lorch (Lauriacum), der Hauptstadt von Ufer-Noricum, zu setzen, wie aus der Bulle des römischen Bischofs Symmachus an den dortigen Bischof Theodor vom Jahre 498 erhellt [3]), und trotz aller Verwüstung und Verwilderung rings umher hat sich diese Metropole auch durch die folgenden Jahrhunderte bis auf die Zeit der Awaren erhalten.

Jener Eugippius berichtet von den häufigen Streifereien der Sueven durch das rhätische Flachland, von den unvermutheten Ueberfällen der Thüringer, welche über die Donau kamen und die römischen Ortschaften zerstörten, und

1) Luden, deutsche Geschichte. II. S. 448.

2) Buchner, Geschichte von Baiern. I. S. 113 bis 117.

3) Muchar, das römische Noricum. II. S. 288.

von den Streifereien der Heruler, bei deren Vordringen in die innern Gegenden auch Juvavia, die Hauptstadt von Mittel-Noricum, ihren Untergang fand. Vornehmlich tritt der Einfluß des Severinus auf die Rugier hervor, welche im Besitz der alten römischen Städte des norischen Donau-Limes die Bewohner derselben nach andern Gegenden verpflanzen wollten, die ihnen für die Errichtung und Befestigung ihres dortigen Reiches zweckmäßiger erschienen, und welche nur durch jenen Mann davon abgehalten wurden [1]). Nun geschah es, daß die Sueven, wie Jornandes angiebt, unter ihrem Herzoge oder Heerkönige Hunimund durch das gothische Pannonien bis nach Dalmatien hin einen Raubzug unternahmen und auf der Rückkehr auch das Gebiet der Gothen nicht ungeplündert ließen. Aus der Bemerkung des gothischen Geschichtschreibers, daß Suevien dem dalmatischen Lande nahe benachbart liege, erhellt aber zugleich, daß er seine ältern Quellen mißverstehend im Widerspruch mit seinen eigenen Angaben die pannonische Landschaft Suavien (die römische Provinz Savia an der Save) mit dem suevischen Lande an der obern Donau verwechselt habe [2]). Denn die Annahme neuerer Autoren, daß auch dort an der untern Donau ein suevischer Stamm unter diesem besondern Namen gewohnt habe [3]), ist unbegründet und wird selbst durch des Cassiodorus Angabe, wonach die dortigen Savier auch unter dem Namen der Suaben vorkommen, nicht gerechtfertigt.

Die Sueven entkamen indessen nicht ungestraft. Denn Dietemir, einer der drei königlichen Brüder der Gothen, überfiel dieselben am See Pelsodis (Neusiedler-See), und nahm die ganze Schaar mit ihrem Fürsten gefangen. Den-

1) Mannert, Geschichte von Baiern. I. S. 10.

2) Eichhorn, deutsche Staats- u. Rechtsgeschichte. I. S. 130.

3) Buchberg, älteste Geschichte des Hauses Scheiern-Wittelsbach. S. 30. 38.

noch gab er allen Sueven die Freiheit wieder und nahm den Hunimund sogar als Sohn auf. Dieser dachte aber nur an die erlittene Schmach und reizte, um sich an den Gothen zu rächen, das Volk der Schiren gegen dieselben auf. Edika (Ethicho) und Ulfo (Welf) waren damals die Häupter der Schiren, und von ihnen hat man den nachmals so berühmten Fürstenstamm der Welfen abgeleitet [1]), in deren Geschlecht jene Namen allerdings als erblich erscheinen, während man andererseits von den Stammfürsten des Volkes der Schiren auch das alte Dynastengeschlecht der Scheiern, das später unter dem Namen Wittelsbach bekannt ist, ableitete [2]). Sicher ist dabei jedoch nur, daß die Schiren einen wesentlichen Bestandtheil des bajoarischen Volkes gebildet haben, wenn sich auch der Zusammenhang zwischen dem baierschen Geschlechte der Scheiern mit jenen Schiren nicht weiter begründen läßt, und daß auch die Welfen, deren mächtige Allodien sich von der Donau am Lech aufwärts in das rhätische Alpengebirge hineinerstreckten [3]), als ein altbaiersches Dynastengeschlecht erscheinen. Die Annahme der Verwandtschaft beider Geschlechter mit jenem Volke hat darum bei den neuern Genealogen auch die willkührlichsten Schlüsse auf die spätern Sitze der Schiren im baierschen Lande veranlaßt.

So entspann sich nun ein neuer Kampf mit den Gothen, in welchem zwar der König Walamir, der alte Feldhauptmann Attilas, ruhmvoll kämpfend seinen Tod fand, der aber für die erbitterten Gothen so glücklich endete, daß das schirische Volk fast aufgerieben wurde. Denselben Untergang fürchtend erhoben die Sueven unter ihren Herzogen

---

1) J. G. Eichhorn, Urgeschichte der Welfen. Hannover 1816. 4. S. 18. 19.

2) Huschberg, älteste Geschichte des Hauses Scheiern-Wittelsbach. S. 60.

3) K. H. v. Lang, Baierns Gaue. S. 75. 161. 198.

Hunimund und Alarich aufs neue die Waffen, und die Ueberreste der Schiren unter jenen beiden Stammhäuptlingen schlossen sich ihnen wieder an. Zugleich trat eine Schaar von Gepiden zu ihnen über, und auch die Rugier, die schon mit den Gothen in Feindschaft standen, machten mit ihnen gemeinsame Sache. Nicht minder wurden Schaaren von Sarmaten unter ihren Königen Beuga und Babais unter die Waffen gebracht, und die vereinigten Völker lagerten sich am Flusse Bollia in Pannonien. Auch diesen Gegnern waren die Gothen gewachsen, und in einer sehr blutigen Schlacht trugen ihre beiden Könige Dietemir und Widemir einen glänzenden Sieg davon, der den Ruhm ihres Namens aufs neue begründete. Um so mehr suchten sie an den Sueven Rache zu nehmen. Daher führte einige Zeit nachher, ungefähr ums Jahr 470, Dietemir seine Gothen über die gefrorne Donau, um jenen Sueven in ihrem eigenen Lande in den Rücken zu kommen, und trotz ihrer Vereinigung mit den Alemannen, bei denen nun auch der Heerkönig Gibuld genannt wird [1]), wurden sie besiegt und ihr Land weit und breit verwüstet. Siegreich kehrte Dietemir nach Pannonien zurück, und empfing hier seinen Sohn Dietrich, welcher als Geisel zehn Jahre in Byzanz gewesen war und nun als Jüngling von achtzehn Jahren durch kühne Unternehmungen gegen die sarmatischen Völker die Größe des in ihm waltenden Geistes erkennen ließ [2]).

Während dieser Kriege aber scheinen die deutschen Völker Italien nicht aus den Augen verloren zu haben. Schon der rugische König Flacitheus hatte an einen solchen Zug nach Italien gedacht, und war darum mit den Gothen, die ihm den Durchgang durch das pannonische Land verweigert hatten, in Zwiespalt gerathen [3]). Jetzt regte sich auch in

1) Zeuß, die Deutschen. S. 321.

2) Luden, deutsche Geschichte. II. S. 449. 450.

3) Zeuß, die Deutschen. S. 485.

den Gothen die Kriegslust, und überdies in ihren bisherigen Sitzen beschränkt und Mangel leidend forderten sie ihre Könige auf, sie zu neuen Unternehmungen zu führen. Das Loos, das darüber zwischen den beiden königlichen Brüdern entscheiden sollte, bestimmte den Widemir zum Heerführer eines Zuges nach Italien, während Dietemir die Alleinherrschaft bei seinem Volke in Pannonien übernahm und dieselbe nach Süden hin jenseit der Donau auf Kosten des byzantinischen Reiches erweiterte. Widemir aber führte seine gothischen Schaaren nach Italien, und als er noch unterwegs starb, ward sein gleichnamiger Sohn, der als Heerkönig folgte, von dem dortigen Inhaber des kaiserlichen Namens, dem Glycerius, durch Geld und Versprechungen bald bewogen sich nach Gallien zu wenden und sich an die westgothischen Stammgenossen anzuschließen, deren unternehmenden König Eurich er in der Erweiterung seines Reiches unterstützte [1]).

Indessen Roms Schicksal war nicht mehr abzuwenden, und es kam bald durch einen andern Fürsten gothischen Stammes. Dies war Odoacher, welcher als Heerkönig einer großen Gefolgschaft aus jenen vier kleinern gothischen Völkern an der Donau oder der Rugier, Heruler, Schiren und Turcilingen einen Zug nach Italien unternahm. Ungewiß ist es, welchem Volke er eigentlich angehörte, da ihn Jornandes bald einen Rugier, bald einen Heerkönig der Turcilingen nennt [2]). Doch scheint er dem rugischen Königsgeschlechte nicht fremd gewesen zu sein. Bei einem andern Autor jener Zeit heißt er ein Sohn des Aedicus, und wenn dieser der oben genannte Fürst Edika wäre, so würde er eigentlich dem schirischen Volke angehören, welchem man zum Ersatze für die früher von ihm in Dunkelheit verbrachten Tage in der Ableitung alter deutscher Fürstenge-

---

1) Manso, Geschichte des ostgothischen Reiches in Italien. S. 15. 16.

2) Zeuß, die Deutschen. S. 489.

schlechter von demselben wenigstens ein rühmliches Andenken für die Zukunft zu erhalten gesucht hat. Indem Odoacher an die Stelle der alten Kaiserherrschaft in Italien, die sich bis dahin nur dem Namen nach noch erhalten hatte, ein deutsches Heerkönigthum begründete und für dieses Land einen ähnlichen Zustand eintreten ließ, wie er schon in allen übrigen Ländern des abendländischen Kaiserthums vorhanden war, nahm er einen hohen Rang unter den staatengründenden Heroen der germanischen Welt ein und veranlaßte vermuthlich erst dadurch die Sage, die ihn als Jüngling bei seiner Wanderung nach Italien in Gesellschaft einiger Gefährten mit dem heiligen Severin zusammenführt und einen prophetischen Ausspruch über seine künftige Größe in jenem Lande vernehmen läßt [1]). Schwerlich kann ihm aber jener Severin bei seiner ausgebreiteten Wirksamkeit in den Gebieten von Noricum unbekannt gewesen sein.

Diese neue deutsche Herrschaft in Italien äußerte bald ihren Einfluß auf die jenseit der Alpen liegenden Donau-Länder, in denen die Mehrzahl jener kleinern Völker gothischen Stammes noch immer zurückgeblieben war, und die Begebenheiten in Rugiland waren es zunächst, welche Odoachers Einmischung daselbst veranlaßten. Denn in der Herrschaft des rugischen Volkes war dem Könige Flacitheus unterdessen sein Sohn Feletheus, der auch den Namen Fava führt, gefolgt, und die Stadt Faviana (castra Fabiana) an der Donau oder das alte römische Kastell neben der Stadt Windobona, die damals schon ihren Untergang gefunden haben mochte, erscheint als das Hoflager des rugischen Königshauses, und hat ihren Namen auf die glanzvolle Kaiserstadt übertragen, welche sich nachmals auf ihrer Stelle erhob [2]). Als nun des Königs Bruder Friedrich von

1) Luden, deutsche Geschichte. II. S. 451 bis 454.

2) J. v. Hormayr, Wien's Geschichte und seine Denkwürdigkeiten. Wien 1823. 8. Th. I. Heft 2. S. 31 bis 55. Heft 3. S. 58.

dem gleichnamigen Sohne des Königs ermordet ward, benutzte Odoacher diese Gelegenheit zum Umsturze des rugischen Reiches. Er erschien mit einem Heere, besiegte die Rugier und führte nach der Vertreibung des Prinzen Friedrich den gefangenen König Feletheus nach Italien ab. Kaum war aber Odoacher nach Italien heimgekehrt, als auch Friedrich die Herrschaft in dem Rugiland herzustellen suchte. Darum sandte der Beherrscher Italiens seinen Bruder Aonulf (Arnulf) mit einem neuen Heere über die Alpen nach der Donau, durch welchen der rugische Fürst zur Flucht zu den Gothen genöthigt, die rugische Herrschaft aber gänzlich aufgelöst wurde. Das war ums Jahr 487 oder ein Decennium nach der Begründung von Odoachers Herrschaft in Italien [1]).

An eine Behauptung jener Grenzgebiete an der Donau scheint der italische Heerkönig jedoch nicht gedacht zu haben. Denn er ließ die Ueberreste von den ehemaligen römischen Besatzungen in den noch vorhandenen festen Städten des rhätisch-norischen Reichslimes nebst den dortigen Provinzialen nach Italien abführen [2]), und diese gänzliche Aufhebung des alten Vertheidigungssystems des römischen Reiches, wie es sich dort in einzelnen Bruchstücken noch immer erhalten hatte, war von wichtigen Folgen für die Gestaltung der Völkerverhältnisse zwischen den Alpen und der Donau. Denn jetzt scheinen auch die letzten Ueberreste der suevischen Markomannen und Quaden den Strom überschritten und sich in dem norisch-rhätischen Flachlande mit den noch übrigen Schaaren jener kleinern gothischen Völker vereinigt zu haben, so daß jetzt erst der Grund zu der Bildung des bajoarischen Volkes gelegt wurde, welches als solches in einer fest verschmolzenen Einheit seiner ver-

1) Huschberg, Geschichte des Hauses Schelern-Wittelsbach. S. 32.

2) Buchner, Geschichte von Baiern. I. S. 117.

schiedenen volksthümlichen Elemente erst um die Mitte des sechsten Jahrhunderts bekannt wird, und damals von den Sueven am Lech im Westen sich ostwärts bis dahin ausbreitete, wo zur Zeit Odoachers noch die Ostgothen auf dem pannonischen Gebiete saßen [1]).

Durch eben diese Ostgothen wurde aber nur wenige Jahre nach dem Untergange des rugischen Reiches auch wieder die Herrschaft des italischen Heerkönigs vernichtet, und durch ihre Auswanderung aus den Gebieten an der Donau die Veranlassung zu einer neuen Umgestaltung der Dinge daselbst gegeben. Denn schon seit der Zeit ihrer Unabhängigkeit nach Attilas Tode blieben, wie es auf allen Grenzgebieten der römischen und germanischen Welt seit Jahrhunderten gewesen war, die Reibungen mit dem byzantinischen Reiche nicht aus, und bei Gelegenheit eines darüber abgeschlossenen Friedens, der natürlich nicht ohne Jahrgelder von den Ost-Römern erkauft werden konnte, war es, daß der junge Dietrich als Geisel nach jener Welthauptstadt kam, in der er sich mit der Bildung des Alterthums eben so bekannt machte, wie er dadurch den Sitten und dem kriegerischen Sinne seines Volkes nicht entfremdet wurde [2]). Seitdem aber Dietrich nach dem Tode seines Vaters Dietemir, ums Jahr 475, die Alleinherrschaft bei den Ostgothen führte, konnte es um so weniger an Zwistigkeiten fehlen, als die Gothen im Gefühle ihrer Macht nach größerer Ausbreitung auf Kosten des byzantinischen Reiches strebten, und die dort herrschenden Kaiser, wie vornehmlich der Isaurier Zeno, durch eine schlaue Politik in der Ueberlistung und Aufhetzung der deutschen Völker an der Donau gegen einander ihr Reich zu sichern suchten. Dazu diente jenem Fürsten vornehmlich eine andere kleine gothische Herrschaft,

---

1) Mannert, Geschichte von Baiern. I. S. 20.

2) Manso, Geschichte des ostgothischen Reiches in Italien. S. 14. 15.

welche schon seit älterer Zeit im Süden der untern Donau in Mösien und am Hämus angesiedelt war und damals gleichfalls unter einem Könige Dietrich, des Triarius Sohn, stand. Indessen nach dem Tode dieses letztern Dietrich im Jahre 481 wurden die Verhältnisse zwischen den Ostgothen und dem kaiserlichen Hofe immer bedenklicher, und so sehr wie Dietrich einen größern Schauplatz seiner Wirksamkeit suchte, eben so sehr wünschte ihn Zeno aus seiner Nähe zu entfernen. So begegneten sich ihre Wünsche in der Unternehmung eines Zuges nach Italien, durch welchen die kaiserliche Oberhoheit über dieses Land vielleicht noch mehr gerettet werden konnte als unter Odoachers Herrschaft [1]).

Im Jahre 489 erfolgte die Wanderung des gothischen Heeres und Volkes über die julischen Alpen nach Italien, nachdem sich dasselbe erst mit gewaffneter Hand durch das Gebiet der Gepiden in der Gegend von Sirmium an der Donau einen Weg hatte bahnen müssen [2]). Aber nicht unrühmlich stritt der italische Heerkönig, der den tüchtigsten Fürsten der ältern germanischen Welt mit Recht an die Seite gesetzt werden kann, um seine Herrschaft, die ihm mehr der Abfall der Seinigen als die Ueberlegenheit seines Gegners zu entreißen vermochte. In Ravenna eingeschlossen behauptete er sich noch bis zum Jahre 493; da nöthigte Mangel und Theuerung zur Uebergabe der Stadt. Nur kurze Zeit nachher fiel Odoacher gegen die Bedingungen des Vertrages als ein Opfer der Eifersucht des Königs Dietrich, wie sie zwischen zwei solchen Männern nicht ausbleiben konnte, und auf den Trümmern des herulisch-rugischen Reiches in Italien erhob sich nun mit großem Glanze als zweite germanische Herrschaft daselbst das ostgothische Reich unter des großen Dietrich Leitung [3]).

---

1) Manso, Gesch. des ostgothischen Reiches. S. 17 bis 29.

2) Zeuß, die Deutschen. S. 439.

3) Manso, a. a. O. S. 39 bis 46.

Hat sich diese gothische Herrschaft in Italien auch nur ein halbes Jahrhundert erhalten, so ist doch die Frage von Bedeutung, wie weit sich dieselbe nach Norden zu in die Alpen hinein und über dieselben hinaus erstreckt habe, indem man in neuern Zeiten die ganze Entstehung und Bildung des bajoarischen Volkes mit der Beherrschung des rhätischen Flachlandes durch die Gothen von Italien aus in Verbindung gebracht hat [1]). Mit Sicherheit wissen wir, daß das gothische Reich außer dem Festlande von Italien auch die illyrischen Gebiete auf der Ostseite des adriatischen Meeres bis zur Donau hin umfaßte, und daß nordwärts auch das rhätische und norische Alpenland dazu gehörte. Widerlegen läßt sich aber aus den Zeugnissen jener Zeit die Annahme, daß dieses Reich sich über das rhätische und norische Flachland bis zur Donau erstreckt habe [2]). Denn die beiden Provinzen Rhätien jener Zeit, in welchen ein militärischer Befehlshaber (dux) die Verwaltung führte, bildeten die eigentlichen Bollwerke und Schutzwehren des gothischen Reiches gegen die andern nordischen Völker, und sie umfaßten, wie aus den Angaben des Paul Warnefried erhellt, eben nur das rhätische Alpenland, wo uns auch das Schloß Veruca an der Etsch als der Schlüssel von Italien genannt wird, während das rhätische Flachland damals schon den Namen Noricum führte. Und selbst die Breunen oder Brennen von gallisch-romanischem Stamm in dem obern Innthale zeigten sich hier noch als unabhängig und räuberisch gegen die gothischen Unterthanen [3]).

Bei dieser Ausdehnung der gothischen Herrschaft nach Norden hin wird man nothwendig anerkennen müssen, daß das bajoarische Volk, in welchem Zustande es auch in der Zeit des Königs Dietrich gewesen sein mag, doch von

1) Buchner, Geschichte von Baiern. I. S. 118 bis 120.

2) Manso, a. a. O. S. 53. 54. 321 bis 325.

3) Zeuß, die Deutschen. S. 369. 370.

demselben unabhängig war und sich in dieser Selbstständigkeit auch ferner gegen die Gothen bis zu deren Untergange behauptet hat [1]). Damit ist jedoch noch nicht ein Einfluß der gothischen Herrschaft zur Zeit Dietrichs auf jene Stämme im Norden der Alpen, welche erst seitdem unter dem bajoarischen Namen hervortreten, zu läugnen. Gewiß ist die Herrscherzeit jenes Königs als die eigentliche Geburtszeit des bajoarischen Volkes zu bezeichnen, indem die Bildung einer seitdem dort erscheinenden fest in sich abgeschlossenen Nationalität im Gegensatze gegen die frühere Zersplitterung des volksthümlichen Lebens in jenen Gebieten nur durch das Anschließen an ein so mächtiges Volk wie die Gothen und durch den freundschaftlichen Einfluß der bei ihnen bestimmt ausgebildeten sittlich-politischen Macht zu erklären sein möchte. Ja selbst ein gewisses Abhängigkeits-Verhältniß der Bajoaren von den Gothen ließe sich für die Zeit annehmen, als ein großer Theil der Alemannen, vor dem fränkischen Eroberer Chlodwig Schutz suchend, auch im Norden der Alpen Dietrichs Oberhoheit anerkannte.

Ein solcher Einfluß ist aber aus der Politik des großen gothischen Königs leicht zu erklären, und zeigt sich auch durch mancherlei Andeutungen der Autoren jener Zeit bestätigt. Merkwürdig ist der von Dietrich ausgehende Gedanke eines großen politischen Systemes, welches alle germanischen Völker des westlichen Europa umfassen sollte. Denn er stand in Verbindung mit den Franken, Westgothen, Burgunden, Alemannen, Thüringern und mit den Vandalen in Afrika, und suchte eine sittlich-politische Gemeinschaft unter ihnen zu begründen [2]). Aber was dieser große König erstrebte, das wurde erst später von einer andern Seite und auf eine ganz andere Weise von den Franken ausgeführt.

---

1) Mannert, Geschichte von Baiern. I. S. 22. 23.

2) Manso, Geschichte des ostgothischen Reiches. S. 70. 71.

Bei Veranlassung der Kämpfe Chlodwigs gegen die Westgothen in Gallien erfahren wir, daß sich Dietrich an die Könige der Heruler, Warnen und Thüringer wandte und sie zu einer Verbindung mit ihm aufforderte, um sich dem Grimme des fränkischen Königs entgegen zu stellen. Ja der herulische König wurde selbst von dem mächtigen Herrscher der Ostgothen der Ehre eines Waffensohnes nach deutscher Sitte für würdig erachtet [1]). Was das für ein Fürst der Heruler war, ist freilich unbekannt, und man hat zunächst an diejenigen Heruler gedacht, welche unter dem Könige Rodulf noch am Anfange des sechsten Jahrhunderts auf der Nordseite der Donau in der Nachbarschaft der Langobarden saßen. Doch scheint es bei der Lage der Dinge wohl wahrscheinlicher zu sein, an die zum bajoarischen Vereine gehörigen Heruler zu denken, obschon man daraus wieder den zu weit gehenden Schluß gezogen hat, daß die Heruler den bedeutendsten Bestandtheil in jener Verbindung gebildet haben, und daß sich in jenem Fürsten schon der Ahnherr des Geschlechtes der Aglolfingen erkennen lassen möchte, welche letztern seit der Mitte des sechsten Jahrhunderts als das oberste Fürstengeschlecht bei den Bajoaren bekannt werden [2]).

Noch hatte aber Deutschland durch den Abzug der Gothen aus Pannonien seine nachmaligen Grenzmarken an der Südostseite nicht erlangt. Denn noch bestand ein weit gegen Osten vorgestreckter Ausbau des deutschen Germaniens in dem Reiche der Gepiden in den durch das Andringen der von Osten, aus den pontischen Steppen, kommenden barbarischen Völker sehr gefährdeten Gebieten von Dacien; und das pannonische Land, dieses Absteigequartier der wandernden Völker bei ihren Zügen von Osten nach Westen und von Norden nach Süden, ward bald von neuen germanischen

1) Zeuß, die Deutschen. S. 356. 460.

2) Mannert, Geschichte von Baiern. I. S. 23. 24.

Schaaren, von den Langobarden, besetzt, die seit dem Anfange des sechsten Jahrhunderts wieder in der Geschichte hervortreten. Seit der Zeit der hunnischen Herrschaft saßen die Langobarden an der Nordseite der Donau, wo sie den Herulern dienstbar waren. Diese Heruler aber, welche sich nicht an den Verein der Bajoaren angeschlossen hatten, bildeten in den Ebenen des Marchfeldes einen eigenen Staat, der zur Zeit des Kaisers Anastasius oder am Anfange des sechsten Jahrhunderts unter dem Könige Robulf stand, und damals durch den Uebermuth seines eigenen Volkes nach kurzer Dauer den Untergang fand [1]).

Denn aus wilder Kriegslust zwangen die Heruler ihren König sie gegen die Langobarden, so sehr diese auch allen Anforderungen ihrer Oberherren zu genügen versprachen, ins Feld zu führen. Aber sie erlitten eine völlige Niederlage von den Langobarden, ihr König selbst fiel, und das herulische Reich löste sich mit der fast gänzlichen Vernichtung des Volkes ums Jahr 510 auf [2]). Der Ueberrest des Volkes sahe sich nun genöthigt sich aus der Nähe der Langobarden fortzuziehen. Darum wandte sich ein Theil südwärts zu den Gepiden, und suchte vom Kaiser Anastasius Aufnahme in das römische Gebiet zu erlangen. Ein anderer Theil aber verschmähete es, sich unter römische Oberhoheit zu begeben, und faßte den kühnen Plan in das äußerste Land nach der entgegengesetzten Richtung zu ziehen, und bei dieser Wanderung nach Skandinavien erfahren wir, daß sie nach Durchschreitung vieler wüsten, von slavischen Stämmen bevölkerten Gegenden, zu den Warnen in der Nachbarschaft der Dänen gelangten [3]).

Aber jene nach Süden gewanderten Heruler wurden den Römern mehr Feinde als Bundesgenossen, und selbst

---

1) Luden, deutsche Geschichte. III. S. 191. 192.

2) Türk, Geschichte der Langobarden. S. 27. 28.

3) Zeuß, die Deutschen. S. 481.

durch harte Züchtigung für ihren Uebermuth gegen die römischen Bewohner an der untern Donau vermochte der Kaiser Anastasius nicht sie geneigter zu machen in römische Kriegsdienste zu treten. Sie erhielten sich auch noch ferner dort zur Zeit des justinischen Kaiserhauses, blieben aber ein eben so wilder und unbändiger Hause wie früher. So erschlugen sie aus bloßem Uebermuth ihren König Ochon, und schickten nun nach Constantinopel um sich vom Justinianus ein neues Oberhaupt aus königlichem Geschlecht zu erbitten, während sie zu demselben Zwecke auch an ihre Brüder in Skandinavien eine Gesandtschaft abgehen ließen. Aus Byzanz ward ihnen vom Kaiser der Heruler Suartua gesandt, der nun aber mit dem aus Skandinavien kommenden Nebenbuhler Todasius zu kämpfen hatte. Die sich so einander gegenüber stehenden Partheien unter den Herulern schlossen sich darauf an die beiden größern Völker der Langobarden und Gepiden an, die seit jener Zeit den für die germanische Völkerwelt in jenen Gebieten so unheilvollen Zwiespalt begonnen hatten [1]).

Dennoch blieb noch ein Theil der Heruler in den Diensten der Byzantiner zurück, und sie erwiesen sich in deren Kriegen als die kühnsten und tapfersten Streiter. Sie haben vornehmlich zum Umsturze des gothischen Reiches und zur Unterwerfung Italiens unter die byzantinische Herrschaft beigetragen. Sie werden häufig genannt in den Heerschaaren des Belisarius und Narses. Als die vornehmsten Häuptlinge derselben erscheinen dort besonders ein Filimuth, sodann Fulkaris und zuletzt Sindwald, der wegen seines Strebens nach einer Herrschaft in Italien vom Narses getödtet worden sein soll. Seitdem verschwindet dies Volk aus der Geschichte [2]).

---

1) Zeuß, die Deutschen. S. 482.

2) Zeuß, die Deutschen. S. 483.

Unterdessen hatte das Ansehn und der Ruhm der Langobarden unter ihrem Könige Tato wegen der Besiegung der Heruler unter allen benachbarten Völkern zugenommen. Die Langobarden erscheinen fortan als das herrschende Volk in Rugiland auf der Nordseite der Donau, und seitdem scheint auch sie ein Geist der Unruhe und der Kriegslust ergriffen zu haben. Zugleich zogen sie sich aus ihren frühern Sitzen mehr ostwärts an der Donau hinab, und besetzten die weiten Ebenen des nördlichen Daciens an der Theiß, welche bei dem langobardischen Geschichtschreiber unter dem deutschen Namen „das Feld" vorkommen. Dort kamen sie zuerst mit den Gepiden in nähere Berührung, und von dort wanderten sie später in Pannonien ein [1]).

Der Grund der viel bekannten und so lange dauernden Feindschaft zwischen den Langobarden und den Gepiden wird vom Paul Warnefried und vom Procopius verschieden angegeben, doch erhellt, daß mancherlei Umstände zusammen kamen, welche eine Eifersucht zwischen beiden Völkern, von denen das erstere auf der Bahn des Ruhms emporstieg, das letztere aber seine Glanzperiode schon gleich nach der hunnischen Zeit gehabt hatte, hervorriefen. Auch ermangelte der byzantinische Hof, an welchen sich beide Völker zur Zeit des Kaisers Justinianus um Unterstützung in ihrem Kampfe mit einander wandten, nicht, den Haß zwischen ihnen zu schüren und zu nähren. Denn nur so glaubte jener Kaiser für die Sicherheit seines Reiches sorgen zu können, für dessen

1) Paulus Diacon., de gestis Langobard. I, 20. Egressi quoque Langobardi de Rugiland habitaverunt in campis patentibus, qui sermone barbarico Feld appellantur. Mit Unrecht hat man früher diese weiten Ebenen, das Feld, anstatt im Osten vielmehr im Westen von Rugiland gesucht, und darunter die Gebiete des schwäbischen Riesgaues im weitern Sinne ostwärts bis zum Flusse Regen oder einen großen Theil der Landschaft Nordgau (provincia major Nordgowe) verstanden. Grupen, das älteste Deutschland unter den Römern u. s. w. I. S. 316.

Besiehen sich beide Völker durch ihre Kriegszüge nach den illyrischen Provinzen am adriatischen Meere als Freunde und als Feinde gleich gefährlich erwiesen hatten. Jahrgelder waren wie immer die besten Mittel für die Römer um sie zu beschwichtigen und dann auch wieder zu neuen Angriffen zu reizen. Doch begünstigte Justinianus unstreitig von ihnen die Langobarden, weil ihm die Gepiden näher gelegen waren, und sich dem byzantinischen Reiche schon allzu furchtbar gemacht hatten, und langobardische Schaaren waren auch unter seinen Heeren, die ihm Italien von den Gothen erobern mußten [1]).

Auf ihren kriegerischen Raubzügen nach Dalmatien kamen die Langobarden und Gepiden zuerst in Zwist mit einander, und die Verhältnisse ihrer beiderseitigen Königsfamilien zu einander entzündeten die heftige Feindschaft zwischen ihnen. Denn der König Tato ward bald nach der Zeit des Unterganges der Heruler von seinem Neffen Wacho, des Zuchilo Sohn, der Herrschaft und des Lebens beraubt, und sein Sohn Hildichis sah sich genöthigt, zu den Gepiden zu fliehen, durch deren Hülfe er den Tod seines Vaters rächen wollte. Doch Wacho und nach ihm sein Sohn Waltari standen zu kurze Zeit als Heerkönige an der Spitze des langobardischen Volkes, als daß die Feindschaft zwischen beiden Völkern unter ihnen schon zum Ausbruch kam. Dies geschah erst unter dem Könige Audoin, welcher nach der Angabe Warnefrieds ein Enkel Wachos war, wahrscheinlicher aber nach des Procopius Angabe zuerst nur die Vormundschaft für den unmündigen Waltari führte und nach dessen frühzeitigem Tode selbst als Heerkönig anerkannt wurde. Derselbe König Audoin war es, welcher die Langobarden ums Jahr 526 nach den ehemaligen Sitzen der Ostgothen, nach Pannonien, führte [2]).

---

1) Luden, deutsche Geschichte. III. S. 194. 198.

2) Türk, Geschichte der Langobarden. S. 29. 30.

Um eben jene Zeit, als Turisend oder Thorisin als Heerkönig an der Spitze der Gepiden stand, geriethen beide Völker zuerst in einen blutigen Kampf, welcher dadurch für die Gepiden einen unglücklichen Ausgang nahm, daß des Königs Turisend Sohn Turismod von dem langobardischen Königssohne Alboin mit eigener Hand erlegt ward. Aber die Feindschaft zwischen beiden blieb und steigerte sich noch, bis sie mit dem gänzlichen Verderben des gepidischen Volkes endete. Denn so wie der langobardische Fürst Hildichis die Gepiden aufreizte, so die Langobarden der junge gepidische Fürst Ustrigoth, der nach dem Tode seines Vaters, des gepidischen Königs Elemund, von dem Turisend aus der Herrschaft bei seinem Volke verdrängt war und sich zu den Langobarden geflüchtet hatte. Doch starben die beiden Könige, Audoin und Turisend, noch hinweg, ehe das Schicksal ihrer Völker entschieden ward, und auch der Kaiser Justinianus erlebte nicht mehr die Umwandlung der Dinge, welche gleich nach seinem Tode, im Jahre 565, in den dacisch-pannonischen Gebieten eintrat [1]).

Denn außer den Bulgaren war damals noch ein zweites den Hunnen verwandtes Volk von finnisch-ugrischem Stamme, die Awaren, von jenseit der Wolga in die pontischen Ebenen eingewandert, und erschien zum Schrecken der Byzantiner an der untern Donau, wo sie nach der Unterwerfung der Bulgaren und der dort zahlreich angesiedelten slavischen Völkerschaften sich bald als furchtbare Nachbarn des oströmischen Reiches zu erkennen gaben und mehrere Jahrhunderte lang der Schrecken desselben geblieben sind [2]). Die wilden Reiterhorden der Awaren wurden aber sogleich in die Streitigkeiten der germanischen Völker an der untern Donau hineingezogen, und haben fortan durch die Begrün-

1) Luden, deutsche Geschichte. III. S. 199 bis 201.

2) Muchar, Geschichte der Ansiedlung der Slaven in Inner-Oestreich, in der steiermärk. Zeitschrift. Heft 8. 1827. S. 66.

bung einer mächtigen Herrschaft daselbst auch einen Einfluß auf die abendländisch-germanische Völkerwelt in Deutschland und Italien ausgeübt. Das Reich der Gepiden stand ihnen dabei zunächst im Wege, und so folgten sie leicht dem Antrage des langobardischen Königs Alboin mit ihm gemeinsame Sache gegen die Gepiden, bei welchen Turisends jüngerer Sohn Kunimund als Heerkönig gefolgt war, zu machen [1]).

Den vereinten Angriffen der Langobarden und Awaren von Westen und Osten unterlag das gepidische Volk und Reich, nachdem das letztere seit der Zeit der hunnischen Herrschaft eine mehr als hundertjährige Dauer in Dacien gehabt hatte, im Jahre 566, und das gepidische Land ward eine Beute der Awaren. Der König Kunimund selbst war im Kampfe gefallen, sein Volk größtentheils aufgerieben [2]). Doch mögen sich Ueberreste der Gepiden in das karpathische Gebirgsland gerettet und dort, gleich den früher schon dahin geflüchteten Gothen, den ersten Grund zu der germanischen Bevölkerung gelegt haben, welche wir in den Zeiten des Mittelalters unter der Herrschaft der Ungarn daselbst wahrnehmen [3]).

Somit waren die Langobarden in Pannonien unter ihrem Könige Alboin, dessen Ruhm weit hin durch die Länder drang, das südöstliche Grenzvolk Germaniens geworden. Aber ihr Ansehn war größer als ihre Macht. Sie befanden sich dort auf einem entlegenen und fremden Boden, mitten unter den schon überall daselbst verbreiteten slavischen Völkerschaften und in der Nachbarschaft der Awaren, deren Freundschaft und Feindschaft für sie gleich bedenklich war, in einer eben so gefährlichen Lage wie die von ihnen vernichte-

1) Türk, Geschichte der Langobarden. S. 31.

2) Luden, deutsche Geschichte. III. S. 205.

3) Zeuß, die Deutschen. S. 440. Mascou, Geschichte der Deutschen. I. S. 306. II. S. 177.

ten Gepiden in dem dacischen Lande. Wünschenswerth mußte es daher dem Alboin erscheinen sich dieser gefährlichen Stellung zu entziehen, und auf einem mehr sichern Boden den Grund zu einer neuen Herrschaft zu legen, und da konnte seinen Blicken das Land Italien nicht entgehen, wohin immer das Streben der germanischen Völker gerichtet gewesen, und welches auch langobardische Schaaren in byzantinischen Diensten im Kampfe mit den Ostgothen schon kennen gelernt hatten [1]).

Denn noch ehe die gepidische Herrschaft in Dacien zu Grunde ging, hatte auch die glanzvolle durch den König Dietrich begründete Herrschaft der Ostgothen in Italien nach einem zwanzigjährigen blutigen Kampfe mit den Byzantinern ein Ende genommen, und dieser Umsturz des gothischen Reiches gleich nach Dietrichs Tode erschütterte das ganze germanische Staatensystem der damaligen Zeit. Doch nur durch germanische Kraft war es, daß des Justinianus Feldherrn Belisarius und Narses jene gothische Herrschaft zu zertrümmern und das gothische Volk zu vernichten vermochten. Denn ihre Heere bestanden aus Schaaren der verschiedensten germanischen Völker, unter denen die Heruler eine Hauptrolle spielten, und bei denen auch Hunnen zu jener Zeit niemals fehlten [2]). So wie aber die Heruler auf dem Boden von Italien sich damals zum letztenmale einen Namen erworben haben, so treten dort auch noch einmal ihre Stammgenossen von der Donau, die Rugier hervor, welche theils schon mit Odoacher, theils später unter den gothischen Schaaren Dietrichs hier eingewandert, einen noch immer gesonderten Theil des gothischen Volkes bildeten. Sie suchten während der Zeit der Kämpfe mit den Byzantinern nach dem unglücklichen Ringen des Königs Vitiges

1) Luden, deutsche Geschichte. III. S. 207 bis 209.

2) Manso, Geschichte des ostgothischen Reiches in Italien. S. 267.

einen König aus ihrer Mitte, den Erarich, an die Spitze zu stellen, der aber seiner Stellung am wenigsten gewachsen war und bald durch die Hand eines Gothen fiel, um dem würdigen Totilas als Heerkönig der Gothen Platz zu machen. Seitdem verschwindet auch der Name der Rugier aus der Geschichte [1]).

Das Sinken der Macht des gothischen Reiches in Italien zur Zeit des Königs Vitiges war übrigens von der größten Bedeutung für den Zustand aller deutschen Völker, die auf der von jenem Lande abgewandten Seite des Alpengebirges saßen und auf welche jenes Reich zu Dietrichs Zeit einen wohlthätigen Einfluß ausgeübt hatte, so auf die Burgunden im Nordwesten und auf die Alemannen, Sueven und Bajoaren im Norden; und nur auf die Langobarden im Nordosten hat ein solcher nicht statt gefunden, weil diese erst in dem Todesjahre Dietrichs aus den Ebenen an der Theiß in die Nachbarschaft der Gothen, in deren frühere Sitze in Pannonien, am Ostfuße der Alpen einwanderten. Denn seitdem gelang es den unter den Merowingen mächtig emporstrebenden Franken über alle jene zwischen ihnen und dem italischen Lande wohnenden Völker ihren Einfluß und ihre Herrschaft geltend zu machen. Ja ihre treulose Politik benutzte sogar das Unglück der Gothen im Kampfe mit den Byzantinern, um sich in den Besitz der früher von den Gothen beherrschten Alpenlandschaften von Rhätien und Noricum zu setzen, von welchen aus sie schon großartige Plane gegen das oströmische Reich zu fassen wagten. Wenn man daher wohl angenommen hat, daß erst mit der Auflösung der gothischen Herrschaft um die Mitte des sechsten Jahrhunderts die Entstehung eines selbstständigen bajoarischen Volkes und Reiches unter dem seitdem bekannten Fürstenstamm der Agilolfingen gegeben sei und dasselbe sich sodann

1) Manso, Geschichte des ostgothischen Reiches. S. 227.

freiwillig an die Franken angeschlossen habe [1]), so ist es bei weitem wahrscheinlicher und der Lage der Dinge daselbst angemessener, daß das schon früher bestehende Volk der Bajoaren jetzt in Abhängigkeit von dem fränkischen Reiche gekommen sei.

Indessen erlag das gothische Reich in Italien nach einer nur etwas mehr als halbhundertjährigen Dauer den Angriffen der Byzantiner nach den heldenmüthigsten Kämpfen der Könige Totilas und Tejas im Jahre 555, und Italien ward auf ein Decennium lang eine byzantinische Provinz, bis dieses Land durch die Einwanderung der Langobarden unter Alboin zum viertenmale, nach den Heereszügen eines Alarich, Odoacher und Dietrich, germanisirt wurde. Diese Uebersiedlung der Langobarden nach Italien erfolgte im Jahre 568, und im Gefolge dieses Volkes nennt uns der langobardische Geschichtschreiber außer einer Schaar von 20,000 Sachsen auch noch Gepiden, Bulgaren, Sarmaten, Pannonier, Suaven und Noriker, durch deren Namen also begleitende Schaaren von slavischem und finnisch-ugrischem Stamme und von den alten römischen Provinzialen bezeichnet werden [2]). Die Awaren aber, die bisherigen Bundesgenossen der Langobarden, besetzten das von ihnen verlassene Gebiet, die pannonischen Ebenen, bis zum Ostabhange der Alpen und bis zu den Küsten des adriatischen Meeres. Beide Völker wurden dadurch aufs neue Nachbarn, aber so wie ihre Gebiete früher durch den Lauf der Donau auf der pannonisch-dacischen Grenzmark geschieden waren, so wurden sie es jetzt durch die Bergketten der julischen Alpen [3]).

Mit der Begründung des langobardischen Reiches in Italien schließt die Wanderungszeit der germanischen

---

1) Buchner, Geschichte von Baiern. I. S. 129 bis 133.

2) Zeuß, die Deutschen. S. 475.

3) Luden, deutsche Geschichte. III. S. 214.

Völker ab, und der äussere Ausbau der Welt der germanischen Reiche auf den Trümmern des römischen Reiches, wie er zwei Jahrhunderte früher begonnen hatte, war damit vollendet, hatte aber auch durch die emporstrebende Herrschaft der Franken seit dem Ende des fünften und dem Anfange des sechsten Jahrhunderts schon die bedeutendsten Umgestaltungen erfahren. Auch nahm das langobardische Reich in Italien dem Umfange nach keineswegs die Stelle des frühern gothischen Reiches ein, indem dasselbe seinen Hauptsitz in der weiten Thalebene des Po im nördlichen Italien behielt und sich nur theilweise über das mittlere und untere Italien im Innern des Landes verbreitete. Gegen Norden und Nordwesten erstreckte sich dasselbe aber nur in die Thäler am italischen Abhange der Alpen hinein, und berührte dort die Bajoaren und hier die Burgunden in mehr oder minder wechselnden Grenzmarken an der Wasserscheide der Alpenketten, während sich zwischen diesen drei Völkern und den Alemannen im Norden in dem Quellgebiete des Rhein und des Inn die romanischen Rhätier in nationaler Selbstständigkeit, wenn auch in politischer Abhängigkeit von den Franken, auch ferner behaupteten.

So hatte sich nun endlich nach langer Entwickelung der volksthümlichen Verhältnisse Deutschland oder das Land der deutschen Stämme, wie es die geographische Grundlage für die Geschichte des Mittelalters geworden ist, aus den weiten Gebieten Germaniens herausgebildet, und hatte im Süden und Westen seine Naturgrenzen gefunden, wie es durch die Auswanderung der Völker aus dem suevischen Germanien seine Grenzmarken im Osten erhalten hatte. Das Land von den Gestaden des deutschen Meeres an beiden Seiten des Rhein aufwärts bis in die Hochthäler der Alpen ist nun der klassische Boden geworden, auf welchem sich aus den in der alten Heimath zurückgebliebenen germanischen Stämmen der deutsche Volksstamm gebildet hat, welcher in diesem Centrallande Europas an den Alpen und am

Rhein wie an der obern Donau auch den Mittelpunkt aller politischen Entwickelung im Mittelalter abgiebt. Im Osten und Nordosten waren die Thüringer und Sachsen die Grenzvölker dieses deutschen Germaniens geworden, und wurden dort durch die Saale und untere Elbe von der Welt der slavisch-wendischen Völker geschieden. Gegen Südosten waren die Bajoaren das Grenzvolk geworden, und berührten dort die wilden Stämme der Awaren, unter deren Oberherrschaft sich seitdem slavische Völker über alle Gebiete der östlichen Alpenlandschaften verbreiteten und westwärts tief in das bajoarische Land eindrangen.

Aber noch standen die deutschen Völker auf diesem Boden Deutschlands eben so selbstständig und sich fremd einander gegenüber, wie die deutschen Völker auf dem frühern Gebiete des römischen Reiches. Der erste Anfang zur Entwickelung einer gemeinsamen deutschen Volksthümlichkeit erfolgte erst aus der politischen Verknüpfung jener Elemente in dem fränkischen Reiche der Merowingen und Karolingen, mit dessen Bildung das eigentliche Mittelalter der Geschichte der deutschen Stämme beginnt.

www.ingramcontent.com/pod-product-compliance
Lightning Source LLC
Chambersburg PA
CBHW031819270326
41932CB00008B/475
* 9 7 8 3 7 4 1 1 8 4 1 9 2 *